Frank Crüsemann

Maßstab: Tora

Israels Weisung für christliche Ethik

Chr. Kaiser
Gütersloher
Verlagshaus

Bibliografische Information Der Deutschen Bibliothek

Die Deutsche Bibliothek verzeichnet diese Publikation in der
Deutschen Nationalbibliografie; detaillierte bibliografische Daten
sind im Internet über http://dnb.ddb.de abrufbar.

Umwelthinweis:
Dieses Buch wurde auf chlorfrei gebleichtem und alterungsbeständigem Papier gedruckt. Die vor Verschmutzung schützende Einschrumpffolie ist aus umweltschonender und recyclingfähiger PE-Folie.

ISBN 3-579-05197-0
2. Auflage, 2004
© Chr. Kaiser/Gütersloher Verlagshaus GmbH, Gütersloh 2003

Das Werk einschließlich aller seiner Teile ist urheberrechtlich geschützt. Jede Verwertung außerhalb der engen Grenzen des Urheberrechtsgesetzes ist ohne Zustimmung des Verlages unzulässig und strafbar. Das gilt insbesondere für Vervielfältigungen, Übersetzungen, Mikroverfilmungen und die Einspeicherung und Verarbeitung in elektronischen Systemen.

Umschlag: Finken & Bumiller, Stuttgart
Satz: SatzWeise, Föhren
Druck und Bindung: Těšínská Tiskárna AG, Český Těšín
Printed in Czech Republic

www.gtvh.de

Inhalt

Vorwort
Tora für Christen? 9

1. Versagen der Kirchen
   Ein Blick zurück: Kirchen ohne Tora 11

I. GOTT

2. Israel und die Völker
   »So gerecht wie die ganze Tora« (Dtn 4,8)
   Die biblische Grundlage christlicher Ethik 20

3. Gott und sein Recht
   Die Tora und die Einheit Gottes 38

4. Gerechtigkeit
   Rettung und Selbstverantwortung
   Der doppelte Begriff der Gerechtigkeit (Gottes) in der
   (hebräischen) Bibel 49

5. Dekalog?
   Fünf Sätze zum Verständnis des Dekalogs 57

6. Freiheit vom Gesetz?
   Gott glaubt an uns – Glaube und Tora in Römer 3 67

II. GEWALT

7. Gewalt
   Damit »Kain nicht Kain wird«
   Die Wurzeln der Gewalt und ihre Überwindung in
   biblischer Sicht 88

8. Gewalt gegen Frauen
   Biblische Theologie und Gewalt gegen Frauen
   Ein Bericht über Fehldeutungen und Wiederentdeckungen . . 105
9. Lärm
   Lärm als Gewalt – Ruhe als Heil
   Anthropologische und sozialethische Aspekte des biblischen
   Ruheverständnisses 119
10. Krieg
    »Das Werk der Gerechtigkeit wird Friede sein« (Jes 32,17)
    Aktuelle Überlegungen zu einer christlichen Friedensethik . . 126

III. RECHT

11. Menschenrechte
    Menschenrechte und Tora – und das Problem ihrer christlichen Rezeption 148
12. Strafrecht
    Gottes Gerechtigkeit und menschliches Recht 164
13. Recht als Ethik
    Die Bedeutung der Rechtsförmigkeit der Tora für die christliche Ethik 175

IV. SOZIALE GERECHTIGKEIT

14. Arbeit
    Gottes Fürsorge und menschliche Arbeit
    Ökonomie und soziale Gerechtigkeit in biblischer Sicht 190
15. Wohlstand
    Armut und Reichtum
    Ein Kapitel biblischer Theologie 208

V. FREMDENSCHUTZ

16. Asylrecht
    Das Gottesvolk als Schutzraum für Fremde und Flüchtlinge
    Zum biblischen Asyl- und Fremdenrecht und seinen
    religionsgeschichtlichen Hintergründen 224

17. Fremde
    Gott und die Fremden
    Eine biblische Erinnerung 244

VI. MENSCHHEIT

18. Globalisierung
    **Gottes Verheißungen und Gottes Tora –
    mitten in den Widersprüchen der globalisierten Welt** 254

19. Religionen
    **Wird der eine Gott der Bibel in vielerlei Gestalt in den
    Religionen verehrt?** 265

20. Bildung
    Die Bildung des Menschengeschlechts
    Überlegungen zum Thema »Bildung« im Alten Testament . . . 269

Anlässe und Erstveröffentlichungen 293
Bibelstellenregister 289

Vorwort

»Vor dem Gesetz« – in Kafkas gleichnamiger Erzählung steht ein Türhüter davor und obwohl »das Tor zum Gesetz offen steht wie immer und der Türhüter beiseite tritt«, verharrt der Mann vom Lande sein Leben lang vor dem Eingang bis dieser, der nur für ihn bestimmt war, am Ende geschlossen wird. Der rätselhafte Text und die Fragen, die er aufgibt, waren für mich bei den Bemühungen der letzten Jahrzehnte um den für christliche Theologie und Kirche bestimmten Zugang zum alttestamentlichen Gesetz, die sich im vorliegenden Buch spiegeln, meistens mit dabei.

Das Gesetz des Mose ist in der Kirche nicht nur der bei weitem unbekannteste Teil der Bibel, alle Zugänge zu ihm sind zudem durch eine Fülle von tiefsitzenden Vorurteilen massiv negativ besetzt – »Türhüter, einer mächtiger als der andere«.

Die Schritte in Richtung auf ein verändertes Verhältnis zum Judentum, die in dieser Zeit in den Kirchen gegangen wurden, aber ebenso die wachsende Einsicht in die Unmöglichkeit, mit traditioneller christlicher Ethik den Herausforderungen der Gegenwart zu begegnen, haben dennoch vieles in Bewegung gebracht. Ich bin dankbar für eine große Fülle von Gelegenheiten, in kirchliche Bemühungen um theologische Klärung heutiger ethischer Fragen auf allen Ebenen, in Gemeinden und Synoden, Organisationen und Ausschüssen, Akademien und Kirchentagen die biblische Grundlage christlicher Ethik, und nichts anderes ist die Tora, einbringen zu können. In vielen Fällen waren solche Anfragen und Aufträge Anlass und Herausforderung, den Weg von der Gegenwart zu den historischen Grundlagen und zurück immer noch einmal neu zu durchdenken; das gilt nicht zuletzt von den vielen und lehrreichen Gesprächen, die sich dabei ergaben.

Was jetzt vorliegt, ist der Versuch, aus einer Auswahl von solchen Vorträgen ein einigermaßen in sich geschlossenes und lesbares Buch zu machen. Dafür sind die Texte etwas bearbeitet und in der Regel gekürzt worden, vor allem um Wiederholungen zu reduzieren. Andererseits wurden verschiedene Sprachformen und Abstraktionsgrade, wurden die Unterschiede zwischen einer Bibelarbeit auf dem Kirchentag, einem Vortrag vor einer Landessynode oder vor einem Fachpublikum wie der Evangelischen Konferenz für Gefängnisseelsorge beibehalten.

Jede Annäherung an die Tora trifft auf die Grundspannung, dass das Sinaigesetz an Israel gerichtet ist, für (und historisch in) Israel formuliert und

Israel anvertraut wurde, dass es gleichwohl als der eine Wille des einen Schöpfergottes einen universalen Anspruch stellt. Um dieser Spannung sachgerecht zu entsprechen, ohne ihre Einheit aufzulösen und ohne dass sich die Christen an die Stelle Israels setzen, wird ein Ansatz bei der Gerechtigkeit der Tora gewählt, die nach Dtn 4,6 ff. die Völker zum Staunen bringt, und die nach Röm 8,4 vom Geist Christi praktiziert wird. Dieser Ansatz prägt Themenauswahl und Schwerpunkte, führt unter anderem dazu, dass das traditionelle jüdische Leben mit der Tora, wie überhaupt das, was die rabbinische Tradition die mündliche Tora nennt, nicht im Zentrum steht.

Für seine große und selbstlose Hilfe bei Redaktion und Korrektur bin ich Dr. Johannes Taschner, Düsseldorf, zu außerordentlichem Dank verpflichtet. Für ihre Hilfe bei den Korrekturen danke ich darüber hinaus Frau Christine Duncker und Frau Katrin Keita, Bielefeld.

Wenn es gelungen ist, hier und da etwas von jenem »Glanz, der unverlöschlich aus der Türe des Gesetzes bricht« sichtbar zu machen, und so die Fixierung auf den Türhüter oder gar »die Flöhe in seinem Pelzkragen« zu durchbrechen, haben sich die Anstrengungen gelohnt.

Bethel, November 2002   Frank Crüsemann

1. Ein Blick zurück: Kirchen ohne Tora

Der italienische Jude und Auschwitzhäftling Primo Levi schrieb im Nachwort seiner »Erinnerungen an Auschwitz«: »Ich glaube, in den Schrecken des Dritten Reichs ein einzigartiges, exemplarisches, symbolisches Geschehen zu erkennen, dessen Bedeutung allerdings noch nicht erhellt wurde: die Vorankündigung einer noch größeren Katastrophe, die über der ganzen Menschheit schwebt und nur dann abgewendet werden kann, wenn wir alle es wirklich fertigbringen, Vergangenes zu begreifen, Drohendes zu bannen«[1].

Damit ist genau bezeichnet, um was es gehen muss, wenn nach den Konsequenzen des Holocaust für die christliche Ethik gefragt werden soll: Vergangenes zu begreifen, Drohendes zu bannen. Dass ein Alttestamentler versucht, diese Konsequenzen zu formulieren, ist sicher angesichts heutiger Spezialisierungen eine nicht unproblematische Grenzüberschreitung, hängt aber mit dem zentralen Problem untrennbar zusammen. Denn die Hauptthese, um die es gehen soll, lautet:

Das Versagen von Christen und Kirchen angesichts der Entrechtung und Vernichtung des europäischen Judentums hängt zutiefst mit einem Verständnis des Evangeliums zusammen, das es von der ethischen Tradition des Alten Testamentes, also von der Tora, losgelöst hat. Deshalb führt die Frage nach den ethischen Konsequenzen des Holocaust zu zentralen biblischen und vor allem alttestamentlichen Grundthemen zurück, die in unserer theologischen Tradition lange Zeit und vielfach noch heute beiseitegeschoben, verdrängt, tabuisiert und diffamiert wurden.

I. Evangelium ohne Tora

Wie wenig Tora – und ich meine damit hier zunächst relativ allgemein und unbestimmt die ethische und rechtliche Tradition des Alten Testamentes – mit den gegenwärtig in der theologischen Wissenschaft verhandelten Fra-

1. P. Levi, Ist das ein Mensch? Erinnerungen an Auschwitz, 2. Aufl. Fischer Taschenbuch 2226, 1979, 183.

gen christlicher Ethik zu tun hat (jedenfalls in Deutschland), zeigt sehr rasch eine Beschäftigung mit dem zweibändigen »Handbuch der christlichen Ethik«. Zum Alten Testament finden sich dort nur zwei oder drei Sätze im Rahmen der Behandlung des Neuen Testaments. Da schreibt Jürgen Becker: »Christentum hat sich das AT unter christlichem Vorverständnis angeeignet. Die Orientierung christlicher Ethik am AT setzt also das Glaubensverständnis des Christentums voraus. Darum ist auch die vorliegende Darstellung vom NT her strukturiert. Sie fragt, ob und wie im Rahmen ntl. Positionen u. a. auch das AT Geltung gewinnt«[2]. Viel ist es freilich nicht, was bei diesem Ansatz, der ja nur eine weit verbreitete Haltung wiedergibt, dann »Geltung gewinnt«. Vor allem fehlt die naheliegende Frage, ob es nicht Überschüssiges gibt, Themen z. B., die in der Erfahrungswelt der neutestamentlichen Gemeinden gar nicht vorkamen und nicht vorkommen konnten. Man denke an mancherlei Probleme des Rechtes, an soziale Konflikte, an Minderheiten, an den Bereich von Krieg und Frieden, etc., an Themen also, die im Neuen Testament fehlen, in einer christlichen Ethik aber nicht fehlen dürfen. Jedenfalls ist es kein Wunder, dass das Alte Testament dann in den anderen Artikeln des Handbuches, soweit ich sehe (aber es gibt bezeichnenderweise kein Bibelstellenregister), gar keine Rolle mehr spielt.

Für unser Thema wichtiger sind jedoch folgende Beobachtungen, und ich frage, ob sie nicht in einem inneren, notwendigen Zusammenhang mit dem Fehlen des Alten Testaments stehen: Es fehlt dort auch das Stichwort Judentum und es fehlt das Stichwort Auschwitz. Die im Dritten Reich gemachten Erfahrungen von Opfern, Tätern und Zuschauern sind hier kein Thema, kein Ausgangspunkt christlicher Ethik. Dem entspricht wohl, dass der Ansatzpunkt immer wieder bei relativ abstrakten »neuzeitlichen« Erfahrungen gesucht wird, nicht aber bei den prägenden des 20. Jahrhunderts, bei zwei Weltkriegen z. B. und einem drohenden dritten. Aber es fehlen nun weiter ganz zentrale Felder ethischen Handelns insgesamt. Ich nenne stichwortartig: Militarismus, Wehrdienst, Kriegsdienstverweigerung, Frieden, Friedensforschung, Atomenergie, Kernkraftwerke, Atomwaffen, Waffentechnik, Arbeiterbewegung, Arbeitskampf, aber auch Minderheiten und Selbstmord. Es fehlt also weithin all das, was heute auf den Nägeln brennt beim Thema: »Vergangenes begreifen, Drohendes bannen«.

Wolfgang Herrmann schreibt in seiner Kritik des Handbuches dazu: »Ist das nicht genau die Linie einer unseligen kirchlichen Tradition? Als Sünde galt allemal zuerst und zuletzt die (Sexualität als) Lust; Kriegführen hingegen, Völkermord und Imperialismus vermochten die kirchlichen Gewis-

---

2. J. Becker, Das Problem der Schriftgemäßheit der Ethik, in: A. Hertz u. a. Hg., Handbuch der christlichen Ethik, 2 Bde., Freiburg u. a. 1978, I 243 f.

sen nicht in dem Maße zu beunruhigen, wie der vor- oder außereheliche Geschlechtsverkehr. Das ist auch in diesem Handbuch so«. »Ihre Ethik spiegelt, sicherlich ungewollt, die Moral des militärisch-industriellen Rüstungskomplexes, die Moral der multinationalen Konzerne. Darüber helfen auch gute Beiträge zu anderen Themen nicht hinweg.«[3]

Dieses Handbuch spiegelt sicher nicht einfach die Lage der Theologie im Ganzen oder der Ethik, aber eine gewisse Repräsentanz wird man ihm nicht bestreiten können. Ethische Konsequenzen des Holocaust werden hier, wenn überhaupt, dann so versteckt gezogen, dass man nichts davon merkt. Dabei lassen sich die großen Konflikte in den deutschen Kirchen der Nachkriegszeit m. E. allesamt als Ringen um eben diese Konsequenzen verstehen. Ob es sich nun um die Frage der Wiederaufrüstung handelt oder die atomare Bewaffnung der Bundeswehr, um die Notstandsgesetze oder heute die Stellung zu den Befreiungsbewegungen der Dritten Welt, zum Ökumenischen Rat und seinem Antirassismus- oder Antimilitarismusprogramm. Man kann auch die Entstehung einer »politischen Theologie« in den 60er Jahren hier nennen. Immer ging es im Kern um die gleichen theologischen Fragen und um vergleichbare Inhalte. Aber der Zusammenhang mit der kirchlichen Haltung zum Holocaust wurde selten offengelegt und blieb meist unbewusst. Jedenfalls spielte die zentrale Funktion des antijüdischen Verständnisses von Bibel und Evangelium und ihre Auswirkung auf die Ethik kaum eine Rolle.

II. Das Versagen der christlichen Kirche vor dem Holocaust

Deshalb setze ich noch einmal an bei dem Versagen der christlichen Kirchen, auch der Bekennenden Kirche, angesichts der Behandlung der Juden. Es wird in einzigartiger Weise daran sichtbar, dass es selbst nach 1945 nur selten ein schlechtes Gewissen gab und kaum jemals Scham – beides hatten vor allem die überlebenden Opfer. Die Christen, auch die Bekennende Kirche, haben das, was den Juden geschah, aber auch den christlichen Zigeunern und Polen, den Kommunisten und Homosexuellen und Ernsten Bibelforschern nicht als ihr Problem betrachtet. Eine ganze Reihe von Gründen haben diese Haltung ermöglicht und hervorgerufen. Theologisch aber muss diese Haltung doch wohl beschrieben werden als eine tiefgreifende Tren-

---

3. W. Herrmann, Sozialethik, in welchem Interesse? Bemerkungen zum »Handbuch der christlichen Ethik« (1978), Junge Kirche 40, 1979, 544-547 (Zitat 545).

nung von Glaube und Liebe in entscheidenden Bereichen der Wirklichkeit. Es gibt eine Stelle im Neuen Testament, die von dieser Möglichkeit spricht. Paulus sagt in 1 Kor 13,2: »*Und wenn ich allen Glauben habe, so dass ich Berge versetze, habe aber die Liebe nicht, so bin ich nichts*«. So wenig uns ein solcher Satz als Urteil über Menschen zusteht, so sehr muss er Ausgangspunkt sein für die Frage nach theologischen und vor allem ethischen Konsequenzen. Was Paulus hier formuliert, ist ja eigentlich im Rahmen seiner eigenen Theologie eine unmögliche Möglichkeit, aber eine, deren unheimlicher Realität wir uns stellen müssen. Niemand wird etwa den Leuten der Bekennenden Kirche den Glauben absprechen. Dass aber selbst sie und ihre Theologie so oft kein Auge für die Leiden, kein Ohr für die Schreie, kein Organ für das sich vollziehende Geschehen hatten, kann man auch nicht nur auf den staatlichen Terror zurückführen, so wenig er zu übersehen ist. Wir müssen fragen: Was ist theologisch die Bedingung der Möglichkeit einer so tiefgreifenden Trennung von christlichem Glauben und praktizierter Liebe?

Meine These ist, dass es im Kern die antijüdische Interpretation der Bibel und das davon geprägte Verständnis des Evangeliums ist, die diese Haltung ermöglichte und auch schon die Vorgeschichte, die zu ihr führte. Denn durch die angeblich »essentielle« Gegnerschaft zum Judentum hat sich christliche Theologie und Verkündigung von entscheidenden Inhalten der Bibel, insbesondere vom Alten Testament und seiner ethischen Tradition, gelöst und sie als jüdisch, gesetzlich, als Werkgerechtigkeit o. ä. dem Evangelium entgegengesetzt. Man kann es mit dem Matthäusevangelium sagen: »*Weil die anomia überhand nimmt, wird die Liebe bei den meisten erkalten*« (Mt 24,12) (statt »Gesetzlosigkeit«, wie es wörtlich heißt, oder »Ungerechtigkeit«, wie Luther übersetzt, sagt die Revision der Lutherbibel von 1964 übrigens »Unglauben«! Textkritisch ist das eindeutig eine dogmatische Korrektur).

Der christliche Antijudaismus hat eine eigentümliche Zwitterstellung gegenüber dem Alten Testament in der christlichen Theologie bewirkt, die von der Alten Kirche an verfolgbar ist. Hier ist davon nur der Punkt wichtig, dass einerseits durch eine verbreitete Enterbungstheorie die Kirche sich als Zielpunkt des Alten Testamentes, als Erbe des Gottesvolkes, als neues Israel verstand. Die Verheißungen des Alten Testamentes galten nicht mehr dem Judentum, sie galten uns. Gleichzeitig aber wurde das Alte Testament theologisch um wichtigste und zentrale Traditionen und Inhalte verkürzt. Es wurde primär und vor allem als Verheißung, nicht aber als Tora gelesen. Wichtige Textbereiche traten dadurch sehr stark in den Hintergrund, gerade auch solche, die in der neutestamentlichen Ethik nicht oder nicht so deutlich zu finden waren. Ich nenne hier nur die Bewertung des Staates, die prophetische Sozialkritik oder Teile der Rechtstradition. Diese Teile zu betonen oder als aktuelles Gotteswort für uns heute zu interpretieren, hieß und heißt sehr schnell »judaisieren«. Für den Alttestamentler geht es deshalb bei unserem Thema um kein anderes als das, mit dem er täglich zu tun hat: die Frage nach der Geltung zentraler alttestamentlicher Traditionen für den christlichen Glauben und die christliche Kirche – aber von Auschwitz her unter einem gegenüber Paulus oder Luther entscheidend verändertem Aspekt.

Diese merkwürdige Doppelbewegung gegenüber dem Alten Testament gilt auch noch, wenn auch mit starken Einschränkungen, für das Verständnis des Alten Testamentes von Gerhard von Rad. Er hat wie kein anderes vor ihm dieses Buch wieder für die christliche Theologie aufgeschlossen. Sein neuer Zugang war eine und nicht die unwichtigste Frucht des Kirchenkampfes. Aber auch bei ihm treten Fragen der Ethik, z. B. im Rahmen des Verständnisses der Prophetie, in einem erstaunlichen Maße zurück. Der theologische Zugang liegt primär woanders, ich nenne dafür nur stichwortartig: Geschichtsverständnis, Gottesverständnis, Menschenbild u. a. Vor allem aber ist auf den Umstand hinzuweisen, dass es trotz vieler und wichtiger Neuansätze in der alttestamentlichen Theologie eine *Ethik* des Alten Testaments als wissenschaftliche Disziplin praktisch nicht gegeben hat. Eine Disziplin in der, sehr kurz gesagt, nicht so sehr die abstrakt-theologische Frage nach dem »Gesetz«, sondern die *inhaltlichen Aspekte* der Tora im Zentrum stehen. Es gab lange Zeit nicht einmal eine ernsthafte Diskussion darüber; in den Theologien tritt dieser Bereich außerordentlich stark zurück. Fragen der Rechtstraditionen werden z. B. nahezu ausschließlich als historisches Problem behandelt. Von den einzigen beiden Büchern, die bis in die achtziger Jahre eine Ethik des Alten Testamentes darstellten, stammt das eine aus dem Jahre 1938 und arbeitet mit dem nationalsozialistischen Rassenbegriff als zentralem Zugangsweg[4]. Das zweite stammt von einem Außenseiter, dem Ethiker Hendrik van Oyen[5], und kann aus mancherlei Gründen – z. B. weil es einer in dieser Form ganz unhistorischen, übergreifenden Bundestheologie verhaftet ist – das Erforderliche nicht leisten. Die alttestamentliche Wissenschaft ist also an dem vorhin am Handbuch der Ethik zu beobachtenden Befund keineswegs unschuldig. Dennoch repräsentiert sie hier nur den breiteren theologischen Sachverhalt, dass die ethischen Traditionen des Alten Testamentes unter dem negativen Verdikt stan-

---

4. J. Hempel, Das Ethos des Alten Testaments, BZAW 67, 1938.
5. H. v. Oyen, Ethik des Alten Testaments, Gütersloh 1967

den, »Gesetz« zu sein, und damit von vornherein für theologisch irrelevant erklärt wurden[6].

Nur dadurch, dass zentrale alttestamentliche Inhalte für die Theologie und die Kirche von vornherein disqualifiziert waren, konnte sich m. E. die Kirche in ihrem faktischen Verhalten und in ihrer ethischen Lehre derart weit an die jeweilige Gesellschaft und ihre bürgerlichen Normen anpassen, wie es vor allem in der Neuzeit zu beobachten ist. Kaum jemals vermochte sie in den entscheidenden Fragen der letzten beiden Jahrhunderte den jeweils bestimmenden Schichten und ihren Interessen wirklich etwas entgegenzusetzen. Überspitzt kann man fast sagen: Wo theologische Forderungen nicht der gängigen bürgerlichen Moral entsprachen, wurden sie als »Gesetzlichkeit« o. ä. abqualifiziert. Dadurch gewann das antijüdische Syndrom einen gefährlichen ideologischen Charakter. Es schirmte vor ungeliebten, verunsichernden biblischen Traditionen ab und konnte zugleich gegen alle eingesetzt werden, die der herrschenden Lehre und Praxis Widerstand entgegensetzten.

III. Trennung des Glaubens von der Praxis der Liebe

Wie funktioniert nun auf der theologischen Ebene diese Abschirmung konkreter, vor allem alttestamentlicher Inhalte? Da ist einmal die traditionelle Form der Entgegensetzung von Gesetz und Evangelium, Indikativ und Imperativ, mit der ein berechtigtes Teilmoment zum Fundamentalgesetz christlichen Glaubens gemacht wird. Erst diese Entgegensetzung ermöglicht jene Trennung von Glaube und Praxis der Liebe, bei der der Grund des christlichen Versagens zu suchen ist. Bonhoeffer hat das unter dem Begriff »billige Gnade« anvisiert. Bei einer Reduktion des Evangeliums auf die Sündenvergebung, den Gnadenzuspruch allein, wird Zusammengehöriges auseinandergerissen. Niemand wird das berechtigte Moment etwa der lutherischen Tradition an dieser Stelle übersehen. Es gibt Werkgerechtigkeit, und es gibt tötende Forderungen, von denen das Evangelium befreit. Aber unser

---

6. Zwar hat sich, worauf ausdrücklich hingewiesen sei, die Diskussionslage in dieser Frage seit 1978/80 erheblich verändert, sowohl, was die Aufarbeitung der rechtlichen und ethischen Traditionen der Bibel anlangt als auch ihre Relevanz für die heutige ethische Diskussion. Dennoch sind kirchliche Stellungnahmen oftmals von diesen Entwicklungen nahezu unberührt; ein besonders erschreckendes Beispiel ist die gemeinsame Erklärung zur Rechtfertigungslehre.

Problem ist nicht die Werkgerechtigkeit, sondern der folgenlose Glaube, die ausgebliebene Liebe. Wenn nach einem Lutherwort der glaubende Christ Gutes tun wird, so sicher wie ein in der Sonne liegender Stein warm wird, so haben wir zu konstatieren: Er ist nicht warm geworden, jedenfalls nicht auf den hier relevanten ethischen Feldern.

Die Gründe liegen sicher nicht allein in der *Lehre* von Gesetz und Evangelium, aber sie ist im Kern mitbetroffen. Denn sie hat einen nicht unwichtigen Beitrag zu einer potentiellen Trennung von Glauben und Handeln in theologischer Lehre und kirchlicher Praxis geleistet. Eine solche Trennung aber ist in der Bibel undenkbar. Für das Alte Testament, für das Neue Testament und für das Judentum – und in diesem Punkt ist ein Unterschied nicht festzustellen – hängt der Glaube mit einem inhaltlich qualifizierten Verhalten untrennbar zusammen. Er ist ein Verhalten, das durch Liebe und Gerechtigkeit bezeichnet ist; unabhängig davon ist er »nichts«. Und das ist seine Freiheit. Wir hören hier immer sehr schnell Gesetz, Unfreiheit, Last, Joch etc. Tora aber als Weisung Gottes zum Leben ist Bleiben bei der Freiheit, Bewährung von Freiheit, Vollzug von Freiheit. Was für das Neue Testament unbestreitbar ist, gilt aber genauso für das nachalttestamentliche Judentum. »Gesetz als Gnade« formuliert das Zwi Werblowski[7], was an die paulinische Formulierung »Befreiung durch das Gesetz«[8] anklingt.

Für das Alte Testament ist diese Erkenntnis nicht neu, sie entspricht der Struktur des Dekalogs, des Deuteronomiums, des Buches Exodus, nahezu jeden alttestamentlichen Textes. Martin Noth und Gerhard v. Rad haben das für das Selbstverständnis der alttestamentlichen Rechtstraditionen, insbesondere des Deuteronomiums gezeigt; am jesajanischen Glaubensbegriff läßt sich das Gleiche aufweisen. Gerechtigkeit und Liebe sind in der Bibel nirgends vom Glauben zu trennen, sie sind sein Leben, seine Praxis, sein Vollzug.

Doch genügt das nicht zur Erklärung. Entscheidend ist wohl, dass sich das derart reduzierte Verständnis des Evangeliums aufs engste mit anderen Grundentscheidungen verbindet. Eine große Rolle spielt dabei die nahezu unbeschränkte Anerkennung des Staates als göttlicher Ordnung und die sie in der lutherischen Tradition legitimierende Zweireichelehre. Dadurch entstand eine unüberbrückbare Kluft zwischen der Ethik des Einzelnen und der kleinen Gruppe und der des Staates und der Gesellschaft. Das ist eine ungeheuerliche Einschränkung der Geltung biblischer Ethik. Dazu tritt wei-

---

7. Tora als Gnade, Kairos 15, 1973, 156-163.
8. Dazu P. v. d. Osten-Sacken, Befreiung durch das Gesetz, in: Richte unsere Füße auf den Weg des Friedens, FS H. Gollwitzer, München 1979, 349-360 = ders., Evangelium und Tora. Aufsätze zu Paulus, ThB 77, München 1987, 197-209.

ter in der Neuzeit die Individualisierung des Glaubens, die Rücknahme in die Innerlichkeit und in ein Geschehen zwischen Gott und dem Einzelnen, die in seinem Kern eine »Suspension des Ethischen« (Kierkegaard) ermöglicht. Es ließe sich leicht zeigen, wie sich protestantischer Glaube auch in der Auslegung biblischer Texte immer wieder in eine Innerlichkeit zurückzieht, in der ethische Grundforderungen suspendiert werden können, in der sich Glaube von Liebe trennen kann.

Ein weiterer Aspekt kommt dazu. Leon H. Wells beschreibt in seinem Buch »Ein Sohn Hiobs« die erschütternde Geschichte seiner ehemaligen arischen, polnischen Nachbarin, die er nach dem Krieg aufsucht. »Ich fragte die Frau, warum sie der SS Mutters Versteck verraten habe, nachdem sie doch so viele Jahre im besten Einvernehmen Tür an Tür mit ihr gewohnt habe. Darauf antwortete sie in ihrer religiös-unschuldigen Art: ›Es war nicht Hitler, der die Juden hat töten lassen – es war Gottes Wille, und Hitler war sein Werkzeug. Wie konnte ich da die Hände in den Schoß legen und mich Gottes Willen widersetzen‹ ... Dieser Frau ... war nicht einmal die leiseste Regung gekommen, was sie getan hatte, zu bereuen oder es gar zu leugnen«[9]. Die Frage nach Gottes Willen unabhängig von seiner Tora, Geschichtsdeutung vorbei am Maßstab der biblischen Ethik: das was diese einfache Frau hier tut, geschah und geschieht ja vielfach auch auf höheren theologischen Ebenen und hängt untrennbar mit der Ausblendung wichtiger biblischer, vor allem aber alttestamentlicher Traditionen zusammenhängen.

---

9. Leon H Wells, Ein Sohn Hiobs, Heyne-Buch 5614, 1979, 260

I. Gott

2. »So gerecht wie die ganze Tora« (Dtn 4,8)
Die biblische Grundlage christlicher Ethik

I. »Es ist dir gesagt, Mensch, was gut ist« (Mi 6,8)

Christliche Ethik, die versucht, sich unter Umgehung und Ausklammerung der Tora biblisch zu begründen, hat sich nicht zuletzt auf die Formulierung von Mi 6,8 bezogen[1]. Doch es zeigt sich rasch, dass das nicht möglich ist.

»*Es ist dir gesagt, Mensch, was gut ist*« – die bekannte und eingängige lutherische Übersetzung von Mi 6,8, erweckt den Anschein, es ginge um etwas allen Menschen, sozusagen dem Menschen an sich, immer schon Gesagtes, um etwas, das alle kennen und deutlich vor Augen haben. Die Anrede »Mensch« wirkt in diesem Sinne suggestiv und evident, die passivische Übersetzung trägt das ihre zu einem solchen Verständnis bei. Doch muss man den Vers schon aus seinem Zusammenhang isolieren, um ihn so zu verstehen; im Kontext gelesen ist ein solches Verständnis unhaltbar.

Zwar werden zu Beginn in v. 1 die Berge angeredet, aber sie sollen, wie v. 2 sagt, Zeugen der Auseinandersetzung Gottes mit »*seinem Volk, mit Israel*« werden. Es ist Israel, dem sich Gott zuwendet, Israel wird gefragt »*Was habe ich dir getan?*«(v. 3), – und nur Israel kann Gott derart an die gemeinsame Geschichte erinnern, wie das in v. 4f. geschieht. Gott beruft sich auf den Auszug aus Ägypten, nennt die Namen Mose, Aaron und Mirjam, erinnert an Balak und Bileam und den ganzen Weg von Schittim bis Gilgal, auf dem sich die *zidqot*, die Gerechtigkeitstaten Gottes ereignet haben. Das ist der Hintergrund, vor dem dann in v. 6f. ein menschlicher Beter die Frage stellt, mit was er vor Gott treten kann, um dann in eine sich steigernde Aufzählung überzugehen, von wertvollen Brandopfern bis zur Darbringung des Erstgeborenen, als das Höchste, was ein Menschen aufbieten kann. Diese Fragen werden korrigierend zurückgewiesen: »*Er hat dir doch kundgetan, o Mensch, was gut ist*« – wie z.B. Moses Mendelssohn sachgemäß übersetzt[2].

---

1. Das Jahresthema 2003 der Gesellschaften für christlich-jüdische Zusammenarbeit lautet »*Uns ist gesagt, was gut ist*« und ist eine Umformulierung des biblischen Satzes.
2. Die Tora nach der Übersetzung von Moses Mendelssohn. Hg. v. A. Böckler, Berlin 2001, 447.

Das, woran erinnert wird, ist auf dem Weg kundgetan worden, den Israel nach dem Exodus ging. Sachlich kann im vorliegenden Text mit »dem Guten« kaum etwas anderes als die Gabe der Tora gemeint sein. Die Suche nach Alternativen, die die christliche Exegese meinte unternehmen zu sollen, war wenig erfolgreich. Die Weisheit, an die gedacht wird, und deren Sprache vielleicht ein wenig anklingt, kommt auf anderen Wegen zu ihren Erkenntnissen. Sie ist nicht »gesagt«, nicht »mitgeteilt« worden. Man muss den Text schon literarkritisch zerlegen, die Geschichtserinnerung abtrennen, isolierte Einzelworte rekonstruieren, um ein allgemein-menschliches Wissen annehmen zu können. Selbst wenn ein solcher Werdegang wahrscheinlich zu machen wäre, er könnte nicht davon entbinden, den jetzigen Text zu interpretieren.

Dennoch bleibt natürlich eine Spannung: Gerade wenn bei dem Guten, das mitgeteilt wurde, an die Tora gedacht ist, fällt das allgemeine »Mensch« auf. Auch ist merkwürdig, dass *Adonai*, Israels Gott, erst in der zweiten Hälfte des Parallelismus genannt ist: »*was Adonai von dir fordert*«, genauer: »*bei dir sucht*«. Offensichtlich geht es bei dem, was Israel gesagt ist, und was in bestimmter Weise nur Israel kennt, zugleich um etwas allgemein Menschliches. Ist das Gute, das Israel gesagt ist, zugleich das Gute für alle Menschen, und wie geht das zusammen? Dieser Spannung im hier vorliegenden Begriff des Guten möchte ich nachgehen.

Sie ist zunächst bei den folgenden Formulierungen von Mi 6,8 selbst zu bewähren. Denn das mitgeteilte Gute wird ja dreifach benannt: »*Mischpat/ Recht tun, chäsäd/Güte lieben und besonnen mitgehen mit deinem Gott.*« Wiederum setzt das »*dein Gott*« genau wie am Dekaloganfang eine bestehende Beziehung voraus und könnte kaum unvermittelt zu allen Menschen gesagt sein. Von der Verhältnisbestimmung der drei genannten Größen hängt sehr viel ab. Die traditionelle christliche Ethik entspricht dabei in vielen ihrer Formen einer bestimmten Zuordnung. Noch der neueste Kommentar von Rainer Kessler, der sonst durchaus dem christlich-jüdischen Dialog verbunden ist, sagt: »Die drei Forderungen ... bilden eine sich steigernde Linie ... ›Güte lieben‹ schließt also ›Recht tun‹ ein, und beides ist in ›besonnen gehen mit deinem Gott‹ enthalten«[3]. Wörtlich genommen würde das bedeuten, dass aus einer *imitatio dei*, aus einem sich Einlassen auf

---

3. R. Kessler, Micha, HThK, Freiburg i. B. u. a. 1999, 270 unter Verweis auf N. Glueck, Das Wort hesed im alttestamentlichen Sprachgebrauche, BZAW 47, 1927, 26, und H. W. Wolff, Dodekapropheton 4. Micha, BK XIV/4, 1982, 156. Kessler selbst lehnt – wie J. Ebach, Was bei Micha »gut sein« heißt, BiKi 51, 1996, 172-181 (176) – ausdrücklich eine an Israel vorbeigehende Mitteilung ab: »›Der Mensch‹ weiß nur, ›was gut ist‹, wenn er mit ›den Völkern‹ zum Zion zieht und sich von dort Weisung holt (Mi 4,1-4)« (270).

Gottes Wege in der Geschichte Liebe erwächst, und dass diese Liebe wiederum das Recht aus sich entlässt, also dem Nächsten zu seinem Recht verhilft. Die christliche Ethik ist vielfach einem solchen Muster gefolgt und folgt ihm noch. Doch die Wege Gottes sind oft genug dunkel und unverständlich, führen eher zur Klage als zum Mitgehen können. Psalm 77,20 spricht eindrücklich davon, dass Gott keine Spuren hinterlässt. Die Dunkelheit der Wege Gottes kann so weit gehen wie jene Sätze des Jossel Rackover aus dem Warschauer Ghetto: »Ich glaube an den Gott Israels, auch wenn Er alles getan hat, dass ich nicht an ihn glauben soll. Ich glaube an seine Gesetze, auch wenn ich seine Taten nicht rechtfertigen kann ... Ich habe ihn lieb. Doch seine Tora habe ich lieber. Selbst wenn ich mich in ihm getäuscht hätte, seine Tora würde ich weiter hüten«[4]. Die Umdrehung dieser Größen hat christliches Verhalten gegenüber Juden zutiefst mitbestimmt: Weil Gott sie angeblich verworfen hat, hieß Mitgehen mit Gott, sie nicht in die Liebe einzubeziehen, und ihnen kein Recht zuzugestehen[5]. Auch die Liebe als entscheidender und einziger Grund für das, »was gut« ist, ist zutiefst problematisch. Weil Liebe in allen menschlichen Formen auch erlöschen kann, schwach und blind sein kann, weil damit die anderen in jedem Fall von mir und meinem Verhalten abhängig sind, muss das Recht des Anderen vorgehen. Die christliche Naivität, die in der Annahme liegt, christliche Nächstenliebe könne und werde jeweils auch das Recht der Anderen festlegen und bestimmen, oder auch nur anerkennen und herbeiführen, ist für mich zunehmend erschreckend.

Nein, ich denke, dass die drei Begriffe sachlich aufeinander aufbauen, und also eine notwendige, nicht umkehrbare Reihenfolge darstellen. Die folgenden Verben schließen das jeweils Vorangehende nicht ein, sondern setzen es voraus. *Mischpat* steht an der Spitze – nebenbei stellt das Wort einen weiteren Verweis auf die Tora mit ihren *mischpatim* dar – und ist auch sachlich das Erste und Grundlegende. Es geht um ein Recht, das getan, das praktiziert wird, um das Recht, das gilt und wonach Recht gesprochen wird, um die Rechte, die Menschen unverlierbar haben, um Menschenrechte. *Chäsäd*, ein Wort das in der Bedeutung zwischen Güte, Freundlichkeit, Liebe und Solidarität liegt, ist in gewisser Weise mehr als Recht, aber kann Recht niemals ersetzen, darf Recht nicht ersetzen wollen – das haben Christen vielfach noch zu lernen. Und »Mitgehen mit Gott« kann vor allem da erfolgen, wo wir Recht und Güte als Zeichen der Wege Gottes erkennen können, es wird problematisch, wo wir Gottes Wege unverständlich, gar

---

4. Zvi Kolitz, Jossel Rakovers Wendung zu Gott. Zweisprachige Ausgabe, Berlin 1996, 39.
5. Vgl. beispielhaft die o. S. 18 zitierte Geschichte von H. G. Wells.

hart und grausam finden. Ich glaube übrigens nach wie vor, dass *haznea*, was traditionell mit »demütig« wiedergegeben wird, eher mit »aufmerksam« (Wolff) oder »besonnen« (Kessler), am besten aber vielleicht mit »behutsam«, »vorsichtig« übersetzt werden sollte[6] – wie anders soll man mit Gott mitgehen können?

Versucht man diese drei Begriffe inhaltlich aus ihrem engeren Kontext zu füllen, nämlich als Antwort auf die vorangehende Frage zu verstehen, mit was ein Mensch vor Gott treten kann, wobei als letztes und höchstes das Liebste, das eigene Kind genannt wird, dann erinnert Recht an die rechtlichen Verbote der Tora, Kinder zu töten, selbst als Opfer für Gott (Lev 18,21; 20,2 ff.; Dtn 19,10). Die Liebe zu den Kindern steht an zweiter Stelle, und an dritter der Rat, vorsichtig dem Vorbild Gottes aus Gen 22 zu folgen, und in dieser Weise mit Gott mitzugehen.

Was dieser als »Quintessenz prophetischen Ethos« bezeichnete Text im Detail zu erkennen gibt, entspricht dem, was für die Prophetie und ihre Ethik grundsätzlich gilt: Sie setzt die Tora voraus und ist bleibend auf sie bezogen. Das gilt zunächst für den kanonischen Zusammenhang und damit das Selbstverständnis der uns überlieferten Schriften. Tora und Propheten ist in dieser Reihenfolge bis ins Neue Testament hinein ein eindeutiges sachliches Nacheinander. Protestantische Ethik hat allerdings, wenn und soweit sie sich auf die Schrift bezog, oftmals versucht, sich allein oder primär auf die Prophetie zu gründen, war die Tora doch negativ, d. h. jüdisch besetzt. Vor allem Julius Wellhausen hat die kanonische Folge historisch umgedreht, das Gesetz als Erstarrungsform der Spätzeit bezeichnet, bei den Propheten aber das lebendige Ethos gefunden. Das prägt Prophetenforschung vielfach und bis heute. Es dürfte historisch gesehen in der Tat einen langen gemeinsamen Entstehungsprozess mit gegenseitiger Beeinflussung von Recht und Prophetie gegeben haben. Entscheidend ist aber, dass sich Prophetie immer auf vorgegebene Normen stützt und diese nicht selbst prägt oder erfindet. Gerade die ältere Gerichtsprophetie lebt vom entsetzten Erstaunen darüber, dass das Selbstverständliche nicht geschieht, dass, wie Amos sagt, Gerechte um ein Paar Sandalen verkauft werden (Am 2,6). Dass so etwas nicht sein soll und Unrecht ist, die Norm also, ist vorausgesetzt. Was Prophetie ausmacht, besteht darin, die entsprechende Realität aufzudecken und zu benennen, vor allem auf die katastrophalen Folgen hinzuweisen.

---

6. Vgl. schon H.-J. Stoebe, Und demütig sein vor deinem Gott, WuD 6, 1959, 180-194.

II. Israels Tora – und die Christen?

Verweist also Mi 6,8 wie die ganze Prophetie auf die Tora, ist damit das Gute, das uns gesagt ist, in ihr zu finden, dann stehen wir vor der Frage, welche Rolle die Tora Israels in der Beziehung zwischen Juden und Christen spielt. Verbindet sie oder trennt sie eher? Michael Wyschogrod hat vor zehn Jahren die hohe Christologie und die Gültigkeit der Tora als die beiden wichtigsten zwischen Judentum und Christentum strittigen Themen bezeichnet – und dabei schrieb er der Tora nicht das gleiche Gewicht zu[7]. Für die im engeren Sinne theologischen Fragen mag das gelten, für das praktische Zusammenleben gilt das nicht, es sei denn, das Christentum hätte auch ohne Bindung an die Tora eine Ethik entwickeln können, die die traditionell so inhumane Religion verändert oder ersetzt hat. Ich glaube das nicht.

Ein für mich erstaunliches Vertrauen auf eine gemeinsame Ethik von Judentum und Christentum, ohne dass die Tora ausdrücklich die gemeinsame Basis bildet, findet sich aber heute an vielen Stellen. So heißt es von jüdischer Seite in dem Dokument *dabru emet*: »Juden und Christen anerkennen die moralischen Prinzipien der Tora«[8]. Genannt wird dann die Menschenwürde und ihre Begründung durch die Gottebenbildlichkeit. Ohne in eine Einzeldiskussion einzutreten, weise ich nur darauf hin, dass weder hier noch in dem letzten Sachpunkt des Dokuments, wo es heißt: »Juden und Christen müssen sich gemeinsam für Gerechtigkeit und Frieden einsetzen«, ausdrücklich ein inhaltlicher Bezug auf die Weisungen vom Sinai geschweige denn auf die spätere jüdische Tradition zu finden ist. Dass hier mehr Probleme liegen, als die kurzen Formulierungen ausdrücklich sagen, ist auch ein Moment der innerjüdischen Kritik an diesem Dokument[9].

Eine weitgehende ethische Gemeinsamkeit konstatieren ebenfalls mit ausgesprochen vagen Formulierungen die neueren kirchlichen Verhältnisbestimmungen zum Judentum, soweit sie Fragen von Recht und Gerechtigkeit einschließen. So heißt es im »Vorspruch der Grundordnung« der brandenburgischen Kirche von 1996: Die Kirche »bleibt im Hören auf Gottes

---

7. Christologie ohne Antijudaismus?, KuI 7, 1992, 9. Er hält die Geltung der in Apg 15 aufgezählten Forderungen für Heidenchristen für eine denkbare Lösung; dazu vgl. u. 34 f.
8. Die deutsche Übersetzung ist an vielen Stellen abgedruckt worden vgl. etwa EvTh 61, 2001, 334–336 (335).
9. Etwa Jon D. Levenson, Wie man den jüdisch-christlichen Dialog nicht führen soll, dt. Übers., in: KuJ 17, 2002, 163–174.

Weisung ... mit ihm (dem jüdischen Volk) verbunden«[10]; oder in dem neuen westfälischen Vorschlag zur Ergänzung der Kirchenordnung: »um zusammen mit Israel Gottes Liebe und Gerechtigkeit zu bezeugen«.

Ob angesichts der Geschichte des christlichen Antijudaismus und des nach wie vor vorhandenen und immer neu aufkommenden und drohenden Antisemitismus sowie angesichts vielfältiger Herausforderungen und Bedrohungen ethischer und rechtlicher Art, vor denen wir stehen, dieses Schwanken zwischen der Tora als trennendem Moment und einer recht vagen Hoffnung auf gemeinsame Prinzipien ausreicht, ist mir fraglich. Das christliche Versagen im 3. Reich war sicher nicht nur, wie manchmal gesagt wurde und wird, ein ethisches Problem, lag nicht (nur) daran, dass man das Rechte wusste und es nicht tat, sondern war tief verwurzelt in den theologischen Grundstrukturen christlichen Denkens, die die Verwerfung Israels als tragendes Fundament hatten. Aber es waren natürlich nicht die theologischen Fragen um ihrer selbst willen, um die es ging, sondern es ging um ihre rechtlichen, sozialen, politischen und menschlichen Folgen, also um ihre Ethik. Für den Dialog stellt uns das m. E. vor die Frage, was heute und in nächster Zeit »dran« ist. Angesichts einer weitgehend vollzogenen Anerkennung der biblischen Wahrheit, dass der Bund Gottes mit seinem Volk und dessen Erwählung niemals in Frage stand einerseits, sowie angesichts eines noch kaum begonnenen und gar nicht abzusehenden Weges zu einer Reformulierung der tragenden Fundamente von Christologie und Trinitätslehre andererseits, wie sie in der alten Kirche samt ihrer antijüdischen Ausrichtung geprägt wurden, sowie schließlich angesichts vielfältiger Herausforderungen der Gegenwart stellt sich die Frage, ob nicht als nächster großer Schritt der Versuch gemacht werden muss, die vagen Hoffnungen auf eine gemeinsame jüdisch-christliche Ethik genauer und präziser, verbindlicher und biblischer zu fassen – also den gemeinsamen Bezug auf »das Gute«, das uns gesagt ist und seine Grundlage in der Tora.

Aber wie steht es mit dem christlichen Bezug auf die Tora? Stehen hier nicht große Hindernisse im Weg? Und wird nicht auch jüdischerseits ein intensiverer christlicher Bezug auf dieses Zentrum jüdischen Glaubens und jüdischer Existenz nicht nur erhofft und als unproblematisch angesehen? Ich vermute in den unterschiedlichen jüdischen Stimmen eine ähnliche Spannung, wie sie zwischen dem inhaltlichen Bezug auf die Tora und dem »Mensch« in Mi 6,8 liegt. Aber den nichtjüdischen Menschen und gerade auch den Christen ist bisher vieles Notwendige nicht unüberhörbar gesagt worden. Wenn etwa Martin Buber im Briefwechsel mit Gerhard Kit-

---

10. H. H. Henrix/W. Kraus Hg., Die Kirchen und das Judentum, Dokumente von 1986-2000, Paderborn/Gütersloh 2001, 766.

tel 1933 auf die Fremdengesetze der Tora verwiesen – »*einerlei Weisung und einerlei Recht für euch und für den Gastsassen*« (Num 15,15 f.; vgl. Lev 24,22; 19,33 f.) – und die Christen gefragt hat: »oder ist ihre Meinung, dass Gott von den Völkern diese Gerechtigkeit und diese Liebe nicht mehr fordert?«[11], so muss man dazu auch wissen, dass Texte wie diese im Christentum mit den meisten Teilen der Tora niemals gelehrt und tradiert worden sind, obwohl sie auch in der christlichen Bibel stehen, und also den Christen unbekannt waren und entsprechend christliche Ethik bis heute gerade nicht bestimmt haben. Die Verbindung des Christentums mit Nationalismus und Rassismus hätte sonst nicht so eng sein können, wäre zumindest strittiger gewesen.

Führt der Verweis auf das Gute unausweichlich auf die Tora, dann stellt sich für Christen die Frage: Wie kann ein christlicher Bezug auf die Tora aussehen, so dass bisherige christliche Traditionen nicht abgebrochen, sondern korrigierend weitergeführt werden können, und dass vor allem Differenz und Respekt gegenüber dem Judentum gewahrt bleibt, dass aber dennoch ein gemeinsamer Bezug auf das von Gott mitgeteilte Gute möglich wird?

III. Das Staunen der Völker als hermeneutischer Zugang

Der hermeneutische Ort, an dem wir uns als Nichtjuden befinden und von dem her alle diese Fragen angegangen werden können, ist für mich am deutlichsten in Dtn 4,6-8 formuliert. Da sagt Mose zu Israel:

6 So wahrt und übt sie (die Gesetze und Rechtsvorschriften), denn das ist eure Weisheit und eure Einsicht in den Augen der Völker, die all diese Satzungen (chuqqim) hören und sprechen werden: ›Doch, ein weises und einsichtiges Volk ist diese große Nation!‹. Denn wo wäre eine große Nation, die Götter hätte, ihr so nahe, wie der Ewige unser Gott, sooft wir ihn anrufen! Und wo wäre eine große Nation, die so gerechte Satzungen und Rechtsvorschriften (chuqqim umischpatim) hätte wie diese ganze Weisung (tora), die ich euch heute vorlege.«[12].

Es gibt biblische Bilder bzw. kleine Szenen, die auf eine sehr einfache Weise komplexe Zusammenhänge formulieren, so dass auch theoretisches

---

11. M. Buber, Offener Brief an Gerhard Kittel, ThBl 12, 1933, 621ff = ders., Der Jude und sein Judentum. Gesammelte Aufsätze und Reden, Heidelberg 1963, 622f.
12. Übersetzung N. H. Tur-Sinai.

und abstraktes Denken nicht über sie hinaus kommen kann. Dazu gehören für mich diese Verse. Die im Text gegebene Situation hält fest, dass Gott, Israel und die Tora zusammengehören und die anderen Völker, damit »wir«, uns zunächst in einer Zuschauerrolle befinden. Die Völker geraten ins Staunen einerseits über diesen Gott und seine einzigartige Nähe zu Israel, andererseits über die Gerechtigkeit der in der Tora formulierten Gebote und Rechtsaussagen. Wir kommen zu einem Gott, der unlöslich mit Israel wie mit der Tora verbunden ist. Und der Zugang ist zunächst das Staunen über Weisheit und Einsicht, Vernunft und Gerechtigkeit. Das hier entwickelte Modell verbindet somit Offenbarung und Erfahrung, biblische Tradition mit einer Überprüfbarkeit, die geradezu empirische Züge hat: »so gerecht wie nichts anderes« – das kann man ausprobieren.

Der Schluss, dass die derart bestaunte Tora, auch für die Völker selbst, für ihr Leben und ihr Recht zum Maßstab werden wird, wird nicht ausdrücklich gezogen, liegt aber in der Tendenz des Gesagten. Was könnte für die Völker weiser und klüger sein? Die Tora wird durch eine so geprägte Rezeption, so steht zu hoffen, Israel nicht entfremdet oder von den Völkern als ihr Besitz vereinnahmt. Das Staunen über dieses einmalige Volk bleibt die Grundlage des Ganzen. Zugleich wird das von Gott Israel Offenbarte aus einem Abstand heraus beurteilt und, weil und sofern es der Beurteilung standhält, bewundert, weil hier eine Gerechtigkeit zu finden ist, wie es sie so sonst nirgends gibt. Der Vorgang ist verwandt mit den Verheißungen, dass die Völker zum Zion kommen, um Tora zu empfangen (Jes 2; Mi 4 u. a.) oder dass der Gottesknecht hinauszieht, um Tora zu den Völkern zu bringen (Jes 42). Er unterscheidet sich davon aber, dass es nicht um eine eschatologische Zukunft geht, sondern um etwas, das mit der Gabe der Tora als solcher unausweichlich gegeben ist.

Dieser Ansatzpunkt an der Tora, aber als einer nicht uns gegebenen bzw. nicht universal formulierten Weisung Gottes, ein solcher Ansatzpunkt, der zugleich ein Bezug auf Israel und auf die Gerechtigkeit ist, stellt, so meine These, eine Grundlage christlicher Ethik dar, die biblisch wie sachlich angemessener ist, als alle anderen mir bekannten Versuche, christliche Ethik zu begründen.

Einige dieser Versuche sollen im Folgenden angesprochen werden, wobei auf zwei Aspekte zu Beginn kurz verwiesen werden muss. Das eine ist das heute vielen so zentral scheinende Problem, dass wir in einer nicht mehr durch religiöse Normen und schon gar nicht mehr durch breite Konsense gebildeten Gesellschaft leben. Wenn hier jüdisch-christliche Traditionen zumal biblischer Herkunft zum Zuge gebracht werden sollen, dann kann das, sofern es um mehr als Binnenethik einer Gruppe gehen soll, nur durch Überzeugung geschehen, mit der letztlich Mehrheiten gewonnen werden können. Das Modell von Dtn 4 geht nun genau von einem solchen Vorgang der

Überzeugung einer zunächst fernstehenden Mehrheit aus. Besteht die eigene christliche Ethik in einer Kombination von vorgegebener und kritisch überprüfter Norm, dann könnte das zugleich die Chance sein, sie in einer wertepluralen Gesellschaft in die allgemeine Gesetzgebung einzubringen. Das Erstaunliche, auf dass man an dieser Stelle stößt, ist, dass vieles, was heute als Norm gilt, aus analogen Vorgängen stammt. So sind die Menschenrechte als die vielleicht wichtigste moderne Entsprechung zu zentralen Inhalten der Tora, sind aber etwa auch die Grundmuster des Sozialstaates mit seiner rechtlichen Absicherung der sozial Schwachen auf verwickelte Weise aus der Tora gewonnen und zur Überzeugung vieler geworden.

Für eine christliche Ethik dürfte, das ist das zweite, die These entscheidend sein, dass das Neue Testament und seine auf die Tora gegründete ethische Tradition mit dem hermeneutischen Modell von Dtn 4 erstaunlich genau erfasst werden kann, gerade auch die Breite unterschiedlicher Ansätze. Da gibt es einerseits bei Jesus bzw. in den ersten drei Evangelien, besonders deutlich bei Matthäus, eine stark betonte, uneingeschränkte Weitergeltung der Tora für alle an Jesus als Messias Glaubenden. Nicht zuletzt die kanonische Vorrangstellung des ersten Evangeliums als Portal zum Neuen Testament, und in ihm wieder die Bergpredigt als das für christliche Ethik grundlegende Dokument machen die Dinge überraschend eindeutig. Während Lukas im Evangelium ebenfalls diesem Modell, dann aber in Apg 15 für die Heidenchristen dem Grundmodell der noachidischen Gebote folgt – allerdings unter offenkundiger Voraussetzung der Weitergeltung sozialer und rechtlicher Normen –, hat Paulus das komplexeste Modell entwickelt, dessen ausgereifteste Form im Römerbrief vorliegt. Deutlich ist hier das grundlegende Urteil, dass die Tora heilig, gerecht und gut ist (Röm 7,12) und deswegen durch den Geist bzw. das Evangelium »aufgerichtet« wird (Röm 3,31). Andererseits werden für die Heiden Teile der Tora wie die Beschneidung und die Speisegebote offenbar nicht bzw. nicht ungebrochen eingefordert. Vor allem die Erfüllung der *dikaioma* der Tora, also ihrer »*Gerechtigkeitsforderungen*«, in Röm 8,4 durch den Geist erinnert direkt an die Gerechtigkeit als Maßstab für das Verhältnis der Völker zur Tora in Dtn 4. Wichtig ist, dass auch solcher Abstand zu ihr und solche faktische Auswahl aus ihr weder die Einheit der Tora noch ihren Bezug zu Israel auflöst oder in Frage stellt.

Die an den Rändern des Neuen Testaments beginnende, sich dann in der Kirche durchsetzende Negierung der Tora als jüdisch und überholt, bedeutete, dass theologisch und inhaltlich andere Grundlagen an ihre Stelle treten mussten. In der christlichen Ethik ist dieser Abstand zur biblischen Formulierung des Gotteswillens vor allem durch zwei Grundmuster legitimiert worden, die zugleich jeweils einen Ersatz geboten haben: *Das Naturrecht und die Ersetzung durch Kurzfassungen* wie den Dekalog, die goldene Regel oder das Liebesgebot. In beiden Fällen zeigt jeder Vergleich mit der Tora beispielhaft, was dabei verloren geht, und lässt so deutlich und unübersehbar werden, was das einmalig Gerechte an der Tora, warum die Tora das mitgeteilte Gute ist.

IV. Zur Frage eines Naturrechts

Der in der Geschichte der christlichen Theologie und Kirche wohl wirksamste Versuch, die Tora und damit die biblische Grundlage christlicher Ethik zu umgehen und außer Kraft zu setzen, ist der Rückgriff auf ein angebliches *Naturrecht*. Bis heute ist bei Christen in vielen Varianten die Meinung anzutreffen, das Gute sei letztlich in uns selbst angelegt und also durch Introspektion und Meditation zu erkennen. Ich nehme als Beispiel Martin Luther und seinen Umgang mit dem Dekalog in der Schrift »Eine Unterrichtung, wie sich die Christen in Mosen sollen schicken« (1526)[13].

Luther, der genaue Exeget, weist mit Nachdruck auf den Anfang des Dekalogs hin und sagt: »Daß aber Mose die Heiden nicht binde, mag man aus dem Text zwingen im andern Buch Mose, da Gott selbst spricht: ›Ich bin der Herr dein Gott, der ich dich aus Ägyptenland, aus dem Diensthaus geführt habe‹. Aus dem Text haben wir klar«, sagt Luther, »daß uns auch die Zehn Gebote nicht angehen; denn er hat uns ja nicht aus Ägypten geführt, sondern allein die Juden«. Wie das ganze Gesetz des Mose, so betreffen uns nach Luther also auch diese Gebote nicht, »denn das Gesetz ist allein dem Volk Israel gegeben, und Israel hat es angenommen für sich und seine Nachkommen, und die Heiden sind hie ausgeschlossen«. Nun übernimmt er ja aber die Gebote dann in seinen Katechismus und greift auch sonst z. B. für seinen lebenslangen Kampf um das Zinsverbot auf die biblischen Texte zurück. Luther begründet das so: »Wiewohl die Heiden auch etliche Gesetze gemein haben mit den Juden, als dass ein Gott sei, dass man niemand beleidige, dass man nicht ehebreche noch stehle und dergleichen anderes mehr, welches alles ist ihnen natürlich ins Herz geschrieben und habens nicht vom Himmel herab gehört wie die Juden«. Da haben wir es: Sie gehen uns nichts an, sagt Luther, weil wir sie längst in uns haben. Von Natur aus seien sie allen Menschen ins Herz geschrieben. Dann kann man, wie Luther

---

13. Weimarer Ausgabe 24,2 ff.; zitiert nach Münchner Ausgabe, Bd. 6, München 1934, 138 ff.

es tut, den Bibeltext auch verändern und an das Naturgesetz anpassen, das wir ja unabhängig von den biblischen Traditionen in uns selbst vorfinden.

Doch stimmt das? Brauchen wir bloß in uns hineinzuschauen, um zu wissen, was das Gute ist oder was Gott will? Die Evidenz eines solchen Verweises ist heute geschwunden und mit gegenwärtigen anthropologischen Vorstellungen kaum vereinbar. Ich möchte zu dieser Frage eines Naturrechts aber vor allem auf zwei grundlegende biblische Aspekte verweisen:

Zum einen gibt es Gebote, für die das nachweislich nicht gilt. Dass es einen Gott gibt, und sogar nur einen einzigen, zählt Luther auf. Doch woher kommen dann die vielen Religionen mit den vielen Göttern? Wenn man in sich hineinschaut und in die Welt hinaus, liegt die Vorstellung vieler Mächte und Gottheiten näher. Naturgegeben ist eher der Polytheismus, und dazu neigt unser Herz. Jeder siebte Tag ist Sabbat, da soll nicht gearbeitet werden, stur durch alle Zeiten hindurch, so geht das schon jahrtausendelang. Die Sieben-Tage-Woche ist eindeutig kein natürlicher Rhythmus, in der Natur gibt es andere Zyklen, den des Mondes etwa; und nach ihm richten sich viele Religionen, auch die Kanaanäer und andere Nachbarn des antiken Israel. Dass sich ein derart unnatürlicher Rhythmus so weltweit bewährt hat, dass andere Religionen wie Christentum und Islam, dass heute auch atheistische Gesellschaften an ihm festhalten, dass alle Versuche einen anderen, etwa einen Zehntagesrhythmus einzuführen, immer wieder gescheitert sind – *der Sabbat ist für mich das überzeugendste Beispiel für das Modell von Dtn 4*: Aus nichts ableitbar, weder aus der Natur noch aus der Vernunft, weder im Menschen noch sonst in der Welt vorfindlich, und doch nachweislich gerecht und weltweit bewährt. Die Gewerkschaften kämpfen für ihn heute manchmal heftiger als die Kirchen. Ähnliches gilt für das zentrale Tötungsverbot. Natürlich gibt es ein menschliches Grundgebot wie »nicht töten« in fast allen Kulturen – immer aber auch beachtliche Ausnahmen. Und was steht dazu in unserem Herzen? Ich denke, auch Gedanken wie: Ist nicht jedes Leben ein Leben auf Kosten anderer? Muss man nicht töten, etwa unheilbar Kranke oder schwer Leidende? Wir wissen, wie schnell die Hochschätzung der eigenen Nation, Religion, Gesellschaftsform oder auch nur des Lebensstils zur Gewissheit führt, manchmal gebiete Gott geradezu das Töten. Unser Herz spricht gerade hier nicht eindeutig.

Zum anderen ist auf die biblische Anthropologie zu verweisen, darauf, dass vor allem die ersten Kapitel der Bibel ein mit Natur, mit Schöpfung und Geburt gegebenes Ethos nicht kennen. Die Bibel erzählt, dass Gott die Menschen als sein Bild erschaffen hat (Gen 1,26 ff.). Doch gerade dieses biblische Menschenbild umfasst sicher *nicht* die Vorstellung, Gott hätte seine Gebote in ihr Herz gelegt. Auch der Griff zur Frucht vom Baum der »Erkenntnis des Guten und Bösen« bedeutet nicht, dass die Menschen nun das wahre Gute von sich aus erkennen und tun. Gut im Sinne des Förderlichen und Nützlichen wird vielmehr von uns selbst unausweichlich festgelegt und entschieden. Und es ist oft genug etwas höchst Problematisches, was Menschen für das Gute halten. Kain hielt für gut, was er tat, in seiner Lage und aus ihr heraus. Mit dieser Tat beginnend und sich ins Universale steigernd durchzieht die Gewalt als die Durchsetzung dessen, was den Menschen jeweils gut scheint, die gesamte Schöpfung. Gebote, wie damit umzugehen ist, gibt Gott der Menschheit erst nach der Sintflut. Menschentötung wird untersagt und das menschliche Leben durch die menschliche Rechtsordnung gesichert; die Tötung von Tieren wird begrenzt und an feste Regeln gebunden (Gen 9,3 ff.). Und erst später am Sinai teilt Gott Israel seine Tora mit, die Fülle dessen, was gut ist. Was Gott den Menschen nach der biblischen Darstellung zu sagen hat, ist nicht schon von Schöpfung und Geburt her in ihrem Herzen zu finden. Es ist uns eben mitgeteilt, gesagt, was gut ist.

Nur nebenbei: Wenn die Gebote im menschlichen Herzen stünden, wenn wir das Gut von uns aus immer schon wüssten und hätten, warum hat Gott es dann den Juden extra gesagt? Hatten sie es besonders nötig? Sind sie keine richtigen Menschen? In der Tat: jeder massive Rückgriff auf ein Naturrecht im strengen Sinne hat nahezu unvermeidlich antijüdische Züge. Man braucht dabei noch nicht einmal daran zu denken, obwohl es immer im Blick zu behalten ist, dass sich ein neuheidnisches Ethos wie das der Nationalsozialisten und ähnlicher Ansätze bis heute stets ausdrücklich gegen die angebliche Tyrannei des Gottes vom Sinai wendet, der z. B. das Töten verbietet[14].

Woher kommt dieser Glaube an das Gute im Herzen der Menschen und seine Hartnäckigkeit? Was den Neuen Bund vom Alten unterscheidet, ist nach Jer 31 folgendes: »*Das ist der neue Bund, den ich nach jenen Tagen schließen will: ... Ich werde mein Gesetz in ihr Inneres legen und es ihnen ins Herz schreiben*« (v. 33). Daher kommt das Bild. Die Vorstellung eines von Gott ins Herz geschriebenen Naturrechts ist eine versteckte Übernahme dieser alttestamentlichen Verheißung und die konsequente, aber problematische Behauptung, dass dieses Eschaton, diese messianische Zukunft bereits heute wirksam sei. Bei jeder Abendmahlsfeier wird daran erinnert, dass sich diese Zusage Gottes mit Jesus Christus zu realisieren begonnen

---

14. Nach wie vor eindrucksvoll: Hermann Rauschnings Aufzeichnung von Gedanken Adolf Hitlers: in: ders., Eine Unterhaltung mit Hitler, abgedruckt z. B. in: K. Hamburger, Thomas Mann: Das Gesetz. Dichtung und Wirklichkeit, Frankfurt/M. 1964, 200 ff.

hat. Also zwar nicht seit der Schöpfung, aber durch den Glauben an Jesus, durch die Gnade, wie sie im Evangelium erfahren, im Neuen Bund wirksam wird!? Doch ist das Neue von Jer 31 wirklich bereits effektiv wirksam? Das ist die alte Frage, die zwischen Juden und Christen immer wieder verhandelt wurde, ob die Zukunft Gottes mit Jesus Christus schon begonnen hat und in welchem Sinn. Der Messias soll eine gerechte Welt bringen, in der alle Kinder leben dürfen (Jes 65,20) und alle Tränen abgewischt werden (25,8) – in einer solchen Welt leben wir eindeutig nicht. Wir hoffen mit den Juden und nicht anders als sie, dass Gott so handeln wird. In Christus haben wir nur einen Anfang. Entsprechendes gilt auch für den Neuen Bund. Die junge Christenheit hat schnell lernen müssen, dass ihr Glaube aus ihnen keine besseren Menschen macht. Bis heute ist das Verhalten der Christen, ihre Praxis eine ständige Widerlegung ihrer Behauptung, bereits im Neuen Bund zu sein, wo gilt: »*Keiner wird mehr den anderen ... belehren ... sondern sie werden mich alle erkennen, klein und groß*« (Jer 31,34). Wir aber brauchen bis heute die Belehrung, die Tora und mit ihr das Gute ist nicht einfach in unserem Herzen.

V. Die ganze Tora oder ihre Prinzipien?

In Dtn 4,6 wird von den Völkern ausdrücklich die Gerechtigkeit »der ganzen Tora« konstatiert. Es ist die Fülle und Unausschöpfbarkeit der Tora, die das Staunen auslöst und in Gang hält. Während das Naturrecht heute eher eine römisch-katholische Frage ist, spielen in allen Spielarten protestantischer Ethik immer wieder Versuche eine Rolle, die Fülle der – dann meist disqualifizierend als kasuistisch o. ä. bezeichneten – Tora-Gebote durch Kurzfassungen, Zusammenfassungen, Prinzipien zu erfassen und meist auch dadurch zu ersetzen.

Solche Formeln finden sich bereits in der Hebräischen Bibel, Mi 6,8 ist einer der eindrucksvollsten Versuche. Ausdrücklich als die Essenz von Gesetz (und Propheten) werden dann besonders im Neuen Testament die goldene Regel (Mt 7,12) und das Liebesgebot (Röm 13,8) bzw. das Doppelgebot der Liebe (Mt 22,40) bezeichnet. Jeweils wird explizit gesagt, dass darin das ganze Gesetz und die Propheten hängen. Die wirksamste Kurzfassung in der Geschichte des Christentums ist der Dekalog geworden. Seine Sonderstellung wird bis in die Gegenwart auf allen Ebenen der Diskussion mit der offenen oder versteckten Behauptung begründet, in ihm sei alles enthalten, was Gott geboten hat. Zu diesen biblischen kommen dann auch philosophische Versuche, man denke etwa an die Rolle, die bei E. Levinas der Andere und sein Antlitz spielen.

Ich kann hier die Grundprobleme nur andeuten, die sich ergeben, wenn solche Formeln die Fülle der Tora ersetzen sollen oder wenn die Vorstellung herrscht, diese Fülle sei aus ihnen ableitbar. Es ergeben sich vergleichbare Fragen wie beim Naturrecht. Doch ist schnell zu erweisen, dass die Fülle der Tora in keiner dieser Formeln auch nur ansatzweise aufgeht, dass immer Wichtigstes fehlt und vor allem, dass Vieles in keiner Weise aus solchen Prinzipien abzuleiten ist. Man kann deswegen grundsätzlich fragen, ob und wie weit dem biblischen Recht der Tora überhaupt derartige Prinzipien zugrunde liegen[15]. Ich erinnere hier über den Sabbat hinaus an die politische und wirtschaftliche Seite der Tora, ihre Regeln zur Bewahrung und Gewinnung von Freiheit und Gerechtigkeit auf diesem Feld. Da sind etwa Zinsverbot und Schuldenerlass, die nicht einfach aus einem bestimmten Begriff von Gerechtigkeit abzuleiten sind, sondern sich umgekehrt als gerecht erweisen. Die Grundfragen eines Sozialstaates, in dem Arme und andere sozial Schwache Anspruch, und zwar rechtlich geregelten Anspruch auf einen gesicherten Lebensunterhalt haben, stehen heute vor allem hinsichtlich der darin verwurzelten Prinzipien überall auf dem Spiel. Politische Grundregeln wie das Königsgesetz (Dtn 17,14ff.) mit seiner Begrenzung jeder Macht und seiner Unterstellung der Staatsmacht unter die Tora und damit das Recht sind nicht einfach aus dem Liebesgebot abzuleiten.

Zudem sind alle diese zusammenfassenden Formeln praktisch ausschließlich auf zwischenmenschliche Problemfelder begrenzt. Dabei fällt dann aber z.B. die gesamte Naturethik fort. Das lässt sich exakt an der traditionalen christlichen Ethik demonstrieren, bei der die Abkoppelung von der Tora auch den Verzicht auf jegliche ernsthafte Natur- oder Tierethik bedeutet hat und weitgehend bis heute bedeutet.

Alle Versuche, Hauptlinien oder Prinzipien formelhaft zusammen zu fassen, haben in ihrem jeweiligen Zusammenhang ihren Sinn, sie sind in mancher Hinsicht notwendig und unersetzbar. Es gibt sie ja durchaus auch im Jüdischen. Man kann an didaktische Zwecke denken, das gilt aber auch im Sinne des Modells von Dtn 4, um in jeweils gegebener Perspektive Wesentliches der Tora zu demonstrieren, die Fülle zu bündeln und zugänglich zu

---

15. Vgl. für das biblische Strafrecht die Skepsis von B. S. Jackson (Reflections on Biblical Criminal Law, in: ders., Essays in Jewish and Comparative Legal History, Leiden 1975, 25-63) gegenüber dem Versuch von M. Greenberg, solche im Vergleich mit dem Kodex Hammurabi zu formulieren (Some Postulates of Biblical Criminal Law, Yehezkel Kaufmann Jubilee Volume, Jerusalem 1960, 5-28 = J. Goldin Ed., The Jewish Expression, New York 2. Aufl. 1976, 18-37).

machen. Sie werden jedoch problematisch – und die Geschichte der christlichen Ethik ist dafür das beste Beispiel – wenn sie von der Tora getrennt werden und an ihre Stelle treten sollen, insbesondere wenn zugleich die Tora selbst abgewertet und disqualifiziert wird. Auch und gerade der Begriff der Gerechtigkeit kann der Tora nicht vor- oder übergeordnet werden. Zwar staunen die Völker nach Dtn 4 über ihre Gerechtigkeit, aber das bezieht sich auf den Vergleich mit der Rechtsordnung anderer Völker. Es ist nicht ein fertiger, vorgegebener Maßstab etwa naturrechtlicher Herkunft, der hier angelegt werden kann. Gerade was Gerechtigkeit ist, zeigt sich erst an der Tora.[16]

Ein Sonderfall derartiger Kurzfassungen sind die im nachbiblischen Judentum aus Ansätzen wie in Gen 9 entwickelten sieben noachidischen Gebote als der Kern der Tora, der auch von der nichtisraelitischen Menschheit gelebt werden soll: »*Die Nachkommen Noahs sind auf sieben Gebote verpflichtet worden: auf die Rechtspflege und auf Götzendienst und auf Gotteslästerung und auf Unzucht und auf Blutvergießen und auf Raub und auf ein Glied vom lebenden Tier*«[17]. Wie die Entscheidungen des so genannten Apostelkonzils in Apg 15 zeigen, haben verwandte Konzepte in der Frühzeit des Christentums eine wichtige Rolle gespielt. Ist nicht dies der Ort, an den uns die Bibel selbst und die darauf basierende jüdische Überlieferung stellt, so dass wir, Luther korrigierend, »Mose dort zu hören [haben], wo er sich in Gestalt der noachidischen Weisung über das Bundesvolk hinaus an die ganze Völkerwelt wendet«?[18] Doch ist das wirklich unsere Situation? Ich sehe uns eher in der der Völker von Dtn 4. Denn nicht nur verweisen gewichtige neutestamentliche Stimmen auf die ganze Tora mit allen ihren Buchstaben (Mt 5,17 ff.), vor allem ist die schriftliche Tora, rabbinisch gesprochen, Teil der zweiteiligen christlichen Bibel. Wie sollte, um nur ein Beispiel zu nennen, das noachidische Gebot der Rechtspflege, der Errichtung eines Gerichtswesens, in allen Fragen nach der Gerechtigkeit des Rechts, man denke nur an das Recht der Fremden, ohne Blick auf die gesamte Tora und ihre Gerechtigkeit auskommen?

Es waren ja auch nicht die Fragen nach Recht und Gerechtigkeit, um die es bei den Regeln des Apostelkonzils ging, sondern es ging um die Möglichkeit eines Zusammenlebens von Juden und Nichtjuden in den urchristlichen Gemeinden, wenn die einen die ganze Tora einschließlich der Speisegebote lebten, die anderen sich – etwa durch den Maßstab der Gerechtigkeit

---

16. Dazu u. S. 49 ff..
17. Tosefta avoda zara 8; vgl. bSanh 56a.b u. a.
18. So K. Müller, Tora für die Völker. Die noachidischen Gebote und Ansätze zu ihrer Rezeption im Christentum, Berlin 1994, 270.

der Tora – nicht automatisch an alle Regeln gebunden fühlten. Mit der Trennung vom Judentum sind diese Regeln in Vergessenheit geraten. Sie werden immer da aktuell werden, wo es um ein konkretes Zusammenleben geht.

VI. Freiheit als Kitt der Gesellschaft

Ich komme am Schluss noch einmal auf Mi 6 zurück. Bevor dort an das Gute erinnert wird, das Gott längst mitgeteilt hat, verweist Gott auf seine Tat: »*Ja ich habe dich herausgeführt aus dem Land Ägypten und aus dem Sklavenhaus habe ich dich losgekauft*« *(v. 4)*. Durchgängig ist der Exodus und damit die Freiheit die Grundlage, auf die sich die Tora bezieht. Ohne diese Erinnerung und die damit verbundene weitergehende Erfahrung kann das Gute nicht als gut erscheinen. Auch heute macht eine Erinnerung an das Gute nur in diesem Zusammenhang Sinn. Da allerdings liegen heute und in der Zukunft Chancen, die bisher kaum wahrgenommen worden sind.

Der Soziologe Ulrich Beck hat in den rahmenden, von ihm selbst geschriebenen Kapiteln des Buches »Kinder der Freiheit«[19], eine faszinierende Antwort auf eine Frage formuliert, die uns alle beschäftigt: »Was hält eine hoch industrialisierte Gesellschaft, in welcher der Wohlfahrtskonsens zerfällt, zusammen?« (392). Er erinnert an drei Formen des Zusammenhalts bisheriger Gesellschaften, die heute alle nicht mehr funktionieren: die *Religion*, mit der Vertagung der Fragen auf das Jenseits (bes. 386), das *Blutopfer*, wo der Ego-Gesellschaft der Nationalismus mit seiner Bereitschaft zu Krieg und Gewalt entgegengesetzt wurde (bes. 388), und die *Erwerbsarbeit* einschließlich des bisherigen DM-Nationalismus (389). Auf die Frage: »Wird es eine Demokratie jenseits der Arbeitsgesellschaft geben …?«, also »ohne Religion, ohne Blutopfer und mit der an Gewissheit grenzenden Wahrscheinlichkeit erodierenden Wohlstands« (391) gibt er eine überraschende Antwort. Sie liegt im Verweis auf die Freiheit: »Die Moderne verfügt in ihrer Mitte über eine eigenständige, lebendige, zugleich uralte und hochaktuelle Sinnquelle: politische Freiheit« (10). Sie konkretisiert sich insbesondere in politischen Freiheitsrechten wie den Bürger-, Grund- und Menschenrech-

---

19. U. Beck, Kinder der Freiheit. Wider das Lamento über den Werteverfall, in: ders, (Hg.), Kinder der Freiheit, Frankfurt 1997, 9—33; ders., Ursprung als Utopie. Politische Freiheit als Sinnquelle der Moderne, ebd. 382—401.

ten. Beck sieht in ihr einen nicht erloschenen »Vulkan« (384), der »in einem dramatischen Gegensatz zu der heute fast dominanten Deutung« (10) gesellschaftliche Bindungen nicht zerstört oder in Frage stellt, sondern immer neu schafft.

Freiheit als Kitt der Gesellschaft, das steht zwar einerseits in Gegensatz zu vielem, was Religion, auch traditionelle christliche Religion, ausmacht; das steht aber andererseits in einem engen Zusammenhang mit unserem eigenen Ursprung, denn es wurzelt, wie Beck selbst sieht, »in den die Welt verändernden religiösen Erfahrungen des alten Judentums und des frühen Christentums« (9 f.). Dass ein Soziologe in dieser Weise das Rezept für die bedrängenden Fragen von Gegenwart und Zukunft im Rückgriff auf biblische Ansätze sieht, empfinde ich als eine Herausforderung, die aufgegriffen werden sollte. Denn der Zusammenhang von Freiheit und Recht ist in der Tat ein Herzstück biblischer Theologie, das aber in der so weit reichenden christlichen Abwehr des Alten Testaments, des angeblichen Gegensatzes zum Judentum und der individuellen Engführung des Glaubens kaum zum Zuge gekommen ist, und jedenfalls das bürgerliche Christentum eher am Rande berührt, als zentral bestimmt hat. Wenn Beck Recht hat, eröffnet der Rückgriff auf die Tora und damit auf jüdische Herkunft des Christentums direkt die Möglichkeit eines wirksamen Beitrags zu den drängenden Gegenwartsfragen der Moderne mit ihrem angeblichen Werteverfall. In der Bibel jedenfalls gründet sich der Gottesglaube von Anfang an auf die Erfahrung von Freiheit. Gott wird als Freiheit erfahren. Dafür steht insbesondere die Exodustradition, die wie nichts anderes das Spezifische des biblischen Gottesglaubens enthält. Und diese Freiheit konkretisiert sich in der Tora, der Weisung Gottes, zur Gestaltung und Bewahrung der von ihm geschenkten Freiheit. Recht und Ethik ist in der Bibel nicht nur Folge und Konsequenz des Exodus, sondern seine Gestalt. Indem das aus Ägypten befreite Gottesvolk an den Sinai, den Ort Gottes kommt und dort ihm selbst begegnet, erhält es mit der Tora die Regeln des Zusammenlebens, die der geschenkten Freiheit entsprechen und sie realisieren. Und im Neuen Testament wird dieser Zusammenhang im Kern ungebrochen fortgesetzt. Indem Kirche und Theologie sich mit dem christlich-jüdischen Dialog schrittweise immer mehr dem Alten Testament und mit ihm dem Jüdischen im Christentum angenähert haben, kann diese biblische Grundlage neu zum Zuge kommen. Alte und eher unbiblische, aber bis heute wirksame Muster wurden in Frage gestellt, Muster, nach denen Gottes Recht vor allem negativ bewertet wurde, als Gegensatz zur Gnade statt als ihr Ausdruck, Muster, nach denen das Evangelium die Tora überwindet, statt sie neu und effektiv in Kraft zu setzen.

Jeder Versuch, das Gute, von dem Mi 6,8 spricht, neu bei uns selbst und in der Gesellschaft zur Geltung zu bringen, wird es als Beitrag zur Vermehrung, nicht zur Einschränkung von Freiheit zu erweisen haben. Das Staunen über das Gute, das die Tora ist, wird nur Realität werden, wenn es nicht nur gut tut, sondern sogar, im Sinne von Ps 19,11, wonach die Tora »süßer als Honig« ist, auch gut schmeckt.

3. Die Tora und die Einheit Gottes

Noch bevor die Völker über die Gerechtigkeit der Tora staunen, verwundern sie sich, so sagt es Dtn 4,7 über den Gott, der Israel die Tora gibt und ihm damit unvergleichlich nahe ist. Die Tora ist danach der Schlüssel zum biblischen Gottesbegriff. Die folgenden Ausführungen gehen dem Zusammenhang der Tora des Mose mit dem Gottesverständnis im Alten und Neuen Testament nach und stehen unter der doppelten GRUNDTHESE:

THESE 1: *Die Tora ist nicht nur – historisch wie sachlich – die Grundlage des alttestamentlichen Kanons und damit der Bibel überhaupt, sondern sie ist notwendiger Ausdruck der Einheit Gottes und damit unaufgebbares Element der Identität des Gottes, den die Bibel bezeugt. Ihre Rezeption ist (wie andere Teile der Bibel) auf eine sozialgeschichtliche Methode angewiesen, die der Intention der Texte im ursprünglichen sozialen Zusammenhang nachgeht.*

Der Zusammenhang der Einheit Gottes mit der Tora soll im Folgenden unter drei verschiedenen Aspekten in den Blick genommen werden. Ein erster Teil versucht, unter dieser Fragestellung einen Überblick über die Teile der Tora und ihre wichtigsten Inhalte zu geben; der zweite geht der Einheit von Gottes Gerechtigkeit und Barmherzigkeit nach; der dritte schließlich stellt verschiedene biblische Modelle vor, wie der Gott Israels sich als Gott aller Menschen und Völker erweist.

I. Der eine Gott und die Fülle der Wirklichkeit

THESE 2: *Israels Weg zur Einheit Gottes (»Monotheismus«) musste in einer Neudefinition der gesamten damaligen Wirklichkeit, aller Bereiche menschlichen Lebens und menschlicher Erfahrung Gestalt gewinnen. Sie vollzieht sich vor allem in der Tora. Die Tora ist damit das wichtigste Medium, das die Einheit Gottes und die Vielfalt der Erfahrungs- und Wirklichkeitsbereiche zusammenbringt und zusammenhält.*

Historisch gesehen geht die Entstehung der Tora, ihr Zusammenwachsen aus verschiedenen Rechtsbüchern der immer deutlicheren Formulierung der Einheit Gottes parallel, besser gesagt, sie ist ein zentraler Teil von Israels

Weg zum Monotheismus. Obwohl die Rekonstruktion beider Vorgänge in der Wissenschaft im Einzelnen sehr umstritten ist, sind doch die wichtigsten Umrisse, auf die es für die theologische Frage allein ankommt, mit großer Sicherheit zu erkennen[1].

Das Bundesbuch und die Torastruktur

Das älteste biblische Rechtsbuch ist das sogenannte Bundesbuch in Ex 20,22 – 23,33, das in der Sinaierzählung als erstes nach dem Dekalog steht und auf dessen Grundlage der Bundesschluss in Ex 24 erfolgt. Man kann in ihm drei Gruppen von Geboten unterscheiden, die wohl eine verschiedene Vorgeschichte haben, mit deren Zusammenbindung in einem einzigen Dokument als gemeinsamer Wille des einen Gottes aber eine Verbindung entsteht, die es in den altorientalischen Rechtstexten und sonst in der Rechtsgeschichte nicht gibt und die ich *Torastruktur* nenne.

– Das eine sind die theologischen und religiösen Kernsätze. Da ist vor allem das erste Gebot, das Verbot der Verehrung anderer Gottheiten, das die gesamte Komposition beherrscht und prägt (Ex 20,23; 22,19; 23,13.24.32f.). Weitere wichtige Themen aus diesem Bereich sind das Bilderverbot (20,23) mit seiner fundamentalen Unterscheidung von Gott und Welt, aber auch eine religiöse Zeitstruktur, mit der sich Israel von den kanaanäischen Nachbarkulturen abhebt. Hierzu gehört neben den Jahresfesten (23,14ff.) vor allem die Ruhe an jedem siebten Tag, also der Sabbat, aber auch das Sabbatjahr (23,10f.).

– Mit diesen religiösen Grundgeboten verbindet sich zweitens eine Sammlung von eigentlichen Rechtssätzen, die in Form und Inhalt dem ähneln, was wir aus den altorientalischen Rechtskorpora, besonders dem Kodex Hammurabi, kennen. Es geht um wirkliches Recht, das in Rechtsverfahren angewendet werden soll und das der Sache nach unserem positiven Recht entspricht. Hierzu gehörten neben Todes- und Sklavenrecht besonders Regelungen für Körperverletzungen und Eigentumsschädigungen. Ein Beispiel ist Ex 21,18f., das mit der Bestimmung einer finanziellen Entschädigung des Opfers bei einer massiven Körperverletzung das durchgängig zugrundeliegende Prinzip des biblischen Strafrechts erkennen lässt: Die Geschädigten sollen vom Täter entschädigt werden, damit durch diesen Ausgleich ein zukünftiges friedliches Miteinander ermöglicht wird. Dass die »Strafe« als Wiedergutmachung an das Opfer zu zahlen ist, ist für das Ver-

---

1. Für Details vgl. F. Crüsemann, Die Tora. Theologie und Sozialgeschichte des alttestamentlichen Gesetzes, 2. Aufl. Gütersloh 1997.

ständnis von »Strafen« Gottes in der Bibel, aber auch für heutige Strafrechtsdiskussionen von großer Bedeutung[2]. Von diesem Grundprinzip her muss dann das Talionsrecht mit seinem »Auge um Auge ...« in 21,24ff. im Sinne der jüdischen Auslegung als Forderung nach Angemessenheit der Entschädigung verstanden werden, nicht als real zu vollziehende Strafe.

– Das dritte sind Schutzbestimmungen für die sozial schwächsten Glieder der Gesellschaft. Dabei spielt das Fremdenrecht[3] eine besondere Rolle (dazu vgl. a. Lev 19,33 f. u. 24,22). Es rahmt in Ex 22,20 und 23,9 den Teil, in dem es um Witwen und Waisen (22,21-23) sowie um Arme (22,24ff.; 23,3.6), aber auch um den Schutz von Tieren (23,4f.) geht. Dieses Erbarmensrecht schreibt rechtlich fest, was die prophetische Kritik seit Amos eindrücklich vermisst und gefordert hat. Rechtlich sollen diese Sätze offenkundig als steuernde Prinzipien für das gesamte positive Recht fungieren. Sie entsprechen damit sowohl inhaltlich wie rechtstheoretisch dem, was in der Neuzeit in den Menschen- und Grundrechten Gestalt gewonnen hat.

Das religionsgeschichtlich wie theologisch Entscheidende ist nun, dass diese drei unterschiedlichen thematischen Gruppen als gemeinsame Forderung des einen Gottes auftreten. Die Einheit Gottes bewirkt hier also, dass die Gottesbeziehung nicht nur im engeren Sinne religiöses Verhalten erfordert, sondern zugleich und mit gleichem Gewicht in der Praktizierung von Recht und Gerechtigkeit in allen ihren Aspekten besteht. Von Gott trennt nicht nur religiöses Fehlverhalten, wie die Verehrung anderer Gottheiten, sondern ebenso die Beeinträchtigung des Rechts von Fremden und Armen. Damit werden grundlegende Züge des biblischen Gottes formuliert, die dem Alten wie dem Neuen Testament gemeinsam sind.

Das Deuteronomium als Verfassung für Israel

Die Torastruktur des Bundesbuchs liegt nun ebenfalls den jüngeren Rechtstexten wie dem Dekalog und besonders dem deuteronomischen Gesetz (Dtn 12-26) zugrunde. Sie wird aber in ihm erheblich ausgeweitet, wodurch neue große Wirklichkeitsbereiche in das Licht des einen Gottes gerückt werden.

– Das betrifft zum einem die Bereiche Politik und Wirtschaft. Neben dem Königsgesetz in Dtn 17,14ff., das durch Regeln zur Einsetzung des Königs und zu den Grenzen seiner Macht den damaligen Staat dem Recht unterwirft, finden sich Bestimmungen zu allen wichtigen gesellschaftlichen Insti-

2. Dazu u. S. 164ff.
3. Dazu u. S. 224ff.

tutionen, wie dem Rechtswesen mit Regeln zur Einsetzung von Richtern und zu den Aufgaben eines Zentralgerichts (16,18 ff.; 17,8 ff.), aber auch zu Priestern und Propheten (18) sowie zu Krieg und Militär (20). Diese politischen Gesetze formulieren eine Art Verfassung und haben wirkliche Parallelen erst in neuzeitlichen Verfassungen mit ihrem Versuch, Freiheit politisch zu organisieren und rechtlich festzuschreiben. Dazu kommt eine starke Ausweitung der älteren Bestimmungen des Armenrechts zu einer Art umfassendem sozialen Netz[4]. Zu ihm gehören ein regelmäßiger Schuldenerlass (15,1 ff.), das Zinsverbot (23,20 f.) und die Umwandlung des traditionell an Tempel und König zu zahlenden Zehnten in eine Sozialsteuer für den Unterhalt der landlosen und also marginalen Gruppen in Israel (14,22 ff.; 26,12 ff.). Alle diese Sozialgesetze binden mit der stets wiederholten Formel »*damit dich Jhwh dein Gott segne in allem Tun deiner Hand, das du verrichtest*« (14,29; vgl. 15,18; 16,15; 23,21; 24,19) den Segen Gottes an die Partizipation der Ärmeren und Landlosen am Reichtum des Landes durch die angeredeten israelitischen Landbesitzer. Der hier anvisierte Kreislauf von Segen und Arbeit ist bis in heutige Fragen eines neuen Arbeitsverständnisses hinein von höchster Relevanz.

– Ein weiteres neues Feld, das im Bundesbuch kaum berührt wurde, ist das Ehe- und Sexualrecht und damit der gesamte Bereich der Familie, der Rolle der Frau etc. Damit wird zwar einerseits die damalige patriarchalische Familienstruktur festgeschrieben, was bis heute besonders von feministischer Seite zu Kritik führt, andererseits finden sich auch hier bis heute herausfordernde Regelungen wie die, dass die Vergewaltigung (22,23 ff.26) rechtlich wie ein Tötungsdelikt zu behandeln ist (22,26), weil sie die Seele, die *näfäsch* schädigt[5]. Wohl das Wichtigste dürfte sein, dass überhaupt dieser »private« Bereich einschließlich von Streitfragen zwischen Eltern und Kindern vor das öffentlich tagende Ältestengericht gehört (z. B. 21,18 ff.)[6] und diese nicht wie vorher einfach durch die Macht des *pater familias* gelöst werden können (so noch in Gen 38).

– Schließlich ist auf die Natur- und Tierethik zu verweisen. Durch die Einführung der profanen Schlachtung entfallen einerseits bis dahin faktisch geltende Tierschutzbestimmungen, da jede Tiertötung zugleich ein Opfer war und festen Regeln unterstand. An diese Stelle setzt das Deuteronomium gewichtige rechtliche Schutzbestimmungen etwa zur Erhaltung der Reinheit der Natur (Dtn 23,14 f.) oder der Vogelmutter (22,6 f.).

---

4. Dazu u. S. 196 ff.
5. Dazu u. S. 110 f.
6. Dazu u. S. 181 ff.

Neben diesen inhaltlichen Neuerungen ist es aber vor allem eine neue theologische Sprache, die im Deuteronomium geprägt wird und die bis heute die jeder biblisch theologischen Sprache ist. Genannt sei nur die Rede von Bund und Erwählung, von Liebe Gottes und Liebe zu Gott, die hier entsteht (z. B. Dtn 7,6-11).

Die priesterlichen Gesetze

Die große Masse der Sinaigesetze insbesondere im Buch Leviticus gehören der priesterlichen Schicht an. Mit ihnen wird – sehr viel deutlicher als im Deuteronomium – auf die Situation des Exils, auf den Verlust von Land und Königtum reagiert. Die Lösung der Gebote von der Voraussetzung des Landbesitzes ermöglicht die Entstehung einer Diasporaethik, wie sie bes. in den priesterlichen Geboten vor dem Sinai, also in Gen 9; 17 und Ex 12 geschaffen wird. Anders als es die üblichen Bewertungen sehen, wird gerade durch die priesterlichen Texte eine starke Internalisierung ermöglicht. Das geschieht durch das Gewicht der göttlichen Vergebung und damit im Umgang mit menschlicher Schuld (s. u.), sodann aber durch verstärkte Reflexion der Frage einer vorliegenden Absicht (Lev 4,2 ff.). Nur die unabsichtlich begangenen Sünden können vergeben werden. Das hat aber z.B. für den Vollzug der Todesstrafe die Folge, dass, wie es das spätere jüdische Recht explizit verlangt, eine todeswürdige Tat nur vorliegt, wenn vor der Tat eine ausdrückliche Warnung unter Hinweis auf die Konsequenzen erfolgt ist, nach dem Muster von Gottes Warnung an Kain (Gen 4,7). Zusammen mit der Zweizeugenregelung in Dtn 19,15 ff. hat das faktisch zu einer Abschaffung des Vollzugs der Todesstrafe im biblisch orientierten jüdischen Recht geführt.

In der Tora wird die gesamte Wirklichkeit, werden insbesondere alle Bereiche, mit denen die Menschen in ihrem alltäglichen Leben zu tun haben, mit dem einzigen Gott verbunden. Wer und was dieser Gott ist, zeigt sich in dieser Verbindung und erhält so seine eindeutige Kontur. Allerdings ist für jede heutige Rezeption dieser Texte ebenso entscheidend, dass sie auf die *damalige* soziale Wirklichkeit bezogen sind, also auf eine vorneuzeitliche agrarische Welt. Bei der Frage nach ihrer heutigen Relevanz und Geltung kann diese Distanz nicht übersehen werden, ohne in fragwürdige bzw. fundamentalistische Rückwärtsgewandtheit zu verfallen. Es kann ja nicht darum gehen, dass uns die Bibel verpflichtet, so zu leben wie Menschen vor zweieinhalb Jahrtausenden gelebt haben. Zu einer sachgemäßen heutigen Interpretation gehört deshalb mit theologischer Notwendigkeit eine sozialgeschichtliche Interpretation, das heißt die Texte sind zunächst in ihren damaligen sozialen Zusammenhängen zu verstehen und nur das kann die Grundlage heutiger Anwendung sein.

II. Der eine Gott und die Einheit von Gerechtigkeit und Barmherzigkeit

THESE 3: *Die Tora gründet in Gottes grundloser Befreiungstat und dient der Ausgestaltung und Bewahrung der geschenkten Freiheit. Da sie als Rechtsordnung auf den Schutz der Schwachen zielt und zugleich Ausdruck von Gottes Sühne- und Vergebungswillen ist, enthält sie nicht nur »Gesetz« – im Sinne des systematischen Begriffs – sondern ist selbst eine grundlegende Gestalt des Evangeliums.*

Wenn Paulus in Röm 3,21 von der von ihm verkündeten Gerechtigkeit Gottes sagt, dass sie zwar ohne das Tun der Tora wirksam wird, dass aber eben das von der Tora und den Propheten bezeugt ist, und dass dann durch diese Gerechtigkeit wiederum die Tora aufgerichtet, d.h. neu in Kraft gesetzt wird (3,31)[7], dann entspricht diese Struktur genau dem, was in der Tat an der Tora selbst zu beobachten ist. Dafür ist einmal auf die Voraussetzung ihrer Geltung und zum anderen auf die Sündenvergebung als Teil der Tora zu verweisen.

Durchgängig ist der Exodus, die Befreiung des unterdrückten Volkes aus Ägypten die entscheidende Voraussetzung für die Forderungen Gottes. Das zeigt sich im erzählten Zusammenhang des Exodusbuches wie in vielen Rückverweisen der Gesetze selbst, besonders bei Themen wie Schutz der Fremden und anderer sozial Schwacher. Diese Zuwendung Gottes zu seinem Volk ist aber von keinem Tun und keiner Eigenschaft Israels abhängig, sie gründet allein in Gottes Liebe und der Treue zu seinen Zusagen an die Väter, wie sie besonders im Abrahambund Gestalt gewonnen hat. Am markantesten wird dieser Zusammenhang im ersten der zehn Worte formuliert: *»Ich bin Jhwh, bin dein Gott, weil ich dich aus Ägypten, aus dem Sklavenhaus herausgeholt habe«* (Ex 20,2). Das ist die Begründung für die in dem Ausdruck *»dein Gott«* formulierte Zusammengehörigkeit, alles andere erfolgt auf dieser Basis und dient inhaltlich der Bewahrung der so geschenkten Freiheit. Dazu kommen inhaltliche Bezüge, denn wichtige Gebote dienen

---

7. Dazu u. S. 67 ff.

direkt oder indirekt der Freiheit, der Sabbat der Freiheit von durchgängiger Arbeit oder der Schuldenerlass der befreienden Entlastung sozial und wirtschaftlich Abhängiger.

Nicht nur ist die befreiende Nähe Gottes Voraussetzung für die Tora, sondern sie selbst ist ein Ausdruck dieser Zuwendung. Das wird besonders deutlich erkennbar in der Erzählung über die Errichtung des goldenen Stierbildes. Die Strafe in Ex 32 für diesen Verrat ist ja das Zerbrechen der Tafeln, so dass die Gebote Gottes und die darin bestehende Zuwendung nicht mehr vorhanden und bekannt sind. Gottes Vergebung dagegen findet ihren Ausdruck in der Erneuerung der Tafeln (Ex 34). Andererseits ist natürlich die Übertretung mit Strafen verbunden, wie es besonders in den Kapiteln über Fluch und Segen (Lev 26; Dtn 27f.) zum Ausdruck kommt. Für ihr Verständnis ist der Ort der Tora im biblischen Geschichtsbild grundlegend. Besonders im Deuteronomium wird immer wieder ausdrücklich gesagt, dass die Gesetze auf der Basis der Befreiung aus Ägypten, aber für das Leben im Land gegeben werden: »*Wenn ihr in das Land kommt, das Gott euch geben wird ...*« (17,14; 18,9; vgl. 6,1; 7,1; u.s.w.). Damit ist eine erste Form dessen formuliert, was Paulus als »schon und noch nicht« bezeichnet. Während die gnädige Zuwendung Gottes grundlos ist und durch nichts in Frage steht, kann ihre Realisierung z.B. im Landbesitz durch Israels Versagen durchaus in Frage gestellt sein. Damit werden die Erfahrungen des Landverlustes in der Exilszeit theologisch verarbeitet.

Über diese theologische Grundlegung hinaus ist aber nun entscheidend, dass Sühne und Vergebung selbst ein integraler Teil der Tora sind. Das wird besonders in den priesterlichen Gesetzen erkennbar, die von Gottes Sühne sprechen. Hier ist einerseits das Sündopfer (bes. Lev 4), dann aber vor allem der Versöhnungstag (Lev 16) zu nennen. Immer wieder laufen diese Text darauf hinaus, dass, wie es meist passivisch, d.h. mit dem sogenannten *passivum divinum* formuliert wird, »*ihm vergeben wird*«. Es handelt sich dabei um gottesdienstliche, liturgische Ausformungen von Gottes grundlegender Vergebungsbereitschaft. Hierin so etwas wie Selbsterlösung zu sehen, müsste mit gleicher Logik auch den christlichen Vergebungszuspruch im Gottesdienst treffen. Die christlicherseits so intensiv rezipierten Bußpsalmen (z.B. Ps 51; 130) oder die vielfältige Rede von Gottes Güte und Vergebung (z.B. Ps 103) formulieren gerade als gottesdienstliche Texte die Innenseite dessen, dessen rituelle Außenseite in den priesterlichen Texten vor Augen tritt.

Hat man derart vor Augen, dass die Tora die Einheit von Gottes Zuspruch und Anspruch, von Recht und Barmherzigkeit formuliert, wird auch verständlich, warum gerade das hebräische Wort *tora* der wichtigste Begriff für dieses Größe geworden ist. »Tora« ist in der Alltagssprache der biblischen Zeit ein Wort, das die Zuwendung besonders der Mutter (Prov

1,8; 6,20) aber auch des Vaters (4,1 f.) zu ihren Kindern benennt. Die aus der Liebe der Mutter entspringende Zuwendung zum Kind, die mahnenden Worte, durch welche sie die Kinder vor den Gefahren des Lebens bewahren und zum richtigen Leben anleiten will, heißt Tora. Das Wort bezeichnet, soweit erkennbar, auf allen Ebenen seiner Verwendung die Einheit von Zuspruch und Anspruch. Tora meint also in der traditionellen theologischen Terminologie gerade die Einheit von Gesetz und Evangelium, wie sie im Wort Gottes durchgängig vorliegt. Die Wiedergabe von Tora mit »Gesetz« und die theologische Verortung der alttestamentlichen Gebote unter der theologischen Chiffre »Gesetz« reißt auseinander, was biblisch gerade zusammengehört. Ist Evangelium in der Sprache des Paulus niemals ein Gegensatz zur Tora, sondern ein Vorgang, der die einander partiell entgegensetzten Größen Gesetz und Verheißung gerade zusammenbringt, dann ist Tora eine Form, eine Gestalt des Evangeliums.

III. Der eine Gott Israels als Gott aller Menschen und Völker

THESE 4: *Mit der Entdeckung der Einheit Gottes entsteht, bereits bei einer radikalen Alleinverehrung, erst recht dann bei der Ausformulierung eines theoretischen Monotheismus, die Grundspannung im biblischen Gottesbild, dass der Gott Israels zugleich Gott und Schöpfer aller Menschen und Völker ist und sich als solcher erweisen wird. Da die Tora Ausdruck der Identität Gottes ist, geht es dabei immer auch um ihre weltweite Geltung. Da sie aber zugleich zur Identität Israels gehört, und also gerade nicht universal formuliert ist, kann sie nicht einfach für alle Völker gelten. Für diese Spannung werden im Alten Testament unterschiedliche Modelle entwickelt, die im Neuen Testament ihre Fortsetzung finden.*

Israel konnte nicht an einen einzigen Gott glauben, ohne dass dieser Gott zugleich als Gott aller Menschen und Völker verstanden wird. So wird dieses Thema bereits in der Zeit verhandelt, in der nach unserer Kenntnis die ersten Schritte in Richtung eines wirklichen Monotheismus getan wurden, nämlich in der Zeit Elias. Schon hier wird erzählt, dass sich Israels Gott auch mitten im Herzland des Baalglaubens, in der phönizischen Stadt Sarepta als der Gott erweist, der für Öl und Getreide, also für die Hauptgaben Baals zuständig ist (1 Kön 17). Ausländer wie die Witwe von Sarepta und der Syrer Naaman (2 Kön 5) verehren Israels Gott. Was schon für diese Anfänge einer radikalen Alleinverehrung eines einzigen Gottes innerhalb Israels gilt, gilt erst recht für die weiteren Schritte zum Monotheismus. Es ist ein notwendiger und unaufgebbarer Aspekt der Einheit Gottes, dass sich der Gott Israels, der ein einmaliges Verhältnis zu diesem einen Volk hat, als Gott aller Völker und Menschen erweisen wird. Zur Frage, wie das geschehen wird, wird eine erstaunliche Anzahl sehr unterschiedlicher theologischer Modelle entwickelt. Davon können hier nur einige kurz benannt werden, soweit sie diese Frage zentral an der Tora orientieren.

Da sind einerseits *alttestamentliche* Modelle. Im rabbinischen Judentum steht besonders das Konzept der noachidischen Gebote an dieser Stelle. Während Israel die gesamte Tora auf sich genommen hat, gelten für die übrige Menschheit, also für die Nachfahren Noahs nur sieben Kerngebote. Aus den beiden in Gen 9 nach der Flut allen Menschen gegebenen Geboten – kein Blutgenuss, als symbolischer Schutz tierischen Lebens, und keine Menschentötung – wurde später das System von sieben Geboten entwickelt (bSan 56)[8], das in der Frühzeit des Christentums eine wichtige Rolle gespielt hat, wie etwa die Regeln des sogenannten Apostelkonzils zeigen (Apg 15,19ff.28f.), die an einer vergleichbaren Tradition orientiert sind. Danach sollen die Heidenchristen sich von Verunreinigung durch Götzen, Unzucht, Ersticktem und Blutgenuss enthalten. Dass diese Verpflichtungen für die Christenheit später keine besondere Rolle mehr gespielt hat, dürfte vor allem daran gelegen haben, dass sie einerseits von den Heidenchristen nicht eingehalten wurden, dass andererseits im Neuen Testament nicht nur die ersten Evangelien viel weitergehende Forderungen aufstellten (Mt 5,17; 23,2). Auch bei Paulus lässt sich die Fortgeltung der Tora nicht auf dieses Gebiet beschränken (z.B. Röm 8,4). Mit dem Gebot der Nächstenliebe und der durch den Dekalog vertretenen Tradition waren andere Aspekte der Tora wirksam.

Für das hermeneutische Grundproblem und den hier vertretenen Ansatz ist die in Dtn 4,6-8 beschriebene Situation wichtig: Wenn die Völker die Tora sehen, löst das neben einem Erstaunen über die Gottesnähe Israels (v.7) die Frage aus: »*Welches große Volk gib es, das Gesetze und Rechtssätze hat, so gerecht wie diese ganze Tora?*« (v.8)[9]. Das Verhältnis zu den Völkern steht vor allem im Zentrum der Texte, nach denen sich der auf dem Zion thronende Gott als der Gott aller Völker erweist. Dazu gehört die verbreitete Vorstellung einer kommenden Völkerwallfahrt zum Zion, wie sie am prägnantesten und wirkungsvollsten in Jes 2 par. Mi 4 beschrieben wird. Vom Zion wird Tora ausgehen und alle Völker werden sich hier Weisung holen,

---

8. Vg. o. S. 34f.
9. Dazu o. S. 26ff.

mit der Folge eines weltweiten Friedensreiches[10]. Im Grunde eine Umkehrung dieses Modells ist die Ankündigung von Jes 42,1-5, dass der Gottesknecht hinausgehen wird, um den Inseln, die auf seine Tora warten, das Gottesrecht zu übermitteln.

Am Ende soll ein Blick auf einige der *neutestamentlichen* Modelle des Umgangs mit der Tora stehen. Recht eindeutig sind in diesem Zusammenhang die synoptischen Evangelien. So setzt Jesus nach dem Matthäusevangelium mehrfach die uneingeschränkte Fortgeltung der Tora voraus. Er stellt diese in sich sehr eindeutigen Aussagen an den Beginn der Bergpredigt (Mt 5,17 ff.) und bestätigt sie vielfach (z. B. 23,1 ff.). Die sogenannten Antithesen haben sich ja gegen ein hartnäckiges antijüdisches Verständnis immer mehr als eine Auslegung der Tora erwiesen, die nach dem rabbinischen Grundsatz gestaltet sind, dass man einen Zaun um das Gesetz bauen soll (Abot 1,1). Um nicht das Verbot des Tötens zu verletzen, wird weit im Vorfeld bei den bösen Gedanken und Worten über den Mitmenschen angesetzt; um gar nicht in die Versuchung des Ehebruchs zu geraten, wird bereits der begehrende Blick sanktioniert. Gerade auch das gewichtige Ende des Evangeliums ist deshalb im Blick auf die Tora eindeutig: Wenn der Auferstandene seine Jünger beauftragt, die Völker alles zu lehren, was er sie gelehrt hat (Mt 28,20), umfasst das die Tora und ihre Geltung.

Das Lukasevangelium lässt das öffentliche Auftreten Jesu mit der Verlesung von Jes 61 in der Synagoge von Nazareth beginnen (Luk 4,16 ff.). In diesem Text – und zumal in seiner Vermischung mit Jes 58 – geht es um die effektive Inkraftsetzung der Tora und speziell ihrer Sozialgesetze[11]. Das Jahr, das Gott gefällt, ist das Jahr in dem nach dem Gebot von Dtn 15,1 ff. alle Schulden erlassen werden, also das Jahr, in dem Befreiung ausgerufen wird. Lukas verfolgt dieses Thema des gottgebotenen Erlassens von Schulden oder anderer Entlastung der Armen an vielen Stellen (z. B. 6,24.30.34; 11,4; 12,33; 16,6 ff.; 18,22; 19,8). Hier zeigt sich, dass das Evangelium, um das es bei und mit Jesus geht, in der effektiven Inkraftsetzung der befreienden Gesetze der Tora besteht. An ihrer uneingeschränkten Geltung ändert auch die Auferstehung nichts (16,31). Solche Regeln der Gerechtigkeit bleiben wie selbstverständlich auch für die Christen aus den Völkern in Kraft, während hinsichtlich der für das Zusammenleben von Juden und Heiden in den Ge-

---

10. Dazu u. S. 133 ff.
11. Zum Folgenden vgl. Marlene Crüsemann/F. Crüsemann, Das Jahr das Gott gefällt. Die Traditionen von Erlass- und Jobeljahr in Tora und Propheten, Altem und Neuem Testament (Dtn 15; Lev 25; Jes 61; Lk 4), in: Deutsche Bibelgesellschaft und Katholisches Bibelwerk Hg., Bibelsonntag 1999: Das Jahr das Gott gefällt. Materialheft, Stuttgart 1998, 3-10 = BiKi 55, 2000, 19-25.

meinden wichtigen Speisegesetze Lukas die Regeln des sogenannten Apostelkonzils in Geltung sieht (Apg 15,19 f.28 f.).

Paulus schließlich setzt keineswegs die Tora für die Heidenchristen außer Kraft, sondern richtet sie gerade auf. Zwar kommt nach Röm 3,21-31[12] das Heil als Geschenk und nicht, weil die Tora getan wird, nur deswegen werden die Menschen gerettet, die alle Sünder sind, weil sie die Tora nicht praktizieren und also nicht gerecht leben. Aber die Kraft des Geistes und der neuen Schöpfung ermöglicht es endlich, sie zu tun. Zwar müssen die Heiden nicht in Israel integriert werden und unterliegen deshalb auch nicht den speziell auf Israel bezogenen Geboten wie der Beschneidung und den Speisegeboten, wohl aber den Gerechtigkeitsforderungen der Tora, wie er in Röm 8,4 formuliert, und genau das füllen seine ethischen Passagen dann inhaltlich aus (13,8 ff.; 14).

IV. Zusammenfassung

THESE 5: *Durch Jesus Christus sind wir als Menschen aus den Völkern zum Glauben an den Gott der Bibel gekommen, dessen Identität unaufhebbar durch die Verbindung mit Israel und durch die Tora bestimmt ist.*

THESE 6: *Für die Fragen christlichen Lebens und christlicher Praxis in Gegenwart und Zukunft ist eine – nichtbiblizistische und sozialgeschichtlich fundierte – Orientierung an der Tora hilfreich, befreiend und für die Entwicklung des Christentums zu einer »humanen Religion«[13] entscheidend.*

---

12. Dazu u. S. 67 ff.
13. D. Flusser, Thesen zur Entstehung des Christentums aus dem Judentum, Kirche und Israel 1, 1986, 69.

4. Rettung und Selbstverantwortung

Der doppelte Begriff der Gerechtigkeit (Gottes) in der (hebräischen) Bibel

Die beiden Klammern im Untertitel zeigen an, dass ich zum einen nicht von Details der Semantik, sondern vom zentralen theologischen Punkt der Bibel, der Gerechtigkeit Gottes, ausgehen will, und dass es zum anderen nach meinem Urteil im Blick auf Gerechtigkeit keinen substantiellen Unterschied zwischen den beiden Teilen der christlichen Bibel gibt.

I. Das Problem – ein Beispiel

Ich stelle an den Anfang eine Geschichte. Es handelt sich um einen bekannten und provozierenden Text, den einzigen in der Bibel, der von Arbeitslosigkeit handelt, und damit von einem Thema, das mit heutigen Unsicherheiten im Blick auf Gerechtigkeit viel zu tun haben dürfte. Ich möchte sie eher indirekt auslegen, indem ich von ihr aus Grundzüge des gesamtbiblischen Redens von Gerechtigkeit umreiße. Sie und diese Geschichte können sich gegenseitig beleuchten.

Mt 20,1-15[1]
1 Mit dem Reich der Himmel ist es wie mit einem Hausherrn, der frühmorgens hinausging, um Arbeitskräfte für seinen Weinberg anzuwerben. 2 Nachdem er mit ihnen um einen Denar für den Tag übereingekommen war, sandte er sie in seinen Weinberg. 3 Und als er um die dritte Stunde hinausging, sah er andere auf dem Markt ohne Arbeit stehen; 4 und zu denen sprach er: Geht auch ihr in den Weinberg, und was gerecht ist, werde ich euch geben. 5 Und sie gingen hin. Wiederum ging er hinaus um die sechste und neunte Stunde und tat ebenso. 6 Als er um die elfte Stunde hinausging, fand er andere stehen und spricht zu ihnen: Warum steht ihr hier den ganzen Tag ohne Arbeit? 7 Sie sagen zu ihm: Weil niemand uns angeworben hat. Er spricht zu ihnen: Geht auch ihr in den Weinberg. 8 Als es Abend geworden war, spricht der Besitzer des Weinbergs zu

---

1. Übersetzung für den Deutschen Evangelischen Kirchentag 1997.

seinem Verwalter: Ruf die Angeworbenen und zahle den Lohn aus, angefangen bei den letzten bis zu den ersten. 9 Und als die um die elfte Stunde Angeworbenen kamen, erhielten sie je einen Denar. 10 Als aber die ersten kamen, meinten sie, dass sie mehr erhalten würden; und sie erhielten je einen Denar – auch sie. 11 Als sie den erhielten, murrten sie gegen den Hausherrn 12 und sprachen: Diese haben eine Stunde gearbeitet, und du hast sie uns gleich gemacht, die wir die Last des Tages und die Hitze getragen haben. 13 Er aber antwortete und sprach zu einem von ihnen: Freund! Ich tue dir nicht unrecht. Bist du nicht mit mir um einen Denar übereingekommen? 14 Nimm das Deine und geh! Ich will diesem letzten geben wie auch dir. 15 Ist es mir nicht erlaubt, mit dem Meinen zu tun, was ich will? Blickst du böse, weil ich gut bin?

In dieser Geschichte stoßen offensichtlich zwei Vorstellungen von Gerechtigkeit aufeinander. Geht man, wie es viele Auslegungen tun, von der Formulierung *gut/gütig* in v. 15 aus, dann scheinen Güte, Freundlichkeit, Gnade gegen formale Gerechtigkeit zu stehen, und mit den Protestierenden wird das Handeln des Hausherrn als ungerecht, als gegen den Gleichheitsgrundsatz und gegen das Leistungsprinzip gerichtet empfunden. Doch wird dabei leicht das Wort *gerecht* in v. 4 übersehen. Die übliche Wiedergabe etwa bei Luther mit »was recht ist« schwächt es zu stark ab. Es sei denn, man versteht »recht« als Ausdruck für das (wahre) *Recht*. Diese Linie, die in v. 4 einsetzt, wird am Ende in v. 13 wieder aufgenommen: »ich tue dir kein Unrecht«. Das Thema der Geschichte ist die Frage nach der *Gerechtigkeit*[2]. Es handelt sich um ein Gleichnis, nicht um eine Anweisung zum Handeln, aber es kann und soll Menschen in äußerster Not, Tagelöhner, damalige Arbeitslose, die an der Hungergrenze lebten, zeigen, was Gerechtigkeit Gottes ist. Die besteht hier darin, dass alle überraschend und gegen alle üblichen Regeln eine Möglichkeit zum Leben finden.

Was ist Gerechtigkeit? Was man über die Möglichkeit, den verwandten Begriff Recht zu definieren, gesagt hat, gilt hier auch: Es ist, als wolle man einen Pudding an die Wand nageln. Da kreuzen sich Traditionen, widersprechen sich Gefühle, kommen Worte einander ins Gehege. Zwar ist oder scheint manches, was die Bibel *Gerechtigkeit* nennt, dem geradezu zu widersprechen, was wir so nennen, das zeigt diese Geschichte. Dennoch ist m. E. die Grundspannung, die wir im biblischen Denken finden, unserer Grundspannung bei diesem Thema sehr ähnlich. Zu entdecken ist eine Widersprüchlichkeit, die vielleicht im tiefsten keine ist und die grundsätzlich aus-

---

2. Zur Auseinandersetzung mit anderen Sichtweisen in der neutestamentlichen Wissenschaft s. jetzt F. Avenarius, Das Gleichnis von den Arbeitern im Weinberg (Mt 20,1-15) – eine soziale Utopie?, EvTh 62, 2002, 272-289.

zuhalten und immer wieder neu auszutarieren ist. Diesen doppelten Begriff möchte ich Ihnen vorstellen.

Ich sehe zwei verschiedene, zueinander in Spannung stehende Grundlinien im biblischen Reden von Gerechtigkeit. Das eine ist der zentrale biblische Begriff der Gerechtigkeit, insbesondere der Gerechtigkeit Gottes. Da geht es um eine *rettende Gerechtigkeit*[3], die mit Gottes Güte und Erbarmen zusammenhängt, und nicht im Gegensatz dazu steht. Das zweite ist eine Entsprechung von Tun und Ergehen im Positiven wie im Negativen im Leben der einzelnen Menschen, eine Entsprechung, die als gerecht empfunden wird. Diese Entsprechung wird in den biblischen Sprachen, gerade weil sie so elementar und verbreitet ist, nicht mit einem speziellen Terminus, benannt; es gib kein eigenes Wort dafür. Dennoch muss man methodisch von einem *Begriff* reden.

Interessanterweise steht nun dieser zweifache biblische Begriff der Gerechtigkeit den einschlägigen Debatten der Gegenwart recht nahe. Diese sind dadurch geprägt, dass im Zusammenhang der Infragestellung bisheriger sozialer Systeme auch der Aristotelische Gerechtigkeitsbegriff mit seinem Schwerpunkt auf der Verteilungsgerechtigkeit als unzureichend erwiesen und durch etwas anderes ergänzt (»Das Andere der Gerechtigkeit«[4]), bzw. ihm etwas Anderes vor- (»Was vor der Gerechtigkeit kommt«[5]) oder übergeordnet (»Wir brauchen mehr als bloß Gerechtigkeit«[6]) wird. Dafür werden Begriffe wie Fürsorge[7], Hilfe oder Liebe verwendet. Dieses »Andere« ist aber nach biblischem Denken nichts außerhalb der Gerechtigkeit liegendes, sondern ein zentraler Aspekt des Gerechtigkeitsbegriffs selbst.

---

3. Zum Begriff vgl. B. Janowski, Die rettende Gerechtigkeit. Beiträge zur Theologie des Alten Testaments 2, Neukirchen 1999.
4. A. Honneth, Das Andere der Gerechtigkeit. Habermas und die ethische Herausforderung der Postmoderne, in: ders., Das Andere der Gerechtigkeit, stw 1491, 2000, 133-170.
5. A. Bocchetti, Was vor der Gerechtigkeit kommt (1993), in: Die Welt zur Welt bringen. Politik, Geschlechterdifferenz und die Arbeit am Symbolischen, hg. v. A. Günter, D. Markert u. A. Schrupp, Königstein/Taunus 1999, 58-61.
6. A. C. Baier, Wir brauchen mehr als nur Gerechtigkeit, in: Die Gegenwart der Gerechtigkeit. Diskurse zwischen Recht, praktischer Philosophie und Politik (1994), hg. v. C. Demmerling u. T. Rentsch, Berlin 1995, 249-260.
7. Zu denken ist insbes. an die Diskussion um eine »care«-Ethik im Anschluss an C. Gilligan, Die andere Stimme (1982), dt. München/Zürich 1984.

II. Die rettende Gerechtigkeit

Will man alles, was die Bibel über Gott und Mensch zu sagen hat, mit einem einzigen Wort zusammenfassen, so kommt allein der Begriff der *Gerechtigkeit* in Frage. Man kann höchstens noch den der *Freiheit* daneben stellen oder ihm vorziehen, muss dann allerdings diese Freiheit durch Gerechtigkeit qualifizieren, beides gehört aufs engste zusammen. Das biblische Reden von Gottes Gerechtigkeit[8] beginnt bei den ältesten biblischen Texten wie dem Lied der Debora in Ri 5, wo gesagt wird, dass die israelitischen Bauern an den Tränkrinnen, bei der täglichen Arbeit der *Gerechtigkeitstaten Gottes* gedenken (Ri 5,11). Gemeint sind Heilstaten wie der Exodus, die Befreiung aus Sklaverei oder die Rettung vor tödlich überlegener Feindmacht. Immer, wo Rettung aus Bedrückung und Not geschieht, ereignet sich Gottes Gerechtigkeit. Und das geht bis hin zur Themenangabe des Römerbriefs – im Evangelium ist die Gerechtigkeit Gottes für alle Menschen offenbar geworden (Röm 1,17). Alles andere wird uns hinzu gegeben werden, wenn wir Gott und seiner Gerechtigkeit folgen, heißt es in der Bergpredigt (Mt 6,33).

Dieser dominante biblische Begriff der Gerechtigkeit weicht auf der einen Seite von den uns vertrauten Mustern ab, die immer noch stark durch griechisch-römische Rechtstradition geprägt sind. So ist das wichtigste Wort, auf das ich mich hier aus einem breiten hebräischen Wortfeld alleine konzentriere, *zedaqa* immer ein Tun, eine Tat, ein Handeln, das Gerechtigkeit bewirkt, ihr entspricht, sie herstellt. *Zedaqa* ist nicht ein Maßstab, nicht eine Norm. Es kann, und schon das zeigt den Unterschied, im Plural stehen: Die Gerechtigkeitstaten Gottes. Zwar ist *zedaqa* nicht einfach dasselbe, wie Gottes Güte und Erbarmen, aber beides sind Aspekte des gleichen Geschehens. Das war im Grunde Luthers Entdeckung: Gottes Gerechtigkeit *ist* seine erbarmende Rettungstat.

Die Grundbedeutung der hebräischen Wurzel *zdq* meint etwas »Richtiges«. Gott stellt durch seine Gerechtigkeitstat etwas richtig, was in Unordnung geraten und falsch ist. Deshalb meint *zedaqa* etwas durch und durch positives; die dunkle negative Seite, die Strafe, die wir mit dem Begriff Gerechtigkeit auch verbinden, ist im hebräischen Wort nicht mitgemeint. Ähnlich wie bei Worten wie Frieden, Rettung und Befreiung, kann es auf der Sachebene eine notwendige negative Seite geben, etwa für die, die von Unfreiheit profitieren, Befreiung verhindern wollen; doch das liegt nicht im Begriff selbst. Im nachbiblischen Hebräisch ist *zedaqa* das wichtigste Wort

---

8. Vgl. F. Crüsemann, Jahwes Gerechtigkeit (zedaqa/zädäq) im Alten Testament, EvTh 36, 1976, 427-450.

für Wohltätigkeit und Barmherzigkeit, auch für Almosen. Das ist kein Gegensatz zu Gerechtigkeit, sondern setzt einen Grundzug des biblischen Redens fort: Auch so eine kleine Gerechtigkeit, kann Angeld, Anfang von umfassender Gerechtigkeit Gottes sein.

Neben konkrete befreiende Erfahrungen wie den Exodus tritt später die Erwartung auf eine zukünftige, kommende, umfangreiche und endgültige Aufrichtung von Gerechtigkeit, auf das Kommen einer neuen Erde, in der Gerechtigkeit herrscht und kein Kind mehr leiden muss. Insofern sind das Reich Gottes oder das Reich der Himmel und Gottes Gerechtigkeit zwei Begriffe für die gleiche Sache. Mit dem Wirken Jesu, seiner Überwindung des Todes und dem Entstehen einer weltweiten Gemeinschaft sah die junge Christenheit diese Gerechtigkeit Gottes schon beginnen. Für die Menschen geht es dann um ein Handeln gemäß den göttlichen Geboten der Gerechtigkeit.

Das »Tun des Gerechten«, wie Bonhoeffer in einer der biblischen Sprache sehr nahen Formulierung sagt[9], ist bezogen auf Elend, Unfreiheit, Leid und Unterdrückung, es ist nicht orientiert an Schuld und Unschuld, hier geht es nicht nach Verdienst und Schuldigkeit. Insofern ist das Handeln des Bauern in Mt 20 ein Bild für Gottes Gerechtigkeit[10] – denn der eine Denar, den er allen gibt, ist das Lebensminimum, das ein Tagelöhner, wenn es gut geht, an einem Tag verdienen kann und das als Hungerlohn gerade am Leben hält – vielleicht sogar nur eine einzige Person, nicht einmal die Familie kann davon leben. Ein Denar liegt gerade über der Summe, von der an man Unterstützung von der Gemeinde verlangen kann. Und dieses Minimum bekommen alle. Alle können leben. Erstaunlich ist eigentlich, dass eine so kleine Summe, die gerade über der Sozialhilfe liegt, zum Bild für das umfassende Heil, für Gottes rettende Gerechtigkeit wird.

III. Was man sich selbst zuzieht

Zunächst ganz anders ist dagegen ein in der Bibel und in der gesamten altorientalischen Umwelt, aber auch weltweit in den meisten Kulturen verbreiteter Glaube daran, dass die Menschen ihr Schicksal letztlich selbst zu ver-

---

9. Widerstand und Ergebung. Neuausgabe, München 1977, 328.
10. Vgl. L. Schottroff, Die Güte Gottes und die Solidarität von Menschen: Das Gleichnis von den Arbeitern im Weinberg, in: dies., Befreiungserfahrungen. Studien zur Sozialgeschichte des Neuen Testamentes, ThB 82, 1990, 36-56.

antworten haben, dass ihre Taten, gute wie schlechte, auf die Täter zurückschlagen[11]. Hier geht es um die Erfahrung, in einer letztlich gerechten Welt zu leben und es mit einem berechenbaren und gerechten Gott zu tun zu haben. Dieser Zusammenhang wird nicht und könnte auch nicht als *zedaqa* bezeichnet werden. Insbesondere alle Bemühungen der Weisen zielen auf die Formulierung dieser Erfahrung ab: Sieh hin, so ist es. Es geht um weltweit verbreitete Vorstellungen. »Israel hatte an den weltweit verbreiteten Vorstellungen von einer immanent gesetzlichen Wirkkraft des Bösen ebenso wie des Guten teil. Es war der Überzeugung, dass von jeder bösen oder guten Tat eine Bewegung ausgelöst wurde, die über kurz oder lang auch auf den Täter zurückwirkte. Er hatte es also weithin selbst in der Hand, sich der Strahlkraft des Unheils oder des Segens auszusetzen … Es ist nützlich zu bedenken, dass diese ontologische Bestimmung des Bösen und des Guten nicht nur für den alten Orient, sondern auch bis etwa zum Anbruch der Neuzeit eine weltweite Gültigkeit hatte.«[12] Überall, wo angesichts von unverständlichem Leid gefragt wird »Wie kann Gott das zulassen?«, steht man im Bann solchen Denkens. »Durch sein Tun ›schafft‹ der Mensch sich eine Sphäre, die ihn bleibend heil- oder unheilwirkend umgibt. Diese Sphäre ist von dinglicher Stofflichkeit und gehört zum Menschen in ähnlicher Weise wie sein Eigentum«[13]. Gott ist danach vor allem der Garant dessen, was Menschen selbst zu verantworten haben.

Dieses Denken findet sich am deutlichsten in den sprichwortähnlichen Sentenzen des Proverbienbuches. Blickt man auf die Haupttypen der Sprüche zeigt sich die enge Verwandtschaft mit unserem Denken und Reden über Leistung und Verantwortung. Da gibt es vor allem drei Gegensatzpaare:

Den von fleißig und faul:
Prov 10,4: *Arm wird, wer mit lässiger Hand arbeitet,*
aber die Hand der Fleißigen macht reich.
12,24: *Die Hand der Fleißigen wird herrschen,*
aber Nachlässigkeit führt zur Fronarbeit.

---

11. Hierzu grundlegend K. Koch, Gibt es ein Vergeltungsdogma im Alten Testament?, ZThK 52, 1955, 1-42 = ders., Spuren des hebräischen Denkens, Ges. Aufsätze 1, Neukirchen 1991, 65-103; sowie B. Janowski, Die Tat kehrt zum Täter zurück. Offene Fragen im Umkreis des »Tun-Ergehen-Zusammenhangs«, in: ders., Die rettende Gerechtigkeit. Beiträge zur Theologie des Alten Testaments 2, Neukirchen 1999, 167-191.
12. G. v. Rad, Weisheit in Israel, Neukirchen 1970, 171.
13. Koch, Vergeltungsdogma 31 resp. 92.

Den des Weisen und des Toren, des Klugen und Dummen, der mit dem ersten zusammenhängen kann:

10,5 *Wer im Sommer erntet, handelt klug,*
wer aber schläft in der Ernte, handelt schändlich.
14,1 *Die Weisheit der Frauen erbaut ihr Haus,*
aber Selbstklugheit in ihren Händen reißt es ein.

Schließlich den Gegensatz des Gerechten und des Frevlers:

10,2 *Nichts nützen durch Frevel erworbene Schätze,*
aber Gerechtigkeit rettet vom Tod.
10,16 *Der Lohn des Gerechten gereicht zum Leben,*
der Ertrag des Frevlers zur Verfehlung.

Im Normalfall gehört also, so wird als Erfahrung in solchen Sprüchen formuliert, ein gehöriges Maß an Faulheit, Dummheit oder von der gesellschaftlichen Norm abweichendem Verhalten dazu, um in Elend und Not zu geraten. Ähnlich sagen es viele Sprichworte auch bei uns: »Ohne Fleiß kein Preis«. Man hat sein Schicksal selbst in der Hand.

IV. Folgerungen

Die weltweite Erfahrung eines unauflöslichen Zusammenhangs des menschlichen Verhaltens mit seinem Lebensschicksal einerseits, die überraschend erfahrene Rettung und Befreiung aus Unfreiheit und Armut als Geschenk als Spezifikum des biblischen Gottesglaubens von seinen Anfängen an andererseits – diese Spannung muss in den einzelnen »Sphären der Gerechtigkeit«, um den Begriff von Michael Walzer aufzunehmen[14], zum Austrag kommen werden. Die wichtigste davon ist das Recht, und in der Tat lässt sich das Recht der Tora als Ort des Austrags dieser beiden Seiten des Gerechtigkeitsbegriffs verstehen. Das ergibt sich, wenn man von der Beobachtung ausgeht, dass der Tun-Ergehen-Zusammenhang offenkundig nicht in der Lage ist, Krisensituationen sachgemäß zu beschreiben oder gar zu überwinden. Er wird als gerecht nur empfunden, wenn eine gesicherte ökonomische Basis Ausgangsort für Erprobung und Bewährung ist. Er steht in Frage, sobald unverschuldete Not auftaucht. Das zunächst gilt für Einzelne. Sogenannte Hiobtexte gibt es im Alten Orient lange vor Israel, es gibt

---

14. M. Walzer, Sphären der Gerechtigkeit (1983), dt. Frankfurt/M 1992.

sie, seit es ein solches Gerechtigkeitsdenken gibt. Sie handeln von den Ausnahmen. Warum passiert mir das, obwohl ich nichts Böses getan, bzw. mir alle Mühe gegeben habe? Erst recht gilt das für soziale Krisen, die viele Menschen erfassen. Wenn ein Prophet wie Amos beklagt, dass Gerechte in Sklaverei verkauft werden (2,6), geht es nicht um einen Einzelfall, sondern um einen in seiner Zeit, dem 8. Jh. v. Chr., offenbar typischen, verbreiteten Vorgang. Die Prophetie reagiert auf eine tiefe und heftige soziale Krise. Überhaupt konnten natürlich Sklaven, Verarmte und andere Leute minderen Rechts immer fragen: wieso bin ich hier, womit habe ich das verdient?

An dieser Stelle setzt die Rolle des biblischen Rechts ein. Ich sehe in der Tora den entscheidenden Versuch, Gottes Güte in handhabbare, in rechtlich wie ökonomisch praktizierbare Schritte umzusetzen. Nur so ist auch das christliche Missverständnis zu vermeiden, das die beiden Traditionen von Gerechtigkeit getrennten Welten oder Sphären zuweist, wonach die eine in dieser Welt gilt, die andere vor Gott und im Himmel. Eine Orientierung auch innerweltlich an Gott und seiner Gerechtigkeit kann nur eine Orientierung an seinen Geboten und seinem Recht sein, sonst besteht die Gefahr, einen Himmel auf Erden zu konstruieren. Recht ist als Vermittlungsschiene unaufgebbar. Und das biblische Recht beansprucht, Gerechtigkeit zu bewirken (Dtn 6,25), es steht unter dem Motto: »*Der Gerechtigkeit, nur der Gerechtigkeit sollst du nachjagen*« (Dtn 16,20). Es versucht zu realisieren, dass gegenüber aller aktuellen Not Gerechtigkeit das ist, was sie beseitigt und in Freiheit und ein sicheres Leben führt. Gerechtigkeit ist die Chance eines neuen Anfangs, völlig unabhängig von Schuld und Unschuld, Pech oder Versagen. Der Täter-Opfer-Ausgleich des biblischen Strafrechts und das biblische Sozialrecht sind eindrucksvolle Versuche dafür.[15]

---

15. Dazu u. S. 164 ff. und S. 196 ff.

5. Fünf Sätze zum Verständnis des Dekalogs

In fünf Sätzen möchte ich formulieren, wie sich das Bild, das von den Zehn Geboten bei uns verbreitet ist, von dem unterscheidet, was Gott in der Bibel sagt. Ich spreche von »wir« und »uns«, möchte damit aber nichts erschleichen. Ich bin sicher, dass das nicht für alle zutrifft, weil sie entweder gar nicht in derartigen christlichen Traditionen aufgewachsen sind, oder in solchen, für die das nicht oder nicht mehr zutrifft. Dennoch kann ich kaum anders reden, da ich am eigenen Leib erfahre, wie mächtig dieses Bild ist und wie wenig es sich bisher verändert hat – auch für jemanden, der seit längerem versucht, an einem anderen Verständnis zu arbeiten.

I. Wir sprechen von Zehn Geboten, es sind aber Zehn Worte

»Die Zehn Gebote« – das ist die übliche Bezeichnung in den christlichen Kirchen. Das Verbot anderer Gottheiten (Ex 20,3) gilt als das erste. Uneinig sind sich die Christen nur über die weitere Zählung. Die Reformierten zählen das Bilderverbot (v. 4 ff.) für sich und kommen so auf zehn. Die Lutheraner ordnen es dem Verbot, andere Gottheiten zu verehren, unter und müssen dann, um auf zehn zu kommen, das letzte in zwei aufspalten: »*Du sollst nicht aus sein auf das Haus bzw. die Frau deines Nächsten*« (v. 17). »Zweimal: du sollst nicht neidisch sein« – so kommt das bei den Schulkindern an. Doch der doppelt formulierte Schluss entspricht einem Doppelgebot am Anfang. v. 5 und 6 – »*nicht sollst du dich vor ihnen beugen ...*« – beziehen sich auf v. 3 – »*keine anderen Gottheiten*« – und v. 4 – »*kein Bild von Gott machen*« – gemeinsam. Dann gibt es nur neun Gebote. Die Bibel spricht nun auch nie von Zehn Geboten, immer nur und ausdrücklich von Zehn Worten (Ex 34,28; Dtn 4,13; 10,4). Und im Judentum hat sich das fortgesetzt. Dabei wird der Anfang als erstes der Worte gezählt: »*Ich bin Adonai, bin dein Gott ...*« Das ist aber kein Gebot. Dieser Anfang fehlt zudem im Katechismus und im Herzen der Christen. Doch an ihm hängt alles. Gottes Zuwendung bewirkt Freiheit, und das ist die Bedingung für die Geltung der Gebote. Nur wenn dieses erste Wort zutrifft, treffen auch die weiteren. Wer sich von diesem Anfang nicht angesprochen fühlt, braucht gar nicht weiterzulesen. Luther hat ja deshalb gemeint, die Gebote seien nur an Israel gerichtet, das vorher aus Ägypten befreit worden war. Aber er handelt sich dadurch, dass er die Gebote durch ihr Eingeschriebensein in das menschliche Herz letztlich doch auf alle Menschen bezieht, problematische Folgen ein. Denn die Zehn Gebote gelten dann auch für Menschen, die bedrückt, versklavt und unfrei sind. Und sie werden dann, wie nicht selten bei Kindern, die sie lernen müssen, als Macht von Unterdrückung und Einschüchterung erlebt. Das ist eine Perversion ihres Sinnes. Wie unser Grundgesetz das Leben in einem freien Rechtsstaat regeln soll, so gilt die Tora einem freien Volk, und zwar zunächst Israel.

Und was ist mit den anderen Völkern, sind wir nicht gemeint? Im späteren jüdischen Midrasch gibt es Erzählungen, dass die ganze Schöpfung zuhörte: »Als Gott das Gesetz gab ... zwitscherte nicht der Vogel, das Gevögel flog nicht, der Ochs brüllte nicht, die Ophanim flogen nicht und die Seraphim riefen nicht: Heiliger!, das Meer wogte nicht, die Menschen redeten nicht, sondern es herrschte allgemeines Stillschweigen«[1], ja sogar: »die Toten in der Unterwelt lebten auf und stellten sich auf ihre Füße, wie geschrieben steht ... Und alle Zukünftigen, die erschaffen werden bis ans Ende aller Generationen, da standen sie mit ihnen am Berg Sinai, wie geschrieben steht ...«[2] und hörten zu, als Gott zu seinem Volk Israel sprach. Wir Nichtjuden sind zunächst Zuhörer und Zuschauer, dann auch Mitleser, denn das sogenannte Alte Testament ist Teil der christlichen Bibel. Wie sollte es uns nichts angehen, wenn unser Schöpfer seinen Willen kundtut? Und so lernen auch wir, dass Gott hier Befreite anredet. Sein erstes Wort ist nie »du sollst«, es lautet immer: »*Ich habe das Elend meines Volkes gehört*« (Ex 3,7.9). Und die Erinnerung an die Befreiung am Anfang der Zehn Worte trifft bei uns auf Bekanntes, denn wir glauben ja, dass wir in Christus befreit sind und das immer wieder erfahren können. Nur wenn die Erinnerung an den Exodus ein Aha-Erlebnis auslöst, brauchen und sollten wir über die übrigen Worte nachdenken. Sonst wäre es besser, die Exodusgeschichte zu studieren. Dort erschlägt etwa Mose einen der Unterdrücker (Ex 2,11ff) und muss dann hinterher lernen: »*Du sollst nicht töten*«. Die Gebote leiten an, die Freiheit zu bewahren und zu gestalten; insofern sollten sie bei uns auf Resonanz treffen. Ihre Aktualität zeigt sich rasch, wenn man sie mit sonst üblichen Mitteln vergleicht, mit denen unsere Freiheit verteidigt werden soll, etwa militärische Stärke, Abschottung gegen Leute, die bei uns eine Überlebensmöglichkeit suchen, Ausbau des Standortes Deutschland.

---

1. Midrasch Exodus Rabba XXIX/9.
2. Pirqe de Rabbi Elieser, 41.

II. Wir verbinden die Gebote mit Strafen, die nicht dastehen

Luthers Auslegung im kleinen Katechismus endet so: »Gott dräuet zu strafen alle, die diese Gebote übertreten; darum sollen wir uns fürchten vor seinem Zorn ...«. Solche Drohungen ersetzen in vielen Herzen die Begründung von den Wohltaten Gottes her, an denen allein ihre Geltung hängt. Und wo überhaupt stehen Strafen? Es gibt nur zwei Fälle. Einmal beim Verbot, Gottes Namen zu schädlichen Zwecken zu gebrauchen (Ex 20,7). Gemeint ist falscher Eid, Zauber, Täuschung, Verführung unter Berufung auf den Namen Gottes, auch die Benutzung zur Werbung, etwa für sogenannte christliche Parteien, kann man nennen. Wie viele Gräuel sind nicht im Namen Gottes geschehen! All das wird Gott nicht übersehen. Der Name ist so schutzlos wie Gott selbst.

Der andere Fall ist das Elterngebot, wo es positiv heißt: »*damit auch deine Tage lang werden*« (20,12). Eine solche Entsprechung liegt gerade bei diesem Gebot in der Sache. Bei Johann Peter Hebel kann man lesen, wie ein Kind vom Vater mit zwei alten Lumpen zum Großvater ins Hospital geschickt wird. Das Kind hebt sich einen davon auf, um es später für den eigenen Vater zu verwenden[3]. Bei uns in der Familie hieß es: Die Enkel sind die Rächer der Großeltern.

Doch drängt sich vor allem die Frage nach den Sätzen aus v. 5 auf. In der Lutherübersetzung heißt es da: »*ein eifernder Gott, der die Missetat der Väter heimsucht bis ins dritte und vierte Glied an den Kindern derer, die mich hassen.*« Also doch Strafe und sogar über mehrere Generationen hinweg? Alles hängt an dem Wort, das Luther mit »heimsuchen« wiedergibt, was im Deutschen kaum noch verwendet wird. In der Bibel wird es positiv wie negativ gebraucht. Wenn Gott Sara oder Hanna heimsucht oder sein Volk, dann beseitigt sein Kommen ihre Nöte (Gen 21,1; 1 Sam 2,21; Lk 7,16). Der Besuch eines Mächtigen kann aber zugleich so etwas wie eine Inspektion sein, eine Überprüfung mit drohenden negativen Folgen. In der Kirchentagsübersetzung heißt es dementsprechend: »*nachgehend der Schuld von Vätern (bzw. Eltern)*«. Es geht nicht um Kollektivschuld, selbst bei den größten Verbrechen nicht. Sondern es geht um die Frage: Handeln die Kinder weiter so wie ihre Väter, oder haben sie sich geändert? Da es aber sehr wohl generationsübergreifendes Fehlverhalten gibt, wird noch die dritte und vierte Generation kritisch im Auge behalten. Das sind die, die noch mit den Großvätern und Urgroßvätern zusammenleben können. Das Ge-

---

3. Kindes Dank und Undank, aus: Erzählungen des Rheinländischen Hausfreundes, Gesammelte Werke, Bd. 1, Berlin 1958, S. 517f.

genstück ist die Aussage, dass Gottes Freundlichkeit einer Tausendschaft gilt. Auch hier geht es nicht um viele Generationen durch Jahrhunderte hindurch, sondern um eine große Verwandtschaftsgruppe. Der Freundlichkeit eines Einzelnen wird so von Gott Ansteckungskraft verliehen.

Ähnlich wie unsere Grund- und Menschenrechte enthalten die Gebote also meist keine Straffolgen. Sicher gibt es sie, aber zunächst im Sinne der normalen Rechtsfolgen für Töten, Stehlen usw. Daraus können, wie die Prophetie zeigt, aber auch umfassende negative Folgen entstehen, etwa wenn solches Verhalten allgemein wird, wenn in einem Volk, einem Staat Mord oder Verrat geradezu üblich oder geboten wird. Mir ist die Frage wichtig, woher eigentlich diese Fixierung auf die Strafen kommt. Wahrscheinlich spielt dabei die kindliche Situation eine Rolle, in der wir den Geboten zuerst begegnet sind. Aber etwas anderes kommt hinzu. Die Angst vor Strafen stellt uns aber vor allem automatisch auf die Seite der Täter. Strafen sind in der Bibel und ihrem Recht nie Selbstzweck, wie zum Teil in unserem Recht. Es geht grundsätzlich darum, den Opfern Gerechtigkeit widerfahren zu lassen. Was bei Eigentums- und Körperverletzungen menschlichem Recht möglich ist, hängt in anderen Fällen an Gott. Die Ermordeten werden durch ihn zu ihrem Recht kommen, allen um ihr Leben Geprellten wird Genugtuung widerfahren. Opferschutz und Wiedergutmachung ist für Israels Recht wie für Gott das Ziel. Wer bei Folgen von Unrechtstaten zuerst an Strafe denkt, sollte sich fragen, woher das kommt.

III. Gottes Gebote werden zur Bewahrung von traditionellen »Werten« und Lebensformen benutzt

Extrem konservative Deutungen der Gebote sind bei uns nach wie vor an der Tagesordnung. Konservativ ist dabei im Wortsinn gemeint, gerichtet auf die Bewahrung, die Konservierung von etwas, das verloren zu gehen droht. Ausgangspunkt ist dann nicht die Freiheit, die Gott uns heute schenkt, sondern es sind Formen des menschlichen Zusammenlebens, die früheren Generationen eigen waren. Besonders typisch und aufschlussreich ist dabei m. E. die Rede von »Werten«, die es zu erhalten gelte. Schon 1979 haben die beiden großen Kirchen zusammen eine Schrift über »Grundwerte und Gottes Gebot«[4] herausgegeben. Immer wieder kann man hören, hinter den

---

4. Gemeinsame Erklärung des Rates der Evangelischen Kirche in Deutschland und der Deutschen Bischofskonferenz, Gütersloh 1979.

Geboten stünden »Werte«, die es zu bewahren gelte. Die Verbindung mit materiellen Werten, mit Wohlstand und Einkommen drängt sich kaum zufällig auf. »Wert« ist kein biblischer Begriff, da liegt die Rede von Rechten näher, von Menschen- und Grundrechten etwa, die es zu bewahren und auszubauen gilt. So ist nicht vom Wert menschlicher Arbeit die Rede, sondern das Gebot der Sabbatruhe setzt ein Recht auf solchen Ruhetag voraus, und indirekt ist vorausgesetzt, dass Arbeit zum Menschsein gehört und damit ein Recht auf Arbeit besteht.

Gegenwärtig wird intensiv gefragt, wie wir mit der Vielfalt neuer Lebensformen im Licht unseres Glaubens umgehen. Auf diesem Gebiet ist in unseren Kirchen vieles heute umstritten. Das zeigt sich besonders am Ehebruchsverbot. Es setzt so etwas wie Ehe voraus, begründet sie nicht, macht sie schon gar nicht verpflichtend, damit auch nicht die Gestalt, die sie in biblischer Zeit hatte. Die biblische Eheform war extrem patriarchal. Da gab es für den Mann die Option einer Mehrehe, außerdem die Beziehungen zu Sklavinnen und anderes. Die Rolle der Frau im letzten Gebot in der Reihe der Besitztümer unterstreicht das. Erkennt man die Distanz zwischen den heutigen und den biblischen Lebensformen und nimmt sie theologisch ernst, muss das auch für andere gelten. Was heute im Blick auf die Lebensform der bürgerlichen Ehe manchen geradezu als göttliche Norm gilt, ist sehr jung. Zu Luthers Zeiten gab es sie noch nicht. Sie entstand mit der Industriegesellschaft und ihrer Trennung von Wohnung und Arbeitsplatz und scheint mit ihr zu enden. Sie ist schon gar nicht neutestamentlich, denn im Neuen Testament raten die wichtigsten Gestalten wie Jesus und Paulus geradezu von der Ehe ab. Auf die Bibel zu hören, kann und darf nicht bedeuten, ihre Lebensformen für verbindlich zu halten, weder die Monarchie noch die Sklaverei, das haben wir langsam gelernt, ebenso wenig die Lebens- und Familienformen.

Hier zeigt sich, welche Weisheit in der meist negativen Formulierung liegt, es sind Verbote, nicht Gebote. Thematisch werden Verletzungen von Menschen angesprochen, die zu unterlassen sind. Wie kann man den ursprünglichen Sinn festhalten und ihn in unsere Welt übersetzen? Kein neues Gebot ist zu erfinden, sondern das alte ist zu bedenken. Aber Gottes Gebot macht nicht die alte Zeit verpflichtend. Gott hat nicht gesagt, »du sollst heiraten«, er hat nur gesagt, »Es ist nicht gut, wenn der Mensch allein ist« (Gen 2,18). Die meisten Menschen brauchen konstante und tragfähige, dauerhafte und belastbare Partnerschaften. Kinder vor allem brauchen sie wie die Luft zum Leben. In einer neuen feministischen Ethik, die die patriarchalische Ehe entlarvt und lesbische Partnerschaften für selbstverständlich hält, heißt es: »andere Lebensformen« sind nicht an der traditionellen Ehe, sondern »an ethischen Kriterien wie ›Geborgenheit‹, ›Zufriedenheit‹, ›Gerechtigkeit«« zu messen[5]. Das biblische Verbot heißt zunächst einmal: zerstöre solche lebensnotwendigen Verbindungen nicht, zumal man nicht weiß, wie tief und lebensbedrohend die Verletzungen sind, die dabei entstehen. Bei der biblischen Ehe jedenfalls geht es um eine damals absolut lebensnotwendige Institution, und große Gefahren treten auf, wenn sie zerstört wird. Bei einer heutigen Aktualisierung könnte das der Ausgangspunkt sein.

Liegt beim Ehebruchsverbot eine konservative Auslegung nach wie vor nahe, wird sie meist von den gleichen Leuten für das letzte Gebot massiv verhindert. »*Du sollst nicht begehren, nicht aus sein auf*«, (Ex 20,7) das zielt nicht zuerst auf Gedankensünden und Verinnerlichung, sondern Luther hat ganz richtig gesehen, wenn er zu seinem 9. Gebot sagt: »nicht mit List nach seinem Erbe und Haus stehen und mit einem Schein des Rechts an sich bringen«. Gemeint ist in der Tat der Schein des Rechts, nachdem vorher vom Bruch des Rechts (töten, stehlen) und seiner Manipulation (falsch Zeugnis) die Rede war. Aber den Besitz anderer heute mit Hilfe zum Beispiel des Marktes an sich zu bringen, ihnen Marktanteile, Firmen, Chancen, aber auch das pure Leben zu rauben, wie es auf dem Weltmarkt üblich ist, das ist bei uns nicht verboten, es wird gefördert und stellt eine gesellschaftlich anerkannte Norm da. Was früher Todsünden waren, Habsucht und Neid etwa, sind Tugenden und positive Triebkräfte der Gesellschaft geworden[6]. Hier muss dasselbe gelten wie beim Ehebruch: keine Rückkehr zu früheren Gesellschaftsformen, auch nicht als Ideal, wohl aber die Frage, wie die Substanz dessen, was Gott wollte, heute festzuhalten ist.

Das Verbot des Ehebruchs gilt heute als besonders problematisch, man hat sogar ernsthaft gefragt, ob Gott es heute noch einmal aussprechen würde[7]. Das kommt daher, dass auf dem Gebiet der Geschlechterbeziehungen die wohl größte Kontinuität zur biblischen Zeit vorliegt und vieles noch bis vor kurzem als selbstverständlich galt. Erst seit wenigen Jahrzehnten passiert hier das, was etwa auf dem Gebiet der Wirtschaft schon in der Reformationszeit passierte. Das biblische Zinsverbot beispielsweise wurde nach Luther rasch verdrängt, es bleibt aber Gottes Wort. Logisch wie theo-logisch liegen die Dinge bei den verschiedenen Themen nicht verschieden. Immer liegt uns der Wille Gottes formuliert für eine uns fremdgewordene Lebenswelt vor. Man kann an ihm nur sachgemäß festhalten, wenn man ihn kreativ in eine veränderte Welt umsetzt. Das aber ist etwas ganz Anderes, als daraus ein neues, angeblich passenderes Gebot zu machen.

---

5. I. Praetorius, Skizzen zur feministischen Ethik, Mainz 1995, S. 197. 11.
6. Dazu A. O. Hirschman, Leidenschaften und Interessen. Politische Begründungen des Kapitalismus vor seinem Sieg. Dt. Übersetzung, Frankfurt a. M., 1980.
7. So J. Busch, Wegweiser zur Freiheit, Bielefeld 1981, S. 42.

IV. Der Dekalog ist von der übrigen Tora getrennt und deshalb zur Summe des Gotteswillens aufgeblasen worden

Viele für das Leben unentbehrliche Themen fehlen in den Zehn Worten völlig. Das macht es um so problematischer, wenn die christliche Tradition diesen Text von der übrigen Tora, dem, was man alttestamentliches Gesetz nennt, trennt und in der Folge versucht, ihn als eine Art Zusammenfassung all dessen zu verstehen, was Gott will. Das setzen selbst Witze voraus, wie der folgende: »Mose kommt vom Berg und sagt: Ich habe eine gute und eine schlechte Nachricht. Die gute: Er hat sich auf zehn herunterhandeln lassen. Die schlechte: Ehebruch bleibt verboten.« Ist der Dekalog die Summe des Gotteswillens, dann muss man auf Teufel komm raus – ich würde das hier wörtlich nehmen – versuchen, das, was fehlt, hineinzulesen oder aber als nicht so wichtig hinzustellen.

Einige Beispiele: Luther nennt im Elterngebot plötzlich auch »die Herren«: »Wir sollen Gott fürchten und lieben, dass wir unsere Eltern und Herren nicht verachten noch erzürnen«. Das beginnt bei den Lehrherren und endet bei König und Kaiser, es wurde der Führer einbezogen und heute manchmal sogar demokratische Institutionen. So erhielt alles, was oben war, Autorität von Gott, und stand wie ein kleiner Gott vor den Kindern. Welch unbiblischer und schlimmer Unsinn! Damit wurde etwa das biblische Gesetz über den König, das ihn sehr kritisch betrachtet und ihm keine große Macht zugesteht (Dtn 17,14ff.), außer Kraft gesetzt und erst recht die prophetische Kritik. Ein zweites Beispiel: Trennt man das Diebstahlverbot von der Tora, wird es schnell auf die rein private Beraubung beschränkt. Das Stehlen der Lebensgrundlage aber durch Beraubung der wirtschaftlich Schwächeren mit Hilfe der geltenden wirtschaftlichen Mechanismen ist dann angeblich von Gott nicht verboten, Zinsverbot, Schuldenerlass und andere biblische Wirtschaftsgebote werden verdrängt und den Kindern nicht in gleicher Weise ins Herz gepflanzt wie anderes.

Beim Sabbat geht es biblisch um das Verhältnis von Arbeit und Ruhe, vermisst werden jedoch die so genannten religiösen Pflichten wie »Predigt und Gottes Wort«, die erst von Luther in den kleinen Katechismus hineingeschrieben wurden. Aus dem christlichen Bewusstsein und dem kirchlichen Unterricht fallen dann aber schnell das Recht auf Freizeit, noch stärker Recht und Pflicht zur Arbeit heraus. Biblisch gesehen ist Arbeit ein Menschenrecht, da sie von der Schöpfung an zum Menschsein gehört (Gen 2,15). Heute wird der gemeinsame Feiertag aus Effektivitätsgründen wieder in Frage gestellt, das war er aber immer, seit man so etwas Verrücktes erfunden hat, wie Idee und Recht, jeden siebten Tag einfach nicht zu arbeiten.

Und dann kennt die Tora neben dem wöchentlichen Sabbat auch einen umfassenderen, das Sabbatjahr (Ex 23,10 f.). Welche Veränderung unserer Lebensperspektiven könnte eintreten, wenn wir jedes siebte Jahr völlig frei hätten. Auch diese Gebote Gottes sollten Kinder lernen und in ihre religiösen Vorstellungen aufnehmen, daraus könnten Kräfte der Phantasie erwachsen.

Wichtig ist vor allem, sich einige der fehlenden Grundthemen klarzumachen. Zwei seien genannt. Das eine ist der Schutz der sozial Schwachen und der rechtlosen Randgruppen. Das häufigste biblische Sozialgebot überhaupt und zudem das theologisch am besten begründete ist der Schutz der Fremden. »*Du sollst den Fremden lieben wie dich selbst*«, nicht nur den Nächsten, heißt es in Lev 19,33 f. Ihm sollen uneingeschränkt gleiche Rechte gewährt werden wie den Einheimischen (Lev 24,22; Num 15, 15 f.). Dass Christen mancherorts, auch bei uns manchmal schon wieder, zu den schlimmsten Nationalisten gehören und sogar meinen, das mit ihrem Glauben vereinen zu können, hat sicher auch zur Voraussetzung, dass die Fremden in den Zehn Geboten fast ganz fehlen und die Liebe zu ihnen in der Kindheit nicht ins Herz gepflanzt wurde.

Nicht in den Zehn Worten kommt sodann das Thema des Umgangs mit der Natur, mit Tieren und Pflanzen vor. Fragt man sich, warum Tierschutz kein Thema christlicher Ethik und für Christen meist kein religiöses Problem ist, warum sie meinen, nach Gottes Willen zu leben und gleichzeitig Tiere auf brutalste Weise quälen zu können, dann stößt man auf diesen Punkt. Wenn der Dekalog und später das Doppelgebot von Gottes- und Nächstenliebe alles zusammenfasst, was Gott von uns will, dann muss die Folge sein, dass die biblischen Rechtssätze zum Schutz von Vögeln und allen Tieren (z. B. Dtn 22,6 f.; 25,4) oder gar von Pflanzen (Lev 19,19) verdrängt werden. Eine biblische Basis zur Beurteilung etwa der Gentechnik fehlt deshalb in unserer Kirche. All das jedoch gehört zu dem Guten, das Gott uns Menschen gesagt hat.

Gottes Wille steht in der Tora, ist formuliert in der Fülle der am Sinai gegebenen Gebote. Und das wird im Neuen Testament nicht aufgehoben, sondern bekräftigt (Mt 5,18 u. a.). Die Zehn Worte sind nur ihr Anfang. Sie sind etwas Besonderes, wie der Kopf eines Menschen etwas Besonderes ist. Aber trennt man ihn vom Rest, sind beide tot. Und Entsprechendes ist mit dem Dekalog geschehen. Um auf die heutigen Fragen nach dem Guten reagieren zu können, reicht der Anfang allein nicht aus. Die vielen und immer neuen Versuche, neue Zehn Gebote zu formulieren, wiederholen diesen Grundfehler. Selbst Gott konnte und wollte das Gute nicht auf zehn Sätze reduzieren, andere Versuche wirken meist lächerlich.

V. Wir hören den Dekalog als Machtwort eines Herr-Gotts statt als mütterliche Zuwendung Adonais

Es geht jetzt nicht um einen feministischen Gag, sondern zunächst um die Tatsache, dass das Wort Tora, das Wort für die Größe, als deren Auftakt wir den Dekalog verstehen sollten, in der Alltagssprache der biblischen Zeit vor allem die Rede der Mutter an ihre Kinder bezeichnet. »*Mein Sohn, verwirf nicht die Tora deiner Mutter*«, heißt es im Sprüchebuch (6,20; vgl. 31,26). Was sagt eine Mutter den Kindern? Sie erklärt, worum es geht, und rät, was zu tun ist, um im Leben zurechtzukommen und Gefahren zu vermeiden. Genau das heißt Tora, und es geschieht im Dekalog: Hinweis auf die Erfahrung der Befreiung und zugleich die Anweisung, sie zu gestalten.

Die Bibel spricht von Gott meist in männlichen Bildern. Aber sie weiß, dass er kein Mann ist: »*Gott bin ich und nicht ein Mann*« (Hos 11,9). Israel hat das immer deutlicher gesagt, als es erkannte, dass es außerhalb dieses Gottes nichts gibt, was Gott genannt werden kann. Am Gottesberg, so heißt es in Dtn 4, »habt ihr keinerlei Gestalt gesehen« (v.15), deshalb hütet euch, »*ein Abbild zu machen, das Bild eines Mannes oder einer Frau*« (v. 16). Das bezieht sich genau auf den Moment, in dem das Zehnwort verkündet wurde. Weniges hat die Vorstellung von Gott so geprägt wie die Bezeichnung »Herr«. »Ich bin der Herr, dein Gott« lautet der Anfang der Gebote in der traditionellen Übersetzung (Ex 20,2). Aber eben das steht da nicht. Sondern da steht ein Name, jener Name, den das Judentum nicht ausspricht, um ihn nicht zu missbrauchen. Wir sollten dem folgen. Und deshalb schlägt die Kirchentagsübersetzung vor, statt dessen »Adonai« zu lesen. Das heißt zwar, wenn man es übersetzt, auch so etwas wie »Herr«, ist aber kein Wort, das zur Bezeichnung »jedes Mannes« gebraucht wird und uns Männer so an Gott angleicht. Es könnte wie ein Eigenname, wie »Christus« etwa, klingen und gebraucht werden.

Das Verbot, sich von Gott ein Bild zu machen, meint ursprünglich vor allem plastische Statuen im Tempel, aber es ist dann zu Recht auch auf Vorstellungen und Begriffe von Gott bezogen worden. Wir können ihn, können sie mit nichts vergleichen, was in der Welt vorhanden ist. Wir kommen nicht umhin, uns Gott, weil es um eine Person geht, männlich oder weiblich vorzustellen, aber sie ist eben keines davon. Vater wie Mutter gehören zu den Gestalten, von denen v. 4 spricht, die keine Möglichkeit eines Abbildes enthalten. Das Bilderverbot ist notwendig und unumgehbar dafür, dass wir wirklich zu Gott beten, und nicht zu dem, was sich unser Herz darunter vorstellt.

Lohnt es sich, durch den Wust an Vorstellungen, den Weg zu den alten

Geboten zu suchen? Sie sind wohl trotz der Distanz, die es zweifellos gibt, uns näher und aktueller als all die vielen Versuche, neue Gebote zu erfinden und mit ihnen eigentlich immer auch neue Götter. »*Nicht soll* es *für dich andere Gottheiten geben*« – dieses erste Gebot, das zweite Wort des Dekalogs bedeutet gerade auch, bei den alten Worten der Tora zu bleiben. Mit diesen Geboten, nein, diesen Worten beginnt der wahre Gott zu seinem Volk zu reden. Es ist ein Beginn, nicht alles und noch lange nicht das Ende.

6. Gott glaubt an uns – Glaube und Tora in Römer 3

Römer 3,21-31[1]
21 Jetzt nun ist außerhalb der Tora Gottes Gerechtigkeit sichtbar geworden, wie es bezeugt ist, von der Tora und den Propheten, 22 nämlich Gottes Gerechtigkeit durch die Treue des Gesalbten Jesus, vermittelt an alle, die darauf vertrauen – es gibt ja keinen Unterschied; 23 denn alle haben gefehlt, und es fehlt ihnen an der Ehre Gottes –, 24 umsonst gerecht gemacht durch Gottes Freundlichkeit, durch den Freikauf, und zwar in Jesus, dem Gesalbten. 25 Den hat Gott – durch Treue – in dessen Blut zum Aufweis der Gerechtigkeit Gottes als Sühne eingesetzt, um so die Verfehlungen zu erlassen, die vorher geschehen sind, 26 als Gott es hingehen ließ – zum Aufweis der Gerechtigkeit Gottes hier und heute, so dass Gott gerecht ist und die gerecht macht, die sich auf die Treue Jesu gründen. 27 Wo also ist der Ruhm? Er ist ausgeschlossen worden. Durch welchen Aspekt der Tora? Den der Taten? Nein! Vielmehr durch die Tora der Treue. 28 Wir rechnen nämlich darauf, dass ein Mensch durch Treue gerecht gemacht wird, abgesehen von den in der Tora gebotenen Taten. 29 Oder ist etwa Gott allein Gott des jüdischen Volkes? Nicht auch der Völker? Ja, auch der Völker! 30 So gewiss Gott einzig ist und das Volk der Beschneidung gerecht machen wird aufgrund von Treue und die Völker der Unbeschnittenheit durch die Treue. 31 Setzen wir also die Tora außer Geltung durch die Betonung der Treue? Auf keinen Fall! Vielmehr: Wir richten die Tora auf.

Dieser Text ist Lehre und fordert Lehre heraus. Eine Bibelarbeit über das Wort von der Glaubensgerechtigkeit, die Grundlage der Rechtfertigungslehre Luthers und des Protestantismus, wird wirklich ein Stück Arbeit werden müssen. Seine schweren Worte – Gerechtigkeit, Glaube, Gesetz, Werke, Blut Christi – klingen für viele wie abstraktes Begriffsgeklimper. Und wem seine Sprache vertraut ist, ist vielleicht über die so andere Übersetzung des Kirchentags gestolpert und verärgert: Tora statt Gesetz, Treue statt Glaube. Was hat das mit unseren heutigen Problemen von Gerechtigkeit zu tun?

Bevor ich den Text selbst auslege, möchte ich in drei Doppelschritten eine Annäherung vollziehen, die sich als Distanznahme erweisen wird, will den Text auf Abstand bringen, um ihn genauer erkennen zu können.

---

1. Übersetzung für den Deutschen Evangelischen Kirchentag 1997.

I. Annäherung und Distanzierung

a. Mit *einer* Wirkung der reformatorischen Rechtfertigungslehre und damit dieses Textes haben wir täglich zu tun. Für Luther macht das menschliche Handeln nicht gerecht, weder soziales noch religiöses, sondern allein der Glaube. Er befreit davon, mit unseren Leistungen vor Gott etwas bewirken und beweisen zu wollen. Aber zu was befreit er? Die Hauptsache im Leben regelt allein der Glaube, und was machen wir mit dem Rest unserer Kräfte? An diese Stelle tritt für Luther und seine Nachfolger *die Arbeit*. Die alltägliche menschliche Arbeit sei der wahre Gottesdienst. Das Wort »Beruf« spiegelt das wieder: Unser Beruf ist das, wozu wir von Gott berufen sind. Immer wieder findet sich bei Luther das Beispiel der Magd, die »im hauß kochet, spület, bettet, keret und ander hauß arbeyt tut. Aber weyl der befelch Gottes da ist, so kan solches geringes werck anders nicht denn ein Gottes dienst gerühmet werden« (WA 52, 470). Arbeit als der Sinn des Lebens, Arbeit als der eigentliche Inhalt des Lebens – die Aufwertung durch die Rechtfertigungslehre wirkt bis in die psychosozialen Probleme heutiger Arbeitsloser nach. Zwar kamen in den Jahrhunderten nach der Reformation andere Entwicklungen dazu – vor allem eine ganz neue Bewertung des Eigeninteresses –, aber ein wichtiger Baustein zu unseren heutigen Problemen mit menschlicher Arbeit liegt hier. Wenn wir Männer uns nach wie vor, auch als Christen, weitgehend über den Beruf und den Erfolg im Beruf definieren, und mit der Arbeit allzu oft das Selbstwertgefühl und alle Lebensperspektiven verlieren, stehen wir im Bann einer bestimmten Interpretation unseres Textes. Seltsamerweise hat sich dabei das geradezu umgedreht, was man ihm unmittelbar entnehmen kann, dass nämlich Leistung nicht gerecht macht und alle Menschen Gott gleich lieb sind. Kaum etwas braucht die Welt dringender als ein neues Verständnis menschlicher Arbeit, weil aus dem bisherigen zunehmend nur noch Ungerechtigkeit kommt, und dazu könnte ein verändertes Verständnis der Rechtfertigungslehre ein wichtiger Beitrag sein.

Ich behaupte, dass die traditionelle protestantische Rechtfertigungslehre dem, was Paulus hier sagt, nicht wirklich gerecht wird und den Text in mancher Hinsicht erheblich verzerrt. Sieht man genauer hin, ist manches deutlich anders. Weil es aber dabei um eine veränderte Sicht der gleichen Sache geht, stelle ich diese betont an den Anfang:

Was Römer 3 mit komplizierten Worten sagt, ist im Kern etwas ganz einfaches: Gott nimmt uns so an, wie wir sind. Mit unserer Geschichte, unserem Versagen, unseren Fehlern, unserer Schuld, unserer Verzweiflung und unserer Resignation, unseren schwärzesten Seiten. Gott ist der,

> *»der dir all deine Sünden vergibt*
> *und heilet all deine Gebrechen,*
> *der dein Leben vom Verderben erlöst,*
> *der dich krönet mit Gnade und Barmherzigkeit, ...*
> *Er handelt nicht mit uns nach unseren Sünden*
> *und vergilt uns nicht nach unserer Missetat.*
> *Denn so hoch der Himmel über der Erde ist,*
> *lässt er seine Gnade walten über denen, die ihn fürchten.*
> *Wie sich ein Vater über Kinder erbarmt,*
> *so erbarmt sich der Herr über die, die ihn fürchten«* (Ps 103,3f.10f.13).

Gerade uns Vätern liegt es näher hier von der Mutter zu sprechen: So wie die meisten Menschen zu ihrer Mutter kommen können und uneingeschränkt akzeptiert, ohne Vorbehalt geliebt werden, so verhält es sich mit Gott. Es geht in diesem Text um *Glauben*, und seine wichtigste Aussage lässt sich auch so formulieren: *Gott glaubt an uns*, er hält uns die Treue, so wie kein Mensch an mich glaubt und je glauben kann, der mich auch nur etwas kennt. Gott vertraut uns, obwohl er uns kennt. Und das ändert alles.

b. Man hat diesen Text, genauer gesagt seine lutherische Auslegung außerordentlich hoch gehängt, seine Sache den »höchsten fürnehmsten Artikel der ganzen christlichen Lehre« genannt (Apologie IV), mit dem die Kirche steht und fällt. Hängen wir die Sache etwas niedriger. Dieser Text ist so wichtig wie viele andere Bibeltexte auch, nicht mehr und nicht weniger. Man sollte sich eine doppelte Relativierung klar machen:

– die lutherische Rechtfertigungslehre ist eine *Interpretation* dieses Textes, sie ist nicht der Text selbst. Sie ist wie alle unsere Versuche, biblische Texte zu verstehen, zeitgebunden und geht von Erfahrungen und Ängsten ihrer Gegenwart aus. Auch Exegeten und Theologen sind in ihrem Tun *der* Macht der Sünde unterworfen, von der Paulus hier so eindringlich redet. Und wenn die Kirche mit bestimmten Interpretationen bestimmter Paulustexte steht und fällt, dann ist sie gefallen. Das häufige Versagen von Kirche und Christen angesichts von Gewalt, Kriegen und Zerstörung, die vom christlichen Europa ausgingen, ihr Verwicklung in Rechtfertigungen von Armut und Hunger, Sexismus und der Zerstörung der Natur, lag sicher nicht daran, dass die klassische Lehre der Rechtfertigung nicht vertreten wurde. Es hing eher umgekehrt damit zusammen, dass viele Verantwortliche meinten, sich auf diese Lehre zurückziehen zu können. Die Kirche predigte die Rechtfertigung des Sünders, und im Nachbarhaus wurden die Juden abgeholt. Jede Zeit hat ihre spezifischen Versuchungen und Chancen, und es ist eine unsachgemäße Verkürzung der reichen biblischen Tradition, alles auf einen Punkt zu beziehen.

– Unser Kapitel ist Teil des Römerbriefes, der als der späteste Brief des

Paulus so etwas wie eine Zusammenfassung seiner Theologie ist. Der Römerbrief ist ein großes Gebäude, ein genialer Entwurf frühchristlicher Theologie. Paulus schreibt an eine ihm persönlich unbekannte Gemeinde, deshalb reagiert er nicht wie sonst auf aktuelle Konflikte, um an solchen Störungen seine Theologie zu entwickeln. Im Römerbrief – und eben nur hier – formuliert Paulus grundsätzlich, prinzipiell und deshalb relativ abstrakt, was es mit seiner Botschaft als Apostel Jesu Christi auf sich hat. Das hat diesen Brief zu so etwas wie der Grundlage christlicher Theologie werden lassen. Soweit Theologie auf Lehre aus ist, soweit sie nicht, wie die Bibel selbst, einfach eine Geschichte erzählt, ein Gleichnis, ein Gebot, einen Rechtssatz formuliert, ein Lied singt oder in Klage ausbricht, soweit Theologie mehr sein will als Auslegung, mehr als Transponierung biblischer Einsichten und Erfahrungen in neue veränderte Zeiten, soweit sie versucht, systematisch, grundsätzlich, abstrakt und begrifflich zu fassen, um was es bei Gott geht, was es mit dem Evangelium auf sich hat und was mit der Sünde, dann hat sie hier im Römerbrief ihr Vorbild wie an keiner anderen Stelle in der Bibel. Solche Neigung zu Abstraktion und Begrifflichkeit hat seine Berechtigung und Notwendigkeit, aber ebenso sicher auch seine Grenzen. Ursprünglicher in der Verarbeitung von Gotteserfahrungen und deshalb unverzichtbarer sind Erzählungen und Lieder, Gebote und Visionen. Erst auf ihrer Basis kann dann auch Lehre mit ihren Begriffen stattfinden und ihren begrenzten Sinn haben.

Paulus ist zudem nur eine Stimme neben anderen im vielstimmigen Chor der Bibel. Wenn wir diese eine Stimme jetzt aus dem Chor lösen, um sie allein für sich wahrzunehmen, ihren unverwechselbaren Beitrag zu erfassen, dann müssen wir sie auch wieder in Orchester und Chor einordnen, um nicht aus der Polyphonie Gottes eine allzu einfache Melodie zu machen.

c. Ein Text kann wie ein Tresor sein, verschlossen, schwer zugänglich. Man muss den richtigen Schlüssel finden. Für mich sind zwei Schlüssel wichtig geworden, mit deren Hilfe sich die Tür öffnen und einen Blick auf die Schätze werfen lässt. Der eine besteht darin, wahr- und ernst zu nehmen, wie sehr Paulus von seinen alttestamentlichen Grundlagen, also von seiner Bibel aus denkt, die er die Schrift nennt. Nicht nur alle seine Begriffe kommen daher, sondern alle, wirklich alle seine Aussagen selbst, die Inhalte, die er mitzuteilen hat. Bei fast jedem Schritt seiner Gedankenführung weist er ausdrücklich darauf hin. Die Lehre des Paulus ist Schriftauslegung. Deshalb werden wir Paulus erst verstehen, wenn wir unsererseits die Paulusinterpretation zur Schriftauslegung machen, ihn als so etwas wie einen Kommentar zum Alten Testament angesichts der Wirklichkeit Jesu Christi lesen. Dann beginnt vieles ganz neu zu leuchten.

Und als ein zweiter Schlüssel erweist sich ein Verfahren, bei dem wir nicht von vornherein uns selbst, unser Ich, in den Mittelpunkt stellen. Zwar ist es auch hier notwendig und legitim, den Text auf uns selbst zu beziehen, um in ihn hineinkommen. Aber bei diesem Grundtext der Rechtfertigung sind wir längst auf eine solche Perspektive festgelegt, ob wir es wissen oder nicht. Bestimmend ist nach wie vor die Frage Luthers »Wie bekomme *ich* einen gnädigen Gott?« Das ist die Angst des Mönchs und die Sorge eines mittelalterlichen Christen »Wie komme ich aus meinen Sünden heraus und in den Himmel hinein?«. Das ist aber weder heute unsere erste Sorge, noch kann man davon ausgehen, dass es die des Paulus war. Umgekehrt wird ein Schuh daraus: Wenn man verstanden hat, wie in der Sicht des Paulus, Gott in der von Gewalt und vielfältigem Bösen beherrschten Welt seine Gerechtigkeit durchsetzt, wie er seinen Glauben an uns Gestalt werden lässt, dann verstehen wir auch, was das mit unseren Sorgen heute zu tun hat, bis hin zum Umgang mit Arbeitslosigkeit.

II. Auslegung

Weil dieser Text Lehre ist, muss auch seine Auslegung, um dem Text zu entsprechen, zur theologischen Lehre werden, muss also auch richtige und falsche Lehre neu unterscheiden. Ich gehe dazu seinen *sechs großen Worten* nach. Die abstrakt klingenden Begriffe erschließen sich, so hoffe ich, wenn sie mit konkreten Erfahrungen von damals und heute gefüllt werden.

Gerechtigkeit Gottes

Zu beginnen ist mit dem Wort, das über allem steht: der GERECHTIGKEIT GOTTES. Sie ist das Thema des Textes. Was Gerechtigkeit aus Glauben heißt, erschließt sich nur, wenn man zuerst weiß, was Gerechtigkeit Gottes überhaupt meint. Luthers reformatorische Erkenntnis bestand darin, von der Bibel her zu erkennen, dass Gottes Gerechtigkeit von seiner Güte und Gnade, seiner Barmherzigkeit und Freundlichkeit nicht zu trennen ist. Dabei meint das wichtigste hebräische Wort für Gerechtigkeit *Zedaqa* immer eine Tätigkeit, das »Tun des Gerechten« (Bonhoeffer). Gottes Gerechtigkeitstaten sind seine befreienden Rettungstaten. Wo immer Rettung aus Bedrückung und Not geschieht, ereignet sich Gottes Gerechtigkeit. Die leidenden Menschen, die in den Klagen der Psalmen Gott alle Ungerechtigkeiten vorhalten, die ihr Leben einschränken und zerstören, sie erwarten und erflehen in ihrer Not eine Gerechtigkeitstat Gottes. Klage zielt auf Gerechtigkeit. Und das gilt gleichermaßen für Schuldige wie Unschuldige. Der Mensch, der in Ps 51 Gott um Vergebung von Blutschuld und um Befreiung von einer sein ganzes Leben bestimmenden Sünde bittet, appelliert an Gottes Gerechtigkeit (v.16) ebenso wie Menschen, die wie Hiob unschuldig sind und Gott daran erinnern, dass Unschuldige nicht leiden sollten. Zwar ist Gerechtigkeit nicht einfach dasselbe wie Güte und Erbarmen, aber man muss sagen, dass beides Aspekte des gleichen Geschehens sind. Gottes Gerechtigkeit bringt etwas in Ordnung, stellt etwas richtig, was in Unordnung geraten und falsch war.

Seit dem Exil hofft Israel auf eine umfassende künftige Heilstat Gottes und kann sie mit dem Begriff der Gerechtigkeit Gottes bezeichnen. Nicht mehr nur einzelne Rettungen, sondern auch das Kommen einer neuen Erde, auf der kein Kind mehr jung sterben muss und jede Träne abgewischt wird. So wird sie sein, die umfassende Gerechtigkeit Gottes. Was lange vorher und dann auch bei Jesus Reich Gottes heißt, hat neben vielen anderen auch den Namen »Gerechtigkeit Gottes«. Gottes Reaktion auf das Leid der Kreatur heißt Gerechtigkeit.

Sie ist, sagt Paulus, mit Jesus Christus sichtbar geworden, in Erscheinung getreten. Es macht alles falsch, wenn man durch diesen Bezug zu Christus den biblischen Begriff in seinem Wesen verändert oder aufgehoben sieht. Genau wie bei der Erwartung des Messias, des Gesalbten, begreift man nur, was Paulus von Christus sagt, wenn man am biblischen Sinn der Worte festhält. Es geht darum, dass die Gerechtigkeit Gottes, anfangs und immer wieder als Exodus erfahren und als Reich Gottes erwartet, in Jesus Christus sichtbar, also wirksam und kräftig geworden ist. Wir verwerfen die falsche Lehre – wir sollten sie verwerfen –, dass die Glaubensgerechtigkeit nichts mit den großen Fragen von Recht und Unrecht in unserer Welt zu tun hat. Wir müssen sie vielmehr durchgängig genau darauf beziehen und auf diesem Sinn beharren. Es geht um Gerechtigkeit, oder es geht nicht um Gott. Gott lässt seine Gerechtigkeit aufscheinen über denen, denen Gerechtigkeit fehlt.

Sünde

»*Alle haben gesündigt, und es fehlt ihnen an der Ehre Gottes*« (v. 23). In den Teilen des Römerbriefes, die unserer Passage vorangehen, hat Paulus gezeigt, dass alle Menschen in Sünde verstrickt sind. Die Glaubensgerechtigkeit ist die Antwort Gottes darauf. Alle Menschen sind Sünder – kaum ein Satz scheint für christliches Denken selbstverständlicher und grundlegender zu sein, und an keinem anderen lassen sich die problematischen Aspekte dogmatischer Aussagen besser aufzeigen. Er ist richtig und falsch zugleich, er kann – trotz seiner Richtigkeit – falsch verstanden werden und alles verderben. Wir verwerfen die falsche Lehre – sollten sie verwerfen –, welche durch Fixierung auf die Sündhaftigkeit aller Menschen zu einer Relativierung der Unterscheidung zwischen Tätern und Opfern beigetragen hat. Man hat der traditionellen Rechtfertigungslehre vorgeworfen, auf die Täter und damit auf die Vergangenheit fixiert zu sein[2]. Alle unsere Gottesdienste fangen mit einem Sündenbekenntnis an, setzen damit voraus, dass jeder Mensch jederzeit schuldig und auf Vergebung angewiesen ist. Ist das falsch? Man kann sich das Problem schnell klar machen, indem man beachtet, wie Paulus hier von der Sünde redet. Er beschreibt sie als eine Macht, vergleichbar einer politischen Schreckensherrschaft, einer Diktatur, die alle ergreift, und der man sich kaum entziehen kann. »Du hast die Welt mit großem Schrecken ... beherrscht«, heißt es in einer jüdischen Schrift über das römische Reich. Es wird als Raubvogel, als Adler beschrieben, der alles in seinen Krallen hält. Der Messias muss als Löwe kommen, um diese Raubvogelmacht zu zerbrechen (4. Esra 11f.)[3]. Genau so ist es mit der Sünde. Zwar sind alle gepackt, aber nicht alle auf die gleiche Weise, die Unterschiede bleiben wichtig. »*Ihre Füße eilen, Blut zu vergießen*«, sagt Paulus mit einem Bibelzitat (Jes 59,7) unmittelbar vor unserem Text (Röm 3,15). Mörder und Ermordete sind zu unterscheiden. Die lange Aufzählung von Schuldverstrickungen in Röm 1 endet: Die Menschen sind »*treulos, lieblos, unbarmherzig*« (1,31), es gibt unter ihnen also auch solche, die Liebe und Barmherzigkeit brauchen und nicht erfahren. Alle sind verstrickt, alle Menschen erleben, dass sie das Gute, das sie doch wollen, nicht tun (c.7). Alle sind verstrickt, die Herrschaft wurzelt tief in unseren Herzen, aber nicht alle sind damit gleichermaßen Täter. Mit traditionellen Moralvorstellungen kann man kaum erfassen, worum es in dieser Schreckensherrschaft geht. Aus dem Bereich der Sexualität nennt er etwa die Homosexualität (1,26f.). Von heutigem Wissen aus kann man das mit Recht problematisieren, indem man gerade auch hier die Opfer im Blick hat. Aber wir brauchen nur heutige große Sünden im Bereich der Sexualität einzusetzen, um die Aussagen in eine sachgemäße Dimension zu rücken: Den Missbrauch von Kindern, die Vergewaltigung von Kindern und Frauen, die Ausschlachtung der

---

2. Vgl. J. Moltmann, Was heißt heute »evangelisch«? Von der Rechtfertigungslehre zur Reich-Gottes-Theologie, EvTh 57, 1997, 41-46
3. Dazu L. Schottroff, Die Schreckensherrschaft der Sünde und die Befreiung durch Christus nach dem Römerbrief des Paulus, in: dies., Befreiungserfahrungen. Studien zur Sozialgeschichte des Neuen Testamentes, ThB 82, 1990, 57-72.

unschuldigsten Menschen in Gewaltpornographie und Prostitutionstourismus. Die Welt ist in den Krallen der Sünde, man muss das ganz real nehmen, muss die vielfältigen Formen von Leid und Ausbeutung vor Augen haben, von Entrechtung und Entwürdigung, Hunger und Elend, dann weiß man, um was es geht. Es liegt auch an uns. Um sich selbst dabei realistisch einbeziehen zu können, sind auch andere Unterschiede wichtig, etwa der zwischen Männer- und Frauensünde. Oft hat man eine totale Ichbezogenheit als Merkmal der Sünde bezeichnet, doch frau hält dagegen: »Die ›Sünde‹, die die weibliche Rolle in der modernen Gesellschaft produziert …, ist nicht illegitime Ichbezogenheit, sondern das Versäumnis, sich auf das Ich zu beziehen, das Versäumnis, Verantwortung auch für das eigene Leben zu übernehmen« (J. Plaskow)[4].

In der Bibel hat der Satz, dass alle Menschen Sünder sind, nie zur Folge, die Unterschiede zu verwischen, er besagt noch nicht einmal, dass es nicht doch Gerechte gibt. In der Sintflutgeschichte wird zuerst formuliert, dass alle Menschen von Jugend an Böses bewirken (Gen 6,5), und dennoch wird danach Noah als ein Gerechter bezeichnet (v. 9). Nach Ps 14 ermangeln alle Menschen der Gerechtigkeit vor Gott – Paulus zitiert das in Römer 3 –, dennoch heißt es einen Vers weiter: »*Gott ist beim Geschlecht der Gerechten*«. Wir kennen das ebenso aus anderen Diktaturen, alle sind einbezogen, fast alle haben irgendwo mitgemacht, aber dennoch und gerade deshalb bleiben die Unterschiede wichtig. Die Rede von Gottes Gerechtigkeitstat ist deshalb nicht zuerst bezogen auf das Problem von Sünde und Schuld. Weder beim Exodus, noch bei den Betern der Psalmen. Gott wendet sich dem Elend seiner Geschöpfe zu, antwortet auf ihre Klagen und Schreie, das ist seine Gerechtigkeit. Auch wenn Paulus hier die Akzente anders setzt, bleibt das der Rahmen, in dem dann auch angemessen und realistisch über Schuld aller gesprochen werden kann, so, dass aufgedeckt wird, wer welche Schuld hat, wie damit umzugehen ist, und wo wir selbst hingehören.

In dieser von Sünde, also Unrecht und Gewalt beherrschten Welt, die uns unausweichlich in ihren Krallen hält und in die wir mit unserem eigenen Tun verstrickt sind, in ihr erscheint die Gerechtigkeit Gottes. Ich verstehe Paulus so, dass er von so etwas wie einem *Exodus aus der Macht der Sünde* spricht. Wie Gott anfangs Israel aus dem Haus der Sklavenarbeit befreit und vor den überlegenen Ägyptern errettet hat, so führt er jetzt die Menschen aus der Versklavung durch die Sünde heraus und setzt so seine Gerechtigkeit durch.

---

4. Zitiert nach L. Schottroff, Die befreite Eva. Schuld und Macht der Mächtigen und Ohnmächtigen nach dem neuen Testament, in: C. Schaumberger/L. Schottroff, Schuld und Macht. Studien zur feministischen Befreiungstheologie, 1988, 81.

Tora

»Jetzt nun ist außerhalb der Tora Gottes Gerechtigkeit sichtbar geworden« (v. 21). Was Gott als Gerechtigkeit unter den Menschen realisieren will, steht inhaltlich in der Tora, im alttestamentlichen Gesetz. »*Der Gerechtigkeit, nur der Gerechtigkeit sollst du nachjagen*«, lautet eine ihrer Grundregeln (Dtn 16,20). Die Tora zu praktizieren, das ist die Gerechtigkeit, die vor Gott gilt (Dtn 6,25). Wir haben kein besseres Wort für die lebenschaffende Weisung Gottes an sein Volk und an alle Menschen. Die Tora enthält aber auch Recht, Sozial- und Wirtschaftsgesetze etwa, dazu Rechtsgrundsätze, die wie Menschen- und Grundrechte Freiheit bewahren und Minderheiten schützen wollen. Deswegen ist es nicht einfach falsch, sie, wie es lange üblich war, als »Gesetz« zu bezeichnen. Doch es geht um die ganze Ausfaltung dessen, was man Glaubenspraxis nennen kann. Am bekanntesten in der Christenheit sind zusammenfassende Texte wie die Zehn Gebote oder das Liebesgebot. In ihrem Zentrum steht überall das erste Gebot, denn es geht um nichts Geringeres als den Zusammenhang des einen Gottes mit der ganzen Fülle unseres Lebens. Gott und Tora gehören ebenso zusammen wie Gott und Gerechtigkeit oder Gott und Leben.

Doch nun sagt Paulus in v. 21, in Jesus Christus sei die Gerechtigkeit Gottes »*außerhalb der Tora*« erschienen, und dann ausdrücklich in v. 28, dass die Menschen gerecht gemacht werden »*abgesehen von den in der Tora gebotenen Taten*«. Ist damit gemeint, dass die Tora nicht mehr gilt, begründet Paulus hier ein »gesetzloses Heidenchristentum«, welches die Tora nicht zu beachten braucht, weil Christen ein Gottesverhältnis haben, in dem das Gesetz keine Rolle spielt? Nichts könnte falscher sein und nichts war in der Geschichte des Christentums verhängnisvoller als diese Auffassung. Sie hat unendlich vielen Menschen den Tod gebracht, hat die Kirche auf eine Weise in die Gewaltverhältnisse der Sünde einbezogen, wie es diesem Paulus wohl nur als ein Gräuel hätte erscheinen können. Wir verwerfen die falsche Lehre – wir sollten sie verwerfen –, dass durch die Glaubensgerechtigkeit die Tora Gottes abgeschafft oder außer Kraft gesetzt wird. Wo solches angenommen wird und die Praxis bestimmt, handelt es sich um einen anderen Gott, einen Götzen, und mancher Irrweg des Christentums ist in der Tat so zu beschreiben.

Wichtig ist zunächst, die verschiedenen Aussagen über die Tora bei Paulus zu beachten. Sie passen zueinander. Die Gerechtigkeit Gottes ist zwar außerhalb der Tora sichtbar geworden, sie kommt also nicht aus der Tora. Aber eben das ist von niemand anderem als der Tora selbst bezeugt. Nicht nur, dass es dieselbe Gerechtigkeit ist, wird von ihr bezeugt, sondern gerade auch die Tatsache, dass sie außerhalb der Tora erscheint. Im Römerbrief ist dafür vor allem das Beispiel Abraham wichtig: »*Er glaubte Gott, und das wurde ihm zur Gerechtigkeit angerechnet*«, so heißt es in der Genesis (15,6) und also in der Tora, bzw. ihrer griechischen Übersetzung. Und beim Propheten Habakuk steht der Satz, dass der Gerechte aus Glauben leben wird (2,4). Am Ende unseres Textes in v. 31 stellt der Apostel selbst die Frage, ob die Tora durch das Evangelium außer Geltung kommt, und er sagt eindeutig: Nein, im Gegenteil, wir richten sie auf, setzen sie in Kraft. Er sagt es ebenso ausdrücklich, wie es Jesus in der Bergpredigt sagt: »*Meint nicht, dass ich gekommen bin, das Gesetz abzuschaffen*« (Mt 5,17). All diese Sätze klingen, als wenn die Autoren geahnt hätten, was kommt, und es hat wohl in ihrer Zeit schon Ansätze dazu gegeben.

Aber was nun? Sollen wir denn Juden werden, und die ganze Tora tun? Bei der Frage nach dem Verhältnis der Tora zu den Christen aus den Völkern kommen mehrere Probleme zusammen, die man zunächst auseinanderhalten muss. Das eine ist die Frage, wie Israels Tora für Nichtjuden gelten kann, wenn diese doch nicht Juden werden sollen. Das klammere ich jetzt noch für einen Moment aus. Ein Zweites ist die Frage, die für Paulus nicht so bedrängend war wie für uns, dass die Tora die Spuren einer anderen, einer uns inzwischen fremden Zeit an sich trägt. Das ist eine Frage einer sachgemäßen Interpretation und Umsetzung, sie betrifft die Tora nicht anders als andere Teile der Bibel. Hier geht es um eine dritte Frage, nämlich um die Beziehung *der* Gerechtigkeit, die Gott selbst bewirkt, zu der, die er in seiner Tora geboten hat. Dazu ist noch einmal an die Macht der Sünde zu erinnern. In einer Welt, die die Sünde in ihren Krallen hält, erfüllt niemand die Tora, kann niemand sie praktizieren. Es geht nicht gerecht zu und wir alle sind daran mit schuld und fühlen uns hilflos. In dieser Lage kann aus der Tora nur die Erkenntnis der Sünde kommen, wie es in v. 20 direkt vor unserem Text heißt.

Was ist zu erkennen? Durch die Sünde ist es zur Herrschaft der Männer über die Frauen gekommen, die bis heute die Beziehungen zerstört, durch sie zu den Morden, die von Kain an die Weltgeschichte bestimmen. Die Regeln der Tora zur ökonomischen Gerechtigkeit, zum Zinsverbot und zum regelmäßigen Schuldenerlass lassen bis heute erkennen, wie weit eben nicht Gerechtigkeit, sondern das Gegenteil herrscht. Wir wissen aus der Tora, dass Gott den Mensch von der Schöpfung an auf Arbeit angelegt hat selbst unter paradiesischen Bedingungen (Gen 2,15). Wir wissen, dass im Dekalog steht »*sechs Tage sollst du arbeiten*« (Ex 20,3), wir erkennen, welche Sünde die Arbeitslosigkeit darstellt, für Jugendliche zumal, und fühlen uns ihr dennoch oft hilflos ausgeliefert, ahnen auch, wie stark sie durch unsere Art zu leben mit hervorgerufen wird.

Die Welt ist von Ungerechtigkeit beherrscht – die Tora wird nicht erfüllt –

das meint auf zwei Weisen die gleiche Wirklichkeit. In ihr lässt Gott seine Gerechtigkeit aufscheinen und wo das geschieht, wird die Tora aufgerichtet und neu in Kraft gesetzt. Die Tora ist heilig, gerecht und gut (Röm 7,12), Gott handelt in Christus, damit die Gerechtigkeitssätze der Tora in der Kraft des Geistes erfüllt werden (Röm 8,4), die Liebe ist des Gesetzes Erfüllung (13,10). So redet Paulus an vielen Stellen, der Befund ist völlig eindeutig. Statt dass die Tora abgeschafft wird, ist es umgekehrt: durch die Glaubensgerechtigkeit wird sie neu aufgerichtet. Der Exodus aus der Macht der Sünde ermöglicht es, Gerechtigkeit zu praktizieren. Und genau das ist Gottes Ziel. Ich denke, darin liegt auch der tiefste Grund für die Formulierung von v. 21, wonach die Tora selbst bezeugt, dass die Gerechtigkeit außerhalb der Tora sichtbar geworden ist. Denn es geschieht hier ja nicht anders, als es im Buch Exodus berichtet wird: Gott führt Israel heraus, befreit es aus der unterdrückenden Macht, bringt es zu sich an den Sinai und gibt ihm seine Tora. Diese beginnt mit dem Satz: »*Ich bin Adonai, bin dein Gott, weil ich dich aus Ägypten herausgeführt habe*« (Ex 20,2). So fangen die Zehn Gebote an, darauf gründen sie sich, wie auch alles weitere. Die Gerechtigkeitstat Gottes führt zur Gabe der Tora, sie kommt selbst nicht aus dem Tun der Tora, ermöglicht aber das Leben in Freiheit, das die Tora ausfüllt. In einer Welt, in der Ungerechtigkeit herrscht und gerechtes Leben niemandem möglich ist, befreit die Gerechtigkeit Gottes aus solcher Unterdrückung, um ein Leben in Gerechtigkeit, das heißt mit der Tora, zu ermöglichen.

»Jetzt aber«

– so setzt unser Text in v. 21 ein. Im Aufriss des Römerbriefs beginnt mit dieser Formulierung der entscheidende Übergang von der alle versklavenden Macht der Sünde zum Geschehen von Kreuz und Auferstehung Jesu Christi. *»Jetzt aber«* – meistens wird dieses »jetzt« als Wechsel vom Alten zum Neuen Testament, vom Judentum zum Christentum beschrieben, und damit zugleich das Alte für erledigt und überholt erklärt. Hier ist Vorsicht am Platz. Wenn man es zunächst einmal in seinen langfristigen weltgeschichtlichen Perspektiven beschreibt, geht es ja genauer um einen Übergang vom Alten Testament zum Nebeneinander vom Alten Testament und der christlichen Bibel aus Altem *und* Neuem Testament; vom Judentum zum Nebeneinander von Judentum und Christentum. Vielfach wird freilich bewusst oder unbewusst damit weiteres verbunden, ein Wechsel von Strafe zum Heil, von bloßer Gerechtigkeit zur Gnade, vom Muss des Gesetzes zur Freiheit der Kinder Gottes durch die Vergebung der Sünden. Es gibt viele derartige Muster. Sie sind alle falsch, soweit man sich ein andersartiges Wirken Gottes vorstellt. Wir verwerfen die falsche Lehre – sollten sie verwerfen –, dass in Jesus Christus ein Moment der Güte Gottes erschienen ist, das vorher nicht sichtbar war. Von Gott und seiner Güte war schon vorher alles bekannt und alles gesagt, Paulus selbst drückt es, wir drücken es bis heute mit den alten Worten aus: »*Der dir all deine Sünden vergibt und heilet alle deine Gebrechen, ... wie sich ein Vater über Kinder erbarmt, so erbarmt sich der Herr über die, die ihn fürchten*« (Ps 103,3.13). Derselbe Gott mit allen seinen Eigenschaften wird schon in den Psalmen besungen. Seine Gerechtigkeit war in Israel zuerst sichtbar geworden, und sie wirkt dort bis heute.

Worin liegt dann das Neue, worauf bezieht sich das »jetzt aber«? Natürlich hängt es inhaltlich mit dem Wirken Jesu zusammen, seinem Tod (v.25) und dem Glauben an ihn. Entscheidend aber ist zunächst etwas anderes. Es wird hier in v. 29 mehr vorausgesetzt als entfaltet: »*Ist Gott etwa nur der Gott des jüdischen Volkes? Nicht auch der Völker? Ja, auch der Völker*« Nicht dass er der Gott aller Menschen ist, ist neu, –, das ist er seit der Schöpfung –, sondern dass er sich jetzt als Gott aller Völker zeigt, seine Gerechtigkeit in der ganzen Welt aufscheinen lassen und durchsetzen will. Die Menschen der Völkerwelt kommen zum Gott Israels, zu ihrem Schöpfer. Genau das aber ist nichts Unerwartetes und Überraschendes, sondern ist schon mit dem Beginn der Geschichte Gottes mit Israel, mit seiner ersten Begegnung mit dem ersten Vorfahren Abraham verbunden. Sein Segen wird weltweit auf alle, die ihn segnen, ausstrahlen (Gen 12,1-3). In vielen prophetischen Texten wird das Kommen aller Menschen zum Zion erwartet, um die Tora zu empfangen und ihre Schwerter zu Pflugscharen umzuschmieden (Jes 2 // Mi 4). Gerade das Neue steht in tiefster Kontinuität zum Alten.

Sühnetod

Was ist an diesem Christus, das die Macht der Sünde bricht und den Exodus in ein gerechteres Leben ermöglicht? Das sagt vor allem die Formulierung von v. 25: »*Gott hat ihn in seinem Blut als Sühne eingesetzt*«. Es geht um den Sühnetod, das »Gestorben für unsere Sünden«, das Blut Christi. Dadurch werden die bisher begangenen Verfehlungen erlassen, die Menschen aus den Krallen der Sünde befreit und zu gerechtem Handeln in der Gegenwart bestärkt. Ich möchte zu dieser schwierigen, für manche Christen zentralen, für andere geradezu abstoßenden Vorstellung in fünf Schritten einige Informationen und Überlegungen formulieren.

– Wie eng neu und alt ineinander verschränkt sind, kann man sich gerade an der Vorstellung vom Sühnetod klar machen. Der Begriff, der hinter dem deutschen Wort Sühne steht, bezeichnet im Alten Testament einen Aufsatz auf der Bundeslade, die im Allerheiligsten des ersten Tempels stand *(Kapporet, Hilasterion)*. Luther übersetzt es ursprünglich mit »Gnadenstuhl«, »welchen Gott hat furgestellet zu einem Gnadenstuel«, andere sagen Sühnmal oder geradezu Sühnapparat. Es bildet das Allerheiligste im Allerheiligsten, ist das Symbol der direkten Gegenwart Gottes im Tempel und zugleich seiner Vergebungsbereitschaft. Menschen dürfen Gott selbst ganz nahe kommen, weil er Schuld sühnt und vergibt, niemand könnte sonst in seiner Nähe überleben. Das Allerheiligste betrat allein der Hohepriester einmal im Jahr am Jom Kippur, dem Versöhnungstag, um dort feierlich einen Blutritus zur Reinigung des Volkes zu vollziehen, wodurch alle öffentlich bekannten Schulden Israels vom Sündenbock in die Wüste getragen werden (Lev 16). Paulus sagt also: Christus ist der Sühnort Gottes für die Welt und entspricht dem Sühnort im Tempel. Wie von ihm die Reinigung Israels von allen seinen Sünden ausgeht, so von Jesus die Reinigung der ganzen Welt. Nichts Geringeres als ein universaler Jom Kippur klingt an. Was an diesem Tag Gott an Israel tut, das tut er jetzt an allen Völkern.

– Wie aber soll man sich die Wirkung des Blutes auf die Sünden oder auf Gott vorstellen? Wie auf uns selbst? Die christliche Theologie hat immer wieder versucht, dafür Denkmodelle zu entwickeln, wollte genau verstehen, warum dieser Tod notwendig war, was er bedeutet, wie er wirkt. Sie alle führen aber zu problematischen Konsequenzen. Es ist durchaus fraglich, ob je ein einziger präziser Sinn dahinter stand. Heutige Wissenschaft kann schon für die Sühneriten im Tempel die genauen, damit verbundenen Vorstellungen – wie reinigt wessen Blut durch welche Wirkung was? – nicht eindeutig klären. Zu viele Schichten, jahrhundertelang wechselnde Deutungen der Riten verhindern das. Das geht nie auf. Bei der Übertragung auf Christus sind zudem verschiedene Traditionen und Bilder im Spiel. Paulus vergleicht ja, sieht man genau hin, Christus und seinen Tod nicht mit dem Sündenbock – vom »*Lamm, das der Welt Sünden trägt*«, ist anderswo die Rede (Joh 1,29). Auch die Formulierung aus Jes 53 »für unsere Sünden gestorben« steht hier nicht. Allein für die Bedeutung des Blutes gibt es also mehrere konkurrierende Bilder. Und direkt zuvor in v. 24 hat Paulus einen ganz anderen Vergleich gebraucht: den eines Freikaufs. Das ist ein Rechtsvorgang, durch den in Schuldhaft oder Sklaverei geratene Menschen durch Zahlungen »erlöst«, eben freigekauft werden konnten. Die Vorstellungen und Bilder, die religiösen Riten und gottesdienstlichen Gebräuche wechseln. Sie alle sind vielfältige und vielgestaltige Konkretionen der Vergebungsbereitschaft Gottes. Um *die* geht es, und nicht um eine mystische Wirkung des Blutes. Das zeigt sich eindrucksvoll daran, dass Israel nach der Zerstörung des Tempels mit dem Ende der realen Sündopfer und Sühneriten keinerlei Schwierigkeiten hatte, einen Wortgottesdienst für den Versöhnungstag zu entwickeln, in dem Gottes Vergebung ohne Blut und ohne Sündenbock zugesprochen wird, genau wie es in unseren Gottesdiensten geschieht.

»*Der dir all deine Sünden vergibt und heilet alle deine Gebrechen*« – alle Bilder und alle Riten – man denke an das Abendmahl – sind Ausdruck dieser Gewissheit. Wir verwerfen die falsche Lehre – sollten sie verwerfen –, dass es bei der Sühne durch das Blut Christi um etwas anderes oder um mehr geht als um die Begegnung mit dem Recht-schaffenden und vergebenden Gott, wie ihn Israel erlebt und in seinen Psalmen besungen hat.

– Weil es aber um reales Blutvergießen geht, ist noch anderes im Spiel. Das Kreuz ist ein schreckliches Hinrichtungsinstrument, an ihm endete einer, der für Gerechtigkeit eintrat, blutig, grausam und zunächst einmal sinnlos. Wenn Gott gerecht ist, dürfen Gerechte nicht so sterben. Dass Gott ihn auferweckte, besagt, dass genug Ungerechtigkeit passiert ist und Gott jetzt eine Gegeninitiative startet. In einem anderen jüdischen Text der gleichen Zeit wird der gleiche Ausdruck *Sühnmal* ebenfalls mit dem Tod von Menschen in Verbindung gebracht. Der Gedanke lag also in der Luft. Von Märtyrern der Makkabäerkriege, welche für ihren Glauben gestorben sind, heißt es: »*durch sie ist ... das Vaterland gereinigt worden, sind sie doch zu einer Art Ersatzleistung für die Sünden des Volkes geworden. Durch das Blut jener Frommen und ihren sühnenden Tod (Hilasterion) hat die göttliche Vorsehung das zuvor schwer heimgesuchte Israel gerettet*« (4Makk 17,21 f.). Bei den Märtyrern geht es darum, dass Gott ihr Blut als ausreichend anerkennt, und deshalb weiteres Blutvergießen unterbricht.

Es ist genug Blut geflossen – dafür steht die Deutung des Kreuzes als Sühnmal. Man darf diesen Jesus niemals isolieren von all den anderen ermordeten und gefolterten Menschen bis heute. Die Evangelien stellen ihn in eine Reihe mit den Klagen der Unschuldigen in den Psalmen, und er ist Gott deshalb so nahe, weil er uns wie dieser selbst in den Elenden begegnet. Das Blut jedes Ermordeten ist zuviel, jedes verhungerten oder geschändeten Kindes. Was der Tod Jesu auslöst, ist eine weltweite Initiative Gottes, mit der er Gerechtigkeit durchsetzen will. Schuld und Sünde sollen die Gerechtigkeit nicht länger verhindern, Gott fängt mit uns neu an.

– In der Mischna heißt es: »*Sünden des Menschen gegen Gott sühnt der Versöhnungstag, Sünden des Menschen gegen seinen Nächsten sühnt der Versöhnungstag nicht eher, als bis man seinen Nächsten besänftigt hat*« (Jona 8,9). Zwar sind alle Sünden gegen andere Menschen auch Sünden gegen Gott und seine Gebote, aber Gott kann und will nicht über die Köpfe der Betroffenen hinweg vergeben. Im Jüdischen ist das immer selbstverständlich gewesen, wir finden es auch beim Juden Jesus in der Bergpredigt – »*gehe zuerst hin und versöhne dich mit deinem Bruder*« (Mt 5,23 f.) – und im Vaterunser – »*Vergib uns unsere Schuld, wie wir vergeben …*«. Ich halte es für sicher, dass auch der Jude Paulus so denkt. Das Selbstverständliche ist manchmal am schwersten zu erkennen. Gottes Vergebung kann Kraft und Geist verleihen, mich auch mit meinen Gegnern zu versöhnen, sie ersetzt diesen Vorgang nicht. Wir verwerfen die falsche Lehre – sollten sie verwerfen, dass die Vergebung der Sünden durch Gott die Versöhnung mit den Brüdern und Schwestern, an denen ich gesündigt habe, einschließt, ersetzt oder überflüssig macht. Wenn und wo in der Christenheit solches gelehrt wurde – jedenfalls faktisch praktiziert wird es vielfach! –, muss man das als eine der schwersten Abweichungen von der Bibel ansehen. Tröstung der Gewissen ohne diesen Grundsatz wird zur Gewissenlosigkeit.

– Es ist manchmal notwendig, bei der Auslegung von Texten ihre spätere Wirkung mit im Blick zu haben. Paulus stellt sich vor, dass Juden wie Nichtjuden durch diese Sühnkraft gereinigt werden. Er will eine aus Juden und Nichtjüdinnen zusammengesetzte Gemeinde. Das war schon zu seiner Zeit schwierig, er muss in Römer 9-11 darauf eingehen. Fast alles in der Tora war *nicht* strittig, Religion und Recht, Glaube und Lebenspraxis machten Juden und nichtjüdische Christen von außen für lange Zeit fast ununterscheidbar. Umstritten und umkämpft waren aber die Teile der Tora, die spezifisch jüdisch waren: Sollen sich auch nichtjüdische Männer beschneiden lassen? Wie kann es eine Tischgemeinschaft geben, ohne dass Juden mit den Speisegeboten der Tora ihre Identität aufgeben müssen? Oder sollen umgekehrt Heiden durch solche Regeln mit dem Glauben an den Gott der Juden das Judentum selbst annehmen? Zu beidem sagt Paulus eindeutig nein. Beschneidung und Speisegebote sind deshalb nicht zu übernehmen. Aber was dann? Wie das aussehen sollte, dass die Völker nicht erst im Reich Gottes, sondern unter den Bedingung dieser Welt sich Israels Gott anschließen, das wusste niemand und das musste erst erprobt werden. Man kann die Probleme, die sich dabei ergaben, als Anschlussprobleme bezeichnen. Wir kennen Ähnliches aus dem deutschen Vereinigungsprozess erstaunlich gut. Wer bestimmt die Regeln? Wer dominiert im Zusammenleben? Die Mehrheit der Juden hat das Hinzuströmen von Nichtjuden, das zunehmend zu deren eigenen Bedingungen geschah, nicht akzeptiert, und die Christen aus den Heiden haben immer weniger Rücksicht genommen. Hier lag Sprengkraft. In einem langen Prozess, der zur Zeit des Paulus mit einer gewissen Überheblichkeit der Heidenchristen begann – »*Nicht du trägst die Wurzel, die Wurzel trägt dich*«, muss er sie in Röm 11,18 ermahnen – und mit antijüdischen Gesetzen des christlich gewordenen römischen Staates endet, vollzieht sich die Trennung. Bis heute wird von christlicher Seite argumentiert, dass es ja der Sühnetod Jesu ist, der allein von Sünden befreit, weshalb auch die Juden das annehmen müssen. Dabei setzt man voraus, dass Gott durch diesen universalen Jom Kippur dessen von ihm eingesetztes Vorbild aus Lev 16 aufgegeben hat. Dass Gott also sich selbst und seinem Wort untreu wird. Bei Paulus steht das Gegenteil, ausdrücklich wird nach Röm 11,26 »*ganz Israel*« gerettet werden. Ein wirksames Modell des Nebeneinander, vom Miteinander zu schweigen, gibt es bis heute nicht. Es liegt an uns, eines zu entwickeln.

Glaube

Alles, wovon bisher die Rede war, wird wirksam durch den Glauben, und nur durch ihn. Was ist Glaube? Anders als bei anderen schwierigen Worten scheint das oft selbstverständlich zu sein. Die Kirchentagsübersetzung will mit dieser Selbstverständlichkeit brechen. Sie gibt das griechische Wort durchgängig mit »Treue« wieder. In vier Punkten versuche ich, ausgehend vom Übersetzungsproblem, etwas zum biblischen Glaubensbegriff zu sagen.

– Der Hauptgrund, einen anderen Übersetzungsvorschlag zu machen, ist eine Eigenart der biblischen Wortgruppe, die wir mit »Glauben« in der Regel nicht verbinden: Seine Reziprozität, seine Wechselseitigkeit. Nicht nur Menschen glauben, sondern auch von Gott kann gesagt werden, dass er glaubt. Das wird dann allerdings anders übersetzt. In Röm 3,1-3 geht es um die Vorzüge der Juden selbst noch angesichts der allgemeinen Sündhaftigkeit; ihnen wurden die Worte Gottes anvertraut. Und dann heißt es in v. 3: »*Dass aber einige nicht treu waren, was liegt daran? Soll ihre Untreue die Treue Gottes aufheben?*« Wegen dieser »Treue Gottes« werden dann von Luther auch die Worte mit »treu sein« übersetzt, die sonst im ganzen Römerbrief für Glauben stehen. Also kann man Röm 3,3 auch so übersetzen: »*Dass aber einige ungläubig waren, was liegt daran? Soll ihr Unglauben den Glauben Gottes aufheben?*«

Gott ist seinem Volk treu, das bedeutet eben: auch er glaubt an Israel, er setzt auf Israel, er vertraut ihm, weil er sich ihm anvertraut hat. Zwar ist es relativ selten, dass das Verb »glauben, vertrauen« von Gott ausgesagt wird. Aber blickt man auf die ganze Wortgruppe, ist vom treuen Gott, von dem, der die Treue hält, häufig die Rede. Auch wenn es selten ist, für das Gottesbild der Bibel ist es grundlegend, dass fast alle Worte reziprok gebraucht werden. Beim letzten Kirchentag hieß es im 104. Psalm, dass Menschen Gott segnen, hier geht es jetzt darum, dass Gott glaubt. Nur wenn man auch bereit ist zu sagen, dass Gott an uns glaubt, sollte man das abgenutzte Wort weiter verwenden.

– Religion ist nicht Glaube, religiöse Vorstellungen etwa über Götter, deren Macht man erfährt, heißen nicht Glaube. Unser Begriff Glaube ist so abgeschwächt, zugleich ist uns normale Religiosität soweit entrückt, dass wir jedes Verhalten zu überirdischen Mächten mit Glauben bezeichnen. Die Geburtsstunde des biblischen Glaubensbegriffs liegt fest. Die älteste Formulierung steht in Jes 7,9: »*Glaubt ihr nicht, so bleibt ihr nicht*«, ist die übliche Übersetzung, »*verhaltet ihr euch nicht treu, werdet ihr auch keine Treue erfahren*«, trifft den gemeinten Sinn besser. Es geht dabei um folgende Situation: ein feindliches Heer rückt an, um Jerusalem zu belagern. Alle sind von Furcht erfüllt. Jesaja sagt den Beistand Gott zu, aber er fügt hinzu: »*Glaubt ihr nicht, so bleibt ihr nicht*«. Die Zusage Gottes steht im Glauben auf dem Spiel. Gefordert ist ein faktisches politisches Verhalten, dass dieser Zusage entspricht. Man kann nicht, sagt Jesaja, Gott als mächtigen Helfer besingen, ihn um Rettung bitten, seine Zusage akzeptieren und dann alles auf die Stärke der eigenen militärischen Vorbereitung setzen. Entweder – oder. Rüstung kann Ausdruck des Unglaubens sein. Es geht um Übereinstimmung von religiösem Reden und faktischem Verhalten im politischen Raum, dazu wird der Begriff Glauben im Sinne von Vertrauen geprägt. Nicht irgendein für wahr halten ist gemeint, sondern ein Verhalten, dass mit Gott rechnet, sich real auf ihn verlässt. Mir hat seit meinem Studium eine Definition des Philosophen und Physikers Carl Friedrich von Weizsäcker viel geholfen: »Glauben heißt, sich so verhalten, als ob das, woran man glaubt wahr wäre«. Glauben ist ein Setzen auf den Gott, an den man glaubt, heißt, die Schritte seines Lebens vertrauensvoll auf ihn ausrichten, bezeichnet ein effektives Sich-verhalten, mit Gedanken, Worten und Werken, eine Lebenspraxis. Paulus dreht eigentlich nur Jesaja um und verallgemeinert: Glaubt ihr, so bleibt ihr.

– Was ist diesem Wort Glauben nicht alles aufgeladen worden, die Theologiegeschichte vieler Jahrhunderte schwingt in unseren unwillkürlichen Assoziationen mit. Man denke nur an Alternativen wie Glaube und Wissen, Glaube und Zweifel, Glaube und Werke. Ist denn nun der Glaube *mein* Tun, etwas, das ich von mir aus bewusst vollziehe, oder ist er ein Geschenk, zu dem ich gerade nichts beitragen kann? Man muss sich die realen Verhältnisse zur Zeit des Paulus vor Augen halten, um zu einer realistischen Einschätzung zu kommen[5]. Paulus spricht als Missionar, der mit vielen anderen im Umkreis der Synagogen Jesus Christus predigte. Es bildeten sich neue Gemeinden, kleine Gruppen, aus Juden und Nichtjüdinnen, die eine neue Praxis, ein neues Leben in Gerechtigkeit begannen, die vom Geist erfüllt die Tora praktizierten. Glaube, das ist zuallererst die Wirkung der Pre-

---

5. Vgl. zum Folgenden A. v. Dobbeler, Glaube als Teilhabe. Historische und semantische Grundlagen der paulinischen Theologie und Ekklesiologie des Glaubens, WUNT 2/22, 1987.

digt, der Eintritt in die Gemeinde, das Sich-hineinziehen lassen, die Teilnahme an dieser neuen Gemeinschaft, der faktische Beginn eines veränderten Lebens. Das Wort hält zusammen, was oft auseinander fällt: neu beginnen und doch treu sein. Das und nichts anderes ist Glaube, und was Paulus in anderen Zusammenhängen den Geist Gottes nennt, ist ein anderer Aspekt des gleichen Geschehens. Da ist nichts Theoretisches oder nur Gedankliches, sondern Glaube geschieht so praktisch, wie sich solche Anfänge vollziehen, voller Verzauberung durch Neues und die neue Gemeinschaft. Ich denke, dass Situationen, wie sie im Osten Deutschlands vor der Wende herrschten, dem in mancher Hinsicht nahe kommen. Sich zur christlichen Gemeinde zu halten, war nicht selbstverständlich, konnte Probleme bringen. Die Teilnahme an sich war das Entscheidende, nicht ob eine Person alles glaubte im Sinne eines Fürwahrhaltens, gar von offiziellen Sätzen eines Glaubensbekenntnisses, sondern das Mitmachen. In der Antike machte sich die Anwesenheit einer Gottheit auch sinnlich bemerkbar, durch Wohlgeruch und Inspiration, etwas anderes tritt in den Raum. Mit der Verkündigung des einzigen Gottes und seiner befreienden Kraft ist das erst recht so. Sich darauf einlassen, sich hineinziehen lassen und mitgehen, das ist Glaube. Er ist zugleich Wirkung des Wortes und Wirkung der Gemeinschaft, und doch und vor allem ganz mein eigenes Leben.

– Die Menschen werden durch solchen Glauben, durch solches Vertrauen gerecht gemacht – das ist die zentrale Aussage über die Rechtfertigung in v. 28. Gerecht durch den Glauben, *allein* durch ihn, wie Luther ohne Anhalt am Urtext, aber sachlich sicher richtig zuspitzend, übersetzt hat. Hier kommt nun alles zusammen. Nicht erst das Tun der Tora, das in den Krallen der Sünde nicht geschieht, macht gerecht, sondern der Mensch wird durch Glauben gerecht, so dass er gerecht leben und die Tora tun kann. Die Sündenvergebung befreit, soweit es an Gott liegt, von der versklavenden Macht der Sünde und der Vergangenheit. Aber wieso ist man plötzlich gerecht? Werden die Menschen einfach für gerecht erklärt, sieht Gott sie also nur so an und spricht sie frei, unabhängig davon, ob sie wirklich gerecht sind? Oder werden sie effektiv gerecht gemacht und wodurch? Das sind einige der vielen theologisch strittigen Fragen. Ich meine den Text so verstehen zu müssen, dass er genau das meint, was er sagt: *der Glaube macht Menschen gerecht, weil glauben heißt, anzufangen gerecht zu leben,* Gerechtigkeit zu praktizieren, vielleicht zunächst ganz im kleinen, wie ein Kind, Neugeburt ist ja ein anderes Wort dafür. Denn hier beim Anfang eines neuen, gerechten Lebens der einzelnen Menschen entscheidet sich das große Werk Gottes: So nämlich setzt sie in dieser von Ungerechtigkeit beherrschten Welt ihre Gerechtigkeit durch, dass die Menschen aus den Krallen der Sünde befreit gerecht miteinander leben können. Die Gemeinde, in der das geschieht, ist deshalb der Körper des Messias, ist das Werkzeug, mit dem Gott Gerechtigkeit in der Welt schaffen will. Weder überlässt Gott die in Ungerechtigkeit verstrickte Menschheit weiter sich selbst, noch richtet er sie jetzt schon auf Grund ihrer fehlenden Gerechtigkeit, sondern er verlockt die Menschen, sich neu auf den Weg der Gerechtigkeit zu begeben oder zum ersten Mal. Wie eine Mutter ihr Kind in den Arm nimmt und sagt »komm, fang neu an, hier ist der Weg« und es lässt sich trösten und fängt an, so heißt Glauben an den gerechten Gott, das Alte überwinden und anfangen gerecht zu leben. Der effektive Anfang durch eine neue Gemeinschaft und durch neues Leben in ihr, das ist der Bruch mit der Macht der Sünde, darin wird Sündenvergebung real wirksam. Die Kraft dazu kommt nicht aus der Tora, aber der Glaube setzt auf die Spur der Tora, dreht einen in die Richtung der Gebote. Weil Gott es auf diesen Punkt ankommen lässt, wo Glaube als neue Praxis der Gerechtigkeit entsteht, deshalb glaubt er an uns, so vertraut sie uns ihre Gerechtigkeit an, glaubt an unseren Glauben.

II. Gewalt

7. Damit »Kain nicht Kain wird«

Die Wurzeln der Gewalt und ihre Überwindung in biblischer Sicht[1]

Abel steh auf
es muss neu gespielt werden
täglich muss es neu gespielt werden
...
steh auf
damit Kain sagt
damit er es sagen kann
Ich bin dein Hüter
Bruder

Was Hilde Domin ihrem Gedicht imaginiert[2], passiert täglich an vielen Stellen der Erde: Abel *ist* wieder da, es *wird* neu gespielt, doch Kain hat sich nicht geändert. Abel wird durch die Straßen gejagt und erschlagen. Jeder neue Ausbruch von Gewalt lässt uns ratlos zurück. Das gilt für die Shoa, den ungeheuren Judenmord, verübt von Christen und Deutschen, dessen Schatten mit dem zeitlichen Abstand immer größer wird. Das gilt für die überwunden geglaubte rechtsradikale Gewalt in unseren Städten gegen Ausländer, aber auch gegen Kranke und Obdachlose, das gilt für sexuelle Gewalt gegen Frauen und Kinder mitten in unseren Familien. Warum geschieht das? Was ist nur mit Kain los?

1. Das Folgende wurde zuerst im Mai 2001 in Berlin vorgetragen sowie vorher und nachher mit ähnlichem Inhalt in ähnlicher Form an verschiedenen Orten. Durch die Ereignisse des 11. September 2001 sei, so konnte man vielfach hören, nichts mehr wie vorher. Oder galt es auch jetzt, was Karl Barth 1933 als Parole ausgegeben hatte, »nach wie vor und als wäre nichts geschehen ... Theologie und nur Theologie zu treiben« (Theologische Existenz heute?, München 1933, 3)? Nun war das damals vielleicht das Beste, was Theologie und Kirche tun konnten, und dennoch, wie wir im nachhinein wissen, durchaus keine angemessene Reaktion auf die Ereignisse. Ich habe meinen Text unverändert gelassen, aber an einigen Stellen durch verdeutlichende Hinweise ergänzt. Sie sind deutlich erkennbar in Petit gesetzt.
2. Abel steh auf, in: Gesammelte Gedichte, 6. Aufl. Frankfurt/M 1987, 364f.

Alle Antworten der modernen Wissenschaften bis heute führen, wenn ich es recht sehe, nicht wesentlich weiter als die theologisch-anthropologischen Einsichten, die die Bibel in der Erzählung über den ersten Mord formuliert, mit dem die Weltgeschichte beginnt. Es lohnt sich, sie noch einmal genau anzusehen.

Das eine ist der Anlass: Es »*brachte Kain von den Früchten des Ackers Adonai eine Opfergabe dar und auch Abel brachte von den Erstlingen seines Kleinviehs und von ihren Fettstücken. Da wandte sich Adonai Abel zu und seiner Opfergabe, aber Kain und seiner Opfergabe wandte er sich nicht zu. Da erzürnte Kain sehr.*« (Gen 4,4f.). Ungerecht geht es zu und das ohne Grund, dem einen glückt's, dem anderen nicht, der eine hat's und bekommt noch etwas dazu, der andere nicht. Man kann es Schicksal nennen, Glück, Zufall, selbst bei gleichem Ausgangspunkt und gleichem Bemühen, plötzlich ist da eine unerklärliche Differenz, durch die der eine sich zurückgesetzt, nicht anerkannt sieht. Es geht um Verlust des Gesichts, Einbuße an Respekt, »Anerkennungszerfall«, wie es heute wissenschaftlich genannt wird (W. Heitmeyer), um Anlass zu Neid und Zorn.

Das Zweite ist die Analyse dieser Lage, ihrer Möglichkeiten und ihre Bewertung durch Gott. Sein Wort an Kain läßt sich paraphrasieren: »*Warum eigentlich bist du zornig und senkst zornig dein Angesicht? Ist es nicht so: Wenn du Gutes zustande bringst, bist du stolz. Wenn du aber nichts Gutes zustande bringst, dann lagert an der Tür die Sünde. Sie verlangt nach dir, du aber sollst sie beherrschen.*« (Gen 4,6f.) Hier werden die Züge menschlicher Autonomie vorausgesetzt, nach der die Menschen im vorangehenden Kapitel gegriffen haben und wegen der wir nicht mehr im Paradies wohnen. Wir selbst erkennen und entscheiden, was für uns gut und böse ist, legen fest, was wir für uns für das Beste halten. Kein Gebot, auch nicht eine solche Warnung kann uns die Entscheidung abnehmen, im Lebensvollzug zu entscheiden, was wir letztlich, faktisch für gut und für schlecht ansehen. Gut erscheint mir in der Regel das, was gute Folgen für mich hat. Wenn das, von dem du annimmst, dass es dir gut tut und dir nützt, das auch tut, bist du stolz und meinst, deine Leistung läßt dein Leben glücken. Wenn nicht, wenn du trotz aller Anstrengungen ungerechterweise hinter anderen zurück bleibst, nicht anerkannt wirst, dich übervorteilt und betrogen fühlst – dann kommen Möglichkeiten, Verhaltensweisen in Sicht, die man erst einmal beherrschen muss.

Als Drittes folgt die Tat. Kain setzt noch an, etwas zum Bruder zu sagen, sagt aber nichts mehr, sondern schlägt zu. Keine Disposition, keine Analyse der Situation kann das Faktum wirklich erklären, keine Warnung es verhindern. Plötzlich ist die Gewalt da, bewirken tut sie nie das, was sie sollte.

Gottes Wort an Kain steht genau zwischen den sogenannten »Ursachen« der Gewalt und ihrer Realisierung. Es durchbricht den Zusammenhang zwischen beiden. Manche, gerade auch kirchliche Reaktionen auf die Ereignisse des 11. September 2001 haben mit ihren Verweisen auf angebliche oder wirkliche »Ursachen« des Terrorismus diese theologische Infragestellung jedes Automatismus zwischen beiden vielleicht zu schnell überspielt. Mit einfachsten erzählerischen Mitteln differenziert die biblische Geschichte grundlegend zwischen den – niemals völlig zu verhindernden –»Ursachen«, dem Umgang mit solchen Anlässen sowie der Reaktion auf die vollzogene Gewalt. Die einzelnen Teile meines Textes lassen sich diesen drei Aspekten zuordnen.

In der biblischen Erzählung ist diese Tat ein bedeutendes Glied in einer Kette von Geschehnissen, durch die aus der ursprünglichen Welt, die Gott mit dem Prädikat »*sehr gut*« versieht (Gen 1,31), eine Welt wird, die durch und durch verdorben ist und zwar durch Gewalt. »*Sehr gut*« – das schließt offenbar ein, dass sie keine Mittel gegen das Eindringen der Gewalt hatte, »*sehr gut*« heißt auch wehrlos. Im Zusammenhang der Weisungen der Bergpredigt möchte ich darauf zurückkommen. Es ist erstaunlich und in Theologie und Kirche wohl bisher unzureichend wahrgenommen und rezipiert worden, in welchem Ausmaß die Folgen des Griffs nach der verbotenen Frucht sich als Gewalt manifestieren. Die Ursünde realisiert sich vor allem durch und als Gewalt, die meist männlich ist und alle menschlichen Beziehungen, aber auch die zu Natur und Tieren als ständige Möglichkeit durchzieht und zu vergiften droht. Das so glücklich begonnene Miteinander von Mann und Frau wird durch männliche Herrschaft überlagert, dem Geschlechterverhältnis wohnt mit der Herrschaft immer auch ihre Realisierung oder Aufrechterhaltung durch Gewalt inne. Die Gewalt steigert sich bei den Nachfahren Kains, bis dahin, dass Gott alles Fleisch als verdorben ansieht, weil alles Geschehen zwischen Tieren und Menschen von Gewalt durchzogen ist (Gen 6,11 f.). Sie führt dazu, dass Gott versucht, die in die Schöpfung eingedrungene Gewalt in der Flut mit Gewalt wieder zu beseitigen, und dabei lernen muss, dass das selbst Gott nicht kann. Gewalt ist nicht durch Gewalt zu überwinden, das ist einer der großen Lernvorgänge, von dem die Bibel berichtet. Die Gewalt wächst und nimmt immer neue Formen an, sogar als Gott nach der Flut eine neue Geschichte der Zähmung der Gewalt beginnt. Schrittweise wird erzählt von der Herrschaft von Völkern über Völker, davon wie Abraham seine Frau – ohne selbst Gewalt zu üben – aus Angst an fremde Gewalt preisgibt (Gen 12,10 ff.), von Kriegen, von Vergewaltigungen und anderer sexueller Gewalt, von Gewalt gegen Fremde, obwohl oder gerade weil Gott selbst in ihnen gegenwärtig ist, von vielfältigen Versuchen, sich gewaltsam Vorteile zu verschaffen. Das Bild der Welt, das hier gezeichnet wird, ist durch und durch realistisch. »*Die Erde ist erfüllt von ihrer Gewalttat*« (Gen 6,13), sie ist latent in allem menschlichen Tun gegenwärtig.

Alles, was die Bibel erzählt, erzählt sie auf diesem Hintergrund. Ihre gesamte Geschichte ist von Anfang an bis zu Ende eine Gegengeschichte gegen die Gewalt. Man kann sie nicht nur, man muss sie gerade auch so lesen. Vieles erschließt sich erst dann, wenn man sie auf dem Hintergrund unserer eigenen Gewalterfahrungen wahrnimmt. Ich möchte einige Stationen davon im Folgenden abschreiten. Ich nenne zwei mir wichtige Aspekte vorweg. *Das eine ist die These, dass gerade die sogenannten Gewalttexte, überhaupt das angeblich so gewalttätige AT entscheidende biblische Formen des Umgangs mit Gewalt und ihrer Überwindung darstellen. Das andere ist die Beobachtung, dass Weisungen und Modelle zur Überwindung von Gewalt zugleich die Wurzeln von Gewalt erkennen lassen.* Hier wird ein Licht geworfen, das auch unsere heutigen Erfahrungen noch beleuchten kann. Es geht durchgängig um Schritte hin auf ein Ziel, Annäherung an eine Hoffnung, die Hilde Domin so beschreibt:

Damit die Kinder Abels
sich nicht mehr fürchten
weil Kain nicht Kain wird

I. Station: Rechtsregeln zur Tötung von Mensch und Tier (Gen 9)

Der Bund Gottes nach der Flut (Gen 9) ist eine einseitige Festlegung: Gott wird die Erde und das Leben auf ihr nicht ein zweites Mal vernichten. Zugleich werden die elementarsten Regeln zum Umgang mit tödlicher Gewalt gegeben. Die Alternative Gottes zur Gewalt ist der Schutz menschlichen Lebens durch das Recht. Zu diesem Recht gehört aber auch eine enge Begrenzung der Gewalt gegen Tiere. Der Schutz des menschlichen Lebens wird als Normalfall dem Menschen selbst, das heißt dem menschlichen Recht anvertraut: »*Wer das Blut eines Menschen vergießt, durch Menschen soll sein Blut vergossen werden, – denn im Bild Gottes hat er den Menschen gemacht*« (Gen 9,6). Gegengewalt wird damit zunächst kontrolliert und auf den Einzelfall begrenzt. Ich mache auf eine Konsequenz der Erzählung aufmerksam: Das Tötungsverbot ist kein Naturrecht im eigentlichen Sinne, dem Menschen ist von Natur aus oder bei der Geburt, ist genetisch keine Tötungshemmung mitgegeben; und Gott ändert sein Geschöpf nicht biologisch. Die Möglichkeit zu töten, steckt in uns allen, es gibt Menschen, die das ohne Gewissensbisse tun. Das Tötungsverbot ist gleichwohl universal – indem es Noah gegeben wird, wird es allen gegeben. Das Verbot tödlicher Gewalt ist und muss immer wieder kulturell, das heißt in der Erziehung, vermittelt werden.

Insbesondere die jüdische Exegese hat Gen 9,6 im Sinne der Einsetzung von Gerichten verstanden. Der Schutz des menschlichen Lebens wird damit dem Menschen selbst und zwar dem menschlichen Recht anvertraut. Das ist biblisch gesehen der entscheidende Weg Gottes, mit menschlicher Gewalt umzugehen und sie zu zähmen. Gott hat und geht keinen anderen Weg. Dabei ist menschliches Recht in vieler Hinsicht durchaus begrenzt und keineswegs fehlerfrei. Recht ist immer Ausdruck der Macht und zugleich ihre Grenze. Dennoch ist das »positive« Recht der biblischen Zeit Teil der Tora, mit mancherlei Unzulänglichkeiten, wie man etwa am Sklavenrecht sehen kann. Recht bleibt auf Gewalt angewiesen, ist aber dennoch der wichtigste Weg, Gewalt zwischen Menschen zu minimieren. So wird ja auch der Schutz menschlichen Lebens durch die Androhung der Todesstrafe in Gen 9 im Recht vom Sinai durch vielerlei Einschränkungen nahezu aufgehoben. Die hohe biblische Wertung des Rechts als entscheidende Form des Umgangs mit Unrecht und Gewalt ist in christlicher Theologie vielfach – etwa durch eine bestimmte Lektüre der Bergpredigt (dazu u.) – eingeschränkt oder außer Kraft gesetzt worden. Doch wird es am Recht vorbei keinen sachgemäßen Umgang mit Gewalt und Terror geben können.

Gegenüber den Tieren wird dagegen Gewalt und Tötung jetzt legitimiert. Zur Speise dürfen Tiere getötet werden, man muss aber hinzufügen: *nur* zu diesem Zweck. Lediglich das Blut als Symbol des Lebens wird dem Menschen entzogen – es darf nicht verzehrt werden. Was bis heute jüdische Speisesitte ist, macht bei jedem Fleischgenus auf die damit verbundene Problematik der Tötung aufmerksam. Für uns heute ist, denke ich, von besonderem Gewicht, dass die beiden Seiten dieser ersten und für alles weitere grundlegenden Regelungen zusammengehören: Der absolute Schutz menschlichen Lebens vor Gewalt und die Begrenzung von Gewalt gegen Tiere gehören zusammen, sind zwei Seiten einer Medaille. Mir ist sehr fraglich, ob man das überhaupt trennen kann, d. h. ob unbegrenzte Gewalt gegen Tiere nicht auch Gewalt gegen Menschen selbstverständlicher erscheinen läßt. Das Christentum dagegen hat in seiner bisherigen Geschichte keinerlei wirksame Tierethik entwickelt. Viele halten eine solche Haltung nach wie vor für ein Moment unaufgebbarer Freiheit vom jüdischen Gesetz. Ob Tiere in Massen gekeult und in Bergen verbrannt werden, ob sie auf grausamste Weise zu Versuchszwecken »verbraucht« werden, dabei bei lebendigem Leibe ungeheuerlich und ohne jede Grenze gequält werden, ist für das europäische Christentum keine religiöse, keine ethische, keine Glaubens-Frage. Aber kann man das ohne Folgen wirklich auf Dauer trennen? Wenn Gewalt gegen Tiere keinen Einschränkungen unterliegt, wird das die Hemmschwelle zur Gewaltanwendung senken. Natürlich ist hier nichts gleichzusetzen und gar nichts zur romantisieren. Aber für Kinder, die Grausamkeiten gegen Tiere als gleichgültig erfahren müssen, kann das nicht wirkungslos bleiben. Der Verbot des Blutgenusses ist bekanntlich eine der Grundregeln der *kaschrut,* der jüdischen Speiseregeln geworden. Das frühe Christentum hat sich, wenn auch wohl viel langsamer als wir das denken, davon losgesagt, ohne etwas Adäquates wie etwa beim Sabbat an die Stelle zu setzen. Ich glaube nicht, dass das einfach rückgängig zu machen ist. Aber unsere Gesellschaft heute sucht geradezu verzweifelt nach neuen, nach heute gültigen Speiseregeln, was dürfen wir essen – kaum etwas beschäftigt Menschen heute so sehr und zwar als Teil der Frage nach Gewalt gegen die Natur und ihrer Grenzen.

Biblisch wäre hier von den vielen und höchst interessanten Gesetzen und Regelungen zum Tierschutz zu berichten, die jedes Quälen von Tieren ebenso wie zu tiefe Eingriffe in den Kreislauf der Natur verbieten, von der Weisheit und der Wahrheit von Maximen wie »*Der Gerechte kennt die Seele seines Viehs, aber sogar das Erbarmen des Frevlers ist grausam*« (Prov 12,10), vor allem aber davon, dass mit der Gegenwart des Schöpfergottes bei seinem Volk, mit der Erfahrung dessen, was heilig ist, in den biblischen Tier- und Speisegeboten eine erstaunlich weitgehende Wiederannäherung an die ursprüngliche Schöpfungssituation eines völligen Verzichts auf Tiertötung einhergeht. Diese Sitten, die Christen oft seltsam und abstrus erscheinen, haben durchaus mit einer Minimierung von Gewalt gegen die Natur zu tun.

II. Station: Der Dekalog und die gesellschaftlichen Bedingungen zur Verhinderung von Gewalt (Ex 20)

Ein besonders eindrucksvoller Versuch, menschliches Leben vor Gewalt zu schützen, liegt im Dekalog, dem Zehnwort vom Sinai vor, dem Teil der Tora, den die Christen neben dem Nächstenliebegebot am intensivsten rezipiert haben.

An der Spitze steht Gottes Selbstdefinition als Erfahrung der Freiheit. »*Ich bin dein Gott, weil ich dich aus dem Land Ägypten, dem Haus der Sklavenarbeit, herausgeholt habe*«. Dieser Gotteserfahrung korrespondiert im Weiteren das Tun der Menschen, es dient der Ausgestaltung und Bewahrung der so geschenkten Freiheit. Dabei steht in der Anordnung der Gebote genau in der Mitte die Bewahrung des Lebens, die Vermeidung des Tötens. *Nicht sollst du töten.* Das benutzte Wort meint das gewaltsame Töten eines Menschen. Es wird auch für indirektes, langsames Töten etwa durch soziale Verelendung verwendet (z. B. 1 Kön 21,19; Ps 94,6). Alles, was menschliches Leben bedroht, ist zu vermeiden. Das einfach klingende Gebot ist bis heute umkämpft. Die Diskussion kreist unablässig um Ausnahmen: Medizin, Verteidigungskrieg, Schutz bedrohter Menschen, Notwehr, Recht, unerträgliche Schmerzen – muss man nicht töten, um Leben zu erhalten und zu schützen? Gerade hier in unseren Ratlosigkeiten lohnt sich ein Blick auf den inneren Zusammenhang der Gebote. Das zentrale Tötungsverbot wird ja von zwei auf die Familie bezogenen Geboten umrahmt, und es gibt weitere paarweise Anordnungen, vor allem die beiden auf öffentliche Wahrheit bezogenen Gebote entsprechen sich. Der gesamte innere Zusammenhang der Gebote erschließt sich, wenn man dieser paarweisen Anordnung nachgeht. Alle anderen Gebote sind wie die Schalen eine Zwiebel um das innere Zentrum des Schutzes des menschlichen Lebens vor Gewalt angeordnet. Sie alle bilden einen Zaun um das menschliche Leben, dienen dem zentralen Ziel seiner Bewahrung. Man muss zum Verständnis noch zwei Schritte weiter gehen. In einem ersten ist festzuhalten, dass Gebote oder Verbote ja zugleich Rechte formulieren, dass das Tötungsverbot zugleich ein Recht auf Leben meint, Sicherheit vor Übergriffen. So gelesen formuliert jedes Gebot zugleich Grundregeln für ein Leben ohne Bedrohung und Gewalt. Damit werden aber zugleich, und das ist der zweite Schritt, soziale und politische Bedingungen, im Grunde sogar gesellschaftliche Institutionen benannt, die Gewalt im Vorfeld verhindern können und sollen. Es entsteht so etwas wie eine kleine Soziallehre darüber, wie eine Gesellschaft aussehen muss, die Gewalt minimiert. Die wichtigsten Stichworte sind:

Familie

Die beiden auf die Familie bezogenen Sätze:
   Halte deinen Vater und deine Mutter in Ehren.
   Nicht sollst du eine Ehe brechen.
stehen unmittelbar vor und nach dem Satz *Nicht sollst du töten*. Regeln zum engsten Lebensraum jedes Menschen bilden die erste der Schalen um das Zentrum herum. Die Familie oder eine ihr entsprechende andere Lebensform ist der zum menschlichen Leben notwendige Raum. Er war es damals noch massiver als heute, weil auch ökonomisch gesehen ein nichtfamiliäres Leben faktisch nicht möglich war. Zumindest für Kinder gilt das aber noch

immer. Weil wir seit langem in sehr anderen Verhältnissen leben als in biblischer Zeit oder noch in der Luthers, ist es unumgänglich, das sachlich Gemeinte in neue Rechte und Regeln zu übersetzen. Dabei ist entscheidend, auf die Gefährdungen des Lebens zu achten, denn es geht um den das Leben schützenden, für seine Entfaltung notwendigen Raum.

Gefährdet waren damals besonders die Alten, sie waren es, die im innerfamiliären Verteilungskampf am ersten unterlagen. Wenn es nicht genügend zu essen gab oder wenn wegen Überschuldung Kinder verkauft werden mussten, gab es viele Methoden, die Alten als überflüssige Belastung loszuwerden. Die alten Eltern sollen geehrt werden, wörtlich heißt das »*schwer, gewichtig gemacht werden*«, ihnen ein entsprechendes Gewicht zu geben. Gewalt gegen Alte in Familien und Heimen, Vernachlässigung, mangelhafte Pflege, das Thema ist voll wieder da und markiert einen Ort massiver Gewalt in unserer Gesellschaft.

Beim Verbot des Ehebruchs geht es um den möglich Bruch im Zusammenleben von Mann und Frau, damit um das Zerbrechen des Raumes, in dem Kinder aufwachsen können und geschützt sind. Waren damals Kinder zur Lebenssicherung der Eltern vor allem im Alter notwendig, so sind *sie* heute wohl die schwächsten Teile der Familie. Der Bezug der beiden Gebote auf ihre Funktion, Leben zu schützen, gibt den Maßstab auch für kritischen Umgang mit der Tradition, auch mit traditionell christlichen Lebensformen; es kann nicht darum gehen, die biblischen zu bewahren. Gesicherte stabile Beziehungen sind jedoch für Kinder und Alte, für die jeweils Schwächsten und Gefährdeten notwendig.

Mit diesen zu schützenden Räumen sind elementare Bereiche genannt, in denen jeder in der Kindheit Leben als gewaltfreies, freundliches Zusammenleben erfahren muss, Wärme, Akzeptanz und Liebe, um als Erwachsener Konflikte auch ohne Gewalt bewältigen zu können. Das reicht nicht hin, bleibt aber notwendig.

Arbeit und Eigentum

> *Sechs Tage sollst du arbeiten,*
> *Doch der siebte Tag ist Sabbat für Adonai, deinen Gott.*
>
> *Nicht sollst du stehlen.*

Auch Sabbat und Diebstahl sind bezogen auf das Zentrum »*Nicht sollst du töten*«. Als Verbote scheinen sie auf den ersten Blick nicht viel gemeinsam zu haben, man könnte es vielleicht mit der Formulierung fassen: Du sollst nicht raffen, nicht alles an dich reißen, nicht möglichst viel an dich bringen. Untersagt wird, mit Gewalt sich und andere in Bezug auf Zeit und Besitz um Lebensnotwendiges zu bringen,. Unter *unserer* Frage nach Entstehung und Verhinderung von Gewalt liegen dagegen die Zusammenhänge auf der Hand: Arbeit und rechtlich gesichertes Eigentum, sinnvolle Arbeit und jedenfalls ein Minimum von eigener Sphäre, von unbedrängtem Wohnen und Leben.

Ein gemeinsamer, öffentlicher Tag der Ruhe für alle im Abstand von sieben Tagen nach sechs Arbeitstagen – das ist das Spezifische des biblischen Sabbat. Es geht um den lebensbestimmenden Wechsel von Arbeit und Ruhe. Die Erzählung von der Entdeckung des Sabbat (Ex 16) macht deutlich: man hat nicht mehr, wenn man durcharbeitet, wenn man immer ohne Pause weitermacht. Immer bei neuen technologischen und ökonomischen Entwicklungen ist der gemeinsame freie Tag wieder umstritten und muss unter heftigen sozialen Kämpfen bewahrt oder neu erkämpft werden. Das war schon in der Bibel so (z.B. Jer 17), dann wieder im 19. Jahrhundert zu Beginn des Industriezeitalters und das ist heute an seinem Ende wieder so. Wir wissen, wie aktuell umstritten der gemeinsame freie Tag ist. Maschinenlaufzeiten oder höhere Gewinne im Einzelhandel lassen ihn fraglich werden. Möglichst effektiv und durchgehend zu arbeiten, enthält aber ein nicht unbeträchtliches Maß an Gewalt gegen sich selbst und gegen die, die zwangsweise einbezogen werden oder davon mit betroffen sind.

Doch heute steht vor allem der Anfang des Gebotes in Frage wie niemals zuvor: »*Sechs Tage sollst du arbeiten*«. Was als Gebot auftritt, ist zugleich ein elementares Menschenrecht. Es gibt ein Menschenrecht auf Arbeit, das aber als einklagbares Recht bei uns erst durchgesetzt werden muss. Darin stimmen die allgemeine Erklärung der Menschenrechte und die Bibel überein. Der Mensch wird nach der Schöpfungserzählung geschaffen, um den Garten zu bebauen und bewahren, um ihn, wie es wörtlich heißt, *zu bearbeiten* (Gen 2,15). Arbeit gehört zum Menschsein, und das selbst im Paradies, wo solches nicht durch äußeren Mangel erzwungen wird. Jugendliche, die nicht arbeiten können und sich so als nutzlos, als nicht gebraucht, erfahren, gehen ein, können kein wirklich menschliches Leben entwickeln. Arbeitslosigkeit ist Gewalt. Sicher, es kann sein, dass Erwerbsarbeit im bisherigen Sinne nicht mehr für alle vorhanden sein wird. Aber Arbeit ist ja da, viele notwendige Arbeit bleibt ungetan. An Patienten wie in Bethel, wo ich wohne und arbeite, kann man besonders gut erkennen, dass auch wirtschaftlich ineffektive Arbeit menschlich notwendig ist. Nicht allein eine ausreichende materielle Versorgung etwa durch Sozialhilfe ist für menschenwürdiges Leben entscheidend, sondern dieses Gebrauchtwerden ist es, das neu organisiert werden muss. Man muss nicht der problematischen und kurzschlüssigen

These anhängen, dass es allein oder vor allem die Jugendarbeitslosigkeit ist, die Gewalt hervorruft – als einen Faktor unter anderen darf man diesen elementaren Aspekt menschlichen Lebens nicht übersehen.

Öffentliche Wahrheit

Nicht sollst du den Namen Adonais, deines Gottes, zum Schaden gebrauchen.

Nicht sollst du aussagen gegen deinen Nächsten als Lügenzeuge.

Zwei Gebote betreffen öffentliches Reden, auch sie haben zu tun mit dem Grundthema *Nicht sollst du töten*. Es geht damit bei ihnen um das Klima der Gesellschaft, wie es damals vor allem im Recht und im Kult zum Ausdruck kam. Inhaltlich geht es um die Benutzung des Gottesnamens für das eigene Reden und um die Zeugenfunktion im Recht. Solchen Missbrauch gibt es bis heute: Was geschieht nicht alles in Gottes Namen – oder dem des Christentums.

Zum Menschenrecht auf sicheres Leben gehört als notwendige Voraussetzung, dass die Wahrheit zu Wort kommt, dass eine Atmosphäre herrscht, in der Klarheit möglich ist. Es gibt beim Propheten Jeremia eine Reihe von Stellen, wonach das gesamte Leben durch *schäkär*, durch Lüge und eine Verlogenheit bestimmt ist (bes. Jer 9,4f.). Man kennt ein solches Klima aus Diktaturen, wo man seinem Nächsten nicht trauen kann, wo man sich gezwungen sieht, selbst – zumindest nach außen – Falsches zu reden. Worte können töten, direkt und indirekt. Was muss da passiert sein, wenn z. B. im ehemaligen Jugoslawien Hass und Verleumdung durch viele Generationen hindurch weitergegeben worden ist, Hass und Verachtung für Nachbarn und Mitmenschen, die sich plötzlich von verbaler Gewalt in physische Gewalt, reales Töten verwandeln können. Der christliche Antisemitismus und Antijudaismus zeigt es ebenfalls, bedeutet er doch eine über viele Generationen wirksame Vergiftung bis in die innersten religiösen Gedanken hinein. Wir alle kennen vermutlich Situationen, wo in sozialen Gruppen und Institutionen ein Klima des Misstrauens und der Verleumdung herrscht, manches davon nennt man Mobbing, was etwas mit latenter Gewaltbereitschaft zu tun hat. Der Zaun, den Jesus in der Bergpredigt um das alttestamentliche Tötungsgebot zieht, entspricht genau der Funktion dieser beiden Gebote: »*Wer seinem Bruder zürnt und ihn mit Schimpfworten belegt, wird so behandelt, als hätte er ihn getötet*« (Mt 5,21 ff.).

Freiheit
Nicht soll es für dich andere Gottheiten geben –
Nicht sollst du dir ein Bild (von Gott) machen.

Nicht sollst du aus sein auf das Haus deiner Nächsten.
Nicht sollst du aus sein auf die Frau deines Nächsten,
  noch auf irgend etwas, das deinen Nächsten gehört.

Gerade auch die beiden gewichtigen Doppelgebote am Anfang und am Ende sind Bedingung für das Zentrum *Nicht sollst du töten*. Das üblicherweise mit »begehren« übersetzte Wort im letzten Gebot zielt nicht auf Gedankensünden, sondern umfasst die ganze Skala der Möglichkeiten, den Nächsten und seinen Besitz an sich zu bringen. Darin liegt die wichtigste Differenz zu den vorangehenden Verboten: Hier geht es nicht noch einmal um Bruch oder Manipulation des Rechts, sondern gerade auch um legale, nicht verbotene und nicht rechtswidrige Möglichkeiten. In jedem Rechts- und Gesellschaftssystem gibt es solche. Damals lagen sie vor allem im Schuldrecht, wo der Verschuldete nacheinander Familienmitglieder in Sklaverei verkaufen musste. Es geht um die Lebensgrundlage des Nächsten, wie sie in Familie und lebensnotwendigem Besitz gegeben war, und worin sich die Freiheit realisiert. Der Sicherung dieser Freiheit dienen die großen biblischen Wirtschafts- und Sozialgesetze wie das Zinsverbot, die Einsetzung eines regelmäßigen Schuldenerlasses im Sabbatjahr oder die Sicherung des Lebensunterhalts der landlosen Randgruppen aus dem allgemeinen Steueraufkommen. Solche Rechte sind heute vor allem in den sozialen Menschenrechten formuliert und in die Regeln des Sozialstaates umgesetzt. Heute bietet die Marktwirtschaft zugleich die Lebensgrundlage aller wie auch vielfältige Möglichkeiten, den Nächsten um für ihn lebensnotwendige Dinge zu bringen, den Arbeitsplatz oder den eigenen Betrieb. *Das Begehren, das Aus-sein auf* ist mit dem Aufkommen des neuzeitlichen Kapitalismus von einer Todsünde zum unentbehrlichen Motor des Wirtschaftskreislauf geworden[3]: *Du sollst aus sein auf …* Das letzte Gebot widerspricht einem der fundamentalen »Werte« unserer Zeit und setzt die Lebensrechte der Nächsten dagegen. Diese Spannung sollte nicht vorschnell aufgelöst, sondern muss ausgehalten werden, aber wohl immer wieder auch benannt werden. Zugleich wird auf dieser Ebene die überragende, weil vieles zusammenfassende Bedeutung des letzten der Gebote sichtbar.

Sie hängt mit den beiden im ersten Doppelgebot formulierten Grund-

---

3. Vgl. A. O. Hirschman, Leidenschaften und Interessen. Politische Begründungen des Kapitalismus vor seinem Sieg, dt. Übers. Frankfurt/M 1980.

haltungen Gott gegenüber zusammen. Man verlässt Gott nicht nur, wenn man anderen Göttern nachläuft, man verlässt ihn ebenso, wenn man anderen das raubt, was er ihnen gegeben hat, ihnen die Freiheit nimmt, in der sie Gott erfahren. Fremde, andere Gottheiten liegen stets nahe. »Woran Du nun ... dein Herz hängst, das ist eigentlich Dein Gott« heißt es bekanntlich bei Luther zum 1. Gebot im großen Katechismus. Das goldene Kalb oder der Mammon, in der Sprache des Neuen Testamentes, sind dabei die wohl effektivsten Götzen. Für unseren Zusammenhang ist entscheidend, dass der biblische Gott durch den Bezug auf Freiheit definiert ist. Nicht Beschränkung von Freiheit, sondern nur ein immer erneuertes Klima von Freiheit, ein Gefühl von Freiheit, das die einzelnen Menschen erreicht und in ihrem Lebensgefühl prägt, wird Grundlage für eine wirksame Bekämpfung von Gewalt sein.

> Bei der Frage nach den »Ursachen« von Gewalt sollte man deshalb mindestens so intensiv wie auf soziale oder politische Verhältnisse auf das Fehlen von Freiheit und Wahrheit achten.

III. Station: Die Chance des Rechts (Ex 21)

Während der Dekalog im Christentum bis heute lebendig ist, gelten die meisten anderen Teile des biblischen Rechts als überholt und jüdisch, als gewaltsam und problematisch. Dabei basiert das biblische Strafrecht auf einem Prinzip, das in unserem Rechtssystem bisher ganz am Rande steht.

Ex 21,18: *Wenn Männer streiten und einer den anderen mit einem Stein oder der Faust schlägt ... muss er ihn für (die Zeit) seines Daheimsitzens entschädigen und für seine völlige Heilung sorgen.*

Körperverletzungen aller Art aber auch Eigentumsdelikte sind durch Wiedergutmachung, durch Entschädigungszahlungen an den Geschädigten zu ahnden. Was in der Bibel anfängt, wird im rabbinischen Recht breit entfaltet: »Wer seinen Nächsten verletzt, hat fünf Zahlungen zu leisten: Schadenersatz, Schmerzensgeld, Kurkosten, Versäumnisgeld und Beschämungsgeld«, heißt es in der Mischna (BQ 8,1). Es geht dabei um die Ermöglichung eines Wieder- und Weitermiteinanderlebens als Ziel des Rechts, um ein Recht, das der praktische Ort realer gesellschaftlicher Versöhnung ist. Wie bei unserem Täter-Opfer-Ausgleich geht es um die Orientierung strafrechtlicher Verfolgung am Maßstab der Wiedergutmachung am betroffenen Opfer. Bei uns setzt sich der Strafanspruch des Staates über die Ansprüche der

Opfer hinweg und setzt sich an ihre Stelle. Langjährige Gefängnisstrafen oder an den Staat oder vom Staat bestimmte Institutionen zu zahlende Geldstrafen helfen den Geschädigten gar nichts und sind ihrerseits ein durchaus problematischer Ausdruck staatlich legitimer Gewalt. Im Grunde hat unser aus dem römischen Recht stammendes System viel mehr mit dem zu tun, was man dem biblischen »*Auge um Auge*« (Ex 21,24) üblicherweise unterstellt, das aber im Kontext nur die Gerechtigkeit solcher Versöhnung festhält. Versucht man, solche Rechtsnormen für heutigen Umgang etwa mit sexuellen Gewalttaten zu durchdenken, müsste das wohl bedeuten, dass auf Kosten der Täter alles heute medizinisch, psychologisch und gesellschaftlich Mögliche zur Heilung und Rehabilitierung des Opfers getan wird und dass genau darin die eigentliche »Strafe« des Täters zu liegen hätte. Auch für Gewalttaten von Jugendlichen oder politisch motivierte Gewalttaten könnte solches durchaus sinnvoll sein. *Die Strafe als Wiedergutmachung das Schadens*, so weit das jeweils menschlich möglich ist, wäre ein erheblicher Beitrag zur Minimierung des Gewaltpotentials unserer Gesellschaft[4].

> Die Reaktionen auf den 11. September in öffentlichen Medien wie in kirchlichen Zusammenhängen haben mit ihrem massiven Rückgriff auf Redewendungen wie die vom »alttestamentarischen Auge um Auge« weit über die übliche Verwendung zur Beschreibung des israelisch-palästinensischen Konflikts hinaus die ungebrochene Verbreitung derartiger antijüdischer und antisemitischer Klischees offenbart. Selbst kirchenführende Theologen haben offenbar niemals die einschlägigen biblischen Texte im Zusammenhang gelesen, die vielen kirchlichen Äußerungen dazu im Rahmen des christlich-jüdischen Dialogs nicht wirklich zur Kenntnis genommen und die antijüdische Lesart neutestamentlicher Texte nie wirklich aufgegeben. Man konnte das Gefühl haben, die Bemühungen von Jahrzehnten seien ins Leere gegangen.

IV. Station: Klage als religiöse und öffentliche Verarbeitung von Gewalterfahrung

Die größte Gruppe der Psalmen sind Klagen, in denen meist auf einer für viele Christen anstößige Weise heftige Gefühle über Feinde geäußert wird. Dazu gehören die Formulierung von Angst und Hass über sie, ebenso wie Wünsche, Gott möge sie strafen und vernichten: »*Vernichten soll sie doch*

---

4. Dazu detaillierter u. S. 164ff.

der Tod, lebendig sollen sie zur Grube fahren« (Ps 55,16). Derartige Ausbrüche, die dazu noch im Gebet formuliert werden, scheinen unvereinbar mit den neutestamentlichen Geboten der Feindesliebe und dem Verbot, andere Menschen mit Drohungen und Beschimpfungen zu belegen. Dennoch gibt es, wie viele neuere Arbeiten gezeigt haben[5], guten Grund zu der Annahme, dass gerade die Äußerung solcher Gefühle ein höchst wirksames Mittel ist, Traumata und Verletzungen zu verarbeiten, in Sprache zu fassen, dadurch an einer Bewältigung zu arbeiten, die nicht auf Rache und erwiderte körperliche Gewalt hinauslaufen muss. Die Beter halten kein Gefühl zurück, überlassen die Aktion jedoch allein Gott

Ich möchte dazu eine heutige Erfahrung völlig unreligiöser Art stellen, einige Sätze aus einem eindrucksvollen Dokument der Verarbeitung einer schlimmen Gewalterfahrung[6]: »Für diese gedankenlose Rohheit wünsche ich ihm, dass er im Gefängnis verrotten möge ... dafür werde ich ihn hassen, solange ich Gefühle habe.« Ein solche Erfahrung von Gewalt »ist wie eine Schändung, und der Verlust der Fähigkeit, in eigener Sache hassen zu können, läuft auf eine psychische Deformation hinaus ... Sich für einen Verzicht auf den Hass zu entscheiden, setzt ... voraus, sich auch anders entscheiden zu *können.«* »Wem etwas angetan worden ist, der will sich rächen, und daran ist nichts verächtlich.« Doch gilt auch, kann aber wohl nur so erfahrbar werden: »Und wenn man mir morgen seinen Kopf brächte, ich hätte nichts davon. Und wenn ich straflos tun könnte, was ich wollte, es nütze mir nichts, meinerseits die Zivilisation einzureißen«. Das sind Sätze von Jan Philipp Reemtsma, mit denen er seine Gewalterfahrungen »Im Keller« reflektiert.

Eine Kultur und eine Religion, in der erlittene Verletzungen aller Art, schlimme Gewalterfahrung, Anerkennungsverluste mit den entsprechenden Gefühlen, aber auch nur vermeintlich bestehende Beeinträchtigungen und Unrechtserfahrungen nicht vor anderen Menschen öffentlich ausgesprochen werden dürfen, ja nicht einmal im Gebet vor Gott Platz haben, eine solche Kultur darf sich nicht wundern, wenn die ja vorhandenen Gefühle andernorts delegiert und unreflektiert und ungebremst ausgelebt werden. Vielleicht wäre es schon gut, wenn gewaltbereite Jugendliche Möglichkeit, Raum und Gelegenheit hätten, die von ihnen angeblich oder wirklich erlittenen Verletzungen und Beeinträchtigungen ihres Lebens auszusprechen,

---

5. E. Zenger, Ein Gott der Rache? Feindpsalmen verstehen, Freiburg u. a. 1994; U. Bail, Gegen das Schweigen klagen. Eine intertextuelle Studie zu den Klagepsalmen Ps 6 und Ps 55 und der Erzählung von der Vergewaltigung Tamars, Gütersloh 1998.
6. J. Ph. Reemtsma, Im Keller, Hamburg 1997, 213.187.215.

Anklagen vorbringen könnten, sie Menschen fänden, die sie anhören würden. Nach alten und neuen Erfahrungen könnte das ein Beitrag dazu sein, dass solche Gefühle nicht in reale Gewalt umschlagen.

Biblisch gesehen wäre es also eine angemessene Reaktion Kains auf eine wirkliche oder vermeintliche Erfahrung von unbegründeter Benachteiligung und Zurücksetzung gewesen, dies in Form einer Klage Gott vorzutragen. Die Klage durchbricht genau wie Gottes Anrede an Kain jeden unmittelbaren Zusammenhang von sogenannten Gründen zur Gewalt und ihrer Praktizierung. Dass das Christentum zumindest in der Perspektive seiner Opfer so oft eine Religion der Gewalt war – und ist!? – hängt auch damit zusammen, dass die Klage keine anerkannte Form religiösen Umgangs mit Erfahrungen von Gewalt und Unrecht gewesen ist. Im Dialog mit dem Islam sollten derartige Fragen nicht ausgeblendet werden, sondern einen hohen Stellenwert erhalten.

5. Station: Dem Bösen nicht widerstehen? – Die Bergpredigt und die Zivilgesellschaft

Für das traditionelle Christentum war speziell der Beitrag von Texten wie den Rachepsalmen zum Umgang mit Gewalterfahrungen, war aber auch manches andere der alttestamentlichen Formen der Auseinandersetzung mit Gewalt verstellt und unzugänglich, galt es doch als geradezu vor- und außerchristlich. Insbesondere die Radikalität der Forderungen Jesu, wie sie in der Bergpredigt formuliert werden, schien einen sehr anderen Umgang mit Gewalt zu fordern. Mit der Autorität des »*Ich aber sage euch*« (Mt 5,22) wird da bereits der Zorn über den Nächsten verurteilt (v. 44), wird verlangt, die andere Backe hinzuhalten (v. 39) die Feinde zu lieben, dem Bösen nicht zu widerstehen. Ist nicht dies der entscheidende, der von Gott gewollte, der christlich gebotene Weg zur Überwindung von Gewalt? Jeder Widerstand gegen das Böse und die Gewalt hat ja selbst Anteil an der Gewalt. In der Tat geht es der Sache nach um eine sehr weitgehende Wieder-Annäherung an die ursprüngliche sehr gute Welt ohne Gewalt. Doch die hatte dann dem Bösen, dem Eindringen von Gewalt und Zerstörung nichts Wirksames entgegenzusetzen. Dass die Geschichte des Christentums und das Leben der allermeisten Christen keine Geschichte der Gewaltlosigkeit war und ist, dass sie zumindest aus der Perspektive der Opfer geradezu das Gegenteil darstellt, darf dabei im Auge behalten werden.

Nun hängt allerdings das Verständnis aller dieser Formulierungen aus den sogenannten Antithesen der Bergpredigt sehr weitgehend davon ab, wie sehr man ihren Anfang theologisch ernst nimmt und für konstitutiv für jedes sachgemäße Verständnis ansieht. Wenn wir wirklich nicht meinen, dass Jesus gekommen sei, das Gesetz außer Kraft zu setzen, die Tora in irgendeiner Weise zu überwinden, wenn wirklich jedes ihrer Gebote, auch das kleinste von ihm und von uns weiter gelehrt wird, wenn also Mt 5,17ff. wirklich die Grundlage alles Folgenden ist, dann bekommen diese Aussagen einen sehr anderen Sinn, als ihnen üblicherweise unterlegt wird. Jesus redet dann nicht antithetisch, sondern verfährt nach dem rabbinischen Grundsatz, nach dem es gilt, einen Zaun um die Tora zu machen (Abot I.1), einen Zaun, der schon im Vorfeld verhindert, was Gott nicht will. Er setzt das fort, was etwa der Dekalog in seiner eigenen Struktur begonnen hat, Zäune um das Tötungsverbot zu errichten.

Damit nicht getötet wird, wie es grundlegend zu den Alten gesagt ist, soll weit im Vorfeld, bereits beim Zorn und bei den destruktiven Worten angesetzt werden, die ihm folgen. Es ist die Frage an Kain, die hier wieder aufgenommen wird: Warum zürnst du? Der Steigerung von Zorn zum wüsten verbalen Konflikt wird Möglichkeit und Notwendigkeit der Versöhnung entgegengestellt. Die Frage von außen, die selbstkritische Frage von innen, ob es einen berechtigten Grund zum Zorn gibt, ist ein Beitrag zur Zähmung von Gewalt, der das fortsetzt, nicht aber außer Kraft setzt, was die Sprache der Klagepsalmen über den Umgang mit Gewalterfahrung lehrt und was Paulus so umschreibt: »*Rächt euch nicht selbst, sondern gebt Raum dem Zorn Gottes*« (Röm 12,19).

Nimmt man die von Jesus zitierte Talionsformel »*Auge um Auge, Zahn gegen Zahn*« in dem Sinn, wie es ihr eigener Kontext lehrt und wie es die zeitgenössische jüdische Interpretation längst wie selbstverständlich tat, nämlich als Erinnerung an den gerechten, den angemessenen Ausgleich im Recht, der selbstverständlich mit der ganzen Tora weiter in Kraft bleibt, dann bedeutet das Hinhalten der anderen Backe den Verzicht darauf, sein Recht in jedem Falle mit den Mitteln des Rechts durchzusetzen. Es geht um einen Verzicht, der so nur für kleinere alltägliche Verletzungen sinnvoll sein kann, nicht aber bei Mord und Vergewaltigung, einen Verzicht, der als Möglichkeit flexibel mit Alltagskonflikten umzugehen, einen Beitrag zum alltäglichen Umgang miteinander darstellt. Dem Bösen nicht widerstehen, ihm nicht mit den gleichen Mitteln zu beggenen, führt zu einem gelassenen Umgang mit kleineren Rechtsverletzungen im Alltag, der ein gewichtiger Beitrag zu einem zivilen Umgang miteinander sein kann. Auf der Basis der Tora und damit der biblischen Grundregeln zur Überwindung der Gewalt liegt dann in der Tat ein Versuch vor, sich der sehr guten Schöpfung so weit wie möglich anzunähern, ohne der universalen Gewalt wieder die Chance zu geben, sie zu zerstören, ein Beitrag zu einer zivilen, humanen menschlichen Gesellschaft.

Zum Schluss

In ihrem Gedicht *Abel steh auf* hat Hilde Domin, die Jüdin, *ein Kind Abels*, wie sie sich nennt, den christlichen Kirchen einen hohen Stellenwert im Kampf gegen die Gewalt zugeschrieben:

> *wir können alle Kirchen schließen*
> *und alle Gesetzbücher abschaffen*
> *in allen Sprachen der Erde*
> *wenn du nur aufstehst*
> *und es rückgängig machst*

Ob die christlichen Kirchen diese Rolle in Zukunft wirklich spielen, wird entscheidend davon abhängen, ob sie selbst endlich anders reagieren, als Kain auf die Bevorzugung seines Bruders reagiert hat, ob sie endlich akzeptieren, dass sich Gott Israel zuerst, bleibend zuerst zugewendet hat. Und ihren Zorn, nicht allein die Wahrheit zu haben, ihren überheblichen Wunsch, mehr und besseres zu sein, wirklich beherrschen lernen.

8. Biblische Theologie und Gewalt gegen Frauen
Ein Bericht über Fehldeutungen und Wiederentdeckungen

Die grundlegende Selbstvorstellung Gottes, wie sie am Anfang der Zehn Gebote formuliert wird – »*Ich bin Adonai, bin dein Gott, weil ich dich aus Ägypten, aus dem Haus der Sklavenarbeit herausgeholt habe*« (Ex 20,2) – stellt sich für mich immer mehr als so etwas wie eine *Gottesdefinition* im strengen Sinne heraus. Gottes Gottsein besteht nach ihr in einem doppelten Bezug auf Israel und auf Freiheit – und zwar einer Freiheit gegenüber allen Formen von Unfreiheit und Gewalterfahrung. Beides ist durchgängig miteinander verbunden und verknüpft und kann nicht voneinander gelöst werden. Das Beharren auf der Frage, wer denn dieser Gott ist, wo und wie Gottes Macht in dieser Welt wirkt angesichts und trotz massiver Gewalterfahrungen, führt deshalb ins Zentrum.

Ich möchte versuchen, elementar zu beschreiben und verständlich zu machen, wieso eine Reihe traditioneller christlicher Vorstellungen, die direkt oder indirekt mit einer Legitimation von Gewalt gegen Frauen zusammenhängen, sich als Fehldeutungen biblischer Sachverhalte erweisen. Feministisch-theologische Bemühungen der letzten Jahre haben dieses Thema als »Herausforderung für Theologie und Ethik« begriffen, nicht nur als ein ethisches Thema unter anderen. Theologische Grundthemen des Alten Testaments sind dabei für unsere Gegenwart neu entdeckt worden, Themen, die bis dahin in der Kirche eher randständig oder nahezu unbekannt waren[1]. Das gilt für den Umgang mit Gewalterfahrungen in Erzählungen und Klagen, für spannungsvolle Elemente des biblischen Gottesbildes zwischen männlicher Gewalt und Bilderverbot. Es bestätigt sich dabei aufs neue, dass Gott, wie ihn die Bibel zeichnet, gerade und vielleicht überhaupt nur aus

---

1. Verwiesen sei dazu auf die Beiträge und reichen Literaturangaben in: Gewalt gegen Frauen – theologische Aspekte (1). Beiträge zu einer Konsultation im Gelnhausener Frauenstudien- und -bildungszentrum der EKD, epd-Dokumentation 17/97; Gewalt gegen Frauen als Thema der Kirche. Ein Bericht in zwei Teilen, im Auftrag des Rates der EKD herausgegeben vom Kirchenamt der EKD, Gütersloh 2000; Sexuelle Gewalt gegen Mädchen und Frauen als Thema der feministischen Theologie, hg. v. U. Eichler u. I. Müllner, KT 170, 1999.

der Perspektive der Unterdrückten, der Opfer von Gewalt sachgemäß erfahren werden kann. Nicht zuletzt geht es darum, Aussagen des Neuen Testaments nicht von denen des Alten Testaments und der jüdischen Tradition zu lösen, sondern sie vielmehr von diesen her zu verstehen. Ich konzentriere mich in fünf Punkten auf einige Hauptfelder, die Sicht des Menschen, das Verständnis von Sünde und Vergebung und vor allem zwei Aspekte des biblischen Gottesbildes.

I. Gottebenbildlichkeit und Männerherrschaft

Am Ende der biblischen Paradiesgeschichte wird der Mann von Gott zur Herrschaft über die Frau bestimmt: »*Er aber soll dein Herr sein*« (Gen 3,16). Am Verständnis dieses Satzes entscheidet sich viel[2]. Herrschaft muss zwar nicht immer auf offener Gewalt basieren, gerade die verbreitetsten Weisen von Herrschaft lassen Gewalt eher im Hintergrund (Max Weber). Dem entspricht das hier verwendete hebräische Verb *(maschal)*. Dennoch gehört zur Herrschaft prinzipiell die Fähigkeit, sie notfalls auch mit Gewalt durchzusetzen und zu bewahren. Wenn Männer als solche über Frauen herrschen, heißt das, dass dem Geschlechterverhältnis Gewalt als Möglichkeit dauerhaft innewohnt und es nur eines Auslösers bedarf, um sie manifest werden zu lassen. Das mit dieser Herrschaft gemeinte Verhältnis wird heute üblicherweise als *Patriarchat*, manchmal genauer als *Kyriarchat* bezeichnet und gilt für die meisten bekannten menschlichen Gesellschaften. Die biblische Erzählung setzt solche Herrschaft für ihre Zeit voraus und erklärt auf eine sagenhafte Weise, wie es dazu kam, dass aus dem von Gott bei der Schöpfung ganz anders gewollten Verhältnis von Mann und Frau eines der Herrschaft wurde, durch das die ursprünglichen und immer noch, bis heute wirksamen positiven Beziehungen der Freude und des Aufeinanderangewiesenseins beständig überlagert und vergiftet werden.

Das wirksamste Gegengewicht, das die biblische Erzählung dieser faktischen Herrschaft entgegenstellt, das ihr letztlich die Legitimation nimmt und sie vor allem rechtlich eng begrenzt, ist die Gottebenbildlichkeit, zu der

---

2. Zum folgenden Verständnis der biblischen Urgeschichte vgl. detaillierter F. Crüsemann, Eva – die erste Frau und ihre »Schuld«. Ein Beitrag zu einer kanonisch-sozialgeschichtlichen Lektüre der Urgeschichte, Bibel und Kirche, 53, 1998, 2-10 (Lit.).

die Menschen geschaffen werden (Gen 1,26f.). Ein Ebenbild Gottes zu beherrschen, hat ja von vornherein etwas Fragwürdiges. Doch dieses Gegengewicht ist in der *christlichen* Tradition weitgehend außer Kraft gesetzt worden, so dass die Spannung, die innerhalb des biblischen Textes besteht und die der in der Realität entspricht, sich einseitig zugunsten von männlicher Herrschaft und ihrer Legitimation verschiebt. Ich nenne beispielhaft die drei wirksamsten derartigen Strategien. Das Eine ist die Lehre, dass nur der Mann, nicht aber die Frau Ebenbild Gottes ist, wie es schon im 1. Korintherbrief steht (11,7). Das Zweite ist die bis heute verbreitete Vorstellung, dass die Ebenbildlichkeit mit dem sogenannten Sündenfall ganz oder teilweise verloren gegangen sei, und also für uns reale, sündige Menschen nicht oder nicht mehr voll gilt. In einer solchen Auffassung liegt wohl der tiefste Grund dafür, dass sich Kirchen so lange gegen die Idee der Menschenrechte gewandt haben. Das Dritte schließlich ist die in der historischkritischen Exegese übliche Zerlegung des biblischen Textes in zwei ältere Quellen. Da es sich um zwei verschiedene Texte handle, könnten und dürften die beiden jetzt nebeneinanderstehenden Aussagen nicht aufeinander bezogen werden.

Doch der biblische Text ist in all diesen Fragen eindeutig. Im gegebenen kanonischen Text stehen beide Aussagen nebeneinander und müssen deshalb aufeinander bezogen werden. Beide Geschlechter, Mann und Frau sind uneingeschränkt Ebenbild Gottes (Gen 1,26) und diese Eigenschaft ist eine mit dem Menschsein gegebene Größe, von ihr wird ohne jede Minderung auch nach dem Sündenfall und nach der Sintflut gesprochen (5,1.3; 9,6). Sie ist also nicht verloren gegangen, sondern macht menschliches Leben und seine Integrität zu einer von Gott und den Menschen selbst mit allen Mitteln, vor allem denen des Rechts zu schützenden Größe (9,5ff.). Historisch ist in der damaligen altorientalischen Umwelt Israels der *König* das Abbild Gottes. Es wird von einer Gottheit in die Welt gestellt, damit es stellvertretend göttliche Herrschaft ausübt. Gen 1 überträgt dieses königliche Prinzip auf alle Menschen: sie alle, Mann und Frau sind Stellvertreter und Stellvertreterin Gottes auf Erden, sie sind beide königliche Wesen.

Wir haben heute keine bessere Möglichkeit, das Gemeinte auszusagen, als mit dem Begriff der *Menschenwürde*, der letztlich hier seine Wurzeln hat. Menschenwürde ist die Grundlage aller Menschenrechte. Wie die Gottebenbildlichkeit ist die Menschenwürde unzerstörbar mit dem Menschsein gegeben, keine Sünde, keine Verfehlung kann sie aufheben. Mit der Spannung zwischen gottgegebener, unverlierbarer Menschenwürde, in der die Unverletzlichkeit und Integrität jedes menschlichen Lebens gründet, und der faktischen, immer wieder Gewalt produzierenden Herrschaft des einen Geschlechts über das andere beschreibt der Text realistisch eine Spannung, die auch noch unsere Gesellschaft prägt. Die Herrschaft des Mannes ist somit ein Ergebnis der Sünde[3].

Diese biblische Sicht der Menschenwürde gerade auch der Frau muss z. B. in christlicher Erziehung Ausgangspunkt eines Menschenbildes sein, das durch andere Aussagen wie die über Sünde und Schuld nicht in Frage gestellt werden kann, sondern vielmehr umgekehrt auch für ihr Verständnis die Grundlage bildet. Das gilt auch für das Gottesverständnis: Gott achtet sein Ebenbild und ist kein Folterer.

II. Männliche Gewalt als Hauptsünde

Nichts bestimmt das Christentum tiefer als das Verständnis von Sünde und Sündenvergebung, es ist bis in jeden Gottesdienst und fast jedes Gebet hinein ein alles durchziehendes Grundmuster. Was aber verstehen wir unter Sünde? Im traditionellen christlichen Verständnis kann ich bei aller Vielfalt zwei Schwerpunkte erkennen. Das eine ist die verbreitete Vorstellung, Sünde habe vor allem etwas mit Sexualität zu tun. Das geht von populären Redeweisen in Sprichwörtern und Schlagern bis zu hohen theologischen Bestimmungen der Sünde als Konkupiszenz, Begehrlichkeit (Augustin). Das wirkt in uns trotz aller Aufklärung weiter. Daneben gibt es die theologisch sicher korrektere Auffassung, dass es bei Sünde vor allem um den grundsätzlichen Bruch mit Gott geht, um ein Erbe aller Menschen, das als unentrinnbare Macht uns alle in seiner Gewalt hat. In dieser Sicht sind alle Menschen Sünder, grundsätzlich und immer. Eine der Folgen einer derart radikalen Sündenlehre kann es sein und ist es oft gewesen, dass dadurch die Differenz zwischen Täter und Opfer verschwindet oder doch geradezu unwichtig wird. Wenn alle Sünder sind, gilt das für Abel genau wie für Kain, ist es die vergewaltigte Frau auf der grundlegenden theologischen Ebene genau wie der Vergewaltiger.

Derartiges aber ist weit von den biblischen Wahrheiten weg. Die Erzäh-

---

3. Es liegt in der Art einer solchen Sage, dass in ihr die Frau als Hauptleidtragende auch als Hauptverursacherin der Ungleichheit geschildert wird. Theologisch darf man aber dieser Entstehungsgeschichte keinen normativen Zug zuschreiben, sonst müsste man mit gleicher Logik die Arbeit auf der steinigen Ackererde Palästinas im Schweiß des Angesichts normativ zur Aufgabe jedes Menschseins machen müssen.

lung vom so genannten Sündenfall (die übrigens ein Wort wie »Sünde« nicht verwendet, es kommt erstmals bei der Tat Kains vor [4,7], wenn man so will bei der ersten Tatsünde) – benennt das, worum es geht, mit der Formel vom Griff nach der *»Erkenntnis von Gut und Böse«*. Was »gut« ist, das hat vorher Gott allein bestimmt – Gott erschafft die Welt als »gut« (Gen 1,4 ff.) und sieht am Ende, dass alles »*sehr gut*« ist (1,31); Gott erkennt »*Es ist nicht gut, dass der Mensch allein ist*« und ändert diesen Zustand (Gen 2,18) – und genau das bestimmen nun die Menschen selbst. Der gleiche Begriff der Unterscheidung von Gut und Böse wird mehrfach für das Heranwachsen von Kindern verwendet (Jes 7,15 f.). Jedes Kind, so die Vorstellung, erkennt ab einem bestimmten Alter, was für es gut ist (oder doch zu sein scheint) und verhält sich entsprechend. Jeder und jede von uns hat ständig zu entscheiden, was gut ist, indem wir es dem, was uns schlechter erscheint, im konkreten Lebensvollzug vorziehen. Solches gehört unausweichlich zum Menschsein jenseits von Eden, und darin sind wir tatsächlich Gott gleich (Gen 3,22). Dieser grundlegende Zug des Menschseins hat nichts Spezifisches mit Sexualität zu tun, zunächst auch nicht mit anderen Themen.

Doch wie wirkt sich diese Autonomie aus, worin tritt sie in Erscheinung? Die erste Realisation, von der erzählt wird, ist die Gewalttat Kains. Er tut das, was ihm gut scheint, und er tut es nicht zwanghaft und unausweichlich, sondern freiwillig und vermeidbar (4,7). Was für ihn gut ist, das bestimmt er selbst, und was ihm gut scheint, das setzt er notfalls auch mit Gewalt durch. Es folgen sich steigernd die Gewalttaten seiner Nachfahren (4,23 ff.). Und so kommt schließlich auch die Sintflut wegen der überbordenden Gewalt, die die sehr gute Schöpfung zersetzt (6,11 ff.). Fragt man also inhaltlich, worin sich nach der biblischen Erzählung die Entfernung der Menschen von Gott manifestiert, so ist von Gewalt die Rede. Gewalt, nicht Sexualität ist die Ursünde, will man sie inhaltlich bestimmen. Gewalt bestimmt die Geschichte der Menschheit von Anfang an. Und sie wird von Männern verübt, immer wieder von Männern. Kam nach der *christlichen* Tradition die Sünde durch die Frau in die Welt, und ist sie deshalb männlich zu beherrschen, notfalls auch mit Gewalt, so beschreibt die *biblische* Erzählung eine Folge von männlichen Gewalttaten und von Gottes Reaktion darauf. Doch Gewalt, selbst Gottes Gewalt kann die Gewalt nicht wieder beseitigen oder überwinden. Das zeigt sich in der Flut, denn danach ist der Zustand der Menschheit derselbe wie vor ihr (Gen 6,5; 8,21), und dieser Zustand besteht bis heute fort. Gott setzt deshalb nach der Flut der Gewalt ein neues Mittel entgegen, das effektivste, das es bis heute gibt, das Recht. Rechtlich beschränkt wird die Gewalt gegen Tiere (9,2-4), völlig untersagt und geahndet tödliche Gewalt gegen Menschen (9,5 f.). Die Zähmung der

Gewalt erfolgt also durch Recht und Gebot Gottes. Darin liegt bis heute die entscheidende Möglichkeit zur Zähmung der Gewalt.

Theologisch ist es wichtig zu sehen, dass aus der menschlichen Autonomie zwar auch bei gutem Willen immer wieder Böses entsteht, dass aber die Hauptrealisation der Sünde, nämlich Gewalt, vermeidbar ist. Gott fordert Kain ausdrücklich auf, sie zu beherrschen (Gen 4,7). Ich bin sicher, dass Paulus solche biblischen Grunderkenntnisse nicht in Frage stellen will, wenn er etwa im Römerbrief alle Menschen unter der Macht der Sünde sieht (Röm 1-3). Wenn auch alle Menschen das Gute, das sie wollen, nicht tun (Röm 7), heißt das noch lange nicht, dass alle mit mehr oder weniger zwingenden Gründen zu Gewalttätern werden müssen. Die Opfer bleiben im Blick, die paulinische Rechtfertigungslehre ist nicht wie spätere Ausprägungen einseitig täterorientiert[4].

Sexuelle männliche Gewalt gegenüber Frauen ist also in der Sicht dieser biblischen Sündenlehre eine der Hauptausdrucksformen von Sünde. Abraham etwa bestimmt, dass es gut für ihn ist, seine Frau preiszugeben an den Pharao, weil er meint, dadurch einer tödlichen Gefahr für sich zu entgehen (Gen 12,13). Diese Verrat ist das Erste, was nach seiner theologisch so gewichtigen Berufung – »*Du sollst ein Segen sein ... in dir sollen sich segnen lassen alle Völker der Erde*« (12,1-3) – über ihn erzählt wird. Preisgabe der Frau an männliche Gewalt aus Furcht und Selbstsucht, vielleicht ist das noch vor direkter eigener Gewalt das Erste und Wichtigste, was auch über christliche Männer zu erzählen wäre. In der Folge berichtet die Bibel immer wieder von Vergewaltigungen (bes. Gen 34; Ri 19; 2 Sam 13), und sie stellt dabei gerade auch die Aporien dar, die ausweglose und unheilbare Zerstörung menschlichen Lebens, der in so vielen Fällen nichts entgegenzusetzen ist. Das einzige Mittel ist das Recht.

In diesem Zusammenhang ist von besonderem Interesse, wie das biblische Recht mit dem Delikt der Vergewaltigung umgeht. In den einschlägigen Bestimmungen in Dtn 22,23-27.28 f. wird ein Rechtsgrundsatz formuliert, der von höchstem Gewicht ist, weil er nicht in gleicher Weise wie viele Einzelregelungen von den damaligen Lebensformen abhängt. Das vergewaltigte Mädchen hat, so wird ausdrücklich gesagt, keine Sünde begangen. Und dazu wird als Begründung formuliert: »*denn so, wie wenn ein Mann sich gegen seinen Nächsten erhebt und ihn an seiner Seele tötet, so ist diese Sache*« (22,26). Vergewaltigung wird damit rechtlich einem Tötungsdelikt gleichgesetzt und muss entsprechend behandelt werden. Und dabei wird eine auf-

---

4. Dazu J. Moltmann, Was heißt heute »evangelisch«? Von der Rechtfertigungslehre zur Reich-Gottes-Theologie, EvTh 57, 1997, 41-46; vgl. dazu das Themenheft »Rechtfertigung in feministischer Sicht«, EvTh 60, 2000 (Heft 5).

fallende Formulierung benutzt. Es ist nicht einfach von gewaltsamer Tötung die Rede, sondern das gleiche Wort wie im Tötungsverbot des Dekalogs wird auf die *näfäsch* bezogen. Das Wort heißt wörtlich *Kehle*, meint dann das *Leben*, ist aber nicht zufällig das biblische Wort, das in der Regel mit *Seele* übersetzt wird. In Rechtszusammenhängen geht es um »das Ich in seiner Einzigkeit«[5]. Der Vergleichspunkt zwischen Tötung und Vergewaltigung ist also die Verletzung der *näfäsch*, des Lebens, der Seele. Weil diese Größe bei Vergewaltigung dauerhaft beschädigt wird, hat der Vorgang das gleiche Gewicht wie die physische Auslöschung von Leben. Ich frage, ob es nicht das rechtspolitische Ziel kirchlichen Handelns sein könnte, die grundsätzliche rechtliche Gleichsetzung von Gewalt gegen die sexuelle Selbstbestimmung von Frauen und besonders von Kindern mit der Tötung eines Menschen zu erreichen.

III. Gottes Vergebung und menschliche Versöhnung

Der Sünde begegnet die Vergebung – doch noch stärker als beim Begriff der Sünde hat sich beim Vorgang der Vergebung die Kirche von ihrer biblischen Grundlage entfernt. Vor allem dadurch, dass sie anders als das Judentum den Vorgang der Vergebung der Schuld, die gegenüber Gott besteht, so stark ins Zentrum gerückt hat, dass die Vergebung durch die Menschen, denen ich Böses angetan habe, die Versöhnung mit den von mir Geschädigten nahezu keinen theologischen Ort mehr zu haben scheint. Anders als in der Bergpredigt, wo Jesus mit der gesamten jüdischen Tradition die Versöhnung mit dem Bruder – wie viel mehr mit der entrechteten Schwester – vor die Begegnung mit Gott stellt (»*Geh zuerst hin und versöhne dich!*« Mt 5,23 f.), anders als im Vaterunser, wo die Bitte um Vergebung durch Gott direkt an die zwischenmenschliche Vergebung gebunden wird, anders also als bei Jesus wird im üblichen, jedenfalls verbreiteten christlichen Verständnis durch Gottes Rechtfertigung und Gnadenzuspruch faktisch die zwischenmenschliche Schuld überspielt und manchmal nahezu vergessen. Doch von Gottes Vergebung, wie sie etwa im jüdischen Versöhnungstag zugesagt wird, heißt es: »Sünden zwischen einem Menschen und Gott (wörtlich: dem Ort) sühnt der Versöhnungstag, aber die zwischen ihm und seinem Nächsten sühnt der Versöhnungstag nicht, bis er seinen Nächsten begütigt (sich mit ihm versöhnt hat)« (Mischna Traktat Joma VIII,9).

---

5. C. Westermann, Art. næfæš Seele, THAT II, 1976, 86.

Scharf formuliert heißt das, dass »sogar Gott nur die gegen ihn begangenen Sünden vergeben kann« (Heschel). Gott kann und will nicht anstelle der Opfer und über ihr Köpfe hinweg handeln. Vor allem Frauen haben immer wieder vor einem verbreiteten christlichen Druck auf die Opfer von Gewalt gewarnt, dem Täter vergeben zu müssen und die »Langsamkeit der Vergebung«[6] neu betont.

Solche Versöhnung ist biblisch gesehen vom Strafrecht und seinem Rechtsausgleich in der Regel nicht zu trennen. Das Strafrecht hat als Rechtsfolge einer Straftat einen Täter-Opfer-Ausgleich im Blick, der den angerichteten Schaden, soweit das jeweils menschenmöglich ist, wieder gut macht, so dass eine neue Möglichkeit zukünftigen Zusammenlebens entstehen kann. Das gilt speziell für massive und dauerhafte Verletzungen der körperlichen Integrität. Versucht man, solche Rechtsnormen für heutigen Umgang mit sexuellen Gewalttaten zu durchdenken, müsste das wohl bedeuten, dass auf Kosten der Täter alles heute medizinisch, psychologisch und gesellschaftlich Mögliche zur Heilung und Rehabilitierung der Opfer getan wird und dass genau darin die eigentliche »Strafe« des Täters zu liegen hätte.

Auch kein stellvertretendes Sühnopfer kann Schuldigen derartige Tatfolgen abnehmen oder Vergebung ohne sie zusagen, jedenfalls dann nicht, wenn man die einschlägigen neutestamentlichen Formulierungen im Lichte der vorausgesetzten und ihnen zugrundeliegenden alttestamentlich-jüdischen Traditionen liest. Insbesondere bei der stellvertretenden Schuldübernahme, wie sie in Jesaja 53, dem Kapitel vom leidenden Gottesknecht, erstmalig formuliert ist und wie sie dann für die neutestamentlichen Aussagen über die Bedeutung des Todes Jesu prägend wurden, geht es (wahrscheinlich) um die Schuld Israels gegenüber Gott, für die der Knecht in die Bresche springt: »*Er trug unsere Schuld*« – das übergeht nicht die Rechtsforderungen geschädigter Menschen, das kann zwischenmenschliche Versöhnung auf der Basis eines Täter-Opfer-Ausgleichs nicht ersetzen. Gott braucht keine Opfer.[7] Das Leiden der unschuldigen Gerechten, exemplarisch konzentriert im Gottesknecht und der davon bestimmten Sichtweise Jesu, dient grade der Durchbrechung des Gewaltzirkels und kann unter keinen Umständen der Legitimierung von Gewalt dienen.

---

6. U. Bail, Von der Langsamkeit der Vergebung, in: Sexuelle Gewalt gegen Mädchen und Frauen (s. o. S. 105 Anm. 1), 99-123.
7. Dazu M. Frettlöh, Braucht Gott Opfer?, in: Ich glaube an den Gott Israels. Fragen und Antworten zu einem Thema, das im christlichen Glaubensbekenntnis fehlt, hg. v. F. Crüsemann u. U. Theissmann, KT 168, 1998, 49-54.

IV. Die Einheit Gottes und die Chance der Klage

Mit der Frage, wie sich Schuld gegen Gott zur Schuld gegen andere Menschen verhält, wie Gottes Vergebungszuspruch zur zwischenmenschlichen Versöhnung, ist bereits an einer zentralen Stelle das Thema des biblischen *Gottesbildes* angeschnitten. Hier richtig zu unterscheiden hängt aufs engste mit anderen Unterscheidungen zusammen. Der Gott des Alten Testaments gilt vielfach immer noch als besonders grausam, als Rachegott. Dennoch hat sich herausgestellt: Nur wenn die entscheidenden Züge des alttestamentlichen Gottesbildes durchgehalten werden und nicht, wie es so oft geschehen ist, zugunsten eines angeblich anderen oder veränderten Gottesbilds im Neuen Testament und der christlichen Tradition aufgegeben werden, nur dann besteht die Chance, so von Gott zu reden, dass dadurch Gewalt überhaupt und gerade auch gegen Frauen minimiert wird und neue Chancen für Gewaltopfer eröffnet werden. Der Grund liegt darin, dass mit der christlich üblichen Ächtung der alttestamentlichen Gewalttexte gerade die wichtigsten biblischen Verarbeitungsformen von Gewalt aus Religion und Glauben, aus Liturgie und Gebet entfernt wurden. Das ist eine Form der Verdrängung, denn die damit gegebene religiöse Nichtbearbeitung solcher Themen bedeutet ja faktisch, sie anderen Mächten und Gewalten zu überlassen.

Ich möchte die Chancen, die im biblischen Gottesbild und damit verbundenen alttestamentlichen Gewalttexten stecken, an den nach christlicher Zählung beiden ersten Geboten des Dekalogs zeigen: »*Keine andere Gottheiten*« und »*Kein Bildnis*« (Ex 20,2.3), der Einheit Gottes und seiner Bildlosigkeit.

Ist jede Religion eine bestimmte Weise, sich mit der Welt und der Gesamtheit der gemachten Erfahrungen auseinander zu setzen, so verschiebt sich mit dem biblischen Glauben an einen einzigen Gott gegenüber dem Normalfall des Polytheismus vieles; die gesamte Wirklichkeit muss anders strukturiert werden. Und dabei ist für lange Zeit – und ich denke bis heute und grundsätzlich – die Frage des Umgangs mit den negativen Zügen der Wirklichkeit, mit Tod und Verderben, mit Gewalt und Ungerechtigkeit die Leitlinie, an der sich theologisch alles entscheidet. Was so oft als Grausamkeit des alttestamentlichen Gottes erscheint, ist ja zunächst einmal nicht mehr als das Festhalten an der Einheit Gottes angesichts bedrückender Wirklichkeiten. Auch im Negativen, auch im Schlimmsten begegnen wir dem gleichen, dem einen und einzigen Gott – und nicht einem anderen. Dabei kommt allerdings alles darauf an, *wie* das geschieht, nicht zuletzt darauf, Gott und andere Ursachen von Leid ebenso einander zuzuordnen wie unterscheiden zu können. Der Ort, an dem sich das in besonderer Weise vollzieht, ist die *Klage*, wie wir sie in den vielen biblischen Klagepsalmen vor uns haben. In Klagen anderer Religionen sind es meist bestimmte Götter, vor allem aber dämonische Mächte, denen die Beter die Ursache für ihre Not zuschreiben und gegen die sie andere, höhere Mächte anrufen. In der Bibel hängt alles allein an Gott: »*Mein Gott, mein Gott, warum hast du mich verlassen?*« (Ps 22,2). Aber daneben, ungeschieden und unvermischt kann und muss von den Taten anderer Menschen die Rede sein, von Gewalt und Verrat und Verlassenheit durch böse Menschen, gerade auch durch die Allernächsten: »*Mich umkreist die Rotte der Übeltäter*« (Ps 22,17), heißt es in demselben 22. Psalm. Das Verhältnis von beidem ist dabei nicht grundsätzlich und ein für allemal, wohl überhaupt nicht theoretisch festzulegen, es ist vielmehr im Klagevorgang auszutragen. Die Wildheit der Klagen, die uneingeschränkte Freiheit, alle Ängste und Verdächtigungen, alle Wut und allen Hass auf Feinde und Gewalttäter nicht nur auszusprechen und zuzulassen, sondern eben dafür Sprache und Tradition, ja Liturgie und Gelegenheit bereitzustellen, hängt mit ihrem potentiellen Beitrag zur Bewältigung, jedenfalls zum Umgang mit Gewalttraumata zusammen. Das hat exegetische Arbeit von Frauen in den letzten Jahren als Chance dieser Texte neu entdeckt.

Für die christliche Tradition, besonders die protestantische, war die Klage lange Zeit ein Fremdkörper. Vor allem theologisch gab es keinen Platz für sie. Dazu trug entscheidend ein einseitiges Setzen auf das »Schon« von Erlösung und Versöhnung bei. Die Vorstellung, wir seien durch Christus mitten im Leid dieser Welt diesem bereits entrückt, hat in weiten Teilen der Kirche solches biblisches Beten und Anklagen geradezu unter Verdikt gestellt. Jeden Tag ein Loblied mehr und eine Klage weniger, lautet ein Ausspruch Bodelschwinghs. Und die Kirchenlieder, die mitten in den Gräueln des Dreißigjährigen Krieges entstanden, sind auf den hohen Ton des Jubels und des Lobes gestimmt. Wohl dem, dem das gelingt. Biblisch aber verstummt in der Not zunächst das Lob und wird von Klage abgelöst. Mitten in Bedrängnis sich »von guten Mächten wunderbar geborgen« zu sehen, ist nicht allen allezeit möglich, und solches ist auch in den biblischen Psalmen in den meisten Fällen erst am Ende eines Durchgangs möglich, in dem alle Verzweiflung ihren Raum und ihr Wort gefunden hat. Wir sind durch den Glauben an Christus in keiner anderen Lage, weder real noch theologisch, als es die Menschen der alttestamentlichen Zeit bzw. bis heute die Jüdinnen und Juden sind. Eine Täuschung darüber, dass wir nicht anders als sie auf *Hoffnung* gerettet sind (Röm 8,24), kann zur Verdrängung von Gewalterfahrungen und zur Verkleinerung von Unrechtsbewusstsein führen und hat es auch getan.

V. Männliche Gewaltbilder und die Bildlosigkeit Gottes

Gott erscheint in der Bibel weithin als männlicher Gott. Grammatisch wird von ihm als Maskulinum geredet, dazu kommt, dass die Dominanz männlicher Gottesbilder unübersehbar ist. Von feministisch-theologischer Seite ist zudem besonders nachdrücklich auf eine Reihe von Texten aufmerksam gemacht worden, die Gott ein gewaltsames Vorgehen gegen weibliche Größen, d. h. grammatisch und bildlich als weiblich personifizierte Städte oder Länder zuschreiben. Dennoch ist es das Alte Testament, das *die* theologische Vorstellung formuliert, die allein einen sachgemäßen und auch kritischen Umgang mit derartigen Traditionen möglich macht: Das *Bilderverbot*, das Beharren auf der Nichtabbildbarkeit Gottes: »*Nicht sollst du dir ein (Kult)bild machen noch irgendeine Gestalt dessen, was im Himmel oben, was auf der Erde unten und was im Wasser unter der Erde ist. Nicht sollst du dich vor ihnen beugen noch sollst du für sie arbeiten*« (Ex 20,4 f.). Ursprünglich auf plastische Darstellungen des eigenen israelitischen Gottes gerichtet, ist dieses Gebot theologisch auch auf andere Darstellungsformen anzuwenden. Es betrifft letztlich alle Versuche, Gott mit einer bestimmten Vorstellung, fest mit sprachlichen Bildern oder einem Begriff zu verbinden. Gott ist mehr und anderes, als alle unsere Bilder und Begriffe von Gott. Das Bilderverbot unterscheidet grundlegend und sehr konkret Gott und Welt. Nichts in der Welt, im Himmel oder auf der Erde, kann ihm verglichen werden, Gott ist anders als alles, was über ihn zu sagen ist. Israel konnte, ja musste über seine Gotteserfahrungen *erzählen*, doch das Allerheiligste seines Tempels war leer.

Das Bilderverbot betrifft gerade auch die Verbindung Gottes mit dem Männlichen. In Dtn 4,15 f. heißt es ausdrücklich über die Gotteserfahrung am Sinai, als Gott sich seinem Volk aus dem Feuer heraus offenbarte: »*Ihr habt keinerlei Gestalt gesehen .. so hütet euch, dass ihr nicht frevelt und euch ein Götzenbild macht, das Abbild eines Mannes oder einer Frau, das Abbild irgendeines lebenden Wesens …*«. Gott steht jenseits der für alles irdische Leben, besonders für das menschliche Leben grundlegenden Geschlechterdifferenz. Nicht die gelegentlichen vorkommenden weiblichen Bilder für Gott, sondern das Bilderverbot ist es, das die Einheit Gottes möglich macht, ohne dass auf Dauer das eintritt, was feministische Theologinnen befürchten: Wenn Gott männlich ist, ist das Männliche Gott. Das Bilderverbot ermöglicht nicht nur, sondern *erzwingt* theologisch gesehen die Rede von Gott in männlichen *wie* weiblichen wie beide übergreifenden Sprachbildern. Die christliche Tradition hat bekanntlich das Bilderverbot in sehr unterschiedlichem Maße aufgenommen und gelten lassen. Mehr vielleicht als theologische Distinktionen hat m.E. die große europäische Malerei es durchbrochen und versucht, Gott darzustellen, meist als alten Mann mit Bart im Himmel. Sie hat damit einen Gott geschaffen, an den man nicht glauben kann.

Die kulturell bestimmte Dominanz männlicher Bilder, Herr, Hirte, König usw. ist in der christlichen Tradition durch das Übergewicht des *Vaterbildes*, wie es in der Gebetsanrede Jesu wurzelt, noch einmal erheblich verstärkt worden. Vor allem wenn »Vater« nicht als eines von vielen möglichen sprachlichen Bildern angesehen wird, dem andere wie »Mutter« korrigierend gegenüberstehen, sondern nahezu als die Sache selbst, droht das Bilderverbot überschritten zu werden. Und das geschieht ja bis in die Sprache der Dogmatik hinein, in der die Rede von Vater und Sohn über die Bildlichkeit hinaus geradezu begrifflichen Charakter gewonnen hat, und zudem eine Beziehung zwischen Männern zur zentralen innergöttlichen Beziehung gemacht wird. Gesamtbiblisch, aus der Perspektive der Bibel Jesu gesehen, ist eine derartige Dominanz nicht unproblematisch und gibt allem Männlichen göttlichen Glanz. Wenn Gott aber einzig ist, kann Gott weder männlich noch weiblich sein, bzw. ist beides und beides nicht. Der verstärkten Dominanz des Männlichen durch die Vorstellung eines männlichen Gottes ist mit der – theologisch wohl bis heute unvollendeten – Vorstellung eines bildlosen Gottes entgegenzutreten.

Nun sind allerdings Gottesbilder mit geschlechtlichen Konnotationen unvermeidbar und in der Tradition breit belegt, nicht zuletzt deshalb, weil es darum geht, von Gott als *Person* zu reden und ihn/sie in Beziehungen zu denken. Alles andere wäre unsachgemäß. Um derartige Erfahrungen sprachlich auszudrücken, benötigen wir unvermeidbar Bilder menschlicher Personen und ihrer Relationen. Abstrakte Begriffe wie Bund und Erwählung können sie nicht ersetzen. Die Bibel erzählt von einer Gottheit, die sich an Israel bindet und die dadurch verletzlich wird, von einem Gott, der in Einsamkeit zu versinken droht, der verlassen wird und daran leidet, der eifersüchtig ist und versucht, das von ihm geliebte Volk für sich zurückzugewinnen. Die Kraft des Bilderverbotes zeigt sich hier zunächst im ständigen Wechsel der Bilder. Es sind die engsten menschlichen Beziehungen wie die von Eltern und Kindern, von Mann und Frau, die hier herangezogen werden. Und es gehört zur Sache, dass dabei Gott, fast möchte man sagen natürlicherweise, zumeist die Rolle des überlegenen Partners einnimmt, von Vater und Mutter gegenüber den Kindern, des Ehemanns bzw. Eheherrn gegenüber der Frau. Man muss sich dabei zudem stets den kulturell und damit sozialgeschichtlich geprägten Charakter der den Bildern zugrundeliegenden Rollen klarmachen: sie entstammen einer patriarchalischen Welt und sind keineswegs überzeitlich.

Vor allem aber lohnt es sich, nicht nur auf die Bilder, sondern stärker auf das zu achten, was die Texte selbst sagen. Ich nehme als Beispiel die große Rede des ins Herz getroffenen und eifersüchtigen Ehemanns, in der Gott in Hos 2[8] zuerst die Kinder auffordert, ihre Mutter des Ehebruchs und der Hurerei anzuklagen (2,4), in der er dann selbst die geliebte und ihm untreue Frau bedroht und versucht, sie mit der Androhung von Gewalt zurückzugewinnen. Schließlich aber, nach zwei gescheiterten, von Drohung und Gewalt geprägten Anläufen kommt Gott in einem dritten Versuch dazu, sie zu überreden, ja geradezu zu verführen (2,16 ff.), um so ihre Liebe aufs neue zu gewinnen, die Beziehung wieder werden zu lassen wie am Anfang in der Zeit der ersten Liebe. In dieser Rede vollzieht sich ein theologisch aufregender Wandel innerhalb Gottes, vergleichbar dem Prozess, mit dem Gott in der Flutgeschichte lernt, dass Gewalt nicht mit Gewalt zu überwinden ist. Hier in Hos 2 steht am Ende die Erkenntnis, dass Liebe nicht mit Drohung und Strafe zu bewahren und zu erneuern ist. Trotzdem bleibt es dabei: Gott erscheint hier in einer problematischen männlichen Rolle, bei der fragwürdige und sozial wie rechtlich überlebte Ehe- und Sexualvorstellungen mit dem Gottesbegriff so eng verbunden werden, dass sie sich nicht einfach davon wieder sauber trennen lassen. Aber es bleibt auch dabei, dass anders von Gott als liebendem und damit verletzlichen Partner nicht zu reden ist, als durch die Verwendung jeweils bekannter kultureller Rollenmuster.

»*Gott bin ich und kein Mann*«, heißt es im gleichen Hoseabuch (11,9). Der Text steht in einem Zusammenhang, in dem das Bild Gottes offenkundig – so meine ich mit anderen den Text lesen zu müssen – zwischen dem des Vaters und dem der Mutter schwankt, bewusst oszilliert. Gott liebt, lautet einer der wichtigsten biblischen Sätze, und wenn jemand wirklich liebt und das nicht nur eine Formel ist und Liebe etwas Abstraktes meint, dann leidet Gott wie jeder liebende Mensch leidet, wenn der geliebte Partner sich anders entscheidet. Gott ist verletzlich und wird verletzt. Zugleich aber muss die gesamte Wirklichkeit, muss auch alles Schreckliche mit diesem Gott als dem/der einzigen in Berührung gebracht werden. Beides zusammen erfordert ein tiefes sich Einlassen auf die jeweiligen Formen gelebten Lebens. Man kann von Gott nicht anders reden als so, dass man von ihm, von ihr auch mit Bildern aus den Lebensformen redet, in denen wir selbst Freude und Leid, Glück und Enttäuschung erfahren. Doch es gilt wie in der Bibel, Gott im gleichen Moment davon wieder zu unterscheiden. Gott ist

---

8. Zum Folgenden vgl. mit etwas anderen Akzenten jetzt G. Baumann, Liebe und Gewalt. Die Ehe als Metapher für das Verhältnis JHWH – Israel in den Prophetenbüchern, SBS 185, 2000.

auf Seiten der Opfer zu finden, er erscheint als Fremde in Sodom und zieht mit dem zerschlagenen Volk ins Exil. In einer Welt, in der sexuelle Gewalt sogar mitten in den Familien des Gottesvolkes Realität ist, wird man sich Gott in der Konsequenz vieler biblischer Erzählungen auch in Gestalt einer vergewaltigten Frau und eines missbrauchten Kindes vorstellen müssen. Gott als der, der in der Höhe wohnt und immer zugleich bei den Gedemütigten und Zerschlagenen (Jes 57,15), lebt unter uns gerade auch in solcher Gestalt. Wir können und müssen, wir werden Gott selbst inmitten derart zerstörten Lebens erkennen und begegnen.

9. Lärm als Gewalt – Ruhe als Heil
Anthropologische und sozialethische Aspekte des biblischen Ruheverständnisses

Unerträglicher, Schlaf störender und Leben bedrohender Lärm ist ein Spezifikum unserer Gegenwart und ihrer Technik – könnte man glauben. Doch dem ist nicht so. Auch dieser heutige Konflikt läßt sich in alte menschheitsgeschichtliche Zusammenhänge einordnen. Ich hoffe, dass auf diese Weise deutlich wird, in welchem Ausmaß es dabei um anthropologische, also das Menschsein betreffende Fragen geht.

I.

Ich möchte an den Anfang einige Zeilen aus einem alten Mythos stellen:

Die Menschen wurden immer mehr,
das Land lärmte wie Stiere,
durch ihr lautes Tun geriet der Gott in Unruhe
Enlil hörte ihr Geschrei,
er sprach zu den großen Göttern:
Zu lästig wird mir das Geschrei der Menschen,
infolge ihre lauten Tuns entbehre ich den Schlaf[1].

Und so gibt der oberste Gott den anderen Göttern den Befehl, die zu lauten Menschen zu bestrafen, zuerst mit Krankheiten, dann mit Dürre und Hunger. Daraus erwachsen weitere Konflikte. Und weil der Lärm, der die Götter nicht schlafen lässt, nicht aufhört, beschließt endlich die Versammlung der Götter, mit einer Flut die gesamte Menschheit zu vernichten. Nur einer der Götter rettet heimlich den Helden, nach dem das Epos benannt ist: *Atramchasis*. Dieser bedeutende altbabylonische Mythos, entstanden vermutlich

---

1. Der altbabylonische Atramchasis-Mythos, Einleitung und Übersetzung W. v. Soden, TUAT III, 612-645, hier I 353 ff.; vgl. II 1 ff.

zu Beginn des 2. Jahrtausends vor unserer Zeitrechnung, enthält, wie Sie gemerkt haben werden, eine Parallele zur biblischen Sintfluterzählung. Diese Tradition von der Vernichtung der gesamten Menschheit durch eine Flut, auf die ein Neuanfang durch eine einzelne Familie folgt, gibt es weltweit in einer Fülle von Varianten. Darin werden anthropologische Grunderfahrungen und tiefsitzende traumatische Ängste verarbeitet. Das jeweils Besondere dieser Geschichten liegt nicht zuletzt in den unterschiedlichen Gründen, warum die Menschheit fast ausgelöscht werden soll. Sie lassen ein jeweils aktuelles Nachdenken über Bedrohungen und über menschliche Schuld erkennen. Hier in Babylonien, der Wiege menschlicher Hochkultur, ist es also Lärm, zunehmender, unerträglicher Krach, den die Menschen hervorbringen und der die Götter nicht schlafen lässt und deshalb zornig macht. Dahinter stehen die Anfänge einer Stadtkultur. Die Städte des Zweistromlandes waren die ersten in der Menschheitsgeschichte, wie weit weg müssen sie von unserem Lärmmöglichkeiten gewesen sein, ohne Maschinen, Autos, Flugzeuge. »Kein Laut der aufgeregten Zeit drang noch in diese Einsamkeit« – sollte man denken. Aber Marktgeschrei, kreischende Wagen, Tiergebrüll, besoffene Jugendliche, nächtliches Singen und Grölen gab es bereits und es war Ruhe- und Schlafstörend. Seit Menschen in Städten zusammenleben, gibt es den Kampf gegen Lärm.

In der biblischen Version der Flutgeschichte wird der Entschluss Gottes zur Vernichtung der von ihm geschaffenen Menschheit anders begründet. Hier wird erzählt, dass in die von Gott makellos, »*sehr gut*« geschaffene Welt (Gen 1,31) Gewalt eindringt. Universale Gewalt zerstört alle Beziehungen, die zwischen den Geschlechtern, zwischen den Generationen, zwischen Völkern, auch die zwischen Mensch und Natur. Gott versucht, diese Gewalt seinerseits mit Vernichtung, also mit Gewalt zu überwinden und scheitert daran. Selbst Gott kann Gewalt nicht mit Gewalt überwinden. Die Welt und die Menschen bleiben, wie sie sind (Gen 6,5; 8,21). Gott aber fängt danach einen neuen Weg mit der Menschheit an, einen Weg, auf dem wir uns noch heute befinden, das ist der mühsame lange Weg der Zähmung der Gewalt durch das Recht (9,1 ff.). Das, was die ältere babylonische Tradition auf den unerträglichen Lärm der Menschen zurückführt, wird hier sehr viel grundlegender gefasst. Aber es ist unübersehbar, dass die zerstörerische Rolle des Lärms darin durchaus aufgehoben ist. Es gibt vielleicht schlimmere Gewalt als Lärm, direktere und tödlichere, aber Lärm *ist* Gewalt, ist ein Teil der die Welt beherrschenden universalen Gewalt, die immer wieder aufs Neue zu überwinden und zu zähmen, einzuschränken und zu begrenzen ist.

II.

Die Berechtigung dazu, Lärm als wichtigen Bestandteil der universalen Gewaltproblematik anzusehen, ergibt sich für mich nicht zuletzt daraus, dass Lärm in vielen biblischen Zusammenhängen als massiv bedrohlich beschrieben und zu den negativsten menschlichen Erfahrungen gerechnet wird. Von theologischem Gewicht ist dabei insbesondere, dass physischer Lärm in der Bibel durchgängig ein Bestandteil, ja ein ganz entscheidendes Merkmal aller chaotischen, zerstörerischen Mächte ist. An vielen Stellen und mit einer ganzen Reihe von verschiedenen hebräischen Worten (*hmh, hmm, hamon, scha'on* usw.), also sehr differenziert und präzis wird das beschrieben. Nach dem damaligen Weltbild ist die Ordnung, die Leben möglich macht, von Gott geschaffen worden, indem er die bedrohlichen Mächte des Chaos bei der Schöpfung gebändigt und in ihre Grenzen verwiesen hat. Sie drohen aber immer wieder, die Ordnung zu überwältigen und zu vernichten. Diese Mächte des Chaos werden vor allem als bedrohliche Fluten beschrieben und zu ihnen gehört in erster Linie unendlicher, unerträglicher Lärm. Ein Beispiel findet sich im 93. Psalm:

Fest steht dein Thron, Adonai,
(doch) Ströme erhoben, Herr,
Ströme erhoben ihr Tosen,
Ströme erhoben ihr Brausen.
Über dem Tosen der Wasser
der mächtigen Brandung des Meers
Ist mächtig Adonai in der Höhe

Üblich ist die Wiedergabe der Worte für Lärm im Deutschen mit Worten wie »Tosen« und »Brausen«, weil sie sich für uns mit Wasserfluten am ehesten verbinden. Es sind aber Bezeichnungen, die auch für Geschrei und Gebrüll, für Krach und Lärm aller Art verwendet werden. Mit den gleichen Worten wird an vielen Stellen das bedrohliche Lärmen anbrandender feindlicher Heere geschildert:

Ein Tosen vieler Völker,
wie das Tosen des Meeres tosen sie.
Wie das Brausen von Wasser brausen sie,
Nationen brausen wie das Brausen vieler Wasser.
Doch Gott schreit sie an, da fliehen sie dahin. (Jes 17,12 ff.)

Immer wieder werden zerstörerische, feindliche Mächte mit den gleichen Worten geschildert wie der zerstörerische Lärm der Chaosmächte. Der für mich dabei entscheidende Punkt ist der, dass da, wo lebensbedrohende Mächte und Erfahrungen beschrieben werden, fast durchgängig Phänomene des Krachs und Lärms genannt werden. Die Worte für Lärm und die Worte für Vernichtung und Zerstörung sind identisch oder hängen auf das Engste zusammen. Da wo Lärm einen bestimmten Pegel überschreitet, wird er als bedrohlich und zerstörerisch empfunden. Lärm gehört zu dem, was die geordnete, schöne und freundliche Welt, in der es sich zu leben lohnt, immer wieder zu überschwemmen und zu zerstören droht.

III.

Es sind diese beiden Texte – also die Rolle der Lärms als Auslöser zur Vernichtung der Menschheit im babylonischen Mythos, und die vielen biblischen Begriffe für Lärm und Krach, die zu jeder Beschreibung der bedrohlichen, lebensfeindlichen Chaosmächte gehören, die mir bei dem Auftrag als erstes einfielen, als Bibelwissenschaftler auf einem Kongress über Fluglärm zu referieren. In beiden Bereichen werden offenkundig uralte und zugleich immer neue Erfahrungen der Menschen mit der zerstörerischen Macht des Lärms formuliert. Da sie einen Teil der so wichtigen biblisch-theologischen Verarbeitung von Gewalt darstellen, halte ich sie für theologisch relevant, auch wenn sie in unserer kirchlichen Tradition bisher eher am Rande stehen. Dafür ergeben sich hier vielleicht neue Argumente über viele bereits bekannte Einsichten hinaus.

Bekannter und wirksamer sind bisher andere biblische Überlieferungen, die ebenfalls um den Begriff der »Ruhe« kreisen. Vor allem, wenn man von unserem deutschen Begriff »Ruhe« ausgeht, und dem, was ihm entgegen steht, kommt man zu viel breiteren Gegebenheiten. Bereits 1933 hat der große Alttestamentler Gerhard von Rad einen wegweisenden Aufsatz mit dem folgenden Satz begonnen: »Von den mannigfachen Heilsgütern, die in der biblischen Verkündigung dem Menschen angeboten sind, ist das der Ruhe in den biblischen Theologien fast ganz übersehen worden ...«[2]. Ruhe ist hier als zentrales biblisches Heilsgut entdeckt worden! Dabei stand ihm allerdings zunächst einen ganz anderer hebräischer Begriff vor Augen *(menucha)* und

---

2. G. v. Rad, Es ist noch eine Ruhe vorhanden dem Volke Gottes (Eine biblische Begriffsuntersuchung), ZdZ 11, 1933, 104-111 = ders., Ges. Studien zum AT, ThB 8, 1958 (u. ö.) 101-108.

damit ein durchaus anderer Aspekt des umfassenden deutschen Wortes Ruhe. Dieses hat ja als Gegensatz nicht nur Lärm, sondern auch Bewegung und Bedrohung. »*Und Adonai verlieh Israel das ganze Land ... und gab ihnen Ruhe ringsum. Keiner von all ihren Feinden hielt stand.*«(Jos 21,43 ff.)[3]. Ruhe als unbedrohte Sicherheit vor Feinden, damit ein ruhiges gesichertes und ungefährdetes Leben auf dem eigenen Land. Eine solche Ruhe hat Gott, heißt es immer wieder, für sein Volk und für die Menschen vorgesehen und bereitet. Ein Wort aus dem Michabuch beschreibt das Gemeinte besonders deutlich: »*Dann sitzen die Menschen unter ihren Weinstöcken und Feigenbäumen und niemand schreckt sie auf*« (Mi 4,4). Diese Verheißung der Ruhe, die Hoffnung, nicht aufgeschreckt zu werden, »ist hineingesprochen in die ganze Mühseligkeit des menschlichen Lebensganges.«[4]

Die Erwartung von Gott geschenkter Ruhe geht bis in das Neue Testament. Sie wird etwa im Hebräerbrief aufgenommen mit Bildern, die diesseitige und jenseitige Ruhe verbinden (3,7 ff.). Vor allem aber verbindet sie sich an dieser Stelle mit einem weiteren Aspekt von Ruhe, dem wohl bekanntesten der biblischen Tradition. Es geht um den *Sabbat*, um die Ruhe an jedem siebten Tag. Die hohe Bedeutung dieser Ruhe geht nicht zuletzt daraus hervor, dass der biblische Schöpfungsbericht den Ruhetag in der Ruhe Gottes selbst gründen lässt:

Gott aber brachte das eigene Werk am siebten Tag zum Abschluss, indem er am siebten Tag mit all seiner Arbeit aufhörte, die er gemacht hatte. Gott segnete den siebten Tag und machte ihn heilig. Denn an ihm hatte er aufgehört mit all dem Werk, das Gott geschaffen hat, um es zu tun. (Gen 2,3 f.)

Ein Gott, der Ruhe braucht und der selbst ruht – das ist auch ein Bruch mit dem üblichen abendländischen Gottesverständnis, wo Gott sehr abstrakt vorgestellt wird und damit weit von allen konkreten Lebenserfahrungen und -konflikten entfernt ist. Der biblische Gott leidet mit den Menschen, braucht selbst Ruhe und kann belästigt werden.

Die Ruhe am Sabbat von der Arbeit in der Woche, damit der Wechsel von Arbeit und Ruhe im Tageslauf, im Wochenrhythmus, sogar in größeren Lebenszusammenhängen, wonach ein Sabbatjahr, ein Ruhejahr alle sieben Jahre eingehalten werden soll – Ruhe in all diesen Formen gehört – so sieht es die Bibel – unaufgebbar zum Menschsein. Dieser Rhythmus ist eine Lebensqualität, die gottgewollt ist. Ihr Fehlen, ihre Unmöglichkeit, ist lebensbedrohend und schöpfungszerstörend. Dieser Rhythmus mit seinem Wechsel von Arbeit und Ruhe ist Teil der Gotteserfahrung.

3. Andere für v. Rad wichtige Belege sind Dtn 12,9 f.; 25,19; 1 Kön 8,56; 2 Chron 6,41; 23,25; Ps 95.
4. v. Rad, a. a. O. 108.

IV.

Die Sabbatruhe kann nun einen weiteren für meine Überlegungen besonders zentralen Aspekt verdeutlichen. Denn dabei geht es um ein *Recht*, und zwar ein *Recht* darauf, dass die ökonomischen Interessen nicht das letzte Wort haben. Sechs Tage zu arbeiten und am siebten davon abzulassen und zu ruhen, ist nicht nur ein Gebot, eine Pflicht, auch nicht nur eine Nachahmung Gottes selbst, es ist auch eines der elementarsten sozialen Rechte, das von der biblischen Zeit bis heute besteht. Nicht nur Wohlhabende haben ein Recht auf solche Ruhe, sondern die biblischen Gebote beziehen ausdrücklich gerade auch die unfreien Menschen ein, Sklaven und Sklavinnen zum Beispiel, ja selbst die Tiere, das Vieh soll ruhen (Ex 20,10). Prophetische Anklagen gegen Sabbatbruch oder Erzählungen von Konflikten um den Ruhetag zeigen, dass seine Einhaltung durchaus nicht im Interesse bestimmter Menschen lag. Denn natürlich geht die Ruhe auf Kosten möglicher höherer Gewinne und Steigerung der Erträge. Aus rein ökonomischer Perspektive lag es daher nahe, die Arbeiter und Abhängigen auch am Sabbat zur Arbeit zu zwingen (Jesaja 58), oder gerade aus dem Ruhetag einen Markttag zu machen (Amos 8,4 ff.). Wie keine andere religiöse und soziale Institution steht der Sabbat dafür, dass menschliches Leben nicht nur ökonomischen Interessen unterworfen werden kann.

Wir wissen aus der Geschichte seitdem, dass jede größere Änderung der technischen Grundlagen und sozialen Ordnungen zu neuen Konflikten um den Ruhetag und das Recht aller auf ihn führt. So entstehen die biblischen Konflikte um den Sabbat da, wo es nicht mehr um rein landwirtschaftliche Arbeiten geht, sondern um städtische Märkte mit Handel und Gewerbe (Jer 17,19 ff.; Neh 13,15 ff.). Und entsprechend erwachsen heutige Infragestellungen der Ruhetage aus neuen technischen und ökonomischen Gegebenheiten. Das Recht auf arbeitsfreie Ruhetage, zumal auf gemeinsame, muss in jeder Generation neu erstritten werden. Recht erwächst immer neu aus Widerstand.

Heute geht es darum, ob die Nachtruhe ein Menschenrecht ist. Obwohl Nachtruhe, soweit ich sehe, in den klassischen Menschenrechtskatalogen nicht vorkommt, wird man das bejahen müssen. Denn was ist Recht und wie entsteht Recht? Rechte liegen niemals ein für allemal fest, sondern müssen in aktuellen Auseinandersetzungen neu gewonnen und weiterentwickelt werden. Gerade wenn man die immer neuen Versuche vor Augen hat, biblische und christliche Grundwerte auch in Rechte umzusetzen, ist das unübersehbar. Schon in der biblischen Rechtsgeschichte stößt man auf immer neue Versuche, Werte und Normen in dem Augenblick als Rechte zu formulieren und so neu zu gewinnen, wo die wirtschaftliche und soziale Entwicklung ältere Gewohnheiten und Selbstverständlichkeiten in Frage stellt. Ich nenne als Beispiel den Umgang mit Verarmten und Überschuldeten. Lange Zeit konnten in Not geratene Menschen im Rahmen der Familien und Sippenverbände aufgefangen werden und dort mitleben. Das war eine Selbstverständlichkeit. Als aber durch die Veränderung des bisherigen Wirtschaftssystems große Teile der Bevölkerung verelendeten, kleinere immer reicher wurden, wurde dagegen das biblische Wirtschaftsrecht formuliert, das allen in Not geratenen bestimmte soziale Rechte und damit ein angemessenes Leben sichern sollen. Dazu gehört das Recht auf zinsfreie Kredite, das Recht auf Entschuldung und damit einen möglichen Neuanfang, das Recht auf ein Minimum an Nahrungsmitteln etc.

Es ist immer wieder und bis heute zu beobachten, dass da, wo vorher unbestrittene, selbstverständliche Gegebenheiten und Lebensformen verschwanden oder bedroht waren, neue Rechte formuliert und durchgesetzt werden mussten, oft gegen erheblichen Widerstand. Wir haben das in den letzten Jahren und Jahrzehnten für so selbstverständliche Lebensqualitäten erlebt, wie das Recht, frische Luft zu atmen und sauberes Wasser zu trinken. In dem Moment, wo das vorher Selbstverständliche in Frage gestellt war, musste es als einklagbares Recht wieder gewonnen werden.

Offenkundig ist das bei der Frage des Lärms ebenso. Wenn es richtig ist, dass der von Menschen ausgehende Lärm seit den Anfängen städtischer Kultur nicht nur als störend, sondern als massiv bedrohlich und lebensfeindlich erlebt wurde, dann gibt es ein elementares Recht darauf, ihn begrenzt zu halten und immer neu einzugrenzen. Das war lange Zeit mit relativ einfachen Mitteln zu erreichen. So könnte es sein, dass die immer wieder erwähnten nächtlichen Wächter in den Städten (u. B. Hld 3,3) gerade auch die Aufgabe hatten, nächtliche Ruhestörungen zu unterbinden. Zwar gibt es in der Bibel kein als Rechtssatz formuliertes Anrecht auf ungestörte Nachtruhe, aber das war offenbar auch nicht nötig, da der Lärm, so bedrohlich er auch erscheint, im Alltag in Grenzen gehalten werden konnte und im Bereich des Selbstverständlichen blieb. Die massiv bedrohliche und als Teil des Chaos erlebte Natur des Lärms macht aber deutlich, dass es in der Linie biblischen Rechts liegt, ihn zu begrenzen. Zumal da, wo Lärm den gottgegebenen Rhythmus des Lebens zwischen Arbeit und Ruhe in Frage stellt, gehört es zur Notwendigkeit, Gewalt und Chaos mit den Mitteln des Rechts zu bändigen und das Recht der Menschen auf den gottgewollten Wechsel von Wachen und Schlafen, Tag und Nacht, Ruhe und Arbeit zu schützen und wieder herzustellen.

10. »Das Werk der Gerechtigkeit wird Friede sein« (Jes 32,17)

Aktuelle Überlegungen zur christlichen Friedensethik

»*Glücklich sind, die Frieden machen*« heißt es in den sogenannten Seligpreisungen *(Mt 5,9),* die eigentlich Glücklichpreisungen sind. Doch glücklich sind sie zur Zeit wahrlich nicht, die Christen in Deutschland, die sich diesem Wort besonders verpflichtet fühlen. Es ist unklar geworden, umstritten und schwierig, was es bedeutet, Frieden zu stiften, zu fertigen, zu machen, und das auch noch so, dass wenigstens etwas von dieser Zusage schon jetzt spürbar ist. Die Friedensbewegung ist gespalten, Gespräche sind tendenziell eher blockiert, Freundschaften belastet oder zerbrochen. Vielleicht müssen wir bei uns selbst anfangen. Und jedes ernsthafte Gespräch müsste wohl damit beginnen und damit enden, sich die jeweiligen Unsicherheiten und die Aporien des eigenen Urteilens und Denkens zu erzählen und zuzugestehen. Ich werde darauf am Ende eingehen. Anfangen möchte ich dagegen sehr subjektiv und etwas von mir erzählen, einige Stationen meines eigenen Denkens auf diesem Feld.

I. Lebens-Stationen

Mein eigenes politisches Denken begann mit diesem Thema. Mit 14-15 Jahren habe ich Mitte der Fünfziger Jahre die Wiederaufrüstungsdebatten im Bundestag heimlich unter der Bettdecke mit einem Transistorradio gehört. Ich war fasziniert und hin und hergerissen. Wer hatte Recht? Was war die richtige Antwort auf den 2. Weltkrieg? Die Unsicherheit hielt an, bis ich selbst eingezogen werden sollte, mit dem 2. Jahrgang nach dem Krieg. Ich war unsicher und – berief mich feige auf den Theologenparagraphen.

Wenige Monate später hätte ich gewusst, was richtig war. Mit dem Beginn des Theologiestudiums und dann zunehmend unter dem Einfluss von Kirchenleuten und Theologen, die entschieden gegen die Aufrüstung waren, wurde klar: »Krieg soll nach Gottes Willen nicht sein«, wie es der Ökumenische Rat 1948 in Amsterdam erklärt hatte[1]. Es galt, alles zu tun, zukünftige Kriege und alle Schritte in ihre Richtung zu verhindern. Solches Denken war, knapp zusammengefasst, eine Konsequenz des ungeheuerlichen Hitlerkrieges, es führte zu dem Entschluss, es anders zu machen als die Generationen vor uns. Dazu kamen der Kalte Krieg, der tödliche Ost-West-Gegensatz und das Wissen um die Gefahren eines atomaren Krieges, die diese Einsicht bestimmten. Theologen wie Helmut Gollwitzer, aber auch Bonhoeffers Text aus Fanø 1934[2] wurden prägend. Meine jahrelange Mitarbeit in der Christlichen Friedenskonferenz in Prag war eine der Konsequenzen.

Unsicher blieb ich, ob und wie weit das totalen Pazifismus, eine Gewaltlosigkeit unter allen Umständen bedeuten musste. Das klärte sich ab Mitte der sechziger Jahre, als zunehmend die Dritte Welt in den Blick kam. »Unser Problem ist nicht der Atomkrieg, sondern das alltägliche Elend, Hunger und Verhungern« hieß es von dort. Änderung der Zustände schien angesichts massiver Interessen an der Ausbeutung ohne Gewalt kaum möglich. Begrenzte Gewalt, Gegengewalt, Befreiungskriege, Revolutionen waren nötig und legitim. Der Ökumenische Rat beschloss ein entsprechendes Antirassismusprogramm. Franz Fanon gab die Theorie[3]. Dazu kam für mich ganz stark die Beschäftigung mit dem Kampf des Warschauer Ghettos. Es gibt Situationen, wo Menschenwürde Gegengewalt erfordert, jedenfalls uneingeschränkt legitimiert. Solche Kämpfe waren zu unterstützen, auch im Vietnamkrieg. Aber sie waren weit weg. Bei uns wollte solche Gewalt nur die RAF und sie hatte offenkundig Unrecht.

Eine nächste Station war die Friedensbewegung Anfang der achtziger Jahre. Hier ging es um die atomare Nachrüstung vor dem Hintergrund der Möglichkeit eines umfassenden, die Menschheit vernichtenden Krieges mit Massenvernichtungsmitteln. Das sprengte jede Logik der Abschreckung. »Ein Nein ohne jedes Ja« gegen Massenvernichtungsmittel hieß und heißt die Forderung.

Anfang der neunziger Jahre veränderte sich mit dem Ende des Ost-West-Gegensatzes und des atomaren Patts auch die weltpolitische Szenerie, bisher eher an den Rand gedrückte Fragen kamen in den Blick. Für mich waren der Golfkrieg und die Diskussionen über ihn wichtig. Saddam Hussein hatte Kuwait überfallen und bedrohte, ja beschoss Israel mit Raketen und deut-

1. Amsterdamer Dokumente. Berichte und Reden auf der Weltkirchenkonferenz in Amsterdam 1948, hg. Von F. Lüpsen. Bielefeld o. J. (1948), 64.
2. Kirche und Völkerwelt. Rede auf der Fanø-Konferenz, jetzt in: Werke Bd. 13, London.1933-35, Gütersloh 1994, 298-301.
3. Die Verdammten dieser Erde (1961), dt. Übers. Frankfurt/M 1966.

schem Gas. Eine Delegation der Grünen predigte in dieser Situation in Israel Pazifismus und das war mehr als lächerlich. Zwei Grundsätze, die mich – und ich denke die meisten meiner Generation – jahrzehntelang bestimmt hatten und zwar gemeinsam und ohne denkbare Differenz, traten auseinander: »Nie wieder Auschwitz« und »Nie wieder Krieg«. Es gab Schlimmeres als Krieg, jedenfalls als einen begrenzten Krieg. Es konnte Situationen geben, wo Krieg nötig war, um größeres Unrecht abzuwenden. Da stellten sich dann Fragen nach rückwärts: Wir wollten Folgen aus Hitlers Krieg ziehen, taten wir es nicht vielleicht doch aus einer innersten Identifikation mit unserer Elterngeneration heraus, wenn wir sagten: »Von Deutschland aus nie wieder«? Denn wenn 1945 wirklich eine Befreiung war, dann war der 2. Weltkrieg ein Befreiungskrieg. Nur Krieg konnte Deutschlands Mordmaschine stoppen. Was wäre aus mir, aus uns geworden, wenn wir in einem Nazistaat hätten leben müssen!? Die Fragen, die sich hier stellten, spitzten sich in den folgenden Jahren zu, beim Bosnienkrieg und nach dem 11. September 2001.

Ich breche hier ab. Was ich Ihnen im Folgenden vorstellen will, ist der Versuch, heute über eine christliche Friedensethik nachzudenken, und das heißt für mich in erster Linie, einen biblischen Ansatz dafür zu finden.

II. Die Tora und die Überwindung des Krieges: Grundsätzliches

Die von Gott nach der Schöpfung als sehr gut befundene Welt (Gen 1,31) wird durch das Eindringen von Gewalt zerstört[4]. Das ist der Anfang der biblischen Erzählung und alles Weitere in der Bibel ist von diesem Anfang her zumindest auch eine Auseinandersetzung mit Gewalt. Dabei ist das wichtigste Mittel zur Zähmung und Eindämmung der Gewalt das Recht. Diese Gegengeschichte beginnt in Gen 9, indem der Schutz des menschlichen Lebens dem Menschen selbst, das heißt dem menschlichem Recht anvertraut wird (v. 5 f.). Von da aus ergeben sich klare Linien. Die biblische Grundlage dieses Rechts ist die Tora, ein Höhepunkt Jesu Umgang mit ihr in der Bergpredigt. Vielfältige Formen von Gewalt kommen dabei in der Bibel in Sicht, am wenigsten aber vielleicht Krieg und militärische Gewalt, denn ein wirklich funktionierendes Völkerrecht gab es damals nicht und gibt es bis heute nur in Ansätzen. Obwohl dieses Thema also biblisch gesehen eher am Rand steht, jedenfalls unter ethischen Gesichtspunkten, kann

---

4. Dazu o. S. 90 ff.

eine biblische Perspektive nur gefunden werden, wenn man dieser Linie konsequent folgt, wenn man also nach dem Zusammenhang von Recht und Krieg fragt. Die Entwicklung einer christlichen Friedensethik auf der Basis von Texten und Traditionen, die eigentlich von anderen Formen der Gewalt reden, ist meist kurzschlüssig und grundsätzlich fragwürdig, jedenfalls mit vielen Problemen behaftet.

Ich möchte die wichtigsten Gründe und Argumentationslinien für eine biblische Friedensethik zunächst knapp benennen und einige der Hauptlinien dann im Folgenden näher darstellen:

– Alles was mit Recht und Gerechtigkeit, aber überhaupt mit Ethik zusammenhängt, hat in der Bibel sein Fundament in der Tora. Die anderen Teile und Texte gründen darauf und weisen darauf zurück. Das ist beim Thema Krieg und Gewaltfreiheit besonders offenkundig:

– Denn zwar ist das Thema in der Tora selbst nur ein Randthema, aber die wichtigsten und wirksamsten biblischen Friedensvisionen sind Visionen einer an alle Völker ergehenden Tora-Belehrung Gottes, und damit eines weltweiten Völkerrechts.

– An sie müssen sich die ethisch entscheidenden Fragen anschließen, wie sich derartige Zukunftsvisionen kommenden Rechts mit gegenwärtigem Recht und gegenwärtigem Handeln unter den Bedingungen heutiger Verhältnisse verbinden lassen.

– Vor allem ist auch die in der Bergpredigt empfohlene Gewaltlosigkeit, sei es das Hinhalten der anderen Wange oder der Rat, dem Bösen nicht zu widerstehen, ausdrücklich an die Tora an ihre Weitergeltung gebunden. Denn den sogenannten Antithesen ist die Aussage vorangestellt: »*Denkt nicht, ich sei gekommen, die Tora und die prophetischen Schriften außer Kraft zu setzen*« (Mt 5,17). Wenn wir das wirklich nicht mehr denken, setzen die Sätze über Gewaltlosigkeit die Geltung der Tora voraus und bekommen nur so ihren Sinn.

– Das ist, stärker vielleicht als es bei uns manchmal wahrgenommen wurde und wird, auch so in Amsterdam 1948 gesehen worden. Der Satz »Krieg soll nach Gottes Willen nicht sein« wird gefolgt von dem anderen »Die Völker der Welt müssen sich zur Herrschaft des Rechts bekennen«[5]. Und der ganze Text ist geprägt von heute wieder höchst aktuellen und hilfreichen Überlegungen zur Notwendigkeit eines wirksamen Völkerrechts, von der Schwäche einschlägiger Macht-Instanzen, von den Aporien, die sich in einer solchen Lage ergeben und den entsprechend widersprüchlichen Traditionen und Entscheidungen in Kirchen und Theologie.

---

5. A. a. O. S. 69, beide Formulierungen sind Überschriften über Unterabschnitte des Berichts der Sektion IV »Die Kirche und die internationale Unordnung«.

– Nicht zuletzt ist damit die heute notwendige Perspektive gegeben. In einer globalisierten Welt, die kommunikationstechnisch und ökonomisch eine enge Einheit darstellt, ist es unabweisbar, dass eine so eng verbundene Welt auch eine Rechtsgemeinschaft sein muss. Wir sind weltweit enger verbunden, als es früher innerhalb von Völkern oder Staaten der Fall war. Das einzig sachgemäße Mittel zur Konfliktregelung ist das Recht. Alles muss daran orientiert sein, dieses Recht zu stärken und durchzusetzen.

Ich sehe das, was sich hier ergibt, sachgemäß zusammengefasst in dem Satz aus dem Jesajabuch: »*Das Werk der Gerechtigkeit wird Friede sein*« *(Jes 32,17)*. Der Satz wird mit Recht in kirchlichen Friedenspapieren immer wieder zitiert, auch in dem neuen der Westfälischen Kirche[6], mit dem ich in den meisten Punkten einig bin. Der wichtigste Differenzpunkt liegt vielleicht darin, dass ich denke, der prophetische Text des Jesajabuches formuliert in Übereinstimmung mit breiten biblischen Traditionen eine eindeutige und nicht umkehrbare Reihenfolge: Frieden entsteht aus Recht, Recht und Gerechtigkeit sind dem Frieden vor- und übergeordnet. Friede unter Verzicht auf Recht und Gerechtigkeit ist fragwürdig. Es mag Ausnahmen geben, sie aber so stark ins Zentrum zu rücken, wie das in vielen kirchlichen Stellungnahmen und Formulierungen geschieht, halte ich für problematisch. Sicher bedingen sich Recht und Frieden letztlich gegenseitig, aber trotz derartiger Wechselbeziehungen zwischen beiden ist das Gefälle eindeutig. Was das für eine christliche Friedensethik heißt, dem versuche ich in einigen wichtigen Aspekten nachzugehen.

III. Die Tora und der Krieg: Recht im Krieg

Die Tora und ihr Recht sind, wie könnte es anders sein, zunächst einmal auf Israel bezogen, und damit auf die innerhalb dieses Volkes und seines Rechtsgebietes auftauchenden Konflikte und ihre Regelung. Das eigene Recht kann jeweils nur das regeln, was in der eigenen Kompetenz liegt. Dennoch gibt es in Dtn 20 so genannte Kriegsgesetze. Sie setzen nicht bei den Fragen nach Anlass und Motiven, nicht bei der Legitimation oder gar bei der Verhinderung von Kriegen an. Sie setzen realistisch die Wirklichkeit des Krieges voraus und bemühen sich um Verhaltensregeln *im* Kriegsfall. Dtn 20 liegt damit tendenziell auf der Linie der Genfer Konvention und anderer

---

6. Frieden durch Recht und Gerechtigkeit, in: Landessynode 2002, Materialien für den Dienst in der Evangelischen Kirche von Westfalen, S. 83-95.

Versuche, auch und gerade im Krieg bestimmte Rechtsregeln gelten zu lassen. Es geht um Schritte in Richtung einer Zähmung des Krieges. Ich versuche, diese Regeln knapp zusammenzufassen.

Das Erste und vielleicht Wichtigste: Das Kriegsrecht wird wie alles Recht der Tora dem Volk anvertraut (20,2.10 u. a.). Nicht eine Elite oder ein König, das Volk selbst ist verantwortlich, nicht zuletzt für seine politische und militärische Führung, die von ihm eingesetzt und kontrolliert wird (v. 9). Das reicht weiter, als es zunächst aussieht, und hat mit dem Wesen von Recht zu tun. Solange das Recht von einer Autorität, dem Staat oder dem König gesetzt ist, hängt seine Geltung und sein Funktionieren auch letztlich von dieser Autorität ab, und damit von ihren Interessen und ihrer Macht. Das deutsche Volk vor und im 2. Weltkrieg war nicht kriegslüstern, aber es war seiner Führung treu ergeben und hatte keinerlei Kontrolle über sie. Dass die letzte Verantwortung bei denen liegt, die die Folgen ausbaden müssen, beim Volk, Demokratie also, ist wohl eine der Vorraussetzungen, um die Macht und ihre Gewalt dauerhaft zu zähmen.

Inhaltlich geht es in Dtn 20 dann vor allem anderen ausführlich um so etwas wie Wehrdienstverweigerung. Es wird festgelegt, welche der jungen Männer nicht zum Kriegsdienst verpflichtet sind: Wer ein Haus gebaut, einen Weinberg gepflanzt hat oder wer dabei ist, zu heiraten, ist frei (20,5 ff.). Wichtig ist vor allem die Bestimmung, dass alle, die Angst haben und sich fürchten, zu Hause bleiben sollen (20,8). Das geht weiter als übliche Regeln für Wehrdienstverweigerung, selbst bei uns.

Vor allem enthält das Gesetz dann Gebote und Rechtssätze für das Verhalten in einem Krieg. Das beginnt bei der Notwendigkeit, immer wieder über Frieden und seine Bedingungen zu verhandeln (v. 10 f.). Dazu gehört dann die Schonung der Zivilbevölkerung. Unbeteiligte, Frauen und Kinder zumal sollen nicht einbezogen werden (v. 14). Sodann geht es um Schutz der Lebensgrundlagen. Insbesondere die Fruchtbäume, Olivenbäume, aber auch Weinstöcke etc. dürfen nicht vernichtet werden: »*Ist denn der Baum des Feldes ein Mensch, dass er in die Belagerung durch dich einbezogen werden müsste?*«(v. 19)

Über Dtn 20 hinaus gibt es in Dtn 21,10 ff. Regeln zum Umgang mit weiblichen Kriegsgefangenen. Sklavinnen dürften nicht selten so rekrutiert worden sein. Bei sexuellen oder ehelichen Beziehungen haben sie grundlegende Rechte und dürfen nicht weiter als Unfreie behandelt werden.

Ich lasse es bei diesen wenigen Andeutungen, ohne ins Detail zu gehen. Es dürfte Einigkeit darin bestehen, dass derartige Regelungen den Kern des Problems nur streifen. Andererseits sind die damit aufgeworfenen Fragen nach wie vor wichtig und aktuell. Vor allem geht es um rechtliche Regelungen, die unabhängig von jedem Verhalten des Gegners gelten und gelten können. Uneingeschränkte Geltung der Menschrechte für Kriegsgefangene, keine Zerstörung der gegenwärtigen und zukünftigen Lebensgrundlagen, Schonung der unbeteiligten Zivilbevölkerung – das alles ist nicht von den komplexen Fragen internationalen Rechts und seiner Durchsetzung abhängig, sondern es kann als eigenes Recht eines Staates oder einer Staatengemeinschaft in Kraft gesetzt und durchgesetzt werden.

Nebenbei sei darauf hingewiesen, dass die biblischen Bestimmungen für den Umgang mit der kanaanäischen Vorbevölkerung bei der Landnahme ein Sonderfall sind und von allen anderen Fragen des Krieges getrennt gehalten werden müssen. Das tut zunächst gerade auch Dtn 20, wo in v. 15-18 diese Frage behandelt wird. Hier ist, wie es besonders Dtn 7,1 ff. festlegt, der Bann zu vollziehen, also eine völlige Vernichtung angeordnet, im Unterschied zu allen anderen Kriegen. Zum Verständnis ist entscheidend, dass die in diesem Zusammenhang stets genannten sieben kanaanäischen Völker (Dtn 7,1; 20,17) in der Zeit der Textentstehung nicht mehr vorhanden sind. Schon allein dadurch ist sicher, dass es um eine einzigartige und nicht wiederholbare Situation geht. Dieses Banngebot galt einmal und gilt nie mehr wieder. Für ein sachgemäßes Verständnis wird man intensiver, als das bisher geschehen ist, nach der Funktion derartiger Texte fragen müssen, und zwar unter unterschiedlichen Aspekten. Einmal stellen sie, das ist im Grunde unbestritten, historisch gesehen einen fiktiven Rückblick dar, in dem sich eine Verarbeitung der vor allem durch die Assyrer erlittenen Gewalt und Vernichtungsdrohung vollzieht. Israel stellt sich selbst als eine potentiell völkervernichtende Macht dar, wie es andere, vor allem die Assyrer, real gewesen sind und wie man selbst es erlitten hat. Durchgängig stellen die Texte zum anderen selbst dar, dass das, was sein sollte, so nie stattgefunden hat. Wie das Buch Josua erzählt, hat Israel die Vorbewohner nicht vernichtet (historisch gesehen ist das auch gar nicht zu bezweifeln), sondern mit ihnen weiter gelebt. In dem so entstandenem Nebeneinander mit seinen religiösen und sozialen Problemen sehen die im Deuteronomium und dem sogenannten deuteronomistischen Geschichtswerk (Josua bis 2 Kön) sprechenden Gruppen die Ursache für die Unterwerfung durch Assur und für das Exil: Israel lebte wie Kanaan und erlitt deshalb real dessen Schicksal. Schließlich und vielleicht am wichtigsten zum Verständnis ist die damit festgeschriebene Weigerung, Realität zu verdrängen und zu leugnen. So wenig wie die Psalmen im Gebet vor Gott negative Gefühle wie Rache und Hass unterschlagen, so wenig hat Israel die simple Tatsache verdrängt, dass das ihm zugesagte und geschenkte Land nicht leer war. Israel hat sich selbst anders als nachweislich seine damaligen Nachbarn und wohl die meisten Völker bis heute nicht als seit »ewigen Zeiten« auf seinem Land sitzend verstanden. Das Land gehört ihm nicht seit Schöpfung und Urzeit. Wenn es um Auszug aus Unterdrückung und Aufbruch in ein neues Land geht, stellt sich meist schnell heraus, dass dort schon andere sind. Wo wir heute sind, waren früher andere und können und werden wieder andere sein. Für die amerikanischen Völker oder die heutigen Australier ist das angesichts der Reste der Vorbewohner offenkundig. Aber es gilt auch sonst, auch für uns. Mag unsere Landnahme und mit ihr Vertreibung, Unterdrückung und Aufsaugung anderer noch so lange her sein – sie ist nicht so lange her wie die Begegnung Israels mit Kanaan, die ja mehr als dreitausend Jahre zurückliegt und bis heute heftig diskutiert wird. Verdrängung, Nicht-Aufdeckung fördert Gewalt, die Aufhebung der Verdrängung könnte ein Beitrag zur Überwindung latenter Gewaltbereitschaft sein.

III. Frieden durch die weltweite Tora

Nicht das begrenzte Kriegsrecht stellt die entscheidende Stimme der Bibel in Fragen von Krieg und Frieden dar. Sie besteht vielmehr in prophetischen Visionen eines weltweiten Friedensreiches. Am bekanntesten ist das Bild von Mi 4 und Jes 2: »*Schwerter zu Pflugscharen*«. Es symbolisiert wie kein anderes die Friedenshoffnung der Menschheit. Die atheistische Sowjetunion stellte es bekanntlich nach den Schrecken des 2. Weltkriegs als Denkmal vor die Vereinten Nationen. Die christliche Friedensbewegung der DDR hielt es als Aufnäher dem atheistischen Staat entgegen; das war einer der Anfänge von seinem Ende. Nach der Beendigung des Ost-West-Gegensatzes, der so lange zur Begründung ungeheurer Rüstungsanstrengungen gedient hat und dienen konnte, schien das Bild sogar für einen Moment nicht mehr nur Ausdruck der Hoffnung zu sein, sondern geradezu eine Beschreibung gegenwärtiger Realität: Da wurden wirklich Panzer vernichtet und Raketen abgebaut und alle Welt diskutierte die Möglichkeiten eines Umbaus in friedliche Geräte. Doch die große Konversion wenigstens der teuersten Waffensysteme blieb in den Anfängen stecken. So manche tauchten danach an den Krisenherden der Welt unverhofft wieder auf. Die Liste der Namen von leidenden, kämpfenden, sich aufrüstenden Nationen, die wir seither gelernt haben, ist lang. Vergewaltigungen und Morde an waffenlosen Frauen und Kindern zwangen manche Radikalpazifisten zum Umdenken. Spricht das Bild immer noch für sich? Die Version im Michabuch lautet:

4,1 *In der Zukunft der Tage geschieht's:*
Der Berg mit dem Haus Adonais wird
feststehen als Haupt der Berge,
erhaben wird er sein über die Hügel,
und Völker strömen zu ihm hin.
2 *Viele Nationen gehen und sprechen:*
»Kommt, lasst uns hinaufziehen zum Berg Adonais,
zum Haus von Jakobs Gott,
dass uns Weisung zuteil werde von Gottes Wegen her

> und wir gehen wollen in Gottes Pfaden.«
> Ja, von Zion geht Tora aus
> und das Wort Adonais von Jerusalem.
> 3 Gott wird Recht sprechen zwischen vielen Völkern
> und mächtige Nationen zurechtweisen
> bis hin zu den fernsten.
> Dann schmieden sie ihre Schwerter zu Pflugscharen
> und ihre Speere zu Winzermessern.
> Nicht mehr erheben sie das Schwert, Nation gegen Nation,
> und nicht erlernen sie weiterhin den Krieg.
> 4 Dann sitzen die Menschen unter ihren Weinstöcken
> und Feigenbäumen, und niemand schreckt sie auf
> Ja, der Mund Adonais, gebietend über die Kriegsheere,
> hat das geredet.
> 5 Ja, all die Völker gehen,
> alle im Namen ihrer Gottheiten.
> Wir aber, wir gehen im Namen Adonais, unseres Gottes,
> für immer und auf Dauer.
> 6 An jenem Tag, Spruch Adonais,
> will ich aufnehmen die Lahmgeschlagene,
> und die Umherirrende will ich einsammeln,
> und wem ich Böses tat.
> 7 Ich werde machen die Lahmgeschlagene zum Neubeginn,
> und die Erschöpfte zu einer mächtigen Nation.
> Regieren wird Adonai über sie
> auf dem Berg Zion
> von jetzt an und für immer[7].

Der Anfang verweist auf Zukunft. Wörtlich ist da vom ›Hinteren der Tage‹ die Rede, also dem, was hinter den jetzigen Tagen liegt. Das ist ein üblicher Ausdruck für eine kommende Zeit[8]. Wenn die meistverbreiteten Übersetzungen seit der ersten ins Griechische von den ›letzten‹ Tagen reden oder gar vom ›Ende‹ der Tage, ist das nicht gerechtfertigt. Es geht nicht um den »jüngsten Tag«, der dann zum St. Nimmerleinstag verkommen kann.

›Völker‹ und ›Nationen‹, – den neuzeitlichen Nation- oder gar Volksbegriff darf man nicht eintragen. Gemeint sind die vielen benachbarten oder entfernteren ethnischen Einheiten, die durch gemeinsame Sprache, Religion und Tradition zusammengehalten werden, und die auch der mo-

---

7. Übersetzung für den 28. Deutschen Evangelischen Kirchentag in Stuttgart 1999.
8. Vgl. Gen 49,1; Dtn 4,30; 31,29.

derne Nationalismus als Basis voraussetzen muss[9]. Der Entschluss, sich aufzumachen, ist wie der zur üblichen Wallfahrt formuliert (bes. Ps 122,1). Damit steht auch fest, dass die Nationen zu bestimmten Zwecken und nur für begrenzte Zeit nach Jerusalem kommen. Danach gehen sie wieder nach Hause, wie es Zef 2,11 voraussetzt: sie beten den in Jerusalem wohnenden Gott jeweils von ihrem Ort aus an. Warum gehen sie nach Jerusalem? Was erwarten sie vom Gott Jakobs? Er wird sie belehren »*von seinen Wegen her*«, wie es wörtlich heißt. Es geht also nicht nur um das, was Gott sagt, sondern Gottes eigene Wege geben auf ihre Art Belehrung. Wie Gott selbst seinen Frieden weltweit durchsetzt, das lehrt die Völker, dem mit ihrem Tun zu entsprechen. Die Folge ist, achtet man genau auf das Hebräische, dass sie nicht nur auf Gottes Wegen gehen, den gebotenen und den geschauten, sondern dass sie das auch wollen, also als eigene Absicht erfahren.

Wahrscheinlich endet die zitierte Rede der Völker in v. 2 und wird ergänzt durch Aussagen des Textautors über den Grund für diesen Entschluss. Tora, Weisung, und das Wort Gottes geht von diesem Ort aus. Wie präzis bis in die Details hinein der Text formuliert ist, zeigt sich daran, dass das Rechtsprechen zwischen den Völkern ergänzt wird durch das härtere Zurechtweisen der Stärkeren, derer also, die sich bis heute faktisch dem Völkerrecht widersetzen oder entziehen können. So wie im Inneren eines funktionierenden Rechtssystems die Menschen auf das Tragen von Waffen zu ihrem Schutz verzichten können und dann auch sollen, so wird die Folge des weltweiten – darauf zielt das »bis zu den Fernsten« – Völkerfriedens durch Rechtsprechung sein, dass Waffen nicht mehr gebraucht werden und die jungen Männer nicht weiter in jeder Generation das Handwerk des Tötens lernen müssen. Die Angst vor Gewalttaten schwindet, das lässt die Menschen ruhig leben. Mit dem Bild des Sitzens unter ihren Weinstöcken und Feigenbäumen ist eine Friedenszeit vor Augen gestellt, wie es sie in der Regierungszeit Salomos gegeben haben soll (1 Kön 5,5). Das Bild verbindet militärischen Frieden mit sozialem: Alle haben Grundbesitz, um davon zu leben.

Mit einer eigenen Einleitungsformel wird in v. 6 f. eine andere Perspektive desselben Tages der Zukunft angeschlossen. Zwei Bilder fließen dabei ineinander: Das von hinkenden oder lahmenden Tieren, die Gott als Hirte einsammelt[10], zugleich aber das der umherirrenden Überreste eines geschlagenen Heeres, versprengter, zum Tode erschöpfter Menschen. Gott will

9. Dazu bes. J. Armstrong, Nations before Nationalism, Chapel Hill 1983; A. D. Smith, The Ethnic Origin of Nations, Oxford 1986. Außerdem sei auf die Beiträge zum Thema »Volk und Nation« in Evangelische Theologie 58, 1998, Heft 3 hingewiesen.
10. Dazu R. Kessler, »Ich rette das Hinkende und das Versprengte sammle ich«. Zur Herdenmetaphorik in Zef 3, in: W. Dietrich/M. Schwantes Hg., Der Tag wird

sie sammeln, aufnehmen und heimbringen. Sprachlich werden dabei durchgehend feminine Worte im Singular verwendet. Nun kann das Hebräische, das ja kein Neutrum kennt, mit dem Femininum gerade auch ein Abstraktum ausdrücken. In jedem Falle aber ist ein Gegenpol zu den vorher verwendeten, grammatisch dominant männlichen Bildern gegeben. Sachlich geht es zweifellos um eine Umschreibung des geschlagenen und exilierten Volkes Israel, dessen Stammvater Jakob mit dem gleichen Wort als Lahmgeschlagener, also als hinkender, körperbehinderter Mensch bezeichnet wird (Gen 32,31). Die im Krieg am stärksten Leidenden, die körperlich misshandelten Frauen, werden zu einem neuen Ausgangspunkt, wörtlich zu einem Rest, der sich – im Hebräischen liegt ein solches Wortspiel nahe – in einen neuen Anfang verwandelt. Dabei wird aus einzelnen Verletzten und Versprengten eine Nation, über die Gott vom Zion aus regieren wird. Das Ende macht endgültig klar, dass v. 6f. vom Schicksal Israels handelt. Was wird aus dem Volk, das um Jerusalem herum zu Hause war, wenn die Fülle der Völker zum Zion strömt? Es verschwindet nicht, löst sich nicht in ihnen auf, passt sich ihnen nicht an, sondern die geschaute Zukunft gibt auch Israel einen gesicherten Lebensort, keinen anderen als den am Zion.

IV. Vorausgenommene Zukunft – Vorausgenommenes Recht

Der Text spricht von Zukunft; was er schildert, bestimmt noch nicht die Gegenwart, weder damals noch heute. Kann und darf man aus ihm und ähnlichen Bildern Folgerungen für das Verhalten bereits in der Gegenwart ableiten? Und wie kann und soll das geschehen?

Eine beeindruckende, aber nicht unproblematische Antwort gab die junge Christenheit[11]. Sie ging davon aus, dass diese wie andere Verheißungen des Alten Testaments in und durch Jesus Christus erfüllt wurden. »Wer anders ist damit gemeint als wir. Belehrt durch das neue Gesetz beobachten wir ja all dies«, sagt der Kirchenvater Tertullian zu unserem Text[12]. Daraus wurde vor der konstantinischen Wende ein radikaler Pazifismus abgeleitet,

---

kommen. Ein intertextuelles Gespräch über das Buch des Propheten Zefanja, SBS 170, 1996, 93-101.
11. Zum Folgenden vgl. G. Lohfink, »Schwerter zu Pflugscharen«. Die Rezeption von Jes 2,1-5 par. Mi 4,1-5 in der Alten Kirche und im Neuen Testament, ThQ 166, 1986, 184-209.
12. Adv. Jud. 3,10; nach G. Lohfink 195.

der durch Ernst und Konsequenz des antimilitärischen Verhaltens beeindruckt: »Wenn ein Taufbewerber oder ein Gläubiger Soldat werden will, weise man ihn ab, denn er hat Gott verachtet«[13]. Allerdings: es gab noch kein weltweites Friedensreich, und als das römische Reich christlich wurde und sich die römische Reichsideologie mit den Bildern von Jes 2//Mi 4 verband, war das pure Ideologie. Der christliche Staat ist, so hieß es unabhängig von aller Realität, Gottes Friedensreich auf Erden. Zu sagen, dass die Verheißungen Gottes schon eingetreten sind, obwohl die Realität anders aussieht, ist eine wichtige Quelle des kirchlichen Antijudaismus und hat Gewalt nicht verhindert oder minimiert, sondern unkontrollierbarer gemacht.

Deswegen hängt so viel an der sachgemäßen Verhältnisbestimmung von »schon« und »noch nicht«. Sie ist umstritten, und mit ihr die ganze christliche Friedensethik. Da sind auf der einen Seite Stimmen, nach denen alle Schlüsse aus den biblischen Hoffnungen auf Frieden und Gerechtigkeit auf die Praxis in der Gegenwart als ›schwärmerisch‹ gelten. Sie sehen sich durch die Grundsatzkritik an utopistischen Bewegungen wie dem Kommunismus und dessen Scheitern bestätigt. Da sind auf der anderen Seite Meinungen, man könne und müsse aus solchen Visionen unmittelbar Friedensethik ableiten, wie es im Blick auf ein bestimmtes Verständnis der Bergpredigt etwa die historischen Friedenskirchen und alle christlichen Pazifisten tun.

Hier wie sonst lohnt es sich, derart strittige Fragen noch einmal an den Text selbst zurückzugeben. Denn die viel diskutierte Spannung zwischen Zukunftshoffnung und gegenwärtigem Verhalten bildet sich bereits in der Struktur des Textes selbst ab. In beiden Fassungen bei Jesaja wie bei Micha folgt auf die grundlegende Zukunftsvision eine im Wir-Stil formulierte Folgerung für das Gottesvolk: »*Haus Jakobs, kommt, lasst uns wandeln im Lichte Adonais*« heißt es in Jes 2,5. Das gleiche Verb ›gehen‹, ›wandeln‹, ›Schritte tun‹ steht in Mi 4,5: »*Ja, all die Völker gehen, alle gehen im Namen ihrer Gottheiten. Wir aber, wir gehen im Namen Adonais, unseres Gottes, für immer und auf Dauer.*« Dem Verweis auf das Licht bei Jesaja kontrastiert der auf die anderen Völker mit ihren Göttern. Im Namen des Gottes, der solches für die Zukunft aller verspricht, kann das Gottesvolk bereits jetzt wandeln. Bis in unsere Tage hat sich christlicher Friedenswille darauf bezogen, indem man die Selbstverpflichtung des Gottesvolkes, wie sie Jes 2,5/ /Mi 4,5 formuliert ist, für sich übernahm.

Aber was genau heißt das? Was soll und was kann Israel bereits vorausnehmen? Darüber wurde anhand dieses Textes in den Zeiten der Friedens-

---

13. Traditio Apostolica Kanon 19; nach G. Lohfink 193.

bewegung heftig gestritten¹⁴. Es lohnt, Grundstrukturen und Beispiele davon zu vergegenwärtigen. Einmal findet sich eine recht weitreichende Ablehnung aller Versuche, überhaupt aus biblischen Texten konkrete Verhaltensnormen zu gewinnen, begründet durch den Hinweis auf die Widersprüchlichkeit und damit Beliebigkeit der Bibel. Dem diente in diesem Fall der Verweis auf die Umkehrung der Verheißung in Joel 4,10: »*Schmiedet eure Pflugscharen zu Schwertern und eure Winzermesser zu Lanzen*«. Doch zeigt jede nähere Betrachtung des Zusammenhangs schnell, dass es sich hier um ein ironisches Zitat von *Jes 2 // Mi 4* handelt. Formuliert wird »ein glatter Hohn auf die Weltmächte, die sich mit ihrer Totalbewaffnung dem Gottesvolk ... überlegen dünken«; man kann deshalb beides sachlich nicht »gegeneinander ausspielen«¹⁵. Zum anderen war die Frage nach der heutigen Relevanz derartiger Verheißungen 1984 Gegenstand eines exemplarischen Streitgesprächs (Wolff/Pannenberg). Für die eine Seite geht es um direkte Vorausnahme des Geschauten in der eigenen Praxis, es geht darum, mit dem Umschmieden jetzt zu beginnen. Das kann für Christen und Kirche nur der Einsatz für die sofortige Abrüstung jedenfalls von Massenvernichtungsmitteln sein, genau wie es bereits die alte Kirche getan hat. Für die andere Seite ist die rechtsstreitschlichtende Funktion Gottes entscheidend, die es aber bis jetzt nicht weltweit wirksam gibt. Für die Gegenwart kann dann »nichts anderes als das Festhalten am Gottesrecht!« gelten¹⁶. Doch blieb dabei völlig offen und unausgeführt, was das ist und was das für Fragen des Friedens bedeuten würde. Es zeigt sich eine theologische Leerstelle.

In der Tat dürfte mit dem Verweis auf das Gottesrecht der entscheidende Punkt genannt sein, über den es nachzudenken gilt. Denn auch die Vorausnahme, die Israel vollzieht, kann ja nicht an der *Wirkung* solcher Lehre, sondern muss an der *Ursache der Wirkung* orientiert sein. Das Umschmieden der Waffen, der weltweite Frieden ist Folge von Rechtsbelehrung. Es dürfte ein Kurzschluss sein, anzunehmen, dass diese Lehre nur eine entsprechende Mahnung oder Anweisung zum Frieden enthielt. Es kann nur um eine umfassende Rechtsbelehrung gehen, deren Folge ein derartiges Friedensverhalten ist. Einerseits geht eine solche Vision einer weltweiten Rechtsordnung, die jede Rüstung überflüssig macht, weit über das sonstige Gottesrecht hinaus. Andererseits ist die Weisung des biblischen Gottes und ihr Inhalt doch bekannt. Der vorausnehmende Entschluss des sprechenden

---

14. Zum Folgenden vgl. exemplarisch H. W. Wolff, Schwerter zu Pflugscharen – Missbrauch eines Prophetenworts? Praktische Fragen und exegetische Klärungen zu Joel 4,9-12, Jes 2,2-5 und Mi 4,1-5, EvTh 44, 1984, 292-292; dazu a. W. Pannenberg, Diskussionsbeitrag, ebd. 293-297.
15. Wolff, a. a. O. 281.
16. Pannenberg, a. a. O. 296.

›wir‹ besagt doch offenkundig, dass Elemente dieser Rechtsordnung bereits das gegenwärtige Handeln bestimmen sollen und können. Die entscheidende Frage lautet dann: Was bedeutet es für die Fragen von Krieg und Frieden, wenn sie heute bereits befolgt werden?

Hält man sich an Inhalte der Tora, kann man beispielhaft denken an:
– die Einsetzung von Gerichten;
– die Akzeptanz von Recht und Schlichtung gerade auch in harten Konflikten zwischen Nationen;
– eine Universalisierung der biblischen Wirtschaftsgesetze, also die weltweite Sicherung der Lebensgrundlage aller, die ein Sitzen unter den eigenen Fruchtbäumen ermöglicht und mit der Zerstörung von weltweiten Strukturen der Ausbeutung vielen kriegerischen Konflikten die Basis entziehen würde.
– Theologisch ist der Verweis auf die unsichtbaren Heere Gottes entscheidend, darauf also, dass der Glaube an Gott Unglaube wird, traut er diesem in der Realität nichts zu. Zu den anderen Göttern, die auf diesem Feld nach wie vor höchst lebendig sind, gehören die Götzen von »Frieden und Sicherheit« (1. Thess 5,3), die den eigenen Wohlstand auf Kosten anderer notfalls auch mit Gewalt bewahren wollen.

Ich belasse es bei derartigen Andeutungen, mir geht es nur darum, dass der Text nicht ethisch-untätiges Warten auf irgend eine Zukunft legitimiert, in der Gott einst handeln wird. Jeder Anfang, und wenn er auch nur einige Schwerter beseitigt, gehört zu dem neuen Gehen, auf das sich das Gottesvolk verpflichtet.

V. Recht und Gewaltfreiheit

Doch trotz des Gewichts solcher Einzelheiten stellt sich das Problem grundsätzlicher. Der Text zeigt vor allem, dass die Tora und damit das Recht der Gewaltfreiheit vorgeordnet ist. Und er entspricht damit einer grundsätzlichen Tendenz der Bibel. Man kann genauer und präziser formulieren: Gewaltfreiheit setzt Recht voraus, sie ist immer auf ein geltendes Rechtssystem bezogen und hat Sinn nur in diesem Zusammenhang. Es lohnt sich, diese Frage nach dem Verhältnis von Recht und Gewaltfreiheit unter verschiedenen Aspekten durchzudenken.

Dieser Zusammenhang liegt zunächst in einem funktionierenden Rechtsstaat auf der Hand. Und das ist ja das Modell, das letztlich hinter der Zukunftsvision steht: Die Welt als Rechtsstaat. Hier ist in der Tat für alle Auseinandersetzungen Gewaltfreiheit möglich und zu fordern, weil es ein Gewaltmonopol gibt. Recht kann freilich auch hier nicht völlig auf Androhung von Gewalt verzichten, Mörder und Vergewaltiger kann man nicht frei schalten lassen. Die staatliche Gewalt muss aber nach durchsichtigen, bekannten, demokratisch beschlossenen und akzeptierten Maßstäben praktiziert werden und politisch wie rechtlich kontrollierbar sein. Dazu gehört, dass die legitime Gewalt die Verhältnismäßigkeit der Mittel praktiziert, sich also auf polizeiliche Aktionen beschränkt und dabei kontrollierbar und überprüfbar bleibt.

In biblischer Perspektive ist zudem die Gewalt im Recht durch Recht zu minimieren. Ein Beispiel ist der Weg des biblischen Rechts hin zur Verunmöglichung der Todesstrafe im jüdischen Recht. Vor allem ist biblisch gesehen das Recht stets ein auf Versöhnung und Ausgleich ausgerichtetes Recht. Strafe besteht in der Wiedergutmachung soweit sie jeweils menschenmöglich ist.

Schwieriger sind naturgemäß Situationen, in denen Unrecht bzw. Willkür herrscht oder Recht nur schwach ausgeprägt und nicht in jedem Falle durchsetzbar ist. Das ist die Perspektive, in der die Traditionen christlicher Gewaltlosigkeit biblisch zu sehen sind. Natürlich hat Gewaltfreiheit in der Nachfolge Jesu und hat ein entsprechender Verzicht auf jede Gewalt durch Einzelne oder ganze Kirchen höchsten Respekt verdient. Ich denke aber, auch und gerade dabei wird Recht und seine Geltung vorausgesetzt, nämlich das von Gott selbst gesetzte und praktizierte. Völlige Gewaltlosigkeit stellt den gesamten Rechtsschutz statt Menschen Gott allein anheim. Das kann nur die Ausnahme sein. Es kann Situationen geben, wo Gewaltlosigkeit als Widerstand gegen totale Unrechtsregime ein Weg ist, gegen gegenwärtiges Unrecht auf zukünftiges Recht zu setzen. So kann man gewaltfreien Widerstand im Sinne Gandhis oder Mandelas verstehen. Aber es kann auch Situationen totalen Unrechts geben, ich denke exemplarisch an den Kampf des Warschauer Ghettos, wo auch das missverständlich wird. Kurz, ich glaube nicht, dass totale Gewaltfreiheit unter Verzicht auf Recht in jedem Falle der biblisch gebotene Weg ist. Geboten ist uns vielmehr das, was offenbart ist, Gottes Rechtswillen zu entsprechen und ihn durchzusetzen[17], und alle Fragen der Gewalt im Rahmen der Fragen nach dem Recht zu beurteilen.

Nun befinden wir uns im Falle des Völkerrechts weder in der Situation eines Rechtsstaates, aber auch nicht einfach eines Unrechtsregimes. Gegeben ist ein Zwischenzustand, und das macht die Schwierigkeiten aus, vor denen wir heute stehen. Ausgangspunkt ist für mich, dass spätestens seit Auschwitz und dem 2. Weltkrieg unabweisbar ist, dass ein Recht, wie es

17. Dazu u. S. 148 ff.

innerstaatlich gilt, auch für Mörderstaaten gelten muss. Die Nürnberger Prozesse haben einen wichtigen Anfang gesetzt. Und seitdem hat es doch eine ganze Reihe von wichtigen Schritten zur Ausbildung eines effektiven internationalen Rechts gegeben: Die Vereinten Nationen und ihr Sicherheitsrat, Menschenrechtspakte, Friedenstreitkräfte, internationale Gerichtshöfe. Nicht zuletzt die immer enger werdende Vernetzung der Welt, wirtschaftlich und in der Kommunikation, macht ein weltweit geltendes Recht unabweisbar. Die Globalisierung fordert solches Recht und muss selbst dem Recht unterworfen werden. Der Weg dahin ist, wie wir schmerzlich vor Augen haben, ein langer und widerspruchsvoller, nicht ohne Rückschritte und Irrtümer, aber ohne Alternative. Denn Machthaber dürfen weder ihre eigene Bevölkerung oder Teile davon abschlachten oder andere damit bedrohen, ohne dass sie mit Mitteln des Rechts daran gehindert oder dafür zur Rechenschaft gezogen werden. Recht kann auf Gewalt nicht verzichten, auch wenn die Möglichkeiten, Gewalt polizeilich zu minimieren und rechtlich zu kontrollieren bisher nur ansatzweise entwickelt und immer wieder in Frage gestellt sind.

Christliche Friedensethik muss sich an dieser Perspektive ausrichten: Die Bezeugung und Praktizierung eines Zustandes von Recht und Gerechtigkeit für alle als Ziel ist die Perspektive, in der auch die Fragen nach der Gewalt ihren Platz finden. Solches Recht allein wird Frieden hervorbringen und garantieren, es muss aber mit einem Minimum von Gewalt, und zwar kalkulierter, kontrollierter und überprüfbarer Gewalt erreicht werden. Gerade auch Akte symbolischer und realer Gewaltlosigkeit sind in dieser Perspektive zu beurteilen.

Das geht nun gerade auch aus den neutestamentlichen Texten selbst hervor. Die Seligpreisung derer, die Frieden machen, ist nicht die erste, sie folgt zum Beispiel auf die, in der denjenigen, die nach Gerechtigkeit hungern und dürsten, gesagt wird, dass sie satt werden sollen (Mt 5,6.9). Vor allem aber gilt diese Reihenfolge für die sogenannten Antithesen. Vor der Weisung, dem Bösen nicht zu widerstehen und die andere Backe hinzuhalten in Mt 5,39 f. steht in der Bergpredigt der sehr eindeutige Satz in Mt 5,17, dass die Tora in keiner Weise überwunden wird und kein Häkchen von ihr fort fällt. Nur auf dem Hintergrund des Rechts der Tora wollen die Formulierungen der sogenannten Antithesen gelesen werden, nur so haben sie Sinn[18]. Das führt zu einer sehr anderen Interpretation, als sie üblich ist. Dann wird nämlich hier für Fälle von begrenzter Gewalt – beim Schlag auf die Backe, nicht aber bei Mord und Vergewaltigung – angeraten, auf die im Recht der Tora, gerade auch im Satz »Auge um Auge« liegende Mögli-

---

18. Dazu o. S. 102 f.

keiten des Schadensausgleichs vor Gericht zu verzichten, also als Beitrag zum Frieden einen begrenzten Rechtsverzicht zu üben und nicht wegen kleinerer Rechtsverletzungen Streit zu führen. Mord und Vergewaltigung sind nicht gemeint, und können nicht gemeint sein, sondern gemeint ist das, was da steht, der Schlag auf die Wange und begrenzte Zwangsarbeit.

In jedem Falle aber geht es hier um Alltagskonflikte einzelner Menschen, und man wird eine Übertragung in größere politische und militärische Zusammenhänge sorgfältig bedenken müssen. Es kann durchaus analoge Situationen geben, wo Verzicht auf angebliche oder wirkliche Rechte im politischen Feld militärische Auseinandersetzungen verhindert kann oder minimiert, aber sobald es um Menschenleben, gar um Massenmord geht, wird man nicht einfach, wie es nach Presseberichten der Präses der Westfälischen Kirche für den Nahostkonflikt getan hat, von Vergebung reden dürfen, ohne die Wiederherstellung des Rechts als Voraussetzung zumindest mit zu nennen.

Faktisch läuft das, was ich sagen will, auf die Sorge für die Geltung der Menschenrechte hinaus, natürlich inklusive der sozialen, und ihrer Erweiterung für neue Fragen, die sich heute und in Zukunft aus Technisierung und Globalisierung ergeben.

Eine solche grundsätzliche Orientierung führt, wie wir nur zu gut wissen, nicht in jedem Falle zu eindeutigen Antworten. In konkreten Situationen bleibt vieles offen, umstritten und unsicher. Daran ändert meines Erachtens auch der heute übliche Weg nichts, sich in kirchlichen Verlautbarungen und Denkschriften nicht auf grundsätzliche theologische Aussagen und klare Perspektiven zu beschränken, sondern viele Details aktueller Politik einzubeziehen, eine Art Denkvorlage für Politiker zu formulieren. Ich habe damit Probleme, weil Klarheit verloren geht und *wirkliche* Konkretheit, wie sie sich nur bei der aktuellen Entscheidungsfindung ergibt, nicht erreicht wird. Ich fürchte eine solche *hypothetische Situationsethik* hilft niemandem, verunsichert Christen und Staatsbürger über das, was biblische Perspektive ist und was dementsprechend Kirche zu sagen hat, und erreicht dennoch nicht die Ebene der effektiven Entscheidungen. So oder so: Probleme, Aporien, Unsicherheiten bleiben. Vor allem sind Urteile und Entscheidungen unter Zeitdruck zu fällen, es fehlt auf allen Seiten an zuverlässiger Information, gerade die ist massiv interesse- und machtgeleitet. Und es gibt schreckliche Wörter wie ›Kollateralschaden‹. Unbeteiligte und Kinder sterben. Wir wissen die Richtung, ich glaube jedenfalls, dass wir sie wissen können, wir wissen nicht – wir, das heißt alle gemeinsam – wir wissen oft nicht, was richtig ist, was das kleinere Übel ist, oder wissen es erst, wenn es zu spät ist. Ich glaube nicht, dass man in unserer Zeit dieser Lage entgehen kann, kein Radikalpazifismus kann sich am sicheren Ufer wissen, man müsste schon die Gabe der Prophetie haben, aber Prophetie wird immer von falscher Prophetie begleitet, unterscheiden kann man beide erst vom Ergebnis her. Wie Frieden und Recht, Frieden und Gerechtigkeit zusammengehören, kann nicht ein für alle mal entschieden werden, so lange nicht, wie die Welt nicht wie ein wirklicher Rechtsstaat organisiert ist, also die Macht nicht dem Recht unterworfen ist, demokratisch und kontrollierbar, durchsichtig und überprüfbar, und auch dann gibt es bekanntlich nicht nur glatte Ideallösungen.

VI. Aussprechen, was ist: Aporienformulierung und Opferperspektive[19]

Ich möchte deshalb mit einem letzten Punkt enden, bei dem es biblisch gesehen keine Kompromisse geben kann, der gerade dann wichtig ist, wenn wir vor Aporien stehen und keine glatten Lösungen haben. Das soll an einem biblischen Beispiel demonstriert werden. Es gibt eine Reihe von biblischen Texten über Gewalterfahrungen, die fast ohne Wertung und ohne ein Gegenmittel zu nennen daherkommen. Sie tun das in einer brutalen Offenheit, die erstaunt, die aber die Erinnerung an die Opfer fest und die Gottesfrage offen hält. Ich nehme als Beispiel die Erzählung über den Anfang des Königtums Jehu in 2 Kön 9 und 10.

Der Prophet Elisa rief einen von den Söhnen der Propheten und sagte zu ihm: »*Gürte deine Hüften und nimm diesen Ölkrug ... und geh nach Ramot in Gilead! Und wenn du dahin gekommen bist, dann sieh dich dort nach Jehu um, dem Sohn des Joschafat, ...; zu dem geh hinein ... und gieß das Öl auf sein Haupt aus und sage:* ›*So spricht Adonai: Ich salbe dich hiermit zum König über Israel!* ...« (2 Kön 9,1-3).

Der Prophetenschüler befolgt den Auftrag, salbt den hohen militärischen Befehlshaber der Truppen Nordisraels zum König, und sagt dabei:
»*So spricht Adonai, der Gott Israels:* »*Ich habe dich zum König über das Volk Adonais gesalbt, über Israel. Du sollst das Haus Ahabs, deines Herrn, erschlagen! Und ich räche das Blut meiner Knechte, der Propheten, und das Blut aller Knechte Adonais fordere ich von der Hand Isebels. Ja, das ganze*

---

19. Zum Folgenden F. Crüsemann, Aporiendarstellung. Der Beitrag von Jehugeschichte und Thronfolge-Erzählung zur biblischen Sicht von Gott und Geschichte, WuD 25, 1999, 61-76.

Haus Ahabs soll umkommen. Und ich werde von Ahab alles ausrotten, was männlich ist, den Unmündigen und Mündigen in Israel ... Isebel aber sollen die Hunde fressen auf dem Feld von Jesreel, und da wird niemand sein, der begräbt.« (9,6-10).

Jehu lässt sich daraufhin von seinen Truppen zum König ausrufen, und eilt mit ihnen zur Stadt Jesreel, wo sich der israelitische König aufhält. Der hat außerdem Besuch vom König von Juda. Beide Könige ziehen ihm entgegen, und Jehu schießt dem König von Israel einen Pfeil in den Rücken, als er zu fliehen versucht. Dann jagt er dem judäischen König nach und verwundet ihn, so dass er in Megiddo stirbt. Jehu zieht in die Stadt Jesreel ein, und trifft auf die Königin Isebel, lässt sie aus dem Palast werfen und zertritt sie. Er schreibt Briefe nach Samaria und fordert den potentiellen Nachfolger zum Kampf heraus. Als die Bevölkerung der Hauptstadt sich ihm unterwirft, befiehlt er:

»*... nehmt die Häupter der Männer, der Söhne eures Herrn, und kommt morgen um diese Zeit zu mir nach Jesreel« ... Da nahmen sie die Söhne des Königs und schlachteten sie, siebzig Mann, und legten ihre Köpfe in Körbe und sandten sie zu ihm nach Jesreel. Und der Bote kam und berichtete ihm und sagte:* »*Man hat die Köpfe der Königssöhne gebracht*«. *Da sagte er:* »*Legt sie in zwei Haufen an den Eingang des Tores bis zum Morgen!*« (10,6–8).

Als Jehu daraufhin nach Samaria zieht, trifft er unterwegs eine Delegation des judäischen Königshauses, lässt die 42 Mann schlachten und in eine Zisterne werfen. Als er nach Samaria kommt, tötet er den Rest des Königshauses. Danach versammelt Jehu alle Baalsanhänger in den Baalstempel. »*Da sagte Jehu zu den Leibwächtern und zu den Offizieren: Geht hinein, erschlagt sie! Keiner darf herauskommen! Und sie schlugen sie mit der Schärfe des Schwertes.*« Der Tempel wird zerstört und in Aborte verwandelt. (10,25–27).

Wozu wird das mit allen Details erzählt? Was soll diese Steigerung in einen ungeheuren Blutrausch – vom Königsmord bis zu Massenmord, mit derart schaurigen Details wie den neben dem Tor aufgestapelten Köpfen und dem Tod der völlig unbeteiligten Judäer in der Zisterne? Die wissenschaftliche Literatur antwortet erstaunlich einmütig: Es ginge, so wird behauptet, um eine Legitimation Jehus und seine Dynastie[20]. Doch sein Tun als Konsequenz eines göttlichen Auftrags zu verstehen, entspricht dem Text

---

20. Vgl. etwa M. Cogan/H. Tadmor, II. Kings, AncB 11, 1988; W. Gugler, Jehu und seine Revolution, Kampen 1996; Y. Minokami, Die Revolution des Jehu, GThA 38, 1989; H.-C. Schmitt, Elisa, Gütersloh 1972; S. Timm, Die Dynastie Omri, FRLANT 124, 1982 usw. Erstaunlich sind die üblichen Entschuldigungen Jehus, das Herunterspielen der Gewalt etc., etwa Gugler 246, nach deren Motivation und Voraussetzungen gesondert zu fragen wäre.

gerade nicht. Sieht man genau hin, ist von Gott ausschließlich in Worten der beteiligten Menschen die Rede. Zu Beginn wird erzählt, dass Propheten im Namen Gottes reden. Dabei übermittelt Elisa seinem Boten lediglich das Gotteswort »*Ich habe dich zum König über Israel gesalbt*«. Von einem Auftrag zur Beseitigung des Vorgängerhauses ist erst in den Worten des Schülers in v. 7 ff. die Rede. Doch selbst beim Inhalt dieser Botschaft bleibt Jehu nicht stehen, die Morde gehen weit über Isebel und das israelitische Königshaus hinaus, sie übertreffen auch alle politischen Notwendigkeiten zur Beseitigung des Baalkults.

Auf welche Fragen also antwortet die Jehu-Erzählung? Wozu wird sie erzählt? Weder als Legitimation Jehus wird sie verständlich, noch als Kritik an ihm, wie gelegentlich vermutet worden ist[21], denn dazu wären direkte Urteile, explizite Normen unumgänglich. Was sie erzählerisch darstellt, ist nichts anderes als ein offenkundiges *Dilemma*, eine *Aporie*. Da wird jemand im Namen des israelitischen Gottes gesalbt und mit einem neuen, besseren Regime beauftragt, und dann begeht er unter offenkundiger Berufung auf diesen Gott eine ungeheure Folge von Bluttaten. Das ist alles. Das Dilemma wird nicht gelöst. Es bleibt offen, wie solches zu beurteilen ist. Es bleibt offen, wo es dafür Maßstäbe gibt, und ob es sie überhaupt gibt. Die Erzählung vermeidet es konsequent, moralische, ethische oder politische Normen zu benennen. Es ist sogar anzunehmen: Sie hat sie nicht zur Verfügung, kann sie nicht voraussetzen, es gibt sie (noch) nicht. Und genau das stellt sie dar: Ein Geschehen, das alle bisherigen Maßstäbe sprengt, eine Aporie.

Die klassische biblische Lösung des dargestellten Dilemmas, nämlich die Macht dem Recht zu unterstellen, wie sie als Verfassungsnorm im deuteronomischen Königsgesetz (Dtn 17,14 ff.) formuliert und im Grunde erst in neuzeitlichen Verfassungen wirklich institutionell realisiert wird[22], ist selbst als Denkmöglichkeit offenkundig noch weit entfernt. Aber die Grausamkeiten werden erzählt, die Opfer nicht verschwiegen, die vielen Beseitigten, Getöteten und Geschändeten. Im unverstellten Blick für die Opfer der Geschichte liegt ihr Beitrag zur biblischen Religion der Erinnerung. Es liegt auf der Hand, dass Gott ein Teil der Aporie ist, um die es geht. Es ist ein zutiefst theologisches Dilemma, das dargestellt wird. Gott kommt, wie gesagt, auf der Ebene der Erzählung selbst gar nicht vor. Propheten, die sich auf ihn berufen, lösen etwas aus, das im Blutrausch endet. Die Erzählung gehört

---

21. R. Kittel, Die Bücher der Könige, HAT I.5 (1900) 228; sowie B. Uffenheimer, The Meaning of the Story of Jehu, in: Oz Le-David. Studies presented to D. Ben-Gurion (1964) 291-311 (vgl. M. Cogan/H. Tadmor, II. Kings, 119, Anm. 8).
22. Vgl. dazu F. Crüsemann, Die Tora. Theologie und Sozialgeschichte des alttestamentlichen Gesetzes, Gütersloh 2. Aufl. 1997, 274 ff. 286 ff.

im religionsgeschichtlichen Prozess in eine Phase, in der es darum ging, alle Bereiche der Realität neu zu bestimmen, weil sie sich alle mit dem Übergang zur Allein-Verehrung dieses Gottes neu darstellten. Zweifellos wird Israels Weg zum Monotheismus durch die großen positiven Gotteserfahrungen angestoßen und immer wieder geprägt. Aber der Weg selbst bestand vor allem darin, an den dunklen Seiten der Wirklichkeit ein ganz neues Reden von Gott zu erlernen. Die biblische Geschichtserzählung über Jehu stellt dar, erzählt mit allen grausigen Details, was passiert ist, obwohl oder gerade weil man nicht wusste, wie Gott und solche Wirklichkeit zusammenzubringen ist. Hat damit der eine Gott, die eine Wahrheit nicht zur Folge, dass die Taten der Mächtigen als Taten Gottes erscheinen? Die Erzählung unterwirft sich dieser Konsequenz nicht, sondern erzählt unter dieser Bedingung von Opfern und Folgen der Gewalt. Sie kennt (noch) keine Alternative und stellt die damit gegebene Aporie dar. Das legt auf eine Weise den Grund zur späteren Überwindung des Dilemmas, wie es wohl durch nichts anderes hätte geschehen können. Eine Geschichtsschreibung, die dann gerade an *den* Details festhält, die stören, die erzählt, was an Schrecklichem geschieht, auch wenn es notwendig erscheint, unvermeidbar, gerechtfertigt oder gottgeboten, eine solche Geschichtsschreibung hält die Frage offen, was es mit der Einheit Gottes auf sich hat. Sie erzählt dann davon, dass Gott gerade in seinem Zusammenhang mit der Wirklichkeit für uns unverständlich bleibt. Diese Texte fügen sich in die dominante Art der biblischen Religion der Erinnerung nicht ein, und machen sie dadurch möglich.

Ich sehe uns in den heutigen weltweiten Konflikten um Recht und Macht in einer vergleichbaren Lage, wie es Israel in den ersten Jahrhunderten der Königszeit gewesen ist. Es geschehen schreckliche Dinge, und wir wissen nicht immer mit letzter Sicherheit, was wirklich gut und richtig ist. Wir können Gewalt nicht einfach gewähren lassen, und wissen doch, dass auch der Einsatz von Gewalt gegen Gewalt zumeist neue Probleme aufwirft und selten die alten klärt. Wir müssen urteilen und stellen immer wieder fest, dass wir über nicht-ausreichende oder falsche Informationen verfügen. Wir sollten uns solche Aporien ein- und einander zugestehen. Eins aber gilt dennoch, immer und ohne Einschränkung: der unverstellte Blick für die Opfer, auf alle und auf allen Seiten. Keine Ideologie, keine Gewissheit, die uns beherrscht, keine Ungewissheit, die überspielt werden muss, sollten uns daran hindern, diese Aporien, unsere Dilemmata auszuhalten und offen zu legen, auszusprechen und darzustellen, und zwar so, dass kein Opfer übersehen und vergessen wird. Auf dem langen und widerspruchsvollen Weg zu einer Weltinnenpolitik ist das vielleicht die wichtigste Aufgabe von Kirche und Christen, es wird Situationen geben, wo sie niemand anders wahrnimmt.

III. Recht

11. Menschenrechte und Tora – und das Problem ihrer christlichen Rezeption

»Kein Paradox zeitgenössischer Politik ist von einer bittereren Ironie erfüllt als die Diskrepanz zwischen den Bemühungen wohlmeinender Idealisten, welche beharrlich Rechte als unabdingbare Menschenrechte hinstellen, deren sich nur die Bürger der blühendsten und zivilisiertesten Länder erfreuen, und der Situation der Entrechteten selbst, die sich ebenso beharrlich verschlechtert hat«. Was Hannah Arendt im Jahre 1949 angesichts des Elends der Kriegs- und Nachkriegszeit schrieb[1], gilt auch heute uneingeschränkt. Zwar sind die Menschenrechte keineswegs mehr bloß Sache von ein paar Idealisten, sondern weltweit anerkannt, durch gewichtige Pakte gesichert, in die Gesetzgebung vieler Staaten aufgenommen[2], aber jeder Bericht von amnesty international bestätigt, was wir täglich aus den Medien erfahren, wie wenig sie faktisch in Geltung sind. Die rasch wachsende Verelendung weiter Teile der Weltbevölkerung läßt das Paradox immer deutlicher werden. Der alte Gegensatz von eher individuellen zu eher sozialen Menschenrechten droht angesichts der härter werdenden globalen Verteilungskämpfe geradezu zu einem politischen Instrumentarium in den Händen der »blühendsten ... Länder« zu werden, bis hin zur Legitimierung militärischer Interventionen.

Für christliche Theologie und Ethik haben die Menschenrechte heute nahezu unbestrittene Gültigkeit – jedenfalls theoretisch. Dieser Zustand ist freilich relativ jungen Datums. Bekanntlich sind sie ursprünglich eher gegen die Kirchen, gegen deren Macht und die von ihnen praktizierte Ethik formuliert worden. Insbesondere in den deutschen Kirchen sind sie auf lang anhaltenden Widerstand gestoßen.[3] Vor wie nach der nationalsozialistischen Zeit haben im Grunde alle theologischen Richtungen dem Grundgedanken universaler Rechte aller Menschen widersprochen[4]. Und erst

---

1. H. Arendt, Es gibt nur ein einziges Menschenrecht (1949), in: O. Höffe u. a. (Hg.), Praktische Philosophie/Ethik Bd. 2, Frankfurt/M. 1981, 153 f.
2. Texte in: Menschenrechte – ihr internationaler Schutz, hg. v. B. Simma/U. Fastenrath, Beck-Texte, dtv 5531, 3. Aufl. 1992.
3. Vgl. etwa W. Huber/H. E. Tödt, Menschenrechte. Perspektiven einer menschlichen Welt, Stuttgart u. a. 1977, 3. Aufl. 1988, 45 ff.
4. Was sie sich heute interessanterweise gegenseitig vorwerfen. So verweist z. B. T. Koch, Menschenwürde als das Menschenrecht – Zur Grundlegung eines theo-

recht fehlt in den theologischen Konflikten und kirchlichen Erklärungen während der Zeit des Nationalsozialismus jeder Verweis auf so etwas wie Menschenrechte. Dem Staat wird häufig ein nahezu uneingeschränktes Recht selbst zur völligen Entrechtung seiner Bürger zugestanden. Meist fehlt jeder Verweis auf die Ebene des Rechts überhaupt, und es wird aus »theologischen« Erwägungen heraus unmittelbar auf die Legitimität politischer oder kirchenpolitischer Entscheidungen geschlossen. Zweifellos hat hier inzwischen ein tiefgreifender Wandel stattgefunden, der sich vor allem in gewichtigen ökumenischen Erklärungen niedergeschlagen hat[5]. Die Menschenrechte werden in Kirche und Theologie nicht mehr bestritten, vielmehr als geradezu selbstverständlich und evident vorausgesetzt.[6]

Doch nicht zuletzt angesichts dieser Selbstverständlichkeit muss man sich fragen, wie tief und wie dauerhaft dieser Wandel wirklich ist. Wie in Staat und Gesellschaft wird er sich vor allem dann zu bewähren haben, wenn sich die Umstände ändern, bisherige Grundlagen in Frage gestellt werden, ein neues politisches Klima sich ankündigt oder gar eigene Interessen tangiert werden. Das beredte Schweigen der offiziellen Kirchen zur faktischen Abschaffung des bisherigen deutschen Asylrechts, für dessen Beibehaltung man sich doch eingesetzt hatte, lässt nicht nur Gutes vermuten. Als »Grundelement weltlicher Ordnung« verstanden[7], könnte sich ihre christliche Rezeption ja auch als eine Form der Anpassung an die Obrigkeit der Nachkriegsgesellschaft erweisen, also als jederzeit revidierbar.

Auch eine Betrachtung der vorherrschenden theologischen Begründun-

---

logischen Begriffs des Rechts, ZEE 35, 1991, 97 ff. auf Formulierungen von Barth, Schlink, E. Wolf; dagegen setzen sich Huber/Tödt vor allem mit Gogarten und Künneth auseinander (a. a. O. 53 f.).

5. Einen Überblick über die intensiven ökumenischen Bemühungen in den 70er Jahren (Konsultation des Ökumenischen Rates St. Pölten 1974; Vollversammlung Nairobi 1975; Beschlüsse des Reformierten Weltbundes von 1976 bzw. 1977 und des Lutherischen Weltbundes von 1976) bei J. Moltmann, Christlicher Glaube und Menschenrechte, in: E. Lorenz Hg., »… erkämpft das Menschenrecht«. Wie christlich sind die Menschenrechte?, Hamburg 1981, 15 ff. Aus der EKD vgl.: Die Menschenrechte im ökumenischen Gespräch, in: Die Denkschriften der Evangelischen Kirche in Deutschland, Bd. 1/2, GTB 414, 1978, 87-103.
6. Das Register von: R. Rendtorff/H. H. Henrix Hg., Die Kirche und das Judentum. Dokumente von 1945 bis 1985, Paderborn/München 1988, 733 erlaubt einen raschen Überblick, wie relativ häufig Menschenrechte als gemeinsame Aufgabe von Juden und Christen bezeichnet werden, ohne dass über ihre Basis speziell im christlichen Zusammenhang etwas erkennbar wird.
7. Vgl. T. Rendtorff, Menschenrechte – ein Grundelement weltlicher Ordnung im Kontext des christlichen Glaubens, in: »… erkämpft das Menschenrecht« (vgl. o. Anm. 5) 80-96.

gen für eine christliche Rezeption der Menschenrechte[8] kann solche Skepsis kaum widerlegen. Sie sind zumeist ausgesprochen abstrakt und versuchen deduktiv ihre Geltung aus zentralen theologischen Vorstellungen bzw. Begriffen abzuleiten, wie der Struktur der Rechtfertigung oder dem Recht Gottes auf den Menschen. Ohne die Notwendigkeit derartiger theologischer Arbeit bestreiten zu wollen, stellt sich die Frage, ob damit mehr erreicht werden kann, als ihre faktische Geltung in der Moderne theologisch zu legitimieren und ob so die Breite der christlichen Gemeinden und die alltägliche Praxis erreicht wird. Alle diese theologischen Begründungen gehen, soweit ich sehe, an der biblischen Grundlage vorbei, in der eine enge »Entsprechung und Differenz«[9] zu den Menschenrechten liegt: der Tora. Das gilt selbst für Versuche, die die Menschenrechte im »Gesetz« statt im »Evangelium« verankern wollen[10]: denn damit ist keineswegs die entsprechende biblische Tradition gemeint, sondern eine abstrakte theologische Größe. Meine These ist nach wie vor[11], dass die faktische Geltung der Inhalte der Menschenrechte für christliche Theologie und christliche Ethik auf Dauer davon abhängen wird, ob und inwieweit die Tora zu deren Grundlage gemacht wird. Doch soll im Folgenden nicht von dieser Grundsatzfrage die Rede sein, sondern allein von den Beziehungen zwischen Tora und den Menschenrechten. Hierzu ist von jüdischer Seite mit Recht festgestellt worden: Es gibt »wohl kaum ein Gebiet in dem großen Komplex der Menschenrechte (wie sie heute verstanden werden), das nicht schon im altjüdischen Recht seinen Ausdruck gefunden hat«[12]. Über einzelne Inhalte hinaus gilt das auch für zentrale Elemente ihrer rechtlichen Struktur. Dass daneben auch Defizite und Differenzen auftreten, liegt auf der Hand. Gerade in diesem Bereich können aber auch Chancen für eine positive Kritik gegenüber der bisherigen Ausformulierung und Praxis der Menschenrechte liegen. Angesichts der aktuellen Kontroversen um die Menschenrechte und der paradoxen Defizite hinsichtlich ihrer Realisierung könnte ein solcher unabhängiger biblischer Zugang von großem Gewicht sein.

---

8. Dazu bes. W. Huber, Art. Menschenrechte/Menschenwürde, TRE XXII, 1992, 591 ff., vgl. bereits Huber/Tödt (o. Anm. 3) 157 ff.; Moltmann (o. Anm. 5) 21 ff.
9. Das nimmt eine Formulierung von Huber, TRE XXII (o. Anm. 8) 592 f. auf.
10. So etwa C. E. Braaten, Auf dem Weg zu einer ökumenischen Theologie der Menschenrechte, in: »... erkämpft das Menschenrecht« (o. Anm. 5) 52-79.
11. Vgl. F. Crüsemann, Tora und christliche Ethik, in: R. Rendtorff/E. Stegemann Hg., Auschwitz – Krise der christlichen Theologie, München 1980, 169 ff.
12. Haim Cohn, Menschenrechtliches aus dem altjüdischen Recht, in: Die Menschenrechte in Israel, Rechtsstaat in der Bewährung 9, Heidelberg u. a., 1980, 14.

I. Menschenwürde

Die Menschenrechte setzen die Menschenwürde voraus[13], lassen sich sogar als deren Ausformulierung verstehen[14]. Anders als bei inhaltlichen Fragen ist es unbestritten und unbestreitbar, dass das zugrundeliegende Menschenbild – trotz seiner neuzeitlichen Umformung durch den Vernunftbegriff – auf die alttestamentlich-jüdische Tradition zurückgeht. Es ist insbesondere die Vorstellung vom Menschen als dem Bild Gottes (Gen 1,26ff.), in der die speziell menschliche Würde begründet ist. Nun ist diese mit der Schöpfung gegebene Eigenart alles Menschlichen nach traditionell christlicher Lehre zumindest teilweise durch den »Fall« und die Allgemeinheit der Sünde verlorengegangen, wodurch die Menschen alles Recht vor Gott verloren hätten. Der christliche Widerspruch zur Idee von allgemeinen Menschenrechten hat sich gerade auf diesen Zusammenhang berufen.[15] Aber die alttestamentlichen Texte sind hier ganz eindeutig. In Gen 5,1-3 wird nach dem »Fall« und in 9,6 gar nach der Flut weiter uneingeschränkt von der Ebenbildlichkeit gesprochen, mit den gleichen Begriffen wie im Schöpfungsbericht. Und dass dieser Charakter alles Menschlichen etwas mit Recht zu tun hat, wird in 9,5f. deutlich, wo jedes menschliche Leben unter den ausdrücklichen Schutz des Rechts gestellt und dieses göttlich garantiert wird.

Um das Menschenbild der Tora zu erfassen, wie es an deren Beginn in der Urgeschichte formuliert wird, müssen weitere Züge hinzugenommen werden, die unmittelbar für die Menschenrechte relevant sind. Da ist zunächst der in Gen 10 vorliegende Stammbaum, der alle bekannten Menschengruppen und Völker auf die drei Söhne Noahs zurückführt. Mit der Kategorie der Verwandtschaft wird hier die essentielle Gleichheit alles Menschlichen dargestellt. Sie umfasst sowohl unterschiedliche »Rassen« – aus dem in 10,6 genannte Kusch kommen auch Schwarze (vgl. Jer 13,23) – wie tödliche Gegner, etwa Assur (10,22), das den größten Teil Israels vernichtete, ganz zu schweigen von anderen Todfeinden, die noch viel enger verwandt sind wie Amalek (Gen 36,12). Die in jeder Form von Rassismus wie potentiell im Nationalismus liegende Behauptung grundsätzlicher Differenz innerhalb der Menschheit wird so im Ansatz bestritten. In der Mischna heißt es dazu: »Warum schuf Gott nur einen Menschen? ... Damit niemand zu seinen Mitmenschen spreche: Mein Vorfahr war etwas besseres als deiner« (Sanhedrin IV,5).

Zum Menschsein gehören nach der Urgeschichte gerade auch solche Zü-

---

13. Dazu W. Huber, TRE XXII (o. Anm. 8) 577ff.
14. So T. Koch, Menschwürde (o. Anm. 4).
15. Dazu etwa Huber, TRE XXII (o. Anm. 8) 578f.

ge, deren unabdingbarer Zusammenhang mit menschlicher Würde nach wie vor bestritten wird. So ist Menschsein von Anfang an und unlösbar mit Arbeit verbunden. Bereits in Gen 2,6, also vor der Erschaffung von Menschen wird von ihrer Arbeit auf dem Ackerboden gesprochen. Der neugeschaffene Adam wird in 2,15 mit der Aufgabe betraut, den Garten zu bebauen und zu bewahren, also vor und unabhängig von allen mit dem »Fall« verbundenen Fragen. Durch ihn wird die anthropologisch notwendige Arbeit vielmehr in lebenslange schweißtreibende, harte Plackerei auf dem steinigen, Dornen und Disteln tragenden Acker Palästinas verwandelt (3,17-19). Ebenso zeigt Gen 2, wie auch bereits Gen 1,26 ff. eindeutig, dass die Relation von Mann und Frau und damit die Sexualität zum Menschsein gehört. Ein Leben allein ist »*nicht gut*« (2,18). Ein Recht auf Arbeit ist als soziales Menschenrecht bis heute umstritten, und ein Menschenrecht auf Sexualität ist gerade auch in kirchlicher Diakonie nur partiell verwirklicht.

II. Überstaatliches Recht

Anders als nahezu alles Recht sonst sind Menschenrechte ihrem Wesen nach kein staatliches Recht. Sie beanspruchen vielmehr, allem staatlichen Recht vorauszuliegen und es zu binden. Dass sie dazu außer auf die Würde des Menschen auf keine andere Autorität zurückgreifen, macht sicher eine grundlegende Differenz zur Tora aus, die als von Gott gegebenes Recht auftritt und deshalb trotz aller unabweisbaren historischen und hermeneutischen Probleme Glaube und Theologie unmittelbar bindet. Aber diese Differenz sollte die gewichtigen, weitreichenden und tiefliegenden Gemeinsamkeiten nicht übersehen lassen, die darin liegen, dass das Gottesrecht der Bibel genau wie die Menschenrechte nur als gezielte Alternative zu staatlichem Recht zu verstehen ist.

Es hat sich eingebürgert, vom »vorstaatlichen Charakter« der Menschenrechte zu sprechen.[16] Der Begriff ist genau wie derjenige »vorstaatlicher Gesellschaften« problematisch, da er im Sinne eines zeitlichen Nacheinanders aufgefasst werden kann, als gehe es um etwas durch den Staat zu Überholendes und zu Übertreffendes. Doch solche Gesellschaften sind durchaus stabil und anderen gleichrangig, gerade auch in ihrem Recht.[17] Die Men-

---

16. Vgl. Huber, TRE XXII (o. Anm. 8) 583.
17. Dazu S. Roberts, Ordnung und Konflikt. Eine Einführung in die Rechtsethnologie, dt. Übers. Stuttgart 1981, 120 ff.

schenrechte mögen zwar manches mit dem Recht solcher nichtstaatlichen Gesellschaften gemein haben, so liegen etwa in der Tatsache, dass keine Zentralinstanz Recht durchsetzen oder garantieren kann, es vielmehr stets auf die Anerkennung der Beteiligten in der Praxis ankommt, durchaus gemeinsame Züge. Aber gemeint ist doch ein angesichts von staatlichem Recht und staatlicher Macht formuliertes Recht, das beansprucht, über solchem Recht zu stehen und ihm im Konfliktfall überlegen zu sein. So ist es vielleicht besser statt von vor- von überstaatlichem Recht zu reden.

In dieser Hinsicht liegen die Dinge im alten Israel durchaus parallel.[18] Ob das schriftliche Gottesrecht Züge aus dem Recht des vorstaatlichen Israel übernommen hat und welche das sind, ist eine im Detail kaum zu beantwortende Frage. Sie ist nicht ohne weiteres identisch mit der anderen, warum sich ein in staatlicher Zeit und im Gegenüber zum Staat formuliertes Recht, nicht – wie beispielsweise gerade auch das altorientalische Recht der Umgebung Israels – als Setzung des Königs, sondern als Setzung Gottes versteht. Und nicht einmal diese Autorität ist entscheidend, da sie naturgemäß sofort die Frage nach der entsprechenden irdischen Repräsentanz aufwirft, sondern ihre beanspruchte Herkunft aus einer lange zurückliegenden kanonischen Vergangenheit, also als Recht des Mose vom Sinai. Es ist diese, wohl insbesondere mit dem deuteronomischen Gesetz (Dtn 12-26) verbundene Vorstellung, die das Recht grundsätzlich der Gegenwart und allen ihren Autoritäten, selbst den höchsten wie dem göttlichen Königtum, überlegen und entzogen sein lässt. Es will wie die Menschenrechte überstaatliches Recht sein. Stärken wie Schwächen, Unabhängigkeit von wie Angewiesenheit auf die faktisch rechtsetzenden wie -sprechenden Instanzen sind beiden Größen strukturell gemeinsam.

III. Die Gerechtigkeit des Rechts

Indem die Menschenrechte beanspruchen, für jedes faktische Rechtssystem Grundnormen und nicht übersteigbare Grenzen zu enthalten, haben sie mit der grundsätzlichen Spannung zwischen Recht und Gerechtigkeit zu tun. Wo sie etwa in Form von Grundrechten in einer Verfassung direkt geltendes Recht werden, wird die Spannung zwischen beidem zum Strukturelement

---

18. Für Einzelheiten und exegetische Begründungen muss hier wie für das Folgende verwiesen werden auf F. Crüsemann, Die Tora. Theologie und Sozialgeschichte des alttestamentlichen Gesetzes, 2. Aufl. Gütersloh 1997.

positiven Rechts, das somit eine »notwendige Verbindung von Recht und Moral« darstellt.[19] Man kann rechtstheoretisch auch von einer Differenz zwischen Regeln und Prinzipien sprechen, wobei die übergeordneten Prinzipien von Rechts wegen gebieten, »das Recht wie es ist, dem Recht wie es sein sollte, im Falle von Vagheiten und Normenkollisionen soweit als möglich anzupassen«[20].

Diese menschenrechtlich geprägte Differenz im Recht selbst findet sich ganz analog bereits in den alttestamentlichen Rechtskorpora wieder. Damit wird die Spannung zwischen Recht und Gerechtigkeit, wie sie etwa in Jes 10,1-4 als prophetische Kritik an einem »positiven Recht« am Maßstab einer umfassenderen Gerechtigkeit erscheint, zu einem Strukturelement des Rechtes selbst.[21] So gibt es im Bundesbuch (Ex 20,22-23,33) einerseits die Sammlung der Mischpatim (21,1-22,16), bestehend aus einem System aufeinander abgestimmter kasuistischer Rechtssätze ganz analog zu den altorientalischen Rechtskorpora. Sie zielen auf einen rechtlichen Ausgleich zwischen Kontrahenten, etwa zwischen Sklaven und Sklavenbesitzern, Dieben und Bestohlenen etc. Daneben aber treten als eine spezifische Eigenschaft des alttestamentlichen Rechts Schutzbestimmungen für die rechtlich und sozial schwächsten Personengruppen der damaligen Gesellschaft, also für Fremde, Arme, Witwen und Waisen (22,22 ff.) sowie zum Gerichtsverfahren (23,1 ff.). Sie sind zumeist apodiktisch, also ohne Nennung von Sanktionen formuliert. Bis heute wird diese zweite Gruppe vielfach als rein »ethisch« und nicht im engeren Sinne rechtlich angesehen.[22] Doch sind beide Inhalte Teil eines als Einheit gestalteten Rechtsbuches, und gerade dieser Zusammenhang ist rechtlich ernst zu nehmen. Die hier zu beobachtende Spannung bildet eine enge Analogie zu der zwischen Prinzipien und Regeln, zwischen positivem Recht und Menschen- bzw. Grundrechten in der Moderne. Die Einzelbestimmungen des »positiven« Rechts werden dabei mit einem umfassenderen Maßstab von Gerechtigkeit zusammengestellt, der im Zweifel Auslegung und Anwendung bestimmen soll. Alles Recht ist an diesen umfassenden Schutzbestimmungen zu messen. Im deuteronomischen Gesetz dominieren dann diese »Prinzipien« gemeinsam mit institutionsbezogenen Regeln derart, dass man von einer Verfassung bzw. einem Verfassungsentwurf reden muss. Eine unkritische Akzeptanz positiven

---

19. Hierzu beispielhaft R. Dreier, Der Begriff des Rechts, in: ders., Recht – Staat – Vernunft. Studien zur Rechtstheorie 2, stw 954, 1991, 104.
20. Dreier, a.a.O. 105.
21. Zum folgenden bes. Crüsemann, Tora (o. Anm. 18) 224 ff.
22. Z.B. E. Otto, Sozial- und rechtshistorische Aspekte in der Ausdifferenzierung eines israelitischen Ethos aus dem Recht, Osnabrücker Hochschulschriften, Schriftenreihe des BF III,9, 1987, 135-161.

Rechts unabhängig von seinem Bezug zur Gerechtigkeit ist deshalb in einer an die Tora gebundenen Theologie nicht möglich.

IV. Menschenrechte in der Tora

Was die inhaltlichen Entsprechungen zwischen Menschenrechtskatalogen und Tora betrifft, soll hier nicht ein weiteres Mal versucht werden, Parallelen und Differenzen zusammenzustellen.[23] Es soll vielmehr, was die positive Seite angeht, das Augenmerk auf drei zentrale Aspekte gerichtet werden, die bisher wohl noch nicht hinreichend gewürdigt sind.

Rechte – nicht nur Gebote

Claus Westermann hat einen immer wieder behaupteten Gegensatz zwischen Menschenrechten und der Tora folgendermaßen charakterisiert: »Die Gebote Gottes und die von Gott gegebenen Gesetze begründen keinerlei Anspruch. Davon, dass jemand ein Recht auf irgend etwas hat, ist in den Gebotsreihen und Gesetzeskorpora des Alten Testamentes keine Spur zu finden«[24]. Das muss als die exegetische Konkretion einer sehr viel grundsätzlicheren These angesehen werden, nach der Menschen vor Gott keinerlei Rechte haben und deshalb die Rede von allgemeinen Menschenrechten theologisch grundsätzlich zu verwerfen sei.[25]

Westermann selbst kann, wie sich rasch zeigt, seine Behauptung keines-

---

23. Dazu ausführlich und mit Einschluss der nachbiblischen jüdischen Tradition: H. Cohn, Human Rights in Jewish Law, New York 1984. Für das Alte Testament gibt es neben der Arbeit von C. Westermann, Das Alte Testament und die Menschenrechte (1977), in: ders., Erträge der Forschung am Alten Testament, Gesammelte Studien II, ThB 73, 1984, 138-151 nur die Aufsätze von H. Graf Reventlow, Der Eifer um ein Recht und Gerechtigkeit im Alten Testament und die theologische Frage nach dem Recht im Zusammenhang mit der heutigen Menschenrechtsdiskussion, in: J. Baur u. a. Hg., Die Verantwortung der Kirche in der Gesellschaft, Stuttgart 1973, 57-84; J. Limburg, Die Menschenrechte im Alten Testament, Concilium 15, 1979, 209-212; vgl. außerdem E. B. Borowitz, Die schriftliche und mündliche Überlieferung der Tora und die Menschenrechte. Grundlagen und Defizite, Concilium 26, 1990, 105-111.
24. Westermann (o. Anm. 23) 143.
25. Vgl. bes. H. Vogel, Die Menschenrechte als theologisches Problem, in: In memoriam E. Lohmeyer, Stuttgart 1951, 343.

wegs aufrechterhalten und spricht wenig später etwa von einem »Recht auf Religionsfreiheit«, das allerdings auf seltene Ausnahmen beschränkt sei.[26] Vor allem aber spricht er im Zusammenhang von Dtn 20,5-9 von einem »Menschenrecht auf Glück«, das sich hier realisiere.[27] In der Tat kann man nicht umhin, in dieser Passage ein in positiver Weise formuliertes Recht auf Nichtteilnahme an Kriegszügen für alle zu sehen, die ein Haus gebaut, einen Weinberg gepflanzt oder eine Verlobung vollzogen haben. Und in v.8 f. wird solches uneingeschränkt auf alle ausgeweitet, die vor einem Krieg Angst haben.

Auch darüber hinaus findet man neben der Menge von Ge- und Verboten sowie den kasuistischen Rechtssätzen durchaus positiv formulierte Rechte. So gibt es Begriffe wie das »Recht des Königs« (1 Sam 8,11) oder das »Recht der Töchter« (Ex 21,9), in denen *mischpat* eindeutig einen Rechtsanspruch bezeichnet. Und die Sklavin, die unter bestimmten Umständen nach dem Tochterrecht behandelt werden soll (Ex 21,7-11), hat eben einen derartigen Anspruch. Auch ohne solche Begriffe sind speziell im deuteronomischen Gesetz höchst gewichtige Rechte positiv, also direkt als Recht formuliert. So gilt für jeden entlaufenen Sklaven: »*Er soll bei dir, in deiner Mitte bleiben dürfen, an dem Ort, den er sich erwählt*« (Dtn 23,17). Dieses grundsätzliche Recht auf Niederlassungsfreiheit und Schutz vor Auslieferung an seinen Herrn ist ein wichtiger Schritt zur Veränderung und schließlich zur Überwindung der Sklaverei überhaupt. Dazu kommen soziale Rechte wie der Anspruch der Landlosen auf den Zehnten in jedem dritten Jahr, auf die Möglichkeit, sich bei Hunger im Kornfeld bzw. im Weinberg des Nächsten zu versorgen (Dtn 23,25 f.). Auch das gewichtige Verbot jeder Kollektivstrafe ist – neben einer negativen Fassung – positiv formuliert und begründet also explizit einen entsprechenden Anspruch: »*Jeder soll (nur) für seine eigene Sünde getötet werden*« (24,16).

Der Sache nach gibt es nun allerdings keinen Grund, Rechte, die beansprucht werden können, allein in dieser verhältnismäßig kleinen Gruppe positiv formulierter Sätze zu finden. Auch viele Ver- und Gebote umschließen für die Betroffenen entsprechende Rechte und Ansprüche. So enthält das Verbot, Zinsen zu nehmen (Ex 22,24; Dtn 23,20; Lev 25,36 f.) zweifellos ein Recht auf zinslose Darlehen. Noch eindeutiger zeigt die Reflexion in Dtn 15,7 ff. über die eventuelle Verweigerung eines Kredits, dass die Regelung eines Schuldenerlasses im Sabbatjahr (15,1 ff.) das Recht auf entsprechende Darlehen umschließt. Natürlich hat die Tatsache, dass neben kasuistischen Rechtssätzen vor allem Ge- und Verbote vorliegen, also (potentielle) Täter

---

26. Westermann (o. Anm. 23) 144.
27. A. a. O. 146.

angeredet sind, ihre Bedeutung und ihr Gewicht, aber damit kann nicht begründet werden, dass nicht zugleich Rechte für die andere Seite gemeint sind.

Recht für die Rechtlosen

Die eben genannten Beispiele zeigen deutlich, dass das alttestamentliche Recht in seinen »Prinzipien« zentral am Schutz der sozial und ökonomisch Schwachen orientiert ist. Auch ein so grundsätzliches Recht wie der Schutz der Wohnung und damit des privaten Raumes vor jedem Zugriff findet sich in Dtn 24,10f. im Zusammenhang von Pfandregeln formuliert, also bei der Begrenzung der sozialen Folgen von Verschuldung. Dieser Akzent deutet auf eine große Nähe zu den sozialen Menschenrechten. Darüber hinaus sind für einen sachgemäßen Vergleich mit den modernen Menschenrechten die jeweiligen »exemplarischen Unrechtserfahrungen«, die konkreten Bedrohungen, denen menschliches Leben unterliegt, entscheidend.[28] Von den sozialen Hintergründen kann für ein sachgemäßes Verstehen wie für die Weiterentwicklung nicht abgesehen werden.

Um so wichtiger ist es, dass sich der soziale Aspekt bei einer Reihe von Schutzbestimmungen der Tora mit einem anderen aufs Engste verbindet: der Sicherung von Rechten für Menschen, die in der damaligen Gesellschaft völlig oder nahezu rechtlos waren. Rechtlos sind, nicht anders als heute, zunächst die Fremden, Menschen also, die sich aus Verfolgung und Elend, vor Krieg und Hunger in ein weniger bedrohtes Land geflüchtet haben. Die vielen Bestimmungen zu ihrem Schutz mit ihrem Höhepunkt in der Formulierung, dass keinerlei Rechtsunterschied zwischen Einheimischen und Fremden bestehen soll (Num 15,15f.; Lev 24,22 u.a.), sind eindeutig[29]. Zum Kern der Menschenrechte, dem »Recht, Rechte zu haben«[30] und damit dem Asylrecht, gibt es hier ganz enge Beziehungen. Ähnliches gilt für Witwen und Waisen, die ebenfalls bei der damaligen Form des Rechts allzu leicht unter die Räder zu kommen drohten.

Diese Bestimmungen zum Schutz sozial Schwacher wie der Rechtlosen sind zwar deutlich auf bestimmte Problemgruppen gerichtet. Sie sind aber dennoch keine Rechte von Gruppen, sondern zielen in Anrede wie Objekt

---

28. Dazu z.B. W. Brugger, Stufen der Begründung von Menschenrechten, Der Staat 31, 1992, 21: »Menschenrechtsforderungen sind am besten als Antworten auf exemplarische Unrechtserfahrungen zu charakterisieren«.
29. Dazu u. S. 235 ff.
30. So W. Huber, TRE XXII (o. Anm. 8) 598f. im Anschluss an H. Arendt (o. Anm. 1).

auf die einzelnen Individuen. Es geht um »den Fremden«, wie meist singularisch formuliert wird, also um jeden einzelnen betroffenen Menschen.

Schutz vor staatlicher Willkür

Schutz vor staatlicher Gewalt und Willkür, gerade auch in der möglichen Gestalt staatlichen »Rechts« ist ein zentraler Aspekt der Entwicklung der Menschenrechte. Auch hierin liegt eher eine Nähe als eine Differenz zum biblischen Recht. Zum sachgemäßen Verständnis ist davon auszugehen, dass die alttestamentlichen Rechtskorpora in staatlicher Zeit entstanden sind und dass auch das exilisch-nachexilische Israel zwar keinen eigenen Staat mehr besaß, aber dennoch in staatlicher Gestalt lebte. Insbesondere ist auch im Rechtswesen der Königszeit jene berühmte Rechtsgemeinde im Tor nicht als Relikt vorstaatlicher Tradition, sondern als die entscheidende Gestalt staatlicher Gerichtsbarkeit anzusehen, in der die Ältesten der wichtigen Sippen mit Staatsbeamten, Militärs und Berufsrichtern am wichtigsten symbolischen Ort staatlicher Präsenz, eben dem Tor der Ortschaften, zusammenarbeiteten.[31] Die rechtlichen und sozialen Probleme dieser Institution werden nicht zuletzt durch die Worte prophetischer Kritik überaus deutlich (vgl. Am 2,7; 5,10.24; Mi 3,9f.; Jes 1,21ff.; 5,7; 10,1ff.): Mit ihrer Hilfe setzten Mächtige und Einflussreiche ihre Interessen auf Kosten der Armen und Schwächeren durch. Den gleichen Problemen versucht bereits das Bundesbuch entgegen zu steuern (Ex 23,1ff.).

Auf diesem Hintergrund entwickelt nun insbesondere das deuteronomische Gesetz eine ganze Reihe von Schutzbestimmungen. Da ist zunächst zu beachten, dass das israelitische Recht mit einer einzigen Ausnahme (Dtn 25,11f.) keine verstümmelnden Strafen kennt, im scharfen Gegensatz zum sonst so einflußreichen altorientalischen.[32] Auch die Talionsformel »*Auge um Auge ...*« hat faktisch nicht so gewirkt.[33] Zudem untersagt Dtn 25,2f., eine Prügelstrafe auf mehr als 40 Hiebe auszudehnen, um eine Entehrung zu vermeiden.[34] Folter ist darüber hinaus weder als Strafe noch vor allem

---

31. Dazu Crüsemann, Tora (o. Anm. 18) 98ff.
32. Hierzu bes. M. Greenberg, Some Postulates of Biblical Criminal Law, in: J. Kaufmann Jubilee Volume, Jerusalem 1960, 5-27 = J. Goldin Hg., The Jewish Expression, New Haven u.a., 2. Aufl. 1976, 18-37.
33. Vgl. F. Crüsemann, »Auge um Auge ...« (Ex 21,24f.). Zum sozialgeschichtlichen Sinn des Talionsgesetzes im Bundesbuch, EvTh 47, 1987, 411-426.
34. Eine solche Strafe ist im Alten Testament sonst weder in Erzählungen noch im Recht erwähnt, auch wenn man vielleicht Dtn 22,18 so verstehen kann. Im Judentum wird sie später bei sexuellen Vergehen nach Lev 18 sowie kultischen Ver-

zur Ermittlung zugelassen. Eine Verurteilung ist so praktisch nur aufgrund von Zeugenaussagen möglich. Und dafür wird festgelegt, dass nicht nur bei drohender Todesstrafe (Dtn 17,6 f.), sondern überhaupt (19,15) eine Verurteilung nur bei zwei unabhängigen Zeugen möglich ist. Das ist einer der Faktoren dafür, dass trotz zahlreicher Delikte mit Todesstrafe im nachbiblischen Judentum (wofür wir allein einschlägige Quellen haben) Todesurteile äußerst selten waren, ja in der Praxis kaum vorkamen.[35] Neben der Zweizeugenregel hat dazu vor allem die Unterscheidung zwischen absichtlichen und unabsichtlichen Taten beigetragen. Bei unabsichtlicher Tötung eines Menschen konnten die Täter sich an den Altar (Ex 21,13 f.) bzw. in dafür vorgesehene Asylstädte flüchten (Dtn 19,1 ff.; Num 35). Nach späterer Interpretation liegt eine wirklich absichtliche Tat nur vor, wenn unmittelbar vorher eine ausdrückliche Warnung ergangen ist, nach dem Modell von Gottes Warnung an Kain (Gen 4,6 f.).

Es ist eindeutig, dass die Beachtung dieser biblischen Verfahrensregeln schlimmste Exzesse der Kirchengeschichte bzw. der abendländischen Rechtsgeschichte, wie sie etwa in Inquisitions- und Hexenprozessen auftraten, verhindert hätten.

V. Unvollendetes und Uneingelöstes

Dass die Tora aus einer der unseren sehr fremden Zeit stammt, dass sie eine sehr andere, eine agrarische, vorindustrielle und antike Gesellschaft voraussetzt, ist bei keinem einzigen Thema zu übersehen. Diese Differenz ist durchgängig bei der Interpretation in Rechnung zu stellen. Bei einer Reihe von Themen wird allerdings dieser Abstand besonders massiv und unübersehbar. Doch kann gerade hier Abständiges und Uneingelöstes, Überholtes und Zukunftsträchtiges dicht beieinander, ja ineinander liegen. Auf zwei besondere Bereiche, bei denen sich die Frage stellt, inwieweit die Tora grundsätzlich überholt ist, sei in aller Kürze hingewiesen. Daneben stelle ich zwei andere, die heute zur Weiterentwicklung der Menschenrechte beitragen können.

---

fehlungen angewendet, wobei eine vorgängige Untersuchung jede Gesundheitsgefährdung des Delinquenten ausschließen soll; vgl. Mischna Traktat Makkot.
35. mSan 5,1; tSan 11,1; bSan 40b u. a.

Frauenrechte

Die Tora entstammt einer massiv patriarchalischen Welt mit einer für Frauen gerade rechtlich sehr schwachen Position. Diesen gesellschaftlichen Status setzt die Tora an vielen Stellen voraus und schreibt ihn fest. Zumeist aber werden Frauen ganz übergangen. Für den Umgang damit sei jedenfalls auf drei Aspekte hingewiesen:

– Ein gewichtiger Teil des Problems liegt in der inklusiven Sprache, so dass Frauen selbst da nicht erwähnt werden, wo sie der Sache nach unbedingt mitgemeint sind[36].

– Gerade hier kommt vieles auf Gewicht und Verständnis der grundsätzlichen anthropologischen Formulierungen besonders in der Urgeschichte an, etwa der Vorstellung vom Bild Gottes.

– Bei diesem Thema liegt eine prinzipielle Parallelität im Negativen zwischen der Tora und den modernen Menschenrechten vor, die ebenfalls bis heute meist rein männlich formuliert sind. Olympe des Gouges (1791) ist bis in die Gegenwart Ausnahme geblieben.[37]

Religionsfreiheit

Anders als die Gleichheit der Geschlechter gehörte das Recht auf religiöse Freiheit von Anfang an zu den Menschenrechten, auch wenn man darin wohl nicht einfach ihren Ursprung sehen kann.[38] Religionsfreiheit aber scheint in tiefem Gegensatz zu bestimmten Zügen des Alten Testaments und der Tora zu stehen. Die damit verbundenen komplexen Fragen können hier nicht behandelt werden. Immerhin sei darauf verwiesen, dass die Tora in ihrer Gesamtgestalt der »toleranten« Situation der persischen Periode entstammt und sich das m. E. durchaus in ihr abbildet. Hier muss es bei dem für die Wirkungs- und Rezeptionsgeschichte entscheidenden Hinweis bleiben, dass das Judentum, das ja viel stärker auf der Tora beruhte, nie in die Gefahr einer derartigen Unterdrückung Falsch- und Andersgläubiger geraten ist wie das Christentum. Das hat natürlich mit seiner Lage als Min-

---

36. Dazu Crüsemann, Tora (o. Anm. 18) 291 ff.
37. Erklärung der Rechte der Frau und der Bürgerin, dt. Übers. in H. Schröder Hg., Die Frau ist frei geboren, München 1979, 32-49; dazu F. Hassauer, Weiblichkeit – der blinde Fleck der Menschenrechte?, in: U. Gerhard u. a. Hg., Differenz und Gleichheit. Menschenrechte haben (k)ein Geschlecht, Frankfurt/M. 1990, 320-337; hingewiesen sei auch auf die anderen Beiträge dieses Sammelbandes.
38. Zu dieser These von G. Jellinek vgl. W. Huber, TRE XXII (o. Anm. 8) 600 Anm. 3.

derheit zu tun, doch ist die sehr viel größere Offenheit nach innen, die keine rigide Geschichte der Ausgrenzungen von Häretikern und Ketzern kennt, dadurch allein nicht zu erklären. Hier ist vielmehr insbesondere die Verbindung der Kirche mit der staatlichen Macht zu nennen, was wiederum mit der weitgehenden Nicht-Rezeption alttestamentlicher Rechts- und Prophetentraditionen zusammenhängen dürfte.

Eigentum

Die große Rolle eines uneingeschränkten Rechts auf Eigentum in den neuzeitlichen Menschenrechten ist als die vielleicht entscheidende Differenz zu Tora und jüdischem Recht bezeichnet worden.[39] Und damit dürfte ein wichtiger Punkt getroffen sein. Zwar ist kein Zweifel, dass das biblische Recht Eigentum etwa gegen Diebstahl grundsätzlich schützt (z.B. Ex 21,37ff.), auch wird dem schwachen Königtum des israelitischen Rechts (Dtn 17,14ff.) keineswegs das Zugriffsrecht auf den Besitz der Bürger zugestanden: Die polemischen Aussagen von 1 Sam 8,14 finden etwa im Deuteronomium kein Echo. Nur in sozialen Rechten wie dem regelmäßigen Schuldenerlass von Dtn 15 oder der Möglichkeit des »Mundraubs« (23,25f.) für die sozial Schwächsten könnte man – recht marginale – Einschränkungen finden.

Zentral aber ist sicher die Frage des Eigentums an Grund und Boden. Hier – und nicht gleichermaßen für jedes Eigentum – gilt: »*Mein ist das Land, und ihr seid Fremde und Beisassen bei mir*« (Lev 25,23). Dieser theologische Satz spiegelt die Tatsache, dass das Land Eigentum der Sippen ist und von den jeweiligen Besitzern nicht frei veräußert werden kann. Die Nabotgeschichte berichtet bekanntlich von einem derartigen Konflikt (1 Kön 21). In Notlagen veräußertes Land soll im Jobeljahr an die ursprünglichen Eigentümer zurückfallen (Lev 25). Selbst wenn dies eine weitgehend ideale Forderung geblieben ist, so ist etwa im Erbgang niemand frei, über seinen Besitz frei zu verfügen. Das nachbiblische Judentum hat diese Regel weitgehend übernommen.[40]

Ist solches einfach überholt und die Vorstellung freier Verfügbarkeit als die überlegene anzusehen? Oder ist hier eine Wahrheit formuliert, die angesichts des Rechts kommender Generationen an der Erde in ihren rechtlichen Konsequenzen erst vor uns liegt? Inwieweit dürfen heute Lebende

---

39. Borowitz (o. Anm. 23) 105; s. a. Huber, TRE XXII (o. Anm. 9) 596.
40. Vgl. E. Rackman, A Jewish Philosophy of Property: Rabbinic Insight on Intestate Succession, JQR 67, 1976/7, 65-89.

über die Erde als ihr Eigentum frei verfügen, und wo sind die Grenzen? Im Recht auf Eigentum liegt zudem der Schlüsselpunkt für die Verbindung zwischen den individuellen und den sozialen Menschenrechten, so dass auch hier die rechtliche Entwicklung nicht einfach als abgeschlossen betrachtet werden kann.

Natur

Noch stärker gilt das heute für einen anderen Zug biblischen Rechts, der in der Neuzeit lange Zeit als völlig überholt angesehen wurde: Die Rechte der Natur, von Tieren und Pflanzen. Wie auch in anderen alten Traditionen werden hier Tiere durchaus als Rechtssubjekt angesehen. Sie und ihr Leben sind von Gen 9 an durch viele Gesetze geschützt. Das Verbot des Blutgenusses als grundlegende Speiseregel hält fest, dass den Menschen tierisches Leben nur in begrenzten Fällen und mit starken Einschränkungen ausgeliefert wird.[41] So schließt die mit der Bezeichnung des Menschen als Bild Gottes verbundene Herrschaft über Tiere und Erde (Gen 1,26-28) nicht einmal das Recht auf Tiertötung und Fleischnahrung ein (v. 29). Solches wird erst als »Notmassnahme« nach der Flut zugestanden (Gen 9). In der rabbinischen Fassung dieser noachidischen, das heißt für alle Menschen geltenden Gesetze findet sich das Verbot, das Glied eines noch lebenden Tieres zu essen.[42]

Dass Menschen ohne Tiere und Pflanzen nicht leben können, ist in den letzten Jahrzehnten rasch und erschreckend bewusst geworden. Menschenrechte sind ohne Rechte der nicht-menschlichen Kreatur auf Dauer nicht sinnvoll. In der Sache ist damit ein Rückgriff auf die Tora und ihren Rechtsbegriff lebenswichtig.

Für das Judentum, das die Tora zum Zentrum hat, ist mit Recht formuliert worden: »Ja, es ist unsere eigene jüdische Tradition, die uns die Kraft für unsere Behauptung der universalen Menschenrechte verleiht«[43]. Das Paradox von weltweiter Geltung und Nichtpraktizierung der Menschenrechte lässt nach der entsprechenden Kraft von Christen und Kirchen fragen. Weder abstrakte theologische Begründungen noch die bloße Mitpraktizierung des staatlich Geforderten, erst recht nicht, wie die Kirchengeschichte zeigt, die Berufung auf Glaube und Liebe allein wird diese Kraft hervorbringen,

---

41. Vgl. dazu etwa J. Milgrom, The Biblical Diet Laws as Ethical System, in: ders., Studies in Cultic Theology and Terminology, SJLA 36, Leiden 1983, 104-118.
42. bSan 56 (s.o. S. 34); dazu bes. K. Müller, Tora für die Völker. Die noachidischen Gebote und Ansätze zu ihrer Rezeption im Christentum, Berlin 1994.
43. Borowitz (o. Anm. 23) 110.

solange die einschlägige biblische Tradition kaltgestellt, ja negativ bewertet wird.

Dabei haben die Gründe für die tiefsitzende Distanz auch mit Voraussetzungen im und Folgen für den Gottesbegriff zu tun. Ein »*Gott des Rechts*« (Jes 30,18; Mal 2,18) bringt zwar keinerlei Verrechtlichung der Gottesbeziehung mit sich. Diese ist vielmehr durch Befreiung bestimmt. Exodus und Reich Gottes sind die entscheidenden Stichworte, in deren Zusammenhang die Tora ihren Ort hat. Wohl aber kann ein Gott der Menschenrechte nicht einfach außerhalb des von ihm ausgehenden Rechts stehen. Er kann, wenn er Folter verbietet, nicht selbst ein Folterer sein. Im Gespräch Abrahams mit Gott über den drohenden Untergang der heidnischen Stadt Sodom wird diese Frage aufgeworfen: »*Sollte der Richter der ganzen Welt selbst nicht Recht üben?*« (Gen 18,25). Gottes »Recht auf den Menschen« endet an seinem Recht.

12. Gottes Gerechtigkeit und menschliches Recht

Die biblische Rede von der Gerechtigkeit, besonders der Gerechtigkeit Gottes, ist durch einen spannungsvollen doppelten Begriff geprägt[1]. Da ist einerseits das rettende Handeln Gottes, das Gerechtigkeit genannt, aber auf Not und Elend, nicht auf Schuld und Unschuld bezogen ist. Und da ist andererseits das, was man den Tun-Ergehen-Zusammenhang nennt, die weltweite Erkenntnis, das positiv wie negativ es den Menschen in der Regel so ergeht und ergehen soll, was sie sich verhalten, sie also selbst die Verantwortung für ihr Leben tragen.

I. Die Eigenheit des biblischen Strafrechts

Menschliches Strafrecht entspricht nun weithin und vielleicht sogar notwendig diesem Zusammenhang von Tun und Ergehen und setzt ihn mit seinen Mitteln in Kraft. Das zeigt jeder Blick auf die Geschichte des Strafrechts und seiner Strafen[2]. Die entscheidende Wandlung in dieser Geschichte hängt mit dem Entstehen von Staaten und staatlichem Rechts zusammen. Dabei wird die verbreitete vorstaatliche Identität von Straf- und Privatrecht – nach der heutigen Terminologie –, wo Mord und Diebstahl als private Verletzungen der privaten Rechte anderer galten, die durch Buße auszugleichen und wieder gutzumachen sind, schrittweise durch den Strafanspruch des Staates abgelöst. Jedes Vergehen, jede Verletzung von anderen Menschen wird als Verletzung der Allgemeinheit und also des Staates angesehen und als solche von diesem bestraft. Daneben gibt es andere Handlungen, die als gemeingefährlich gelten und das Ganze bedrohten. Zauberei wird so in Rom unter harte Strafen gestellt.

Diese Grundkonstruktion staatlichen Strafrechts, die mit vielen Varianten bis heute vorherrscht, läuft auf eine wie immer genau gedachte Entsprechung von Tun und Ergehen hinaus. Die böse Tat muss den Täter selbst

---

1. Dazu o. S. 49 ff.
2. Vgl. in Kurzfassung U. Wesel, Juristische Weltkunde. Eine Einführung in das Recht, stw 467, 1984, 127 ff.

treffende Folgen zeitigen. »*Leben um Leben, Auge um Auge, Zahn um Zahn, Wunde um Wunde* ...« – aus ihrem Zusammenhang gerissen formulieren die alttestamentlichen Sätze etwas, das dem Strafrecht in vielen Zeiten und Kulturen zugrunde liegt. Das gilt für die ungeheuer grausamen Strafen fast aller vorneuzeitlichen Rechte, mit ihren vielfältigen Formen von körperlichem Verstümmelungen und unglaublich grausamen Todesstrafen. Eine solche Entsprechung liegt aber im Grunde auch den modernen Freiheitsstrafen oder Geldbußen, die an den Staat zu zahlen sind, zugrunde. Und diese Strafen sind ja nur recht marginal durch die unterschiedlichen Straftheorien, die sie heute begründen, verändert worden, also der Vergeltungstheorie, die Theorie der individuellen Prävention oder der Generalprävention.

Derart bei ihrem Wortlaut genommen ist nun aber die Formel »*Auge um Auge, Zahn um Zahn*« (Ex 21,24f.) ein Fremdkörper im biblischen Recht. Nicht nur hinsichtlich der Härte und Grausamkeit fügt sich das, was als typisch »alttestamentarisch« gilt, nicht ins Recht des Alten Testamentes. Vor allem die Formulierungen in der unmittelbaren Umgebung widersprechen diesem Verständnis auf das Entschiedenste:

Ex 21,18: *Wenn Männer streiten und einer den anderen mit einem Stein oder der Faust schlägt, so dass er zwar nicht stirbt, aber bettlägerig wird: 19 falls er aufsteht und draußen an seinem Stab umhergeht, soll der Schläger straffrei bleiben [gemeint: tödliche Blutrache darf ihn nicht treffen]. Nur muss er ihn für (die Zeit) seines Daheimsitzens entschädigen und für seine völlige Heilung sorgen.*

21,22 Wenn Männer sich raufen und eine schwangere Frau stoßen, so dass ihre Leibesfrucht abgeht, aber kein weiterer Schaden entsteht, so muss dem Schuldigen eine Geldbuße auferlegt werden, je nachdem wie viel ihm der Ehemann der Frau auferlegt, und er soll sie nach dem Ermessen von Schiedsrichtern geben.

21,27: Wenn jemand ein Schaf oder Rind stiehlt und es schlachtet oder verkauft, soll er fünf Rinder erstatten für das eine Rind und vier Schafe für das eine Schaf.

22,3: Falls das Gestohlene lebend in seiner Hand gefunden wird, ... soll er das Doppelte erstatten.

22,8: Bei jedem Fall von Veruntreuung an Rind, Esel, Schaf oder Kleidung ... soll die Sache der beiden vor Gott kommen. Wen Gott schuldig erklärt, der soll seinem Nächsten das Doppelte erstatten.

Körperverletzungen aller Art sind durch Wiedergutmachung, durch Entschädigungszahlungen an den Geschädigten zu beseitigen[3]. Entsprechendes

---

3. Und die Rede von »*Auge um Auge* ...« hält dabei die Gerechtigkeit, die Angemes-

gilt für Eigentumsdelikte. Dabei wirkt – in der Zeit schriftlichen Rechts – das Gericht mit und bringt Vereinbarungen zustande, überwacht sie und setzt sie durch. Letztlich aber geht es um die Vorgänge zwischen den Parteien. *Schillem/* heilen, ganz machen – die Wurzel, die auch dem Wort *Schalom* zugrunde liegt, ist das wichtigste Wort für diese Zahlungen. Es gibt in der Bibel eine komplexe, hochentwickelte Terminologie für diese Wiedergutmachung, zu ihr gehört die gewichtige Tatsache, dass dabei der theologisch so weitreichende Begriff der Sühneleistung verwendet wird *(kofer* Ex 21,30; Am 5,12 u.a.). Was in der Bibel anfängt, wird im rabbinischen Recht breit entfaltet: »Wer seinen Nächsten verletzt, hat fünf Zahlungen zu leisten: Schadenersatz, Schmerzensgeld, Kurkosten, Versäumnisgeld und Beschämungsgeld«, heißt es in der Mischna (BQ 8,1).

Ich möchte und kann nun nicht versuchen, das biblische oder gar das darauf gründende jüdische Strafrecht darzustellen. Es geht mir nur um diesen einfachen Grundsatz, dass bei allen materiellen und körperlichen Schäden, die ein Mensch einem anderen zufügt, das Recht der Tora einen Ausgleich des Schadens, soweit das menschenmöglich ist, und damit auch die Ermöglichung eines Wieder- und Weitermiteinanderlebens als Ziel des Rechts vorsieht. Diese grundsätzliche Ausrichtung dessen, was bei uns Strafrecht heißt, am Opfer, an den Geschädigten möchte ich diskutieren. Sie steht – so meine These – in einem grundsätzlichen Entsprechungsverhältnis zum Begriff der Gerechtigkeit Gottes als *Zedaqa,* mehr: dieses Recht ist selbst eine ihrer Erscheinungsformen.

II. Ein biblisches Beispiel

Da es nicht um Rechtsgeschichte, sondern um Theologie und um Anstöße für heutiges Denken und Handeln gehen soll, möchte ich eine biblische Beispielgeschichte dazunehmen, in der die in der Rechtssprache im Hintergrund bleibenden Aspekte explizit werden. Es geht um die Jakobgeschichte, in der Israel sich in Gestalt seines Stammvaters – und der Mütter – selbst dargestellt und gedeutet hat.

---

senheit solchen Ausgleichs fest. Das Problem kommt schön in einer römischen Geschichte zum Ausdruck, von einem Reichen der gefolgt von einem Sklaven mit einem Geldsack öffentlich Ohrfeigen austeilt und die Betroffenen gleich nach dem üblichen Satz entschädigt.

Der gewaltsame Bruderstreit zwischen Jakob und Esau beginnt bekanntlich bereits vor ihrer Geburt (Gen 25,22 ff.), er steigert sich über den Abkauf des Erstgeburtsrechts unter Ausnützung einer momentanen Schwäche (25,29 ff.) bis zum Betrug von Vater Isaak und Bruder Esau um den väterlichen Segen (27). Es handelt sich dabei eindeutig um eine verbrecherische Tat, aus der auch prompt ein tödlicher Konflikt erwächst. Esau will den schuldigen Jakob töten (27,41), der daraufhin ins Ausland fliehen muss. Auf der Flucht findet eine erste Begegnung Gottes mit dem Schuldigen statt – im Traum in Bethel (28,10 ff.) hört Jakob die Wiederholung der großen Verheißungen an Abraham und Isaak, der göttlichen Schutz einschließt. Während des langjährigen Aufenthalts bei Laban (29-31) spielen die Geschichten mit Lea und Rahel. Jakob gelangt zu großem Reichtum und zahlreichen Söhnen, muss aber auch selbst die Erfahrung des Betrogenwerdens machen. Die Schwestern führen einen ähnlich heftigen Streit und tragen ihn ohne Gewalt aus. Am Ende steht wieder ein fluchtartiger Aufbruch. Damit steht die Begegnung mit dem feindlichen und betrogenen Bruder bevor. Wie ist mit der Schuld, die zwischen ihnen steht, umzugehen? Wird Versöhnung möglich sein – und wie?

Jakob schickt dem Bruder Boten entgegen, um Gnade zu finden (32,4 ff.). Doch sie können nur vom Heranrücken Esaus mit einer bedrohlichen, geradezu militärischen Streitmacht berichten (32,7). Jakob sendet dem Bruder ein riesiges »Geschenk« entgegen, einen Tribut, der einen beträchtlichen Teil seines Besitzes ausmacht: Zweihundert Ziegen und zwanzig Böcke, zweihundert Mutterschafe. Es soll, so heißt es ausdrücklich, als Sühnegabe dienen (v. 21). Bevor es zur Wiederbegegnung kommt, ereignet sich die zweite große Gottesbegegnung in der Nacht vor dem Treffen. Am Fluss Jabbok wird Jakob angefallen – von wem? – und ringt mit dem Unbekannten um seinen Segen (32,23 ff.). Danach erfolgt die Begegnung mit Esau, Jakob wirft sich siebenmal zur Erde (33,3). Als sich der Schuldige derart unterwirft, umarmt ihn Esau. Im folgenden Gespräch bittet ihn Jakob, »*meinen Segen*« anzunehmen. Der Segen, um den er ihn betrogen hatte, wird zumindest teilweise dem Geschädigten zurückerstattet.

Der religiöse Hintergrund des Geschehens, die Verwicklung Gottes in Streit und rechtliche Versöhnung wird in zahlreichen Anspielungen vor allem auf den Begriff des »Angesichts« aufgerissen. Jakob schickt sein Sühnegeschenk dem Bruder entgegen, »*denn er dachte: Ich will sein Antlitz versöhnen durch das Geschenk, das meinem Antlitz vorausgeht, und danach sein Antlitz sehen, vielleicht erhebt er (freundlich) mein Antlitz*« (32,21). Nach dem Ringen um Leben und Segen im nächtlichen Überfall durch einen Unbekannten, nennt er den Ort, an dem das geschah: »*Pnuel: denn ich habe Gott gesehen. von Antlitz zu Antlitz und meine Seele ist gerettet worden*«

(32,31). Und auf diesem Hintergrund muss schließlich 33,10 gelesen und verstanden werden: Jakob habe, sagt er bei der Versöhnung, »*das Antlitz des Bruders geschaut, wie man das Antlitz Gottes schaut*«.

Gott und Bruder sind nicht identisch, aber in keiner Hinsicht zu trennen. Im Angesicht Gottes wird der Bruder, an dem er schuldig ist, sichtbar, im Angesicht des Bruders das Antlitz Gottes. Gott, der sein Antlitz im Ringkampf mit Jakob, als er ihn hindert zu fliehen und sich zu verstecken, ihm neu zuwendet, gehört in den Prozess der Aussöhnung mit dem Bruder. Aber das Antlitz Gottes und die durch den Unbekannten erstrittene Versöhnung kann die Begegnung mit dem Bruder nicht ersetzen. Im Übrigen geht es bei dieser Versöhnung – das Wort erscheint nur am Rand, von Vergebung ist gar nicht ausdrücklich die Rede – sehr nüchtern zu, jede – gar romantische – Überhöhung fehlt. Die dem Jakob von Gott und Vater verheißene Herrschaft über den Bruder ist und bleibt verspielt und die versöhnten Brüder trennen sich wieder und leben an verschiedenen Orten und meiden die dauerhafte Nähe.

Was Versöhnung als Rechtsakt meint, besonders aber wie Gott und Mensch im Vorgang des Ausgleichs der Schädigung zusammengehören, wird hier als Selbstdeutung des Gottesvolkes sichtbar.

III. Gottes Recht als Herausforderung für mehr menschliche Gerechtigkeit?

Kann das Gottesrecht der Bibel Anstöße für heutige Fragen nach mehr menschlicher Gerechtigkeit im strafrechtlichen Umgang mit Tätern und ihren Opfern bieten? Einige Aspekte dieser Frage ich möchte im Folgenden ansprechen.

Täter-Opfer-Ausgleich

An einer Stelle sind in unserem Rechtssystem ja sehr ähnliche Grundsätze in der letzten Zeit realisiert worden: Im sogenannten Täter-Opfer-Ausgleich. Hier geht es deutlich um die gleichen Prinzipien: die Orientierung strafrechtlicher Verfolgung am Maßstab der Wiedergutmachung am betroffenen Opfer. Allerdings handelt es sich nur um ausgesprochen kleine Tatbestandsbereiche, die nur unter sehr engen Voraussetzungen wirksam werden. Es steht mir nicht an, die langjährigen Debatten[4] und vielen Erfahrungsberichte zu bewerten. Überzeugend klingen für mich vor allem die Ergebnisse aus dem Bereich der Jugendkriminalität und bei Ersttätern. Dennoch ist für manche Juristen schon einen derart begrenzter Verzicht des Staates auf seinen Strafanspruch mit dem zugrundeliegenden System kaum zusammen zu denken und deshalb abzulehnen.

Die Frage, ob das Prinzip prinzipiell in unser System aufgenommen werden kann, ist allerdings damit prinzipiell positiv beantwortet worden. Was eigentlich spricht dagegen, diesen Ansatz systematisch und kontinuierlich auszuweiten? So gilt ja, dass für Opfer etwa im Bereich sexueller Verletzungen, von Vergewaltigung etc. jeweils nur durch teure und aufwendige physische und vor allem psychische Behandlungen eine ernsthafte Rehabilitation möglich ist. Warum sollte in ihrer Ermöglichung nicht die Strafe liegen? Nimmt man solche Befriedigung des Opfers und dessen Bedürfnisse als Normenquelle für die Strafe und ihre Befriedigung als die eigentliche Strafe, dann bleibt naturgemäß das Problem der Prävention. Es würde sich allerdings auf die reale Gefahr von Fortsetzungen und Wiederholungen im Einzelfall, beim einzelnen Täter beschränken und damit von der Last befreit sein, zur Grundlage des herrschenden Strafrechts überhaupt zu dienen, wofür es kaum geeignet erscheint.

Kirchliche Voten und Stellungnahmen könnten sehr viel entschiedener in diese Richtung gehen, als das bisher der Fall war[5]. Was für einen Sinn hat eine Strafe, die in einem Gefängnisaufenthalt besteht, während die Geschädigten keine oder keine wirklich angemessene Entschädigung bekommen? Grundlegend ist für mich zunächst die Sichtweise, die Richtung des Fragens und Denkens; nicht die konkrete Umsetzung. Die Strafe ist die Wiedergutmachung, so weit das jeweils menschlich möglich ist. Und sie ist nichts anderes, nicht mehr und nichts Zusätzliches. Wir Deutschen haben doch mit dem Instrument der »Wiedergutmachung« nach der Schoa wichtige und gute Erfahrungen gemacht. Mag der Begriff, mag die Durchführung in vieler Hinsicht problematisch sein und bleiben – ohne die grundlegende Anerkennung von Schuld und ohne die Versuche, jedenfalls für die Überlebenden und Angehörigen und wenn auch nur begrenzt materiell etwas zu tun, wäre vieles in der Wiederannäherung an das Judentum und den Staat Israel nie möglich gewesen. Sie war und ist die Grundlage, auf der andere menschliche und politische Schritte möglich geworden sind.

---

4. Vgl. bes. D. Frehsee, Schadenswiedergutmachung als Instrument strafrechtlicher Sozialkontrolle, Berlin 1987
5. Etwa in der Denkschrift von 1990: Strafe: Tor zur Versöhnung?

In der neueren Diskussion wird etwa von Wolfgang Huber[6] der Täter-Opfer-Ausgleich zwar positiv aufgegriffen und gewürdigt, dann aber doch sehr rasch beiseitegeschoben bzw. auf Randfragen minimiert. Als Gründe gegen sein Funktionieren wird die übliche geringe Entlohnung im Strafvollzug genannt, was sicher ein Problem ist, aber eben die Gefängnisstrafe als Normalfall voraussetzt. Dann wird darauf verwiesen, dass die meisten Strafgefangenen keine Bereitschaft aufweisen, »über das Erleiden des Freiheitsentzugs hinaus direkte Ausgleichshandlungen gegenüber den Opfern ihrer Straftat zu erbringen«. In der Tat, es könnte sich ja im Prinzip nur um eine Alternative, nicht aber um eine Addition handeln. Schließlich verweist er grundsätzlich drauf, dass solch ein Konflikt nicht aus dem Strafvollzug heraus erfolgen kann. Er denkt deshalb daran, den Täter-Opfer-Ausgleich »vorrangig im Strafverfahren selbst zu verankern« und nicht erst im Strafvollzug. Womit in der Tat für eine erweiterte Praxis der entscheidende Ort genannt ist.

Vorstaatliches Recht und demokratische Humanität

Rechtsgeschichtlich gesehen wird mit der materiellen Wiedergutmachung in der Tora ein Prinzip festgeschrieben, das es in vergleichbarer Weise in vielen frühen, vor allem vor- und nichtstaatlichen Rechtssystemen gibt. Doch sind in Israel anders als etwa in germanischen und anderen Rechten alle Tötungsdelikte ausgenommen[7]. Sonst aber geschieht mit dieser Aufnahme etwas, das für einige andere Themen, etwa das Staatsverständnis, auch gilt: Momente einer vor- und nichtstaatlichen Gesellschaft werden in der Situation des Staates gegen den Staat bewahrt und damit unter veränderten Umständen neu geprägt und neu durchgesetzt. In der Zeit ab dem Exil, als Israel und das Judentum keinen eigenen Staat mehr hatten, lagen dann in diesen Elementen entscheidende Voraussetzungen für das so unwahrscheinliche Überleben dieses Volkes ohne eigenen Staat. Von besonderem Gewicht ist dabei, dass die Handhabung, die Anwendung des Rechts in den Händen des Volks selbst und nicht in denen einer staatlichen Organisation lag.

Nun ist sicher richtig, was man immer wieder lesen kann, dass zum Verschwinden der frühen Formen von Bußzahlungen in der Rechtsgeschichte auch die sich verändernde ökonomische Lage beigetragen hat. Wenn nicht

---

6. Gerechtigkeit und Recht. Grundlinien christlicher Rechtsethik, Gütersloh 1996, 347 f.
7. Dazu u. S. 171 ff.

mehr alle direkt oder indirekt am Grund und Boden teilhatten und damit an einer Lebensgrundlage, von der aus derartige Zahlungen geleistet werden können, gerät ein solches System in Probleme. Aber ob das heute im Rahmen moderner ökonomischer und technischer Möglichkeiten wirklich noch der entscheidende Punkt sein kann, ist doch fraglich und wäre erst zu erproben.

Bei einer heutigen Forderung nach Ausweitung des Täter-Opfer-Ausgleichs scheint vielmehr der grundsätzliche Strafanspruch des Staates der entscheidende kritische Punkte zu sein. Nun ist das schriftliche Recht Israels zweifellos in staatlicher Zeit entstanden, zwar nicht als Staatsrecht und mit teilweise staatskritischen Elementen, aber dennoch wohl kaum gegen den erklärten Willen des Staates. Dann aber kann das dort in staatlicher Zeit entwickelte System nicht einfach als letztlich rein privatrechtlich disqualifiziert werden. In der neueren Entwicklung ist, wenn ich recht sehe, der klassische Strafanspruch des Staates durch die Debatte um Prävention und um Resozialisierung doch bereits ein ganzes Stück weit aufgeweicht worden. Das entspricht der Entwicklung zu einem modernen demokratischen Rechtsstaat. Ich frage mich deshalb, ob nicht als weiterer Schritt eine prinzipielle Orientierung des Strafrechts jedenfalls in weiten Bereichen an den jeweils von kriminellen Taten betroffenen Opfern möglich und nötig ist. Die Menschenwürde und die grundsätzliche Orientierung an ihr scheint mir – vom konkreten Schutz der Gesellschaft abgesehen – eine derartige Orientierung an der Wiederherstellung der Würde der Opfer nahe zu legen. Aber auch für die Täter stellt sich die Frage, ob nicht die konkrete Opferorientierung der »Strafe« im Grund als einzige mit einem auf demokratischer Humanität gegründeten Menschenbild vereinbar ist. Ob es das heutige »absurde System«[8] unserer Gefängnisse auch ist, wage ich auch als Außenstehender zu bezweifeln. Wie in anderen Fragen – etwa der Selbstbestimmung des Volkes – könnte so die kritische Bewahrung von Erfahrungen einer vorstaatlichen Gesellschaft ein wichtiges Element für eine humanitäre und demokratische Gestaltung der Zukunft bewahrt haben.

Tötungsdelikte als Aporie des Versöhnungsrechts

Die vollständige Übernahme des Prinzips der Ausgleichs ins moderne Strafrecht, wie es gelegentlich gefordert wurde, ist in der Rechtswissenschaft als utopisch bezeichnet worden[9]. Schon deshalb ist es angebracht, die eine gro-

---

8. G. Wagner, Das absurde System, Heidelberg 1985.
9. Etwa Frehsee, Schadenswiedergutmachung 193 ff. zu H. Bianchi, Alternativen

ße Aporie des biblischen Rechts darzustellen. Sie liegt vor allem im Bereich der Tötungsdelikte, wo ja ein direkter Täter-Opfer Ausgleich nicht mehr stattfinden kann. Und diese Aporie hängt mit der hohen Stellung menschlichen Lebens und seines Schutzes im biblischen Recht direkt zusammen. Sie zeigt sich exemplarisch in der Stellung des Tötungsverbots im Dekalog: Alle anderen Gebote sind paarweise chiastisch um das Tötungsverbot angeordnet und dienen damit dem Schutz des menschlichen Lebens[10]. Dies und nichts anderes ist das zentrale Rechtsgut, alles muss ihm dienen.

Konsequenterweise wird eine solche Tat als so schwerwiegend angesehen, dass sie – anders als in sonst vergleichbaren Rechtssystemen – durch keinerlei Sühneleistungen beseitigt werden kann. Hier gilt der Grundsatz: »*Ihr sollt für das Leben eines Mörders ... kein Lösegeld annehmen. Und ihr sollt auch kein Lösegeld zu dem Zweck annehmen, dass einer nicht in seine Freistatt fliehen müsse*« (Num 35,31 f.). Was dann?

»*Wer einen Mann schlägt, so dass er stirbt, soll bestimmt getötet werden*« (Ex 21,12). Das ist der Obersatz für die Behandlung aller Tötungsdelikte. Doch ähnlich wie bei der Formal »*Auge um Auge, Zahn um Zahn*« darf man bei der Häufung von Rechtssätzen mit Todesstrafe nicht vom Zusammenhang absehen, in dem sie stehen – wie es die christliche Rezeption nahezu immer getan hat, erst um sie ohne diesen Zusammenhang anzuwenden und zu Elementen eines grausamen Rechtssystems zu machen, dann um umgekehrt ihre brutale Härte anzugreifen und das eigene Recht davon positiv abzuheben. Denn dem zitierten Satz folgt der andere: »*Hat es Gott aber durch ihn gefügt ...*«, dann wird für den Täter ein sicherer Asylort bestimmt (v. 13 f.). Die unabsichtliche, widerfahrene Tötung, Unfall, fahrlässige Tötung u. a. nach heutiger Terminologie, wird hier sogar in singulärer Weise auf Gott selbst zurückgeführt, später finden sich präzisere Fallbeschreibungen. Für unabsichtliche Tötung gibt es also Asyl, in dem die Täter vor Verfolgung und Blutrache geschützt sind Das ist ein gewichtiger erster Schritt, der Fragen der Schuldzuschreibung an Umstände der Tat und Vorgänge im Täter bindet und zugleich in Richtung von so etwas wie Gefängnis geht. Denn im Heiligtum bzw. den dafür geschaffenen Asylorten müssen sich die Delinquenten dauerhaft aufhalten – nach einer anderen späteren Bestimmung mindestens bis zum Tod des amtierenden Hohenpriesters (Num 35,28).

Zu dieser Einschränkungen in der Anwendung der Todesstrafe treten weitere[11]. Vor allem die grundlegende Regel, dass nur bei zwei unabhängi-

---

zur Strafjustiz. Biblische Gerechtigkeit. Freistätten. Täter-Opfer-Ausgleich, München/Mainz 1988. u. a.
10. Dazu o. S. 53 ff.
11. Zum Folgenden vgl. detaillierter Crüsemann, Tora 370 ff.

gen Augenzeugen ein Urteil erfolgen kann (Dtn 19,15; 17,6). Dazu kommt, dass zunächst im Bereich der priesterlichen Gesetze die Frage der Absichtlichkeit immer mehr Gewicht bekommt und positiv nachgewiesen werden muss. Im rabbinischen Recht der Mischna geht es dann durchgängig um den Nachweis einer unmittelbar vor der Tat ergangenen Warnung nach dem Muster der Anrede Gottes an Kain unmittelbar vor dem Brudermord (Gen 4,7). Auf Grund derartiger Kautelen wird schon in neutestamentlicher Zeit kaum ein Mensch mehr zum Tode verurteilt. Der Vollzug der Todesstrafe bleibt die große, äußerst selten eintretende Ausnahme. Das Bewusstsein, dass mit jeder Tötung eines Menschen eine ganze Welt ausgelöscht wird, gilt für beide Seiten, für die getöteten Opfer, aber eben auch für die Tötung der Täter.

Wie wäre heute mit Tötungsdelikten in der Perspektive eines Täter-Opfer-Ausgleichs theologisch angemessen umzugehen? Bei einem grundsätzlichen Verzicht auf die Todesstrafe scheint an dieser Stelle eine Gefängnisstrafe als angemessenes Äquivalent Doch ich kann an dieser Stelle nur eine für mich offene Frage formulieren. Theologisch und jenseits der Möglichkeiten des Rechts gilt allerdings, dass allein um möglicher Versöhnung mit den Getöteten und Ermordeten willen so etwas wie Totenauferstehung notwendig bleibt.

IV. Gottes Vergebung und menschliches Recht

Der Strafanspruch des Staates geht, wie man immer ihn begründen mag, über die Ansprüche der Opfer hinweg und setzt sich an ihre Stelle. Die Realität von Tätern und Opfern entspricht dem heute, wenn ich recht lese, immer noch. Die Möglichkeit von Privatklagen, die Gesetze zur Opferentschädigung, die Präventionsdebatten – das sind zwar sicher Schritte in die richtige Richtung, sie haben daran aber in der Praxis wenig geändert.

Ich kann es nicht als bloßen Zufall empfinden, dass die faktische Handhabung des göttlichen Vergebungszuspruchs in der Kirche dem weithin entspricht. Wohl weniger in der dogmatischen Theorie als in der Realität von Kirche und Frömmigkeit wird die Frage der Schuld gegen andere Menschen geradezu dilatorisch behandelt. Vergibt Gott und er allein die Schuld, so wird dabei in der Regel das Verhältnis von Täter und Opfer übergangen und ausgeblendet. Man kann sich das schnell an den gegenläufigen Bestimmungen zum jüdischen Versöhnungstag klar machen. »*Sünden zwischen einem Menschen und Gott (wörtlich: dem Ort), sühnt der Versöhnungstag, aber die zwischen ihm und seinem Nächsten sühnt der Versöhnungstag nicht, bis seinen Nächsten begütigt (sich mit ihm versöhnt) hat*« (Joma VIII,9). Scharf formuliert heißt das, dass »sogar Gott nur die gegen ihn begangenen Sünden vergeben kann« (Heschel), nicht aber die an anderen Menschen begangenen. Das entspricht einer Reihe von neutestamentlichen Formulierungen und ist, denke ich, auch bei Paulus durchgängig wie selbstverständlich vorausgesetzt. In der üblichen Form der Rechtfertigungslehre kommt diese Frage faktisch nicht vor, Moltmann spricht deshalb zurecht von einer fragwürdigen Täterzentrierung der traditionellen Rechtfertigungslehre[12]. Die Irrelevanz der Rechtfertigungslehre für das wirkliche Leben der Menschen hat hier einen ihrer wirksamsten Gründe. Solch ein Zuspruch Gottes ändert im Grunde nichts.

Gottes Vergebungszuspruch betrifft die gegen ihn begangenen Sünden (die natürlich theologisch mit denen gegen andere Menschen ineinander liegen). Die Versöhnung mit den Menschen, an denen ich gesündigt habe, setzt er voraus, so die Bergpredigt (Mt 5,23 f.; auch das Vaterunser) und kann sie vielleicht auch initiieren. Er kann sie nicht, niemals, ersetzen.

Weil die üblichen Gefängnis- oder Geldstrafen zur Versöhnung, zur Wiederannäherung oder auch nur zum Miteinander- und Nebeneinander-Lieben-Können nichts beiträgt, sind sie wohl auch so selten ein Beitrag zum Frieden in der Gesellschaft. Dasselbe gilt für den üblichen kirchlichen Vergebungszuspruch.

Recht als Ermöglichung einer Aussöhnung zwischen Tätern und Opfern, jedenfalls als ersten Schritt, als Basis auf der so etwas möglich werden kann, ist deshalb integrierender, notwendiger Teil von Gottes Gerechtigkeit – verstanden als *Zedaqa,* als seine erfahrbare und erhoffte Befreiungstat. Sie kann, wo es gut geht, zugleich und in eins an den Problemen der Opfer orientierter Täter-Opfer-Ausgleich sein *und* den Tun-Ergehen-Zusammenhang aufrecht erhalten. Ob Gottes befreiende Gerechtigkeitstat der strafenden Gerechtigkeit dient, sie aber zugleich auch außer Kraft setzt, zeigt sich vielleicht letztlich daran, ob Gott Höllenstrafen verhängt und dabei Gott bleiben kann oder ob er sich an sein Recht hält.

---

12. J. Moltmann, Was heißt heute »evangelisch«? Von der Rechtfertigungslehre zur Reich-Gottes-Theologie, EvTh 57, 1997, 41-46.

13. Die Bedeutung der Rechtsförmigkeit der Tora für die christliche Ethik

I. Die Fragestellung

Es geht im Folgenden um ein fundamentales Grundthema vieler sozialethischer und sozialpolitischer Debatten, nämlich um die Alternative eines *freiwilligen* sozialen Engagements auf der einen, von *rechtlich festgeschriebenen* Ansprüchen und Verpflichtungen auf der anderen Seite. In der Gegenwart ist ein solcher Gegensatz überall sofort präsent, wo es um Fragen der Grenzen oder der Weiterentwicklung des bisherigen sozialen Systems geht. Wenn soziale Rechte verändert oder abgebaut werden, sollen und können dann freiwillige Leistungen an ihre Stelle treten? An wie vielen Stellen wird heute nicht nach Sponsoren gesucht!? Auch wenn überraschende Ausbrüche von Gewalt gesellschaftliche Brüche oder Fehlentwicklungen aufdecken, taucht diese Alternative auf. Das Dilemma, das dahinter steht, ist offenkundig: Kann freiwilliges soziales Engagement die rechtlich gesicherten Leistungen des Sozialstaats ersetzen? Können umgekehrt rechtliche Regelungen die elementaren sozialen Bindungen hervorrufen, wie ihn nahe und insbesondere familiäre, also im Kern gerade nicht durch Recht und Rechtsansprüche gesicherte Beziehungen hervorbringen, die allein sinnvolles Leben ermöglichen?

Sehr eindrucksvoll hat den mit dieser Alternative gegebenen Perspektivenwechsel der berühmte Pädagoge Janusz Korczak formuliert. Er hatte in dem von ihm geleiteten Kinderheim ein Kindergericht eingerichtet, in dem die Kinder selbst über Problemfälle zu Gericht sitzen und Urteile sprechen, und er hat sich diesem Gericht in einigen Fällen selbst unterworfen. Das hat ihn zu folgender Einsicht geführt: »Ich behaupte mit aller Entschiedenheit, dass diese wenigen Fälle der Grundstein waren für meine Erziehung zu einem neuen, ›konstitutionellen‹ Pädagogen, der den Kindern nicht deshalb kein Unrecht zufügt, weil er sie gern hat oder liebt, sondern deshalb, weil es eine Institution gibt, die sie vor Ungerechtigkeit, Willkür und Despotismus des Erziehers schützt.«[1]

---

1. J. Korczak, Wie liebt man ein Kind. Dom Sierot (Haus der Waisen) (1920), Sämtliche Werke Bd. 4, Gütersloh 1999, 312.

Ich möchte versuchen, den damit aufgeworfenen Grundfragen in einer biblischen Perspektive nachzugehen. Wie steht es im Alten Testament mit den gegenseitigen Verschränkungen und Bedingungen von freiwilligem, jedenfalls nicht rechtlich erzwungenen und erzwingbaren sozialem Handeln einerseits, festgeschriebenen sozialen Rechten andererseits? Aus einer Reihe von Gründen scheint mir eine solche Fragestellung sinnvoll, je geradezu geboten zu sein, und zugleich eine besonders fruchtbare hermeneutische Perspektive im Hin und Her zwischen heutigen Problemen und historischen Texten zu eröffnen:

– Die Infragestellung des bisherigen Sozialstaates zwingt gegenwärtig auch in Kirche und Diakonie neu über seine anthropologischen und theologischen Grundlagen nachzudenken. Ich nenne als Beispiel eine Broschüre des Bielefelder Johanneswerks, in der Udo Krolzik folgendes schreibt, und ich erkenne darin viele ähnliche, in einer Ortschaft wie Bethel unüberhörbare Stimmen wieder: »Auch für uns in der Diakonie sind die festen Konturen eines Sozialstaates, der uns Orientierung gab, nur noch verschwommen zu erkennen, und der warme Strom der Kassenleistungen wird schwächer und macht immer mehr den kalten Strömungen des Marktes und Wettbewerbs Platz. ... Angesichts dessen wird es darauf ankommen, dass wir uns des Zieles vor unserem inneren Auge vergewissern.«[2]

– Was aber – und das ist das zweite – ist dieses Ziel diakonischen Handelns und wie weit gehört das Beharren auf rechtlichen Absicherungen und Rechtsansprüchen dazu? Bei der Beschreibung von Grundlagen und Zielen der Diakonie sind, wenn ich recht sehe, die rechtlichen Fragen immer noch eher Randfragen, werden als Probleme des gegenwärtigen gesellschaftlichen Diskurses empfunden, gehören aber nicht zur eigenen biblischen und theologischen Basis. Diese findet man eher in allgemeineren ethischen Normen oder anthropologischen Grundlagen. In der erwähnten Broschüre wird auf die Schöpfung und die Gottebenbildlichkeit verwiesen. Es ist schon viel, wenn zwar nicht von *Recht*, immerhin aber von *Gerechtigkeit* die Rede ist. Ich sehe da eine enge Parallele zu verbreiteten Klagen über schwindende Wertebindungen. Die entscheidende Frage, wie sich Werte zu Rechten verhalten, bleibt oft im Hintergrund.

– In der Bibel selbst aber, jedenfalls im Alten Testament, liegen neben vielfältigen ethischen Konzepten vor allem auch rechtlich ausformulierte Grundlagen vor. Ich glaube, dass nicht nur die inhaltlichen Entwürfe der alttestamentlichen Sozialgesetze, die Gottes Liebe und Befreiung in verläss-

---

2. Evangelisches Johanneswerk e.V. Hg., »Himmlische Cleverness«. Johanneswerk-Jahrestagung 2002, Bericht des Vorsitzenden des Vorstandes Priv.-Doz. Pastor Dr. U. Krolzik.

liche Partizipationsregeln für die sozial Schwächsten umsetzen, sondern vielleicht gerade auch die Frage *nach der ethischen Bedeutung rechtlicher Regelungen* einen Beitrag zu dem alten Problem des christlichen Umgangs mit dem alttestamentlichen »Gesetz« leisten kann.

Ich möchte deshalb im Folgenden unter der Frage nach dem Verhältnis von ethisch-freiwilligem und rechtlich-bindenden Normen drei biblische Themenbereiche durchgehen: Fremde, Arme und die innerfamiliären Konfliktfelder um Alte und Kinder. Ich frage also, wann, auf welchen Feldern sozialen Handelns und warum traditionale ethische Verpflichtungen in die Gestalt von schriftlichen Rechtssätzen gegossen und damit auf eine neue und veränderte Weise verpflichtend gemacht wurden.

II. Soziales Engagement und soziales Recht im AT – Beispiele

Gastfreundschaft und Fremdenrecht

Die Gesellschaft des alten Israel war eine Welt, in der das Leben der allermeisten Menschen sehr viel weitgehender als bei uns von der Familie bestimmt wurde. In den Familien und Familienverbänden wurde praktisch alles zum Leben Notwendige erarbeitet, nur sie gewährten im Normalfall die Möglichkeit, ein menschenwürdiges Leben zu führen. Märkte waren nur marginal entwickelt, infolgedessen war nur für wenige Menschen und unter besonderen Umständen ein Leben außerhalb familiärer Einbettung möglich. Alle sozialen Verpflichtungen gehören deshalb zunächst in diesen familiären Rahmen. Die Solidarität der Familien galt Mitgliedern, die in Not gerieten, indem etwa versklavte Angehörige freigekauft wurden.

Die hier zu verfolgende Frage, nach Anlass und Notwendigkeit rechtlicher Fixierung moralisch-ethischer Verantwortung taucht deshalb besonders massiv für die Gruppen auf, die außerhalb der Familienverbände standen: bei den Fremden. Für sie galt traditionell ein Gastrecht. Durchziehende Fremde waren nicht einfach schutzlos, sondern sollten aufgenommen und bewirtet werden. Abrahams Verhalten, wie es in Genesis 18 erzählt wird, ist dafür vorbildlich: Drei Fremde tauchen in der Mittagshitze bei seinem Zelt auf, er heißt sie willkommen, und bewirtet sie, gibt ihnen schließlich ein Stück weit Geleit. Dieses Gastrecht war naturgemäß fragil und stellt im Grunde nur die andere Seite der Angst vor Fremden dar, die ja, wie es manche Erzählungen berichten, als Kundschafter fremder Eroberer fungieren konnten (Num 13 f.; Jos 2; Ri 18). Die Furcht, beim Aufenthalt in fremden Ländern und Orten fremder Macht und deren unbekannten Sitten schutzlos ausgeliefert und letztlich rechtlos zu sein, spiegelt sich besonders eindringlich in der dreifachen Erzählung vom Verrat der Ahnfrau in Gen 12; 20 und 26. Vielerlei Motive komme hier zusammen, aber die Widerlegung der verbreiteten Furcht, bei Fremden herrsche für Fremde Rechtlosigkeit, weil es dort keine »Gottesfurcht« gibt (Gen 20,11), ist besonders deutlich.

Der Schutz der Fremden ist ein zentrales Thema aller alttestamentlichen Rechtskorpora[3]. Die Gruppe der Fremden, von der traditionalen Ethik nur als durchziehende Gäste halbwegs geschützt, faktisch immer bedroht und vor allem ausgebeutet, werden massiv unter den Schutz des biblischen Rechts gestellt. Eindeutig ist der dreimal belegte Spitzensatz »*Einerlei Recht soll unter euch gelten für den Fremden wie für den Einheimischen*«(Lev 24,22; vgl. Ex 12,49; Num 15,14ff.).

An dieser Stelle geht es vor allem um die Erkenntnis: Erst auf der Basis dieses Rechts bzw. parallel mit ihm wird dann auch eine entsprechende Ethik entfaltet. Die vielfältigen Mahnungen, Fremde zu schützen bzw. zu lieben (Lev 19,33 f.), sind mit dieser Rechtsstellung untrennbar verbunden. Sie prägt auch Erzählungen wie die vom Untergang von Sodom und Ghomorra in Gen 19. Dabei zeigt sich, dass Leben und Tod, Heil und Unheil der Kollektive mehr oder weniger direkt vom Verhalten gegenüber Fremden abhängen.

An diesem ersten Beispiel ist zu erkennen, dass zwar das Recht notwendigerweise immer auf einer vorangehenden traditionell-ethischen Grundlage aufruht, diese aber, so weit erkennbar, inhaltlich erheblich ausweiten kann. Es ist gerade nicht die ethische Mahnung zu sozialem Verhalten, nicht das soziale Gewissen als solches, die den Schutz der Fremden gewähren, sondern ein im Recht entwickelter Schutz, ein Recht, das die Fremden als Fremde in Israel haben. Dieser als Recht intendierte Schutz kann dann, wenn das Recht, aus welchen Gründen auch immer, nicht (mehr) als Recht praktiziert werden kann, eine durch dieses Recht mitbestimmte Ethik ausprägen. Diese Kombination von rechtlichen und vor- bzw. außerrechtlichen Normen muss als ein Spezifikum biblischer Ethik angesehen werden.

Das soziale Netz des deuteronomischen Gesetzes

Das traditionale soziale Netz, das Familien- und Sippenverbände ausgebildet hatten, wies naturgemäß immer Lücken und Probleme auf. So hören

---

3. Dazu o. S. 35 ff. und u. S. 235 ff.

wir in der Zeit der Staatenbildung mehrfach von Gruppen von Überschuldeten und Verarmten (1 Sam 22,2), die einer drohenden Versklavung durch Flucht entgangen waren, und so für David ein Reservoir an potentiellen Söldnern für seine Berufskriegertruppe bildeten. Aufs Ganze gesehen dürfte es sich dabei aber wohl um Ausnahmeerscheinungen handeln. Dass die familiären Strukturen in großem Ausmaß nicht mehr in der Lage waren, die sozialen Nöte ihrer Mitglieder aufzufangen, finden wir zuerst in der prophetischen Sozialkritik des 8. Jahrhunderts belegt. Ebenso unerhört wie offenbar typisch und verbreitet ist es für Amos, dass Gerechte für Geld verkauft werden (Am 2,6). Wegen vergleichsweise geringer Schulden – ein paar Sandalen als Ausgangspunkt (Am 2,6) – sind sie in ein ausweglose Netz von Schulden, hohen Zinsen, neuen Schulden geraten, aus dem es für viele keinen Ausweg mehr gibt. Wir kennen die rechtlichen Mechanismen recht gut, nicht zuletzt weil sie im Prinzip gleich aus den Kulturen des alten Orients wie der klassischen Antike bekannt sind. Diese Mechanismen bedeuten, dass bei Zahlungsunfähigkeit Kinder, die Töchter zuerst, in Schuldsklaverei »verkauft« werden und als Pfand zur Sicherung der Schuld so lange versklavt bleiben, bis die Schuld abgearbeitet ist. Diese »Schuldenfalle« führt dazu, dass die Familien schrittweise Freiheit und Land, und damit ihre Lebensgrundlage, verlieren. Das Handeln derer, die leihen und leihen können, zielt nicht selten genau darauf ab, »*Haus an Haus, Acker an Acker*« zu reihen, bis sie schließlich allein übrig sind, das Land ihnen allein gehört, wie es bei Jesaja heißt (5,8). Ein Riss geht damit durch die bis dahin relativ einheitliche Gesellschaft, ein Riss, der wenige reicher, viele ärmer, wenige freier, viele unfreier macht.

Es ist offenkundig, dass in dieser Zeit die Möglichkeiten, die alten Normen familiärer Solidarität zu praktizieren, schwinden und zunehmend nicht mehr gegeben sind. Die Normen selbst stehen im Grunde nicht in Frage, vieles spricht vielmehr dafür, dass das neu entwickelte Sozialrecht inhaltlich durchaus auf den alten ethischen Normen eines innerfamiliären Ausgleichs, einer Amity-Ethik gründet, wie wir sie z.B. in den Grundzügen ähnlich in den älteren Proverbien wie bei den Propheten und eben auch als Grundlage der Rechtssatzungen finden[4]. Aber was vorher innerhalb familiärer Gegebenheiten funktioniert haben mochte, dass man in Not uneigennützig leiht und auch mal Schulden einfach erlässt, funktioniert angesichts der sozialen Krise des 8. Jahrhunderts nicht mehr. Der Schutz der gesellschaftlich Schwachen und der dafür nötige gesellschaftliche Ausgleich wird

---

4. Dazu bes. G. Fleischer, Von Menschenverkäufern, Baschankühen und Rechtsverkehrern. Die Sozialkritik des Amosbuches in historisch-kritischer, sozialgeschichtlicher und archäologischer Perspektive, BBB 74, 1989.

deswegen dem Recht anvertraut. Das ist ein Vorgang der in der Rechtsgeschichte nicht selten anzutreffen ist. Alte Selbstverständlichkeiten werden durch die soziale Entwicklung in Frage gestellt, und müssen als einklagbare Rechte neu sozial und politisch durchgesetzt werden[5].

Nach Anfängen bereits im Bundesbuch entwirft das *deuteronomische Gesetz* zum ersten Mal in der Weltgeschichte, soweit wir erkennen können, ein umfassendes soziales Netz[6]. Es handelt sich um eine ganze Gruppe, ein System zusammengehörender, sich ergänzender und aufeinander abgestimmter Gesetze, das für mich zu den großen biblischen Texten gehört, bei denen eine über längere Lebensphasen erfolgende wiederholte Bearbeitungen immer neue Aspekte erkennen lassen, vor allem in den theologischen Tiefenschichten und unter wechselnden hermeneutischen Perspektiven[7]. Es handelt sich um den Versuch, die erfahrene Güte und Fürsorge Gottes in rechtlich bindende Regeln umzusetzen. Ich halte es nach wie vor für die bestbegründete Annahme, dass es die einmalige Situation unter dem Kindkönig Josia war, in der ein solches umfassendes politisches und soziales Regelwerk entstehen und in Kraft treten konnte. Josia bekommt bekanntlich von dem sonst so kritischen Propheten Jeremia die einmalige Auszeichnung, er habe Recht und Gerechtigkeit praktiziert und eben dadurch, Gott so erkannt, wie Gott erkannt werden will (Jer 22,15 f.). Aber weder die Josia nachfolgenden Könige noch das gesamte nächste Jahrhundert lassen die Annahme zu, ein solches Recht sei in dem von ihm ursprünglich intendierten Sinne als Recht angewendet und praktiziert worden. Es mag für eine begrenzte Zeit in der persischen und frühhellenistischen Zeit im Rahmen der dann gegebenen Selbstverwaltung der Provinz Juda jedenfalls in Umrissen wirklich praktiziert worden sein. Doch wie immer man diese Frage beurteilt, weder in den Konflikten des 2. Jahrhunderts und noch weniger in römischer Zeit war es einfach geltendes Recht.

An dieser Stelle setzt die für meine Bewertung entscheidende Überlegung ein. Die Tora enthält Rechtskodizes, die auf Geltung zielen (wenn auch jedenfalls in der älteren Zeit unter den Bedingungen, wie altorientalisches Recht Geltung beansprucht, wovon ich hier ganz absehen muss). Als Teil des Gotteswillens bleiben diese Rechtssätze nun aber auch da »in Geltung«,

5. Dazu F. Crüsemann, »... und die Gesetze des Königs halten sie nicht« (Est 3,8). Widerstand und Recht im Alten Testament, WuD 17, 1983, 9-26.
6. Dazu o. S. 40 ff. und u. S. 196 ff.
7. Zuerst: F. Crüsemann, »... damit er dich segne in allem Tun deiner Hand ...« (Dtn 14,29). Die Produktionsverhältnisse der späten Königszeit, dargestellt am Ostrakon von Mesad Hashavjahu, und die Sozialgesetzgebung des Deuteronomiums, in: L. u. W. Schottroff Hg., Mitarbeiter der Schöpfung. Bibel und Arbeitswelt, München 1983, 72-103; sowie u. S. 190 ff.

wo sie als faktisch geltendes Recht nicht durchzusetzen sind. Das bedeutet, dass auch die dann nur freiwillig von Einzelnen oder Gruppen praktizierten Gebote ein Moment enthalten, das mit dem Recht verbunden ist. Zentral dafür ist der mit dem Recht gegebene Rechtsanspruch der jeweils Betroffenen. Die Tora ist auch da, wo sie nicht mehr als faktisch geltendes Recht wirkt, mehr als nur traditionale Ethik. Ihre Ethik hat sich dadurch, dass sie zu großen Teilen Recht einschließt, verwandelt, ist auf neue Weise am Rechtsanspruch der Benachteiligten orientiert.

Vom Umgang mit innerfamiliärer Gewalt[8]

Heutige soziale Probleme kommen zunehmend aus Bereichen, die traditionell familiär geordnet waren und hängen also mit dem Wandel überkommener Familienrollen und -aufgaben zusammen. Familien, so scheint es, sind zunehmend nicht mehr Idealorte, an denen gewaltfreies Zusammenleben praktiziert wird und gelernt werden kann, wie es bis heute viele in ihrer Kindheit erlebt haben. In diesem Bereich, der am weitesten vom formalen Recht entfernt zu sein scheint, stellt sich das hier verfolgte Problem der Notwendigkeit und Grenze von Recht heute und in Zukunft in besonderer Schärfe. Das gilt aber erstaunlicherweise auch bereits für die alttestamentlichen Rechtstexte, weshalb ein abschließender Blick auf diesen Bereich besonders lohnend erscheint. Damals wie heute erweist sich gerade dieser gesellschaftliche Kernbereich als ein Ursprungsort von Gewalt. Opfer innerfamiliärer Gewalt sind vor allem die Alten und die Kinder.

Bereits die Formulierung des Elterngebots im Dekalog lässt das Gewicht des Themas des Umgangs mit den altgewordenen Eltern erkennen. Die Alten waren es, die im innerfamiliären Verteilungskampf am ersten unterlagen. Wenn es nicht genügend zu essen gab oder wenn wegen Überschuldung Kinder verkauft werden mussten, gab es viele Methoden, die Alten als überflüssige Belastung loszuwerden. Die alten Eltern sollen geehrt werden, wörtlich heißt das, sie »*schwer, gewichtig*« machen, ihnen ein entsprechendes Gewicht zu geben (Ex 20,12). Traditionale Gesellschaften wie die

---

8. Dazu F. Crüsemann, Gott als Anwalt der Kinder!?. Zur Frage von Kinderrechten in der Bibel, in: Gotteskinder, JBTh 17, 2002, 183–197. Für Hinweise auf neue Rechtsentwicklungen im Bereich des Familienrechts und vor allem ihre theologischen, sozialen und diakonie-politischen Folgen (aber auch auf Janusz Korczak in diesem Zusammenhang), danke ich Pfarrerin Eva Loos. Hilfreich waren besonders die von ihr verfassten Papiere »Neue Familien entstehen auf Grund neuer Rechte ihrer Mitglieder« sowie »Recht auf Recht«.

des bäuerlichen Israel weisen üblicherweise den Alten in Familie und Politik eine bedeutende Rolle zu, die religiös hoch abgesichert ist. Zwar fallen in Israel bestimmte Funktionen und damit auch Machtpositionen weg, vor allem alles, was mit Ahnenverehrung zusammenhängt. Dennoch zeigen die überaus häufigen Mahnungen in Weisheit, Recht und Prophetie, wie hart die Konflikte gewesen sein müssen. Da ist von Schlagen, Fluchen, Verachten, Verspotten, Berauben, Vertreiben und Unterdrücken der Eltern die Rede (Ex 21,15.17; Ez 22,7; Prov 30,17; 28,24; 19,26). Die harten sozialen Krisen ab dem 8. Jahrhundert zeigen hier eine ihrer Folgen. Dem wird bereits im Bundesbuch der Versuch entgegengesetzt, die Alten unter den besonderen Schutz des Rechts zu stellen. Schlagen und Fluchen der Eltern wird mit der Todesstrafe sanktioniert (Ex 21,15.17).

Gewalt gegen Alte in Familien und Heimen, Vernachlässigung, mangelhafte Pflege – das Thema ist bei uns nach wie vor oder wieder voll da und markiert einen Ort massiver Gewalt in unserer Gesellschaft. Und es ist dementsprechend zu fragen, ob die bisherigen rechtlichen Schutzregelungen in diesem Bereich wirklich ausreichen. Vieles, was man als Laie an Berichten zu hören bekommt, trägt geradezu schauerliche Züge. Und offenkundig sind manche Vorschriften etwa im Zusammenhang der Pflege so, dass man geneigt ist, die schärfste biblische Kritik an Gesetzen, die nur Unrecht hervorbringen (Jes 10,1 f.) und die nicht dem Leben dienen (Ez 20,25) hier anzuwenden.

Während das Bundesbuch den Bereich der Familie außer bei den Alten nur marginal aufgreift, enthält das Deuteronomium ein ganzes Bündel von Ehe- und Familiengesetzen, mit denen dieser gesamten Bereich breit aufgegriffen und neu geregelt wird[9]. Inhaltlich setzen sie, soweit erkennbar, nicht nur die damalige Familienstruktur, sondern gerade auch die bisher gültigen Normen und Sanktionen voraus. Sie werden durch ihre schriftliche Ausformulierung in einem Rechtskorpus im Wortsinne festgeschrieben. Die rechtshistorisch entscheidende Innovation, die einen Vorgang von großer Tragweite darstellt, liegt nicht im Inhaltlichen, sondern besteht darin, dass alle familiären Konflikte mit potentiell tödlichen Folgen dem am Tor der Ortschaften öffentlich tagenden Ältestengericht unterstellt wird. Davor galt in der Familie allein Macht und Autorität des *pater familias*, die, wie das Urteil Jakobs über Tamar in Gen 38,24 zeigt, bis zur Möglichkeit reichte, Todesurteile zu fällen. Das wird jetzt anders, ausgelöst wohl durch die besondere Bedeutung innerfamiliärer Konflikte in der späten Königszeit[10].

Ich greife nur ein einziges Beispiel heraus und frage nach der Grenze in-

9. Zum folgenden Crüsemann, Tora 294 ff.
10. Dazu Crüsemann, Tora 300 ff.

nerfamilialer Gewalt gegen Kinder, also nach so etwas wie Kinderrechten. In Dtn 21,18 ff. steht ein Gesetz, das – richtig gelesen – eine erhebliche Einschränkung elterlicher Rechte bedeutet.

21,18 Wenn ein Mann einen aufsässigen und widerspenstigen Sohn hat, der nicht auf die Stimme seines Vaters und seiner Mutter hört, und sie züchtigen ihn, und er hört (trotzdem) nicht auf sie, 19 dann sollen ihn sein Vater und seine Mutter ergreifen und ihn hinausführen zu den Ältesten seiner Stadt und ans Tor seines Ortes. 20 Sie sollen zu den Ältesten seiner Stadt sprechen: »Dieser unser Sohn ist aufsässig und widerspenstig, er hört nicht auf unsere Stimme, er ist ein Schlemmer und ein Säufer.« 21 Dann sollen ihn alle Männer seiner Stadt steinigen, dass er stirbt.

Vom Rechtsempfinden späterer Zeiten aus kann das Gesetz *prima vista* nur als Beispiel eines besonders grausamen Rechts wahrgenommen werden. Dementsprechend hat sich vor allem die rabbinische Auslegung bemüht, eine Praktizierung für unmöglich zu erklären[11].

Das Delikt des Sohnes ist mit »*aufsässig und widerspenstig*« recht allgemein formuliert, wodurch wohl eine Fülle realer Vorgänge und Möglichkeiten mit abgedeckt sein sollen. Anderseits lässt der Vorwurf, er sei ein »*ein Schlemmer und ein Säufer*« vom Gewicht der Strafe her an eine Vergeudung der wirtschaftlichen Lebensgrundlage der gesamten Familie denken. Es muss sich um einen bereits länger ausgetragenen Dauerkonflikt handeln. Dem Gerichtsprozess müssen mehrere andere Versuche der Konfliktlösung vorangegangen sein, wobei ausdrücklich harte Erziehungsmaßnahmen genannt sind, einschließlich der in den Proverbien deutlich belegten körperlichen Züchtigung. Relativ singulär ist, dass der Fall von Vater und Mutter einmütig dem Gericht vorgelegt werden muss. Nur wenn derart die innerfamiliären Konflikte in aller Öffentlichkeit ausgetragen werden, nicht nur vor den Ältesten der Stadt, die das Gericht bilden, sondern damit zugleich vor alle Männer seiner, d. h. des Sohnes Stadt gebracht wird, vor eine Öffentlichkeit, die ihn kennt und mit ihm gelebt hat, wenn sie dort vorgetragen und verhandelt worden sind, kann ein Todesurteil gesprochen und durch diese Öffentlichkeit vollstreckt werden. Dabei lassen die genau angegebenen Bedingungen ebenso wie die Anwesenheit des Delinquenten erkennen, dass das Gericht die Angelegenheit im Detail prüfen, also über

---

11. Bes. bSan 69b/69a. Dabei ist der Grundgedanke der, dass zwischen dem Erwachsenwerden eines *Sohnes*, also dem Zeitpunkt von dem an ein Kind rechtlich gesehen kein »Sohn« mehr ist, und der Rechtsmündigkeit, dem Zeitpunkt, wo es für seine Taten verantwortlich und also bestrafbar ist, zeitlich gesehen kaum ein Spielraum besteht, so dass die Vorschrift praktisch niemals zu Anwendung kommen konnte.

den Fall verhandeln muss. Was z. B. in Dtn 19,18 ausdrücklich gesagt wird – *»Die Richter sollen sorgfältig untersuchen ...«* –, ist hier wie in anderen Fällen analog anzuwenden.

Wenn auch vielleicht auf eine etwas andere Weise als in ihrer eigenen Argumentation, dürfte die rabbinische Auslegung im Recht sein: Das Gesetz wird, so steht zu vermuten, in der Tat selten oder gar nicht zur Anwendung gekommen sein. Entscheidend für die Frage nach Kinderrechten ist, dass mit diesem Gesetz das Leben des Kindes selbst im Falle äußerster Konflikte nicht mehr in der Hand der Eltern bzw. des Vaters liegt. Die elterliche Gewalt findet grundsätzlich da ihre Grenze, wo es um das Leben der Kinder geht. Dazu kommt, dass in der gleichen Zeit in den Gesetzen des Deuteronomiums (Dtn 18,10) wie des Heiligkeitsgesetzes (Lev 18,21; 20,2-5) Kinderopfer grundsätzlich untersagt werden, den Eltern also auch diese religiös legitimierte Tötung der eigenen Kinder grundsätzlich rechtlich untersagt wird.

Zusammen mit den Regelungen für Fragen sexueller Gewalt, die ebenfalls vor das Ältestengericht zu bringen sind, beginnt mit diesen Gesetzen ein Prozess der Kontrolle, Entmachtung und Deligitimierung innerfamiliärer Gewalt durch das öffentliche Rechtswesen, der bis heute nicht vollendet ist. Zur Einschätzung lohnt ein Blick auf die Gegenwart. »Kinder haben ein Recht auf gewaltfreie Erziehung. Körperliche Bestrafungen, seelische Verletzungen und andere entwürdigende Maßnahmen sind unzulässig« – so lautet die Neufassung von § 1631(2) BGB. Sie wurde im Jahre 2000 beschlossen und in Kraft gesetzt, ist also erst allerjüngsten Datums.

Und dieser neue Paragraph wirkt in seinem Kontext wie ein Fremdkörper. Vorher und nachher geht es durchgängig um andere Perspektiven, vor allem um die Rechte von Eltern und Sorgeberechtigten auf das Kind und am Kind. Eine der BGB-Formulierung entsprechende strafrechtliche Garantie eines Rechtes auf gewaltfreie Erziehung, steht trotz langanhaltender Debatten immer noch aus[12]. Kinderrechte sind also im deutschen Recht etwas Neues und nahezu Systemwidriges. »Zentrale Vorschriften des Familienrechts ... der Bundesrepublik Deutschland sprechen nicht vom Recht des Kindes. Sie formulieren Rechte der Eltern ... Das Recht des Kindes von seinen Eltern betreut zu werden, das Recht des Kindes nicht gegen den Willen der Eltern von diesen getrennt zu werden oder das Recht des Kindes auch zu einem getrennt lebenden Elternteil persönliche Beziehungen und unmittelbare Kontakte zu pflegen – expressis verbis ist im deutschen BGB

---

12. Hierzu insbes. K.-D. Bussmann, Verbot familialer Gewalt gegen Kinder. Zur Einführung rechtlicher Regelungen sowie zum (Straf-)Recht als Kommunikationsmedium, Köln u. a. 2000.

hiervon nicht die Rede. Diese hier exemplarisch genannten ›Rechte der Kinder‹ sind allesamt dem UN-Übereinkommen vom 22. November 1989 über die Rechte des Kindes entnommen.«[13] Zwar gibt es der Sache nach bei diesen Themen durchaus Analogien im deutschen Recht, aber eben nicht als ausdrückliche Menschenrechte für Kinder. Insbesondere ein »Verbot familialer Gewalt gegen Kinder«[14] ist also in unserem gegenwärtigen Recht nicht vollständig durchgesetzt und überhaupt erst im Zusammenhang der rechtlichen und sozialen Veränderung der letzten Jahrzehnte ernsthaft diskutiert worden. In der Realität kann man weithin immer noch vom »Eigentum Kind« sprechen[15]. Wie wenig Kinderrechte speziell in der christlichen Tradition zu Hause sind, trotz gewichtiger Ausnahmen, zeigt sich auf eine erschreckende Weise darin, dass es gerade Politiker mit einem dezidiert christlichen Anspruch sind, die etwa die Rechte von ausländischen Kindern auf Nachzug in die Bundesrepublik massiv einschränken wollen.

Von besonderen Gewicht im Zusammenhang der Frage nach Kinderrechten gegen elterliche Gewalt ist, dass ein derartiges Recht, wie rechtstheoretische wie empirische Untersuchungen belegen, selbst dann wirkt, wenn es formal kaum in Anspruch genommen wird[16]. »Ein Verständnis des Strafrechts als *Kommunikationsmedium* lenkt ... den Blick auf eine andere Wirkungsdimension des Rechts. Diese Rechtstheorie läßt die Rechtspraxis nicht erst auf der Ebene der formellen Intervention beginnen, sondern setzt viel früher an. Das Strafrecht vermag zwar das Verhalten der Rechtsadressaten nicht zu lenken, aber es organisiert ihre Wirklichkeit, die bereits auf der Ebene ihrer Definition und Perzeption beginnt. Seine Normen konstruieren die Realität in einem doppelten Sinn, indem sie zum einen eine Art argumentative Referenz (Konfliktbewältigung) bilden und zum anderen für eine immer noch verbreitete Praxis elterlicher Gewaltausübung sensibilisieren (Konstruktionsleistung).«[17]

13. M. Münning, Die Rechte der Kinder in der Rechtsordnung der Bundesrepublik Deutschland, in: W. Gernert Hg., Über die Rechte des Kindes. Impulse für Jugendhilfe zu Schutz des Kindes durch Familie, Gesellschaft und Staat, Stuttgart u. a. 1992, 233.
14. So der als Programm gedachte Titel der Bielefelder Habilitationsarbeit von K.-D. Bussmann, o. Anm. 12.
15. Dazu H. Kirchmeier, Eigentum Kind – sozialgeschichtliche und pädagogische Überlegungen, in: R. Kessler/ E. Loos (Hg.), Eigentum: Freiheit und Fluch. Ökonomische und biblische Einwürfe, KT 175, Gütersloh 2000, 177-188.
16. Dazu bes. Bussmann, Verbot.
17. Bussmann, Verbot 444. Empirisch zeigt sich dieser Zusammenhang etwa in Interviews mit Kindern und Jugendlichen, aus denen das folgende Gespräch mit einem 14 jährigen Mädchen stammt: »›Würdest du dann Deinen Eltern dann auch schon mal sagen, dass sie dich eigentlich überhaupt nicht schlagen dürfen,

III. Folgerungen: fünf Thesen

1. Recht als notwendiger Teil des gesellschaftlichen Normensystems

Es ist durchgehend zu erkennen, dass rechtliche Regelungen im sozialen Bereich dann ausformuliert wurden und werden mussten, wenn traditionale Normensysteme nicht mehr greifen, wenn soziale Verschiebungen oder Krisen bisherige Absicherungen in Frage stellen. Die Rechtssätze greifen dabei inhaltlich, wenn auch in unterschiedlichem Maße, ältere Normen und Maßstäbe auf, wollen sie aber auf eine neuartige Weise, eben durch rechtliche Garantien sichern. Nun bleibt zweifellos auch die Praktizierung und Durchsetzung solchen Rechts darauf angewiesen, dass seine Normen in das Normensystem der Gesellschaft aufgenommen und dort tradiert werden. Recht kann auf Dauer und schon gar nicht in einer Gesellschaft mit einem so schwachen Staat wie dem des biblischen Israel gegen die Menschen erzwungen werden.

2. Zur theologischen Funktion der alttestamentlichen Gesetze

Als Gesetze werden die alttestamentlichen Rechtskorpora ebenso wie dann die Tora im Ganzen in bestimmten historischen Konstellationen verfasst und installiert, in Situationen, in denen eine Chance zu ihrer Praktizierung und Durchsetzung bestand. Indem sie aber Teil des einen göttlichen Rechtsbuches werden, bleiben sie – wenn auch auf veränderte Weise – auch dann als Anspruch Gottes und seiner Gerechtigkeit in Geltung, wenn diese Konstellationen nicht mehr gegeben sind. Da gilt sogar dann, wenn keine Rechtsautonomie besteht oder nur Reste davon. Das heißt aber: indem die Gesetze Teil des von der Tora gebotenen Normensystem werden, enthält jede an der Tora orientierte Ethik in sich Elemente von Recht, und das selbst dann, wenn dieses Recht rechtlich nicht durchsetzbar oder anwendbar ist. Diesen aus der Struktur der Tora kommende Zug biblischer Ethik ist für sie besonders typisch und bleibt für jede christliche Ethik und Rechtstheologie von Gewicht.

wenn das verboten wäre?‹ – ›Klar.‹ – ›Würdest du sagen?‹ – ›*Logisch. (Vielleicht) hören sie dann auch auf.*‹« (ebd. 374).

3. Die Schutzfunktion des Rechts

Fragt man nun inhaltlich nach der Bedeutung dieses Rechtscharakters, so kommt sie in der eingangs berichteten Formulierung von Janusz Korczak deutlich zum Ausdruck. Als »konstitutioneller Pädagoge« fügt er, wie er sagt, den Kindern nicht deshalb kein Unrecht zu, weil er sie liebt, sondern »weil es eine Institution gibt, die sie vor Ungerechtigkeit, Willkür und Despotismus des Erziehers schützt«. Und gerade weil das Gericht, das ihm diese Erkenntnis beschert hat, kein staatliches, sondern ein freiwilliges, spielerisches, nahezu fiktives Gericht war, ist damit in der Tat auch der theologische Sinn der biblischen Rechtsregelungen recht exakt benannt. Korczak will ja keine Alternative zwischen Liebe und Recht formulieren; es ist gut, auch und gerade für die Kinder, wenn er sie liebt (und nicht zuletzt das Kindergericht entspringt dieser Liebe). Nur: ihr Schutz kann und darf nicht allein davon abhängen, dass diese Liebe konstant und dauerhaft und frei von Eigeninteressen ist. Während die Liebe stets an das Subjekt des Handelnden gebunden bleibt, formuliert das Recht eben ein Recht des Betroffenen, des potentiellen Opfers. Dieses Recht sollte nach biblischer Tradition gerade nicht (allein) auf die manchmal schwankende Liebe, schon gar nicht die von Einflussreichen und Mächtigen gegründet werden.

4. Gott als Anwalt

Mit diesem Rechtsmoment der Tora hängt ein zentrales Moment des biblischen Gottesbildes zusammen. Vielleicht kann die – heute nicht selten anzutreffende – Bezeichnung Gottes als »Anwalt« bestimmter Menschen oder Gruppen dies zum Ausdruck bringen, obwohl sie in dieser Form nicht biblisch ist[18]. Mit ihr ist die Frage, was denn der biblische »Gott des Rechts« (Jes 30,18; Mal 2,18) konkret für die Rechte bestimmter Menschengruppen bedeutet, deutlich gestellt. Sollten derartige Formulierungen nicht uneingelöst und damit unglaubwürdig und letztlich rein ideologische Ansprüche bleiben, sind sie mit der biblischen Rechtstradition zu verbinden. Gott wirkt als Anwalt der sozial Schwachen, indem er und die Seinen deren Rechte praktizieren und immer neu als Rechte durchsetzen.

---

18. Die Funktion eines modernen Rechtsanwalts gab es im Gerichtswesen der biblischen Zeit nicht. Sicher konnte gelegentlich ein Zeuge oder ein anderer Beteiligter die Rolle eines Verteidigers einnehmen. Wo aber das deutsche Wort »Anwalt« in Bibelübersetzungen auftaucht, steht es für andersartige Rechtsbegriffe und verdeckt das jeweils konkret Gemeinte eher.

5. Menschenrechtliche Orientierung der Diakonie?

Als Konsequenz aus dem Gesagten ergibt sich für mich die Frage, ob die Diakonie nicht noch stärker als bisher ihre traditionelle Motivierung aus christlicher Nächstenliebe durch einen ausdrücklichen Bezug auf die den sozial Schwachen zustehenden Rechte und ihre deswegen anzuerkennenden Ansprüche ergänzen müsste. Dabei könnte dann auch zum Zug kommen, dass die einschlägige biblische Grundlage inhaltlich weitgehend den Menschenrechten, insbesondere den bei uns rechtlich bisher nicht voll durchgesetzten wirtschaftlichen und sozialen Menschenrechten entspricht, die aber ihrerseits nichts anderes als eine Weiterschreibung und Konkretisierung der biblischen Rechtstradition unter den Bedingungen der Moderne darstellen.

IV. Soziale Gerechtigkeit

14. Gottes Fürsorge und menschliche Arbeit
Ökonomie und soziale Gerechtigkeit
in biblischer Sicht

I.

Die Kirche »hat die Fürsorge Gottes nicht so glaubhaft zu machen vermocht, dass alles menschliche Wirtschaften von ihr aus seine Aufgabe in Empfang genommen hätte«. Das formulierte Dietrich Bonhoeffer als Teil des der Kirche aufgetragenen Schuldbekenntnisses[1]. Der Begriff der »Fürsorge Gottes«, der hier offenkundig so etwas wie den Ansatz einer theologischen Wirtschaftsethik bildet, steht – ähnlich wie es bei anderen zentralen Begriffen Bonhoeffers zu beobachten ist etwa dem »Tun des Gerechten« – in einer erstaunlichem, weil von der Tradition her keineswegs selbstverständlichen, sachlichen Nähe zu zentralen biblischen Sachverhalten. Mit »Fürsorge Gottes« werden ja der Sache nach grundlegende biblische Gotteserfahrungen wie Befreiung und Landgabe, Schöpfung und Segen, und doch wohl auch die Rechtfertigung zusammengefasst. Dem Zusammenhang dieser Erfahrungen mit dem biblischen Wirtschaftsrecht möchte ich in einer bestimmten Hinsicht nachgehen.

Der Anspruch, der in Bonhoeffers Formulierung steckt, ist hoch. Wie kann denn ausgerechnet von der Fürsorge Gottes so geredet werden, dass sie glaubhaft, und das heißt doch wohl auch nach außen einsichtig und vermittelbar, als Grundlage allen wirtschaftlichen Handelns erscheint? Schon für die Zeit Bonhoeffers erscheint solches zunächst kaum denkbar. Und das gilt erst recht heute angesichts der »Globalisierungsfalle«[2] mit ihren raschen Veränderungen, ihren ungeheuren neuen Bedrohungen und manchmal geradezu hoffnungslosen Zukunftsperspektiven. Und der Abstand der hinter dem biblischen Wirtschaftsdenken stehenden antiken und bäuerlichen Realität zur Gegenwart ist noch größer und scheint fast unüberwindbar. Ich muss gestehen, dass es mir bei der Arbeit an diesem Beitrag, manchmal

1. Ethik, Werke Bd. 6, 1992, 131 f.
2. H.-P. Martin/H. Schuman, Die Globalisierungsfalle. Der Angriff auf Demokratie und Wohlstand, Hamburg 1996.

geradezu lächerlich vorkam, Erfahrungen und Weisungen einer kleinen vorneuzeitlichen Ökonomie zur Grundlage für heutiges Nachdenken zu machen.

So sind denn auch weder der theologische Ort, an dem hier bei Bonhoeffer von Wirtschaft die Rede ist, noch der zentrale Begriff, unter dem das geschieht, wenn ich recht sehe, bisher theologisch oder kirchlich wirklich rezipiert worden. Man mag beispielhaft an die jüngste einschlägige Äußerung der Kirchen denken, wie das »Wort des Rates der EKD und der Deutschen Bischofskonferenz zur wirtschaftlichen und sozialen Lage in Deutschland«, aber auch an die alltägliche Praxis von Gottesdienst und Verkündigung. Man wird es zwar als einen großen und wichtigen Schritt nach vorn ansehen müssen, dass dabei die großen und vielfältigen biblischen Traditionen der Gerechtigkeit jedenfalls grundsätzlich als Perspektive kirchlichen Handelns und Redens wieder gewonnen worden sind, wenn auch sicher noch nicht überall und in der Klarheit, mit der das in Tora, Propheten und Evangelien geschieht. Aber weder erscheint das Fehlen von Gerechtigkeit in der Realität der Gegenwart als Schuld, schon gar nicht als Schuld der Kirche, was nicht nur mit dem Genre der Texte zusammenhängen dürfte, noch sind die Wurzeln der Gerechtigkeit in so etwas wie der Fürsorge Gottes theologisch zentral bzw. gar nach außen glaubhaft und überzeugend aufgewiesen worden, zu schweigen von vielen anderen Aspekten wirtschaftlichen Handelns.

Chance wie Problem jedes Versuches, die Bonhoeffersche Formulierung heute aufzunehmen, liegen ja offenkundig darin, dass mit dem Begriff der Fürsorge zum einen etwas Positives und zum anderen etwas im Prinzip für alle Einsichtiges, von allen Erfahrenes gemeint sein muss, das zur Grundlage eines neuen Nachdenkens über Wirtschaft werden könnte. Kann man von Gott und seinem Handeln so reden? Können wir Gott, den Glauben an ihn, die Erfahrung von ihm heute so weit »ins Leben ziehen«[3]? Sicher kann es, wenn überhaupt nur um kleine Schritte in eine solche Richtung gehen. Aber selbst die werden nur möglich sein, wenn es gelingt, die biblischen Grundlagen unseres Redens von Gott neu Sprache werden zu lassen.

Ich möchte versuchen dazu einen Beitrag zu leisten, indem ich einen Ausschnitt aus dem deuteronomischen Gesetz interpretiere, der mich in diesem Zusammenhang seit langem und immer wieder neu beschäftigt. Es zeigt sich dabei exemplarisch, wie ungeheuer schwierig und anstrengend, aber auch verheißungsvoll es ist, unsere seit langem eingefahrenen Sichtweisen sowohl der Texte wie der Wirklichkeit zu verändern, damit Gott

---

3. Vgl. – im Anschluss an eine Formulierung Luthers – G. Scharffenorth, Den Glauben ins Leben ziehen ... Studien zu Luthers Theologie, München 1982.

neu sichtbar wird. In dieser wohl reflektiertesten Wirtschaftstheologie der Bibel ist in der Tat so etwas wie die Fürsorge Gottes Grundlage und Ausgangspunkt. Von ihr aus wird eine Perspektive eröffnet, in der sowohl das Tun des Gerechten wie die menschliche Arbeit Teilmomente sind. Zentral und heute von besonderem Interesse ist die Vorstellung von Segnung der Arbeit. Sie ist Teil von so etwas wie einem Kreislauf von Segen, Gerechtigkeit und gesegneter Arbeit, der offenkundig auf Erfahrung beruht, also in einer bestimmten Weise der Interpretation der Wirklichkeit wurzelt.

Soll nach Bonhoeffers Formulierung *alles* Wirtschaften von der Fürsorge Gottes her seine Aufgabe erhalten, so dürfte sich ja das damit gestellte Problem unter den Bedingungen der Neuzeit wie erst recht angesichts der sozialen und wirtschaftlichen Konflikte der Gegenwart nirgends als so gewichtig, aber auch schwierig erweisen wie beim Thema Arbeit. Vielleicht liegt darin wirklich auch eine Chance, denn das neuzeitliche Arbeitsverständnis, dessen Wirkung und Selbstaufhebung heute im Zentrum der aktuellen Krisen und Ratlosigkeiten steht, ist ja selbst durch eine bestimmte Bibelinterpretation der Reformation mit angestoßen worden. Luthers Sicht der Alltagsarbeit als Gottesdienst und als Ort der göttlichen Berufung wirkt bis in die psychosozialen Probleme heutiger Arbeitsloser nach und steckt uns wohl allen theologisch noch tief in den Knochen. Thesen wie der von Max Weber über die Entstehung des Kapitalismus aus der protestantischen Ethik reformierter Prägung[4], man kann auch an Karl Holl und die Bedeutung der Geschichte des Wortes Beruf denken[5], wird man heute in ihrer Pauschalität mit Skepsis begegnen und sie vor allem durch andere Aspekte und Entwicklungen korrigieren und ergänzen müssen. »Es ist die Arbeit, die den weitaus größten Anteil des Wertes der Dinge ausmacht, an denen wir uns in dieser Welt erfreuen«, heißt es bei John Locke[6]. Und: »Die jährliche Arbeit eines Volkes ist die Quelle, aus der es ursprünglich mit allen notwendigen und angenehmen Dingen des Lebens versorgt wird«, so lautet der erste Satz des Werkes von Adam Smith[7]. Das sind die Formulierungen,

---

4. Die protestantische Ethik und der Geist des Kapitalismus, Ges. Aufs. z. Religionssoziologie I, 5. Aufl. Tübingen 1963 (u.ö.).
5. Die Geschichte des Wortes Beruf, Ges. Aufs. z. Kirchengeschichte 3, Tübingen 1928, 203 ff.
6. »Labour makes the far greatest part of the value of things we enjoy in this world«, Two Treatises of Government 2,5,42; dt. Übers. Zwei Abhandlungen über die Regierung, stw 213, 1995, 226.
7. »The annual labour of every nation is the fund which originally supplies it with all the necessaries and conveniences of life«, An Inquiry into the Nature and Causes of the Wealth of Nations (1776), dt. Übers. Der Wohlstand der Nationen. Eine Untersuchung seiner Natur und seiner Ursachen, dtv 6094, 1978, 3.

in denen der neuzeitliche Arbeitsbegriff Gestalt gewinnt und die ihn entscheidend prägen[8]. Sie sind Ausdruck der etwa von Hirschman aufgewiesenen fundamentalen Abkehr von traditionell christlichen Wertungen in der Neubewertung des Eigeninteresses am Beginn der Neuzeit[9].

In Formulierungen wie den genannten steht die menschliche Arbeit genau an der Stelle, die bei Bonhoeffer die Fürsorge Gottes einnimmt. Dass sie der Kernpunkt der Wirtschaft ist, darin waren sich der Marxismus und seine Gegner weithin einig. Wenn ich recht sehe, ist aber das neuzeitliche Arbeitsethos anders als andere Säkularisierungserscheinungen gerade auch in Kirche und Theologie weithin und nahezu ungebrochen rezipiert worden. Heute, wo diese Art der Arbeit die menschliche Arbeit selbst in immer neue Krisen stürzt und für große Teile der Menschheit überflüssig zu machen droht, kann deshalb der Versuch einer theologischen Verhältnisbestimmung von Gottes Fürsorge und menschlicher Arbeit von einigem Gewicht sein. Nicht als Bonhoeffer-Exegese, etwa als Untersuchung der Beziehung dieser Rede von der Fürsorge Gottes zu dem Mandat der Arbeit, was nicht mein Metier ist, sondern in einer Analyse einiger biblischer Texte möchte ich diesem Verhältnis etwas nachgehen.

Diese Art des Fragens trifft allerdings auf wenig Vorarbeiten innerhalb der Fachwissenschaft, wo es – vielleicht abgesehen vom Thema Sabbat – kaum Arbeiten gibt, die den heutigen Fragestellungen gerecht werden. Es ist nicht untypisch, dass es zuletzt etwa Lukas Vischer war, der in einer kleinen Schrift »Arbeit in der Krise« versucht hat, die biblischen Aussagen für die gegenwärtige Diskussion im ökumenischen Kontext neu fruchtbar zu machen und aus ihnen »Theologische Orientierungen« zu gewinnen[10]. Zwar bringt er mit Recht gewisse Korrekturen am traditionellen Bild des reformatorischen Arbeitsbegriffs an und hebt die theologisch große Bedeutung der Sabbattradition für die gegenwärtigen und zukünftigen Fragen hervor. Aber angesichts der Differenz der Lebenswelten und Probleme reicht eine derartige Erschließung von biblischen Aussagen nicht aus. Eine notwendige Voraussetzung für eine theologische Erschließung ist vielmehr, nach der realen Funktion von Arbeit wie von anderen ökonomischen Faktoren im damaligen biblischen Lebenszusammenhang zu fragen, also unter sozialgeschichtlichen Aspekten. Erst auf dieser Basis kann ihre theologische Interpretation und Wertung erfasst werden. Beides muss im Prinzip zu-

---

8. Vgl. etwa W. Conze, Art. Arbeit, in: Geschichtliche Grundbegriffe I, Stuttgart 1972, 154-215.
9. A. O. Hirschman, Leidenschaften und Interesse. Politische Begründungen des Kapitalismus vor seinem Sieg, dt. Übers. Frankfurt/M 1980.
10. Arbeit in der Krise. Theologische Orientierungen, Neukirchen 1996.

nächst deutlich unterschieden und kann erst in einem zweiten Schritt aufeinander bezogen werden. Zudem ist der hermeneutische Ort, von dem aus das heute geschieht, sehr genau und selbstkritisch zu reflektieren.

Ein wichtiger Punkt könnte unter dieser Perspektive bereits die etwas pauschale Erkenntnis sein, dass menschliche Arbeit für die Produktion der lebensnotwendigen Güter, aber auch für das Leben der Individuen selbst in der Antike bei weitem nicht die Bedeutung hatte, die sie in der Neuzeit real wie sozial-psychologisch gewinnt. Arbeit ist trotz aller Hochschätzung damals sicher weder *der* »Inhalt des Lebens«, wie der Soziologe Hans-Paul Bahrdt einmal für die Neuzeit formuliert hat[11], noch ist die reale Kooperation zwischen Mensch und Gott, aus der, wie Ps 104,14f. sehr plastisch beschrieben, mit Brot, Wein und Öl die wichtigsten Lebensmittel hervorgehen, zugunsten einer Isolierung des menschlichen Anteils zu übersehen. Die theologische Interpretation eines vorneuzeitlichen, d.h. vor der neuzeitlichen Zentralstellung der Arbeit liegenden Systems ökonomischer und sozialer Ordnungen mit seiner Zuordnung von göttlicher Fürsorge und menschlicher Arbeit, ist angesichts des zu Ende gehenden industriellen Zeitalters und der realen Probleme mit Arbeit und Gerechtigkeit neu in den Blick zu nehmen. Befragt man es auf die in ihm liegende Art der Gotteserfahrung, könnte daraus vielleicht die biblische Grundlage für einen möglichen theologischen Beitrag zu einem neuen Begriff menschlicher Arbeit erwachsen. Jedenfalls möchte ich so mein exegetisches Interesse an diesem Thema beschreiben.

II.

Ich konzentriere mich im Folgenden zwar weitgehend auf *einen* alttestamentlichen Textbereich. Da aber eine heutige theologische Interpretation für die Gegenwart nicht in einer Engführung erfolgen kann, sondern durchgängig bestimmte andere biblische Aussagen, die hier nicht explizit zur Sprache kommen sollen, voraussetzen muss, verweise ich vorgängig und thesenhaft auf einige weitere Aspekte.

– Zentrale anthropologische Texte der Bibel wie die Schöpfungsberichte lassen Arbeit als mit dem Menschsein gegeben, ja geradezu als Teil des

---

11. Arbeit als Inhalt des Lebens (»denn es fähret schnell dahin«), in: Krise der Arbeitsgesellschaft? Verhandlungen des 21. Dt. Soziologentags Bamberg 1982, Frankfurt/New York 1983, 120-137.

Schöpfungszweckes erscheinen. In Verbindung mit der biblischen Tendenz, Gottes Willen auch Rechtsform zu geben, scheint mir die These nachgerade Evidenzcharakter zu besitzen, dass ein Menschenrecht auf Arbeit besteht und dass seine Durchsetzung und Anerkennung die leitende Perspektive für kirchliches Handeln sein muss[12]. Die Möglichkeit, sich und andere durch Arbeit zu ernähren, die selbst unter paradiesischen Bedingungen zum Menschsein gehört (Gen 2,15), kann nicht verweigert werden, ohne Menschsein zu zerstören und zu gefährden.

– Zwar kennt der Dekalog durchaus ein Arbeitsgebot – »*sechs Tage sollst du arbeiten*« (Ex 20,9) – aber ihm übergeordnet ist das der Ruhe – »*Gedenke des Sabbattages*« (20,8). Erst beides gemeinsam ist Grundlage der *imitatio dei* (20,11), die menschliches Leben bestimmen soll und kann. Biblischer Glaube hat eine unaufgebbare Zeitstruktur, das ist der Sabbatrhythmus[13]. Der Glaube selbst steht mit ihm auf dem Spiel. Dabei war der Sabbat in der Geschichte immer wieder bei Aufkommen neuer Techniken und Sozialformen umstritten und musste geradezu neu gewonnen werden. Zu dieser Urform des Teilens von Arbeit sollte heute und in Zukunft auch das seit biblischen Zeiten nicht praktizierte und fast vergessene Sabbatjahr gehören.

– In den Sabbat sind die Tiere mit einzubeziehen, das Sabbatjahr gilt nach Lev 25 ausdrücklich dem Land. Zudem gibt es zahlreiche andere Schutzbestimmungen für Tiere und Pflanzen. Wirtschaftsrecht hat biblisch gesehen weitreichende ökologische Dimensionen.

– Die entscheidenden anthropologischen Aussagen über Mensch und Arbeit – wie auch die entsprechenden Gebote der Tora – betreffen Mann und Frau gleichermaßen. Die damalige geschlechtsspezifische Arbeitsteilung ist mit der neuzeitlichen Trennung von Haus und Beruf, in deren Folge sich eine Marginalisierung von Frauenarbeit vollzog, nicht zu vergleichen, da die Arbeit beider Geschlechter gleichermaßen unmittelbar lebensnotwendig und unersetzbar war, und es zudem in vielen und wichtigen Bereichen Überschneidungen gab. Dass gerade Frauenarbeit Gleichnischarakter für göttliches Handeln bekommt, hat Luise Schottroff beispielhaft herausgearbeitet[14].

– »die konkrete Gestalt des göttlichen Gesetzes in [der] Wirtschaft ... muss von denen erkannt und gefunden werden, die verantwortlich in [der]

---

12. Zur Begründung F. Crüsemann, »... sechs Tage sollst du arbeiten«!?. Biblische Traditionen und kirchlicher Auftrag angesichts wachsender Arbeitslosigkeit, ZdZ 49, 1995, 216-221; sowie EvKomm 2/1995, 85-88.
13. Vgl. F. Crüsemann, Die Tora, 2. Aufl. Gütersloh 1997, 167 f.
14. Lydias ungeduldige Schwestern. Feministische Sozialgeschichte des frühen Christentums, Gütersloh 1994, bes. 120 ff.

Wirtschaft arbeiten«, heißt es bei Bonhoeffer[15]. So wichtig die darin liegende Warnung auch ist, so kann sie durch die Komplexität der Probleme heute auch ein eher zu großes Gewicht bekommen. Es ist deshalb daran zu erinnern, dass alle Menschen in die Vorgänge der Ökonomie als Handelnde wie als Leidende, als Schuldige wie als Opfer einbezogen sind, alle also auch verantwortlich sind. Biblisch hat zudem die Perspektive von unten ihr eigenes Gewicht, die nicht durch Verweis auf fachliche Kompetenz ausgeschaltet werden kann.

III.

Ich möchte dem Zusammenhang von Gottes fürsorgendem Handeln und menschlicher Arbeit im Rahmen des ältesten sozialen Sicherungssystems nachgehen, das wir kennen. Im Deuteronomium gibt es ein ganzes System von Sozialgesetzen, ein regelrechtes soziales Netz. Es ist der Versuch, unter damaligen ökonomischen und gesellschaftlichen Gegebenheiten die erfahrene Güte und Fürsorge Gottes in rechtlich bindende Partizipationsregeln umzusetzen.

Und dabei ist in diesem zentralen Teil der Gerechtigkeitsregeln der Tora von menschlicher Arbeit immer wieder an entscheidender Stelle die Rede. *»Damit Adonai, dein Gott, dich segne in aller Tätigkeit deiner Hand, die du tust«* – dieser Satz und mit ihm eine Verheißung des Segens für menschliche Arbeit steht als Abschluss bei allen wichtigen Sozialgesetzen des Deuteronomiums[16]. Durch sie wird, und das ist für uns besonders interessant, menschliche Arbeit zu einem Element eines Kreislaufs von Segen und Gerechtigkeit. Aus Gottes Gaben und menschlicher Arbeit entsteht Reichtum, die Partizipation aller an diesem Reichtum, Gerechtigkeit also, führt zu Segnung der Arbeit, also zu vermehrtem Wohlstand. Obwohl auch unsere Gottesdienste alle mit dem Segen enden, kommt er in unserem Glauben und unserer Theologie meist nur ganz am Rande vor. Vielleicht haben wir deshalb unseren bisherigen Wohlstand theologisch so wenig reflektiert. Das

---

15. Ethik 364.
16. Zum exegetischen Detail F. Crüsemann, »... damit er dich segne in allem Tun deiner Hand ...« (Dtn 14,29). Die Produktionsverhältnisse der späten Königszeit, dargestellt am Ostrakon von Mesad Hashavjahu, und die Sozialgesetzgebung des Deuteronomiums, in: Mitarbeiter der Schöpfung. Bibel und Arbeitswelt, hg. L. u. W. Schottroff, München 1983, 72-103, v. a. ders., Die Tora. Theologie und Sozialgeschichte des alttestamentlichen Gesetzes, ²1997, bes. 262 ff.

Gegenteil ist uns vertrauter, der Fluch. Kreisläufe ins Negative, Arbeit, aus der Zerstörung erwächst, Rüstung, Umweltkatastrophen, Vernichtung von Arbeitsplätzen, Beschleunigung von destruktiven Prozessen. Hier geht es um das Umgekehrte, einen Kreislauf von Segen und Gerechtigkeit und gesegneter Arbeit.

Ich stelle einen Blick auf das gesamte System sozialer Sicherungen an den Beginn, mit seinen fast gleich formulierten Varianten des Verweises auf die Segnung der Arbeit, und gehe dann die wichtigsten Beispiele etwas näher durch.

Rechte zum Schutz der wirtschaftlich Schwächsten
   Sklavenrecht 15,12 ff. (23,16 f.)   **15,18**
   Armensteuer 14,22 ff. (26,12 ff.)   **14,29**
   Grundversorgung 24,19 ff. (23,25 f.)   **24,19**
   Partizipation 16,9 ff. 13 ff.   **16,15**
Rechte zur Verhinderung sozialen Abstiegs (und Aufstiegs)
   Zinsverbot 23,20 f.   **23,21**
   Schuldenerlass 15,1 ff.   **15,10**
   Pfandrecht 24,6.10 ff.   **24,13**

Der erste der zitierten Sätze steht in 14,29 am Ende des Gesetzes über den Zehnten. »*Unbedingt sollst du den ganzen Ertrag deiner Saat verzehnten, was dem Acker entsprosst, Jahr um Jahr. Und verzehnten sollst du vor Adonai, deinem Gott ... den Zehnten deines Korns, deines Mostes und deines Öls*« (14,22). In jedem dritten Jahr aber soll diese traditionelle Steuer des Zehnten – »*von deiner Ernte*« – an die Menschen ohne Grundbesitz, die also ohne eigene wirtschaftliche Grundlage sind, an Fremde, Waisen, Witwen und Leviten weitergegeben werden, um ihnen so ein gesichertes Überleben zu ermöglichen. Das ist die erste Sozialsteuer der Weltgeschichte, die Urzelle rechtlicher und staatlicher Verantwortung für die Schwächsten aus dem allgemeinen Steueraufkommen. Von »*deiner Saat, bzw. deiner Ernte*«, von Korn, Wein und Öl, von Rindern und Schafen (v.23) sollen einerseits Wallfahrten und Gottesdienste mit ihren großen Festmahlzeiten bestritten werden (ich muss dabei immer an unser Weihnachtsgeld denken), sollen aber eben auch die Besitzlosen gesichert leben können. Der Quellort von Reichtum und Wohlstand wird hier zum Quellort für Gerechtigkeit. Nicht unwichtig ist heute sicher auch, dass dafür keine zentrale Verwaltung errichtet, die Verteilung gerade nicht über den Staat, den König, die Beamten erfolgen soll. »*In deinen Toren*« (v.29), das heißt direkt in den einzelnen Wohnorten sollen die Transaktionen passieren (v.28 f.).

Zum zweiten Mal kommt der zitierte Satz in 15,10 vor im Zusammenhang des regelmäßigen Erlasses aller Schulden in jedem siebten Jahr. »*Nach sieben Jahren sollst du einen Erlass veranstalten ... Jeder Inhaber eines Darlehens soll aus seiner Hand lassen, was er seinem Nächsten geliehen hat. Er soll seinen Nächsten und Bruder nicht bedrängen*« (15,1 f.). Wenn derart Schulden erlassen werden und dennoch weiter dem geliehen wird, der es nötig hat, dann »*wird dich Adonai dein Gott segnen, in aller Arbeit deiner Hand und in allem, woran du deine Hand legst*«. Was altorientalische Könige gelegentlich ausrufen konnten bzw. mussten, ein allgemeiner Schuldenerlass, soll hier zu einer regelmäßigen, berechenbaren Institution werden. Es geht dabei um eine neue Form des Sabbatjahres. Statt in jedem siebten Jahr nicht zu arbeiten, soll man zugunsten der Armen auf alle Außenstände verzichten. Im nachexilischen Judentum ist später beides addiert und gemeinsam praktiziert worden (zuerst Neh 10,32). Die Idee eines Schuldenerlasses ist eines der radikalsten biblischen Sozialgesetze. Es soll den Überschuldeten ihre Freiheit erhalten, eine Spaltung der Gesellschaft in Reiche und Sklaven verhindern, an den Gaben Gottes von Exodus und Land möglichst viele teilhaben lassen. So wird die Güte Gottes erfahrbar. Diese biblische Tradition der Schuldenvergebung reicht nachweislich bis in die Vaterunserformulierung »*wie wir vergeben unseren Schuldnern*« hinein, womit wirtschaftliche Schulden neben moralischen bezeichnet[17] und so eine unlösliche Verbindung des Schuldenerlasses mit dem Grundthema des Christentums und jeder Predigt, also mit dem Evangelium selbst und seiner Kernbotschaft der Vergebung hergestellt ist.

Ein drittes Mal wird »*allem, wonach du deine Hand ausstreckst in dem Land, dahin du kommst, es in Besitz zu nehmen*«, Segen verheißen im Zusammenhang mit dem Zinsverbot: »*Du sollst von deinen Brüdern keinen Zins nehmen, weder Zins für Geld, noch Zins für Speise, noch Zins für irgend etwas, das man leihen kann*« heißt es in 23,20. Es war zumeist pure Not, die zum Schuldenmachen führte, daraus konnte dann der Verlust von Land und Freiheit erwachsen. An solcher Not soll niemand verdienen. Das Prinzip des Verzichts auf reale Möglichkeiten der Steigerung von Ertrag und Wohlstand ist hier besonders deutlich, bei Armenzehnt und Schuldenerlass liegen die Dinge aber ähnlich. Die meisten antiken Gesellschaften – und heute ist es ja nicht überall anders – sind in eine kleine Schicht Reicher und viele völlig verarmte oder versklavte Menschen zerfallen, das sollten diese Gesetze verhindern, und das haben sie in Israel verhindert, solange

---

17. F. Crüsemann, »... wie wir vergeben unseren Schuldigern«. Schuld und Schulden in der biblischen Tradition, in Marlene Crüsemann/Willy Schottroff Hg., Schuld und Schulden. Biblische Traditionen in gegenwärtigen Konflikten, München 1992, 90-103.

sie in wesentlichen Teilen praktiziert werden konnten. In einer solchen relativ homogenen Gesellschaft zu leben, ist ein Segen, den wir noch genießen und der heute auf dem Spiel steht.

Hier beim Zinsverbot wie schon beim Schuldenerlass wird nun ein Thema berührt, das uns heute massiv beschäftigt. Diese Gesetze sollen, so wird ausdrücklich gesagt, nicht für die Beziehungen zu Ausländern gelten. Zum Verständnis ist entscheidend, dass dabei nicht das Wort für »*Fremde*« verwendet wird, dem wir etwa beim Armenzehnt begegnet sind *(ger)*. Mit ihm sind dort die Fremden gemeint, die in Israel oder in einem anderen Stamm ihres Volkes Schutz und Asyl auf der Flucht vor Hunger und Krieg gefunden haben, deshalb dauerhaft dort leben müssen, wo sie keine Verwandtschaft und keinen Grundbesitz haben. Sie sind in die Sozialgesetze voll einbezogen. Ausgenommen sind dagegen wirkliche, das heißt im Ausland lebende Ausländer *(nokri)*, mit anderen Worten, es geht dabei um Außenhandel, um Wirtschaftsbeziehungen über den Geltungsraum dieser Gesetze hinaus. Während es innerhalb Israels grundsätzlich keine Rechtsunterschiede zwischen Einheimischen und Ausländern geben darf (Lev 24,22; Num 15,15 f.), können Regeln zur sozialen Gerechtigkeit natürlich nicht ohne weiteres auf andere Gegenden übertragen und angewendet werden. Auf den Zusammenhang mit dem gegenwärtigen Thema der Globalisierung wird zurückzukommen sein.

Weitere Beispielen für diesen Kreislauf von Segen, Gerechtigkeit und vermehrtem Segen speziell für die Arbeit kann ich hier nur stichwortartig nennen. Da ist das Sklavenrecht in 15,12 ff.: »*wenn sich dein Bruder, der Hebräer oder die Hebräerin dir verkauft, soll er dir sechs Jahre dienen, aber im siebten Jahr sollst du ihn frei von dir entlassen*«. Es ist die Erinnerung an das eigene Knechtsein in Ägypten und die Erlösung, den Freikauf Gottes, was als Begründung angeführt wird. Da Schuldsklaven als Pfand zur Sicherung der Schuld dienen, durchbricht dieses Gesetz die interne Sachlogik des Schuldenrechts. Wo solcher Verzicht geschieht, und die Sklaven ausgestattet – eigentlich »*geschmückt*« – mit Gaben »*von deinen Schafen und deiner Tenne und deiner Kelter, von dem, womit Adonai dein Gott dich gesegnet hat*« (v.14), frei werden, werden sie dich wiederum »*segnen in allem, was du tust*«. Andere Härten des Pfandrechts im Sachbereich betrifft die Bestimmung, das Pfand vor dem Abend zurückzugeben, so dass er sich damit zudecken kann, und dazu nicht gewaltsam ins Haus der Abhängigen einzudringen. Dieser »*wird dich segnen und es wird dir als Gerechtigkeitstun angerechnet werden vor Adonai deinem Gott*«. Hier ist einmal die Person des Segnenden genannt, und dieser Segen bewirkt dass das Tun ausdrücklich als Gerechtigkeitstun anerkannt wird. Wichtig ist ferner der Ernterest, den man auf den Feldern stehen lassen soll (24,19), wodurch gemeinsam mit der Beteiligung an den großen Festmahlzeiten (16,15) sowie etwa dem Recht auf so etwa wie Mundraub eine gesicherte Grundversorgung von Fremden, Witwen und Waisen entsteht, dass sie niemals hungern müssen (24,19).

IV.

In einigen Schritten soll nun versucht werden, das hier vorliegende Denken durch Analyse zu erschließen und damit auch die in ihm liegenden theologischen Impulse.

Zweifellos handelt es sich im Grunde um so etwas wie eine Wohlstandstheologie: Angeredet werden die grundbesitzenden Schichten, es geht um Segen und damit ist immer sicheres, auch materiell unbedrängtes Leben aus der Fülle gemeint. »*Gott gebe dir vom Tau des Himmels und vom Fett der Erde und Korn und Wein die Fülle*«, so wird Jakob und mit dem Stammvater ganz Israel gesegnet (Gen 27,28). Die Freiheit des Exodus und die Gabe des Landes, das von Milch und Honig fließt, sind weit von Askese und Verzicht entfernt. In den Gesetzen des Deuteronomiums geht es um die Bedingungen der Bewahrung solchen Reichtums in Zeiten harter sozialer Konflikte und des drohenden sozialen Abstiegs großer Teile der Bevölkerung. Die Propheten haben die auf Ausnutzung und Ausbeutung Ärmerer und Schwächerer beruhenden Zustände als Anlaß zu umfassenden Katastrophen gesehen, und sie sind bestätigt worden. Hier wird nun aus diesen Erkenntnissen ein sozialstaatliches Modell entwickelt, durch das auf rechtlicher Basis alle am gesellschaftlichen Reichtum teilhaben sollen und genau daraus eine Quelle weiteren Wohlstand entstehen soll. Durchaus vergleichbare Erfahrungen und zwar nach der positiven wie der negativen Seite sind in unserem Jahrhundert mehrfach gemacht worden. Von heutigen Wirtschaftstheorien her ist ein solches Kreislaufdenken keineswegs unrealistisch. Es ist sicher nicht einfach dasselbe, wenn man etwa der Kaufkraft der breiten Massen auch wirtschaftlich große Bedeutung zuschreiben muss, in ihr vielleicht für die Zukunft mehr Segen liegt als in bloßem Sparen und sozialer Enteignung, aber Analogien dieser Art wird man auch nicht einfach übersehen können.

Eindeutig ist zunächst Stellenwert und Funktion der sozialen Gerechtigkeit zu bestimmen. Von dem Reichtum des Landes und der Ernten sollen auch die partizipieren, die unmittelbar, nämlich durch eigenen Landbesitz, daran keinen Anteil haben. In der Sozialsteuer, im Zugriffsrecht auf Felder und Ernteanteile, im Recht auf unverzinsbare Darlehen, ja auf Erlaß aller Schulden im Sabbatjahr, nehmen sie am allgemeinen Reichtum teil und erhalten eine rechtlich gesicherte Lebensgrundlage. Gerechtigkeit wird so zu einem Teil eines Segenskreislaufs. Indem an den Gaben Gottes alle partizipieren, auch die, die das nur durch die stärker Gesegneten tun können, wird neuer Segen erwachsen. Hier zeigen sich ähnliche Strukturen samt ihrem Verweis auf Erfahrung wie an vielen Stellen in der Bibel. Nicht Festhalten, was man hat, und Abgrenzung vermehrt Wohlstand und Reichtum, sondern Teilhabe und Öffnung. Man denke nur an Sabbat und Sabbatjahr mit ihrem – theologisch hoch angesetzten – Verzicht auf weitere Steigerung von Effizienz, Einkommen und Erträgen.

Von besonderem Interesse ist aber nun die Stellung der menschlichen Arbeit in diesem Kreislauf. Explizit kommt sie als Objekt des durch die Gerechtigkeit vermehrten Segens vor. Es ist ja diese Abschlussformel, die dieses System der Sozialgesetze ausdrücklich zusammenhält. Und es ist nicht zuletzt der Begriff einer gesegneten Arbeit, der von besonderem Interesse sein muss. Dabei ist zunächst wichtig, dass der hebräische Begriff hier nicht das Wort ist, das etwa im Dekalog im Sabbatgebot usw. auftritt, also nicht das übliche Wort für Arbeit, das dann auch die Worte Sklave und Dienst prägt ('bd). Sondern es ist zunächst das Wort maʿaśäh, Werk, Tun (14,29;15,10; 16,15 neben Ertrag; 24,19); vgl. verbal in 15,18. »Wie griech. *poiein* und lat. *facere* vereinigt ʿasah in sich die beiden Bedeutungen ›tun‹ und ›machen‹«[18]. Eine Reihe von weiteren Formulierungen unterstreicht diese Breite. Da ist die Rede von allem, woran man die Hand legt, wörtlich wonach man sie ausstreckt etc. Der Sache nach sind damit die beiden Aspekte dessen, was üblicherweise Arbeit heißt und die Hannah Arendt als »Arbeiten« und »Herstellen« unterscheidet, miteinander verbunden[19]. Und man kann durchaus erwägen, ob nicht auch das von ihr als »Handeln« bezeichnete eher politische Tun mit eingeschlossen ist. Der zugesagte Segen betrifft also sicher die Arbeit auf den Feldern, aus denen der Segen erwächst, der hier gerecht verteilt wird, aber ebenso sicher mehr als das. Ein »glückliches Händchen« in allen Feldern menschlicher Tätigkeit wird, das verspricht Gott hier, aus der Gerechtigkeit erwachsen. Das menschliche Arbeiten in einem breiten Sinne wird von Gott gesegnet. Damit ist der Ertrag, wie der Ertrag menschlicher Arbeit in biblischer Sicht überhaupt, ein Produkt von gott-menschlicher Kooperation.

Ein theologisch besonders interessanter Punkt für das Verständnis des Verhältnisses von Gottes Fürsorge und menschlicher Arbeit ist aber nun

---

18. H. Ringgren, Art. ʿāśāh ThWAT VI, 1989,Sp. 415.
19. Vita Activa oder Vom tätigen Leben (1958), München 6. Aufl. 1989.

die Tatsache, dass es keineswegs so ist, dass Gottes Gaben, die er allein als Schöpfer und Spender des Segens heranwachsen läßt, gerecht verteilt werden sollen, damit daraus neuer Segen für die menschliche Arbeit erwächst. Dieses theologisch sozusagen traditionelle Verständnis wird dem Sachverhalt in seiner Präzision nicht wirklich gerecht. Versucht man genau zu erfassen, wie der Reichtum des Landes, aber auch der in anderen Wirtschaftsvorgängen wie dem Schulden- oder Sklavenwesen in Erscheinung tretende Reichtum beschrieben und theologisch verstanden wird, so trifft man auf einen auffallenden doppelten Sachverhalt.

Einerseits werden die angeredeten landbesitzenden Schichten, die zugleich repräsentativ für Israel im Ganzen stehen, immer wieder auf ihren Besitz hin angesprochen, es ist die Rede von »*deiner Ernte, deinen Feldern, deiner Kelter*« usw. Erst recht ist vorausgesetzt, dass es diese besitzenden Kreise sind, denen durch Verzicht auf ihre Sklaven und deren Arbeit, auf mögliche Zinserträge, Außenstände, Ernteanteile ein Schaden entsteht. Es handelt sich faktisch um einen massiven Eingriff in ihr Eigentum.

Andererseits wird in den ausführlichen Einleitungsreden des Deuteronomiums wiederholt und nachdrücklich auf die beiden konstitutiven Voraussetzungen hingewiesen, von denen durchgängig ausgegangen wird. Das ist einerseits die Gabe des Landes. Dabei realisiert sich im konkreten Landbesitz der einzelnen Familien die große Verheißung Gottes an Israel im Ganzen. Und das ist andererseits der Exodus und damit der grundlegende Erwählungs- und Befreiungsvorgang. Dieser ist gerade auch für das Verständnis des Landbesitzes selbst entscheidend. Denn der faktische Landbesitz der angeredeten Schichten freier israelitischer Bauern wird als Gabe verstanden, die Möglichkeiten, die in ihm liegen, werden damit als Ausdruck geschenkter Freiheit interpretiert.

In den Produkten, die etwa im Armenzehnt zur Lebensgrundlage der sozial Schwächeren werden, an denen die Landlosen rechtsförmig bei Festen und im Ernteresten partizipieren, steckt ja bereits menschliche Arbeit, sie sind selbst bereits das Ergebnis von – gesegneter und in Freiheit geleisteter – Arbeit. Aber diese Arbeit hat gerade nicht, wie das für den neuzeitlichen Arbeitsbegriff seit Locke konstitutiv wurde, ein absolutes Eigentum geschaffen, das vor jedem fremden Zugriff geschützt werden darf und muss. In zumindest dreifacher Weise, durch die Gewährung der Voraussetzungen von Freiheit und Landgabe sowie durch die Kooperation von Gott und Mensch, von Segen und Arbeit bei der konkreten Produktion von Lebensmitteln und Wohlstand, wird Gott beteiligt gesehen. »*Deine Ernte*« ist es, aber sie ist auch Gottes Fürsorge zu verdanken.

Man muss aber noch einen wichtigen Schritt weiter gehen. Denn der Exodus als die allem zugrunde liegende Tat Gottes besteht ja nun wiederum im Kern in einer Veränderung menschlicher Arbeit. Er ist die Ermöglichung derjenigen Arbeit – frei und auf eigenem Land –, aus der der Reichtum erwächst, der die Quelle der Gerechtigkeit werden soll und damit auch die Grundlage für erneuten Segen. Gott selbst definiert sich – und ich denke, man muss das als eine theologische Definition im strengen Sinne ansehen – am Beginn des Dekalog als »*dein Gott, weil ich dich aus dem Lande Ägypten aus dem Haus der Sklavenarbeit herausgeholt habe*«. Eine fremdbestimmte Zwangsarbeit, deren Produkte andere genießen, verwandelt sich durch Exodus und Landgabe in Arbeit unter den Bedingungen der Freiheit. Das bedeutet, dass von ihren Produkten nicht die fremden Herrscher profitieren, wohl aber sollen diejenigen partizipieren, deren Leben nicht selbst durch Exodus und Landgabe unmittelbar geprägt ist. Diese Geschenke Gottes sind nicht auf die beschränkbar, die direkt in ihren Besitz gelangt sind und durch die sie sich realisieren. Damit aber steckt Gottes Fürsorge nicht nur in den Voraussetzungen der Arbeit oder den geschenkten Bedingungen ihres Gelingens, sondern vor allem auch in der menschlichen Arbeit selbst, genauer in ihrer Qualität als Nichtsklavenarbeit, als Gestalt der Freiheit.

V.

Geht es wirklich darum, dass und ob die Kirche die Fürsorge Gottes so glaubhaft machen kann, dass alles menschliche Wirtschaften von ihr aus seine Aufgabe bekommt, dann kann sie das nach außen nur so und nur dann, wenn sie die biblische Radikalität von heutigen Erfahrungen neu entdeckt und – ohne sie abzuschwächen – in heutige Erfahrungen transformieren kann; und dabei – und das ist die Voraussetzung nach innen – den Zusammenhang mit ihrer eigensten Aufgabe neu entdeckt. Die folgenden Überlegungen und Thesen sollen für beide Aufgaben den biblischen Befund ein Stück weit aufschließen.

– Das biblische Beziehungsgeflecht von Segen und Gerechtigkeit, göttlichem und menschlichem Arbeiten und die sozialen und rechtlichen Folgerungen daraus hat Israel unter Bedingungen erfahren und formuliert, die nicht grundsätzlich verschieden sind von denen anderer Kulturen und Religionen. Die Bedingungen der antiken Wirtschaft waren weit verbreitet. Das heißt aber, es liegt hier eine bestimmte Möglichkeit vor, diese Realität zu deuten und zu verstehen, in ihr zu leben und mit ihr umzugehen. Zugleich ist diese Sicht auch in Israel selbst nicht einfach vorherrschend gewesen, sondern war, wie die prophetische Kritik zeigt, meist hart umkämpft.

Dennoch hat sie aber nachweislich positive Folgen gehabt, etwa in der Verhinderung des völligen Zerbrechens der Gesellschaft in Reiche und Bettelarme, wie es an vielen Orten sonst geschah. Soll entsprechend heute Gottes Fürsorge als möglicher Grund alles menschlichen Wirtschaftens glaubhaft gemacht werden, dann muss es sich um eine mögliche Interpretation der Realität handeln, die neben dem ethischen Anspruch auf Gerechtigkeit, ja als seine Voraussetzung auch die erfahrenen wie die verheißenen Segnungen plausibel machen, also in den Erfahrungshorizont zu rücken vermag. Trotz gelegentlichen fundamentalen Widersprüchen können Selbst- und Nächstenliebe, Gerechtigkeit und erfahrener Segen keine einander ausschließenden Größen bleiben.

– Die Erfahrung, dass nicht menschliche Arbeit allein, erst recht nicht bloße Eigentumsrechte, menschliches Leben und seine Fülle ermöglichen, finde ich in einem dem biblischen verwandten Sinne bei Hannah Arendt so formuliert: »Menschen sind bedingte Wesen, weil ein jegliches, womit sie in Berührung kommen, sich unmittelbar in eine Bedingung ihrer Existenz verwandelt. Die Welt, in der die Vita Activa sich bewegt, besteht im wesentlichen aus Dingen, die Gebilde von Menschenhand sind; und diese Dinge, die ohne den Menschen nie entstanden wären, sind wiederum Bedingungen menschlicher Existenz. Die Menschen leben also nicht nur unter den Bedingungen, die gleichsam die Mitgift ihrer irdischen Existenz überhaupt darstellen, sondern darüber hinaus unter selbstgeschaffenen Bedingungen, die ungeachtet ihres menschlichen Ursprungs die gleiche bedingende Kraft besitzen, wie die bedingenden Dinge der Natur ... Die Wirklichkeit der Welt macht sich innerhalb menschlicher Existenz als die diese Existenz bedingende Kraft geltend und wird von ihr als solche empfunden.«[20] Diese Struktur der Erfahrung ist ein Teil, ein wichtiger Aspekt dessen, was wir in der Folge der Bibel Gott nennen; sie kann so glaubhaft gemacht werden, dass nicht ein kleiner Teil der Menschheit die Erde als ihren Raub beanspruchen kann.

– Der Quellort des Reichtums erscheint in der biblischen Sicht als der Quellort der Gerechtigkeit, einen anderen gibt es nicht, und dieser Zusammenhang ist sozial und rechtlich zu sichern. Dabei misst sich Gerechtigkeit stets und allein am Maßstab der Schwächsten. Unbestreitbar sind die neuen Bedingungen, die unser bisheriges System der sozialen Marktwirtschaft mit seinen Gerechtigkeitselementen über den Haufen werfen, also die neuen Techniken und die sogenannte Globalisierung, zugleich der Quellort ganz ungeheuren neuen Reichtums. Sollen daraus statt wie gegenwärtig eher verstärkte Ungerechtigkeit neue Chancen und Formen von Solidarität und Gerechtigkeit erwachsen, müssen zugleich die bisherigen Bindungen aller so-

---

20. Vita Activa, aaO 16.

zialen Sicherungssysteme an die menschliche Arbeit als Hauptproduktionsfaktor und die jeweilige Begrenzung auf bestimmte Wirtschaftsgebiete überwunden werden. Der ungeheure gesellschaftliche Reichtum, der aus einer auch nur einprozentigen Besteuerung der weltweiten Spekulationsgeschäfte, der sogenannten Tobin-Tax erwachsen würde, ist ein bekanntes und gesichertes Faktum[21]. Als eine der wenigen weltweiten Größen kann und muss die Ökumene hier neu die allem zugrundliegende Fürsorge Gottes glaubhaft zu machen versuchen.

– Der deuteronomische Gedanke, dass im wirtschaftlichen Kreislauf die menschliche Arbeit nicht in erster Linie Quellort des Segens ist, schon gar nicht der wichtigste wie in der Neuzeit, sondern dass sie umgekehrt selbst des Segens bedarf, entstammt zwar den Erfahrungen einer vorneuzeitlichen Welt, eröffnet aber vielleicht für die heutigen Fragen neue Perspektiven. Fragt man, wie heute und in Zukunft menschliche Arbeit aussehen könnte, die durch neue Formen der Gerechtigkeit Segen empfängt, so ist in erster Linie daran zu denken, dass der gesellschaftliche Reichtum dazu dient bzw. verwendet werden kann, dass alle Menschen arbeiten können, statt dass wie bisher aus der Arbeit aller der Reichtum erwächst. Vielfältige, sozial notwendige Formen von Arbeit, die nicht unmittelbar Gewinn bringen, können und müssen so finanziert werden. Von den Erfahrungen mit sogenannten Behinderten in Bethel aus, gilt: Auch wenn in Zukunft die technische Entwicklung die Arbeit der meisten Menschen überflüssig machen wird – man spricht von einem Fünftel, das ökonomisch gebraucht wird und entsprechend profitiert –, die Mehrheit also in dieser Hinsicht heutigen Behinderten entspricht, muss menschliche Gesellschaft so organisiert werden, dass die Arbeit aller gebraucht wird. Dass es dazu Aufgaben im sozialen Bereich genug gibt, dürfte nicht zweifelhaft sein. Das entspricht im Übrigen, um ein anderes biblisches Bild zu gebrauchen, der ursprünglichen Fürsorge Gottes: Er setzt die Menschen in den Garten Eden, den er für sie fürsorglich vorbereitet hat, damit sie ihn bearbeiten, also eine paradiesische Arbeit vollziehen, eine die wirtschaftlich nicht notwendig, die dennoch – anthropologisch – lebensnotwendig ist.

VI.

Nur wenn die Rede von der Fürsorge Gottes und seiner segensstiftenden Weisung zur Gerechtigkeit in unmittelbarer Verbindung mit dem Propri-

---

21. Vgl. Martin/Schumann, Globalisierungsfalle 118 ff.

um, dem Kern der christlichen Verkündigung und ihrer Rede von Gott steht, wird die erfahrene Differenz zur Realität wirklich ihren Platz im Schuldbekenntnis der Kirche haben.

Die reformatorische Rechtfertigungsbotschaft hängt mit ihrer Sicht der alltäglichen Arbeit der Christen direkt zusammen. Eine nicht untypische Formulierung lautet: »Das Verhältnis, das Gott in der Rechtfertigung zwischen sich und dem Menschen stiftet, gibt dem Menschen den Stoß zu einer unendlichen Bewegung. So gewiss Gott ein ununterbrochen lebendig Schaffender ist« – man achte auf die Differenz zu dem die Sabbatruhe haltenden Gott der Bibel – »so gewiss ist auch seine Gnade ein Ruf zur Arbeit in seinem Dienst«[22]. Und die tägliche Arbeit, eben der »Beruf« ist der wichtigste Ausdruck davon. Es hat sicher etwas karikaturhaftes, wenn Wenzel Linck bereits 1523 formuliert, dass im »gebot der arbeyt alle andrem gebott deß gesetzs gottes verfasset« seien[23]. Von den vielen Versuchen, das Gesetz in einer knappen Formel zusammen zu fassen, ist das einer der merkwürdigsten, darin dann aber doch auch repräsentativ für Zeit und Bewegung. Während aber noch Luther etwa in seinem lebenslangen Kampf gegen den Wucher um zentrale biblische Gerechtigkeitstraditionen stritt, treten sie in der Folgezeit für weite Teile eines bürgerlichen Christentums ganz zurück. Die Mahnung zu fleißiger Arbeit ersetzt in der Tat viele andere Inhalte[24], wird geradezu zu so etwas wie der Essenz eines *tertius usus legis*. Ins Schuldbekenntnis gehört dann von der ganzen Ökonomie höchstens der fehlende Fleiß.

Eine Kirche mit einer gegenüber der Bibel so verengten Theologie konnte nicht der Ort für die Opfer der beginnenden Industrialisierung sein. Das sind bekannte Vorgänge, die aber heute der erneuten Beachtung bedürfen, angesichts der Frage, ob sie denn heute der Ort sein kann für die Arbeitslosen, die es in jeder Kirchengemeinde gibt, und für andere Betroffene der heutigen ökonomischen Prozesse. Die Frage nach dem Ort der Rede von Fürsorge Gottes und Gerechtigkeit in der Kirche ist deshalb zunächst konkret die Frage nach dem Ort der heute Betroffenen in der Kirche.

---

22. K. Holl, Was hat die Rechtfertigung dem modernen Menschen zu sagen?, Tübingen 1907, 26.
23. Von Arbeit und Betteln (1523), Werke Bd. 1, hg. v. W. Reindell, Marburg 1894, 155; zitiert nach Conze, Art. Arbeit, a. a. O. 164.
24. »Wenn der Mensch/ihm selbst gelassen nach seinem Fall solt ein Juncker seyn/ und nicht arbeiten dürffte/ würde das seine Arbeit seyn/ dass er sporenstreichs der Hölle in den Rachen rennen würde. Denn es ist unmöglich/daß ein müssiger Mensch nicht böses thun«. Das gilt gerade auch dann, wenn man um die Früchte der Arbeit gebracht wird oder unzuträgliche Arbeit tun muss. So M. C. Scriver, Gottholds zufällige Andachten ..., Leipzig 1696, 302.

Theologisch ist dafür gegen mannigfaltige Verengungen in der traditionellen Rechtfertigungslehre mit ihrer Täter-Orientierung[25] ihre biblische Verwurzelung in der Gerechtigkeit Gottes zum Zuge zu bringen, die von Recht und Gerechtigkeit gerade auch im wirtschaftlichen Bereich nicht zu trennen ist. Wo von ihr nichts zu erfahren ist, steht biblisch gesehen die Klage, in ihr kann es zur Anklage gegen Menschen oder Gott, kann es aber auch zum Schuldbekenntnis kommen.

Ein authentisches Element des Schuldbekenntnisses der Kirche kann die versäumte Rede von der Fürsorge Gottes als Grund alles Wirtschaftens nur werden, wenn die Kirche der Ort ist, wo – auch im Gottesdienst – Raum ist für die Menschen mit ihren Leiden, Sorgen und Ängsten in diesem Feld, Ort für Klage und Anklage, für Weisung und Hoffnung. Sie könnte damit der Ort sein, wo die betroffenen Menschen über ihre Erfahrungen mit den wirtschaftlichen Prozessen reden und streiten. Manches spricht dafür, dass sie vielleicht sogar der einzige Ort ist, wo das geschieht.

---

25. Dazu J. Moltmann, Was heißt heute »evangelisch«? Von der Rechtfertigungslehre zur Reich-Gottes-Theologie, EvTh 57, 1997, 41-46.

15. Armut und Reichtum
Ein Kapitel biblischer Theologie

I. »Sie haben Mose und die Propheten ...« (Lk 16,29) – Fragestellung und Methode

Was es mit Reichtum und Armut auf sich hat, das steht, so muss nach Lukas 16 der reiche Mann am Ort der Qual erfahren, bei Mose und den Propheten. Wenn sie darauf nicht hören, *»werden sie auch nicht überzeugt werden, wenn jemand von den Toten aufersteht«* (Lk 16,31). Solches lehrt im Gleichnis der Jesus, den Lukas und seine Gemeinde als den Auferstandenen kennen und bekennen, und er legt diese Lehre Abraham als höchster Autorität in den Mund. Der Evangelist Lukas räumt dem Thema Reichtum und Armut in seinem Evangelium bekanntlich eine zentrale Rolle ein, doch er versteht sich dabei ganz als Ausleger seiner Bibel. Es ist die alte Lehre, die durch und bei Jesus neu und wirklichkeitsbestimmend wird. Darin besteht das Evangelium. Ähnliche Verweise finden sich im Neuen Testament bei diesem Thema – wie bei anderen Themen – immer wieder. Es legt sich deshalb nahe, den Versuch einer gesamtbiblischen Annäherung an das Thema zu machen. Das bedeutet, dass die unterschiedlichen Ausprägungen und Akzentsetzungen, wie sie sich in den beiden Teilen der christlichen Bibel finden, nicht als viele einzelne, zumindest aber zwei verschiedene, letztlich unverbundene Momente betrachtet werden, sondern als Teile eines einzigen, in sich vielfältigen und spannungsreichen, aber gerade so höchst eindrucksvollen Bildes. Um dieses Bild zu beschreiben, muss die Frage nach dem inneren, dem theologischen und thematischen Zusammenhang dieser durch den Kanon gegebenen Einheit der anderen nach seiner Genese, nach der Herkunft aus und der Prägung durch unterschiedliche historische Zeiten, gesellschaftliche Konstellationen und theologische Traditionen übergeordnet werden.

Diese Prägungen bleiben allerdings für das Verständnis im Detail wie gerade auch der gesellschaftlichen Wirkung unentbehrlich. In dieser Perspektive gesehen sind sie sehr verschieden, und man wird für ihre Herkunft und Ausformung mindestens die folgenden Hauptetappen unterscheiden müssen: die altorientalischen, vor allem ägyptischen Traditionen der Weisheit;

die prophetische Kritik der Königszeit und ihre Umsetzung in das Sozialrecht der Tora; der Verlust der Eigenstaatlichkeit und als Folge der damit verbundenen gesellschaftlichen Gestaltungsmöglichkeiten eine Individualisierung von Recht und Ethik; die immer stärkere Prägung durch eschatologische Erwartungen und apokalyptische Hoffnungen; deren vielfältige Enttäuschungen und immer neue Aktualisierungen bis in die verstreuten, kleinen, neutestamentlichen Gemeinden im römischen Reich. Dazu kommt die Herkunft der Texte aus unterschiedlichen gesellschaftlichen Gruppierungen mit verschiedenen, ja gegensätzlichen Interessen und Sichtweisen. Doch sie alle sind jetzt Teil des christlichen Doppelkanons, genauer: durch den Kanonprozess sind diejenigen Momente aufgenommen, bewahrt und verstärkt worden, die diesen Prozess mitgeprägt und sich in ihm bewährt haben.

Dass es allerdings zur Eigenart dieses Prozesses gehört, die Traditionen gerade nicht abzuschleifen, zu entschärfen und einander anzugleichen, sondern durchaus sperrige Wahrheiten zu einem spannungsvollen Gesamtbild zusammenzufügen, zeigt sich bei unserem Thema deutlich und unübersehbar. So werden, um nur ein Beispiel zu nennen, die radikalen Urteile der ältesten Jesustradition – »*Es ist leichter, dass ein Kamel durch ein Nadelöhr geht, als dass ein Reicher in die Königsherrschaft Gottes eingeht*« (Mk 10,25) – schon im Kontext der Evangelien nur gemeinsam mit kritischen Anfragen und Korrekturen überliefert. »Man muss es Markus hoch anrechnen, dass er diesen Spruch überliefert hat, obwohl er selbst und seine Gemeinde sich mit diesem Wort nicht identifizieren können, es sogar als beängstigend empfinden. Das zeigt besonders Mk 10,26, wo das Erschrecken der Jünger ausdrücklich genannt wird. Die Markusgemeinde lebt in einer gegenüber der ältesten Jesustradition völlig veränderten sozialen Situation. Zu ihr gehören auch reiche Christen.«[1]

Der Schlüssel zum Verständnis des bunten biblischen Gesamtbildes in der Bewertung des Reichtums ist, so die hier vertretene These, in den Sozialgesetzen der Tora zu finden. Auf der methodischen Ebene sind dafür vor allem zwei Gründe entscheidend. Der eine liegt in Genese und Struktur des Kanons selbst. Im Selbstverständnis aller Teile des Kanons, gerade auch des Neuen Testaments, ist die Tora als zeitlich wie sachlich erster Kanonteil für die weiteren grundlegend; sie sind ausdrücklich und bleibend auf ihn bezogen. Der zweite Grund liegt in der hermeneutischen Situation, von der aus *wir* nach den biblischen Traditionen fragen. Es geht in diesen Sozialgesetzen und nur in ihnen um den Versuch, vielfältige theologische und ethische

---

1. L. Schottroff/W. Stegemann, Jesus von Nazareth – Hoffnung der Armen, UT 639, 1978, 35.

Motive, wie sie auch sonst begegnen, in rechtlich bindende Partizipationsregeln umzusetzen, um so ein unter damaligen Gegebenheiten tragfähiges soziales Netz zu entwerfen. Die in der Entstehungszeit gegebene und ergriffene Möglichkeit, Gesellschaft gerecht zu gestalten, und der darin liegende Zwang, religiösen Idealen, ohne sie aufzugeben, eine realistische Gestalt zu geben, bildet für analoge Fragestellungen bis heute darum den wichtigsten Bezugspunkt.

Das Folgende versucht also ein gesamtbiblisches Bild zu entwerfen; dabei greife ich insbesondere bei den neutestamentlichen Teilen auf Vorarbeiten zurück, von denen die von Luise Schottroff und Marlene Crüsemann ausdrücklich genannt seien[2].

II. Der Segen der Reichen kommt durch die Armen (Dtn 24,13) – die Sozialgesetze der Tora

»*Der Gerechtigkeit, nur der Gerechtigkeit sollst du nachjagen*« – so wird in Dtn 16,20 das Ziel des Sozialrechts der gesamten Tora bestimmt. Der für unser Thema besonders wichtige Ausschnitt, die Gesetzgebung des Deuteronomiums mit einem ganzen System von aufeinander bezogenen Bestimmungen, die ein regelrechtes soziales Netz bilden, ist oben dargestellt worden[3]. Es handelt sich um den Versuch, die erfahrene Güte und Fürsorge Gottes in rechtlich bindende Regeln umzusetzen. Angeredet werden die grundbesitzenden Schichten, es geht um Segen und damit ist immer sicheres, auch materiell unbedrängtes Leben aus der Fülle gemeint. Im Grunde geht es um so etwas wie eine Wohlstandstheologie

---

2. L. Schottroff, Lydias ungeduldige Schwestern. Feministische Sozialgeschichte des frühen Christentums, Gütersloh 1994; Die Befreiung vom Götzendienst der Habgier, in: Wer ist unser Gott? Beiträge zu einer Befreiungstheologie im Kontext der »ersten« Welt, hg. von L. u. W. Schottroff, München 1986, 137-152; »Habgierig sein – das heißt den Götzen dienen« (Eph 5,5), in: »... so lernen die Völker des Erdkreises Gerechtigkeit«. Ein Arbeitsbuch zu Bibel und Ökonomie, hg. v. K. Füssel u. F. Segbers, Luzern/Salzburg 1995, 168-178; Art. Reichtum (II) NT, NBL Lief. 12, 1998, 313-315; M. Crüsemann, Der Habgier nicht ausgeliefert. Evangelium nach Lukas 12,15-21, in: Wie Freiheit entsteht. Sozialgeschichtliche Bibelauslegungen, hg. v. C. Janssen u. B. Wehn, Gütersloh 1999, 30-34.
3. S. o. S. 196 ff.

Für die Frage nach Reichtum und Armut sind vor allem die Beschreibungen des von Gott geschenkten Landes und seines Reichtums wichtig. Gott »*wird dich in ein schönes Land bringen, in ein Land mit Wasserbächen, Quellen und Fluten … in ein Land des Weizens, der Gerste, der Feigen- und Granatbäume, in ein Land mit Ölbäumen und Honig, in ein Land, in welchem du nicht kümmerlich Brot essen musst, darin dir nichts mangeln wird, in ein Land, dessen Steine Eisen sind und aus dessen Bergen du Erz hauen wirst. Und du wirst essen und satt werden.*« In ihm gibt es »*schöne Häuser*«, da können »*sich deine Rinder und Schafe vermehren und wird Silber und Gold sich dir mehren, und alles, was dein ist*« (Dtn 8,7-13; vgl. 6,10ff.)[4]. Die Gefahr dieses Reichtums besteht in der Überhebung der Herzen und im Vergessen des Gebers. Dann entsteht der Gedanke: »*Meine eigene Kraft und die Stärke meiner Hand hat mir dieses Vermögen geschaffen*« (8,17).

Der richtige Umgang mit diesem Segen, seine Sicherung und Mehrung, entscheidet sich nicht zuletzt an der Partizipation derer, die sonst an ihm nicht teilhaben. Sie am Reichtum zu beteiligen, ist der Sinn der Sozialgesetze. Das sind einmal die Landlosen, alle, die nicht unmittelbar am Landbesitz und seinem Reichtum teilhaben; das sind sodann noch freie, aber verarmte und überschuldete Landbesitzer, denen sozialer Abstieg, Verlust von Land und Freiheit droht. In der biblischen Terminologie sind sie (und nur sie) die Armen[5]. Schließlich geht es um Sklaven und Sklavinnen, die Besitz und Freiheit bereits verloren haben. Eindeutig ist in allen diesen Bestimmungen der Stellenwert und die Funktion der sozialen Gerechtigkeit. Von dem Reichtum des Landes und der Ernten sollen auch die partizipieren, die unmittelbar daran keinen Anteil haben. Wenn an den Gaben Gottes auch die partizipieren, die das nur durch die stärker Gesegneten tun können, wird neuer Segen erwachsen. Hier zeigen sich ähnliche Strukturen samt ihrem Verweis auf Erfahrung wie an vielen Stellen in der Bibel. Nicht Festhalten, was man hat, und Abgrenzung vermehrt Wohlstand und Reichtum, sondern Teilhabe und Öffnung. »*Wer dem Armen gibt, hat keinen Mangel*« (Prov 28,27). Man denke auch an Sabbat und Sabbatjahr mit ihrem – theologisch hoch angesetzten – Verzicht auf weitere Steigerung von Effizienz, Einkommen und Erträgen.

Der Segen geht letztlich von Gott aus, er hat aber menschliche Mittler. In einem der Sozialgesetze (Dtn 24,10ff.) wird expliziert, was auch sonst vorausgesetzt werden kann. Im Zusammenhang des Verzichts auf harte Pfandmaßnahmen, die die Schuld sichern sollen, auf Rückgabe des einzigen

---

4. Übers. im Anschluss an G. v. Rad, Das fünfte Buch Mose. Deuteronomium, ATD 8, 1964.
5. M. Schwantes, Das Recht der Armen, BET 4, 1977.

Mantels am Abend an den Verarmten, heißt es ausdrücklich: Dafür wird dieser »*dich segnen und es wird dir als Gerechtigkeitstun angerechnet werden vor Adonai deinem Gott*« (24,13). Hier ist einmal die Person des Segnenden genannt. DER REICHE EMPFÄNGT SEINEN SEGEN DURCH DEN ARMEN. Und dieser Segen bewirkt, dass das Tun ausdrücklich als Gerechtigkeitstun anerkannt wird; bei einem anderen Verständnis des Gerechtigkeitsbegriffs empfängt der Reiche sogar seine Gerechtigkeit durch den Armen, wird durch ihn gerechtfertigt[6].

III. Das Kamel und das Nadelöhr – biblische Grundmotive

Verwechselbarkeit und Differenz – Gott und der Mammon

»*Ihr könnt nicht Gott dienen und dem Mammon*« (Mt 6,24) – vor allem in der synoptischen Tradition sind »Reichtum und Mammon eine widergöttliche Macht, die verhindert, dass Reiche Jesus nachfolgen«[7]. Aus der Perspektive total Verarmter, für die Segen und Wohlergehen allein der eschatologischen Zukunft vorbehaltene Güter sind, ist diese Unterscheidung eindeutig. Sobald solcher Reichtum aber auch bereits gegenwärtig ist, droht die Unterscheidung von Gott und Götzen uneindeutig zu werden. Das liegt daran, dass auch die Verheißung, dass auch Gottes Gegenwart wie das Ziel von Gottes Handeln mit teilweise den gleichen Begriffen und Bildern des Reichtums beschrieben und als Reichtum erfahren wird. Es geht deshalb um eine Unterscheidung in der Erfahrung von göttlichem Handeln und göttlicher Präsenz, die für das biblische Reden von Gott von besonderer Bedeutung ist.

Insbesondere der Begriff des Segens steht dafür ein, dass die Nähe Gottes auch materiellen Reichtum einschließen kann. »*Gott gebe dir vom Tau des Himmels und vom Fett der Erde und Korn und Wein die Fülle*«, so wird Jakob und mit dem Stammvater ganz Israel gesegnet (Gen 27,28). Von Abraham an ist er das entscheidende Leitwort für das Ziel des göttlichen Handelns in Israel und durch Israel an den Völkern (Gen 12,1-3). Vor allem in der Ge-

---

6. R. Kessler, Die Rolle des Armen für Gerechtigkeit und Sünde des Reichen. Hintergrund und Bedeutung von Dtn 15,9; 24,13.15, in: Was ist der Mensch ...? Beiträge zur Anthropologie des Alten Testaments, FS H. W. Wolff, hg. v. F. Crüsemann/C. Hardmeier/R. Kessler, München 1992, 153-163.
7. L. Schottroff, Art. Reichtum (II) NT, NBL Lief. 12, 1998, 314.

stalt Jakobs hat sich Israel als der exemplarisch Gesegnete beschrieben. Allerdings wird dabei auch Schuld und Versagen mit dem Segen zusammen gedacht. Der Gesegnete ist zugleich der, der von Gott geschlagen wird und als Behinderter leben muss (Gen 32,23 ff.), der so und nur so zur Versöhnung mit dem verfeindeten Bruder gelangt, und in dessen Angesicht Gott entdeckt (33,10). Der Begriff des Segens hält aber auch fest, dass die Wirkung von Gottes Handeln zwar durchaus materiellen Wohlstand einschließen kann, dass es aber dabei stets um mehr und anderes als materiellen Besitz geht[8]. Nur deshalb kann ja sogar das gesamte Wirken Jesu mit diesem Begriff erfasst werden (z. B. Apg 3,26). Diese Fragen werden hier nicht verfolgt, sollten aber im Blick sein.

Kein anderer Text hat die Verwechselbarkeit von Gott und Götzen so eindrucksvoll beschrieben wie die Geschichte vom sogenannten goldenen Kalb (Ex 32). Das goldene Stierbild entsteht aus der freiwilligen Abgabe des persönlichen Schmuckes, also aus den religiösen Spenden der Gemeinde. Worum es bei ihm geht, wird mehrfach ausdrücklich gesagt: »*Dies sind deine Götter, Israel, die dich aus dem Land Ägypten heraufgeführt haben*«. So wird es durch das Volk benannt und gedeutet (v. 4) und das wird von Gott selbst bestätigt (v. 8). Es geht also *nicht* um einen anderen Gott, nicht um Baal oder den ägyptischen Apis-Stier, wie man in vielen Auslegungen lesen kann. Es geht um den Gott des Exodus, um die Befreiungstat, durch die das Gottesverhältnis Israels ein für allemal begründet wird, und die seiner Selbstdefinition am Anfang des Dekaloges zugrunde liegt (Ex 20,2). Und *dieses* Gottesverständnis verbindet sich nun mit dem Stierbild! Das Fest, das vor ihm gefeiert wird, gilt ausdrücklich keinem anderen Gott, sondern Adonai, dem Gott Israels und seinem unverwechselbaren Namen (v. 5). Was ist daran so schlimm, dass die gesamte Zukunft des Gottesvolkes deshalb in Frage steht? Nur wenn man die unheimliche, weil zunächst gar nicht bemerkte und bemerkbare Verwandlung des wahren Gottes in einen Götzen gleichen Namens, die Veränderung der mit ihm grundsätzlich verbundenen Erfahrungen von Freiheit und Segen in ein Zerrbild von Freiheit und Segen vor Augen hat, wird man sich dieser Geschichte und ihrer weit reichenden Bedeutung für das biblische Reden von Gott sachgemäß nähern können.

Der Stier ist zunächst ein Bild der Kraft und Unbesiegbarkeit (Num 23,22; 24,8; vgl. Dtn 33,17). Neben seiner Funktion als Symbol von Macht und mit ihr verbunden, wird man ihn auch als Symbol von Fruchtbarkeit und Potenz von Mensch und Natur ansehen müssen. So wird etwa im kanaanäischen Baalmythos von ihm geredet. Anbetung also von Macht, Ein-

---

8. Dazu M. Frettlöh, Theologie des Segens. Biblische und dogmatische Wahrnehmungen, Gütersloh 1998.

fluss, Stärke, von gelingendem Leben, das über alles Bedrohliche triumphiert. Wenn das goldene Kalb bei uns zum Symbol für die Anbetung von Geld und Reichtum und entsprechende Lebensformen geworden ist, dann ist das zwar nicht das religionswissenschaftlich fassbare Zentrum seiner damaligen Bedeutung, es ist davon aber auch nicht einfach zu trennen.

Die Alternative zu einem solchen erwünschten Gott sind in der Geschichte von Anfang an und durchgängig die steinernen Tafeln, die von Gott selbst geschrieben (31,18), von Mose beim Anblick des Stierbildes zerschmettert (32,19) und am Ende als Ausdruck der Vergebung erneuert werden (34,1.4.28). Es ist das Wort Gottes in Form eines innersten Kerns der Schrift, dessen, was wir als Bibel kennen, das die Alternative zum Stierbild bildet. Die Freiheit von Ausbeutung und Unterdrückung, die Hoffnung auf ein gesegnetes Leben im eigenen Land und auf Sicherheit vor Feinden – das alles ist *beiden* Gestalten religiösen Glaubens, um die es geht, gemeinsam. Vom größeren Kontext, also von Ex 20 und 24, wie besonders auch von der in dieser Hinsicht eindeutigen Version in Dtn 9 f. her handelt es sich bei den Worten auf den Tafeln um den klassischen Dekalog, um die Zehn Worte, wie sie zuerst nach Ex 20 (Dtn 5) als Auftakt der Begegnung am Sinai von Gott direkt dem Volk gesagt werden. Sie enthalten Grundregeln zur Bewahrung und Gestaltung der von Gott geschenkten Freiheit, deren Hauptgewicht auf den religiösen Grundgeboten und denen zum Schutz der Nächsten und ihres Lebens liegt. Besonders auf die bezieht sich das spätere hebräische Wortspiel, wonach das Wort *charut* / »eingegraben« auf den Tafeln (Ex 32,16) als *cherut* / »Freiheit« gelesen werden soll (z.B. Midrasch Schemot Rabba 41)[9]. Dabei wird besonders deutlich, dass es bei der Alternative Stierbild oder Tafeln um die Frage geht, was wahre Freiheit ist, wie sie Gestalt gewinnt und bewahrt wird.

Zu den grundlegenden Geboten der steinernen Tafeln gehört in jedem Falle das Bilderverbot und mit ihm eine unaufhebbare Differenz von Gott und Welt. Nicht, dass sich mit dem Gott des Exodus auch die Erfahrung von Macht und Leben, Fruchtbarkeit und Reichtum verbindet, ist das Problem, sondern dass diese Lebensmacht sich in einem Bild verdichtet, das dann mit Gott gleichgesetzt und als Gott angebetet wird. Gott bringt Leben, Macht, Fruchtbarkeit und auch Reichtum, das kann er jedenfalls tun, das wird immer wieder erfahren oder erhofft. Aber wenn er das nicht tut, wenn er ausbleibt wie hier oder ganz anderes geschieht, wirkt dennoch der gleiche Gott, bleibt Gott Gott. Gott ist von seinen Wirkungen so unterschieden, wie er

---

9. A. Wünsche, Der Midrasch Schemot Rabba. Das ist die allegorische Auslegung des zweiten Buches Mose, dt. Übers. A. Wünsche, Bibliotheca Rabbinica III, (1882) Nachdruck Hildesheim 1967, 291.

von seinen Geschöpfen unterschieden bleibt. Deshalb ist der Zusammenhang von Gott und Segen, sofern darunter irgendeine Form »gelingenden Lebens« verstanden wird, ein gebrochener, schon im Alten, nicht erst im Neuen Testament, schon durch Bilderverbot und Tora, nicht erst durch das Kreuz.

Bei der Verwandlung der Gabe Gottes in einen Götzen spielt nach einer ganzen Reihe von Texten die *Wirkung* des Reichtums und der mit ihm verbundenen Macht auf den Reichen eine entscheidende Rolle. Nach Dtn 32,13 ff. ließ der Reichtum des Landes und das gute Leben in ihm Jakob satt und fett werden: »*Satt wurdest du, dick und feist und es ließ den Gott fahren, der es gemacht hatte*« (v. 15). Reichtum bekommt dabei schnell Gottesqualität. »*Der Reichtum des Reichen ist seine starke Zuflucht*« (Prov 10,15), »*er ist wie eine hohe Mauer – in seiner Vorstellung/Phantasie*« (18,11). Der Reichtum führt zu falscher Selbsterkenntnis: »*Weise ist in seinen (eigenen) Augen der Reiche*« (28,11). Es ist nicht zuletzt die mit ihm verbundene Macht, die zur Vorstellung führt, ihn eigener Kraft zu verdanken, so dass sogar in bezug auf das Land als Lebensgrundlage gesagt werden kann: »*Meine eigene Kraft und die Stärke meiner Hand hat mir dieses Vermögen geschaffen*« (Dtn 8,17). Damit ist die Voraussetzung des Kreislaufes des Segens durchbrochen, der von Empfang und Weitergabe lebt. Besitz und Gier werden neben Frevelhaftigkeit in drei thematisch verbundenen Sprüchen als direkter Gegensatz zum Tun des Gerechten gesehen (Prov 11,4-6). Das ist der Hintergrund auf dem dann – viele Traditionen zusammenfassend – gesagt werden kann: »*Habgierig sein – das heißt den Götzen dienen*« *(Eph 5,5).*

Die Ungerechtigkeit des Mammon

Die Ungerechtigkeit des Mammon liegt zuerst und zuletzt darin, dass er in der Regel aus einer Umkehr des Segenskreislauf entsteht: Güter und Geld fließen nicht von den Reichen zu den Ärmeren, sondern umgekehrt von den Armen zu den Reichen. »*Das dem Armen Geraubte ist in euren Häusern*« (Jes 3,14). Damit wird die Frage nach der Herkunft, der Entstehung von Reichtum zum entscheidenden Kriterium für seine Beurteilung.

Zwar kennen besonders die Proverbien auch eine Entstehung von Reichtum aus fleißiger Arbeit – »*Die Hand der Fleißigen macht reich*« (Prov 10,4; vgl. 13,11) – oder als Wirkung von Weisheit und klugem Handeln (3,16; 8,18; 14,24). Zum Gerechtigkeitsgefühl dieses sogenannten Tun-Ergehens-Zusammenhangs gehört auch die Selbstverantwortung jedes Menschen für sein Schicksal im Negativen wie im Positiven. Die soziale Logik, von der her dabei argumentiert wird, ist allerdings erkennbar auf gesichertem Landbesitz gegründet; es geht um die Erfahrungen einer wohlhabenden Schicht. Individuelle Krisen wie bei Hiob, erst recht kollektive soziale Krisen wie die, auf die die Propheten reagieren, konnten damit nicht bewältigt werden. Problematisch ist schon, dass der soziale Abstand fast immer mit sozialer Abhängigkeit verbunden ist: »*Der Reiche herrscht über die Armen*« (Prov 22,7). Diese Herrschaft verbindet sich mit Ausbeutung, ist die Umkehrung des Segenskreislaufs. Dabei spielt das Schuldenwesen die wichtigste Rolle. So wird die Herrschaft des Reichen mit der Möglichkeit zu leihen begründet: »*Ein Knecht des Leihenden ist der Mann, der ausleiht*« (Prov 22,7).

»*Den Armen zu bedrücken – zum Reichtum wird es für ihn*« (Prov 22,16). Auf vielfältige Weise, offen oder verdeckt, ist der Besitz der Reichen den Armen geraubt oder vorenthalten worden. Vor allem die Sozialkritik der Prophetie greift derartige Vorgänge auf und bindet das Schicksal des gesamten Volkes an sie. Anders als bei Einzelerzählungen über die Bereicherung von Königen durch Enteignung (1 Kön 21) sind die angesprochenen Vorgänge anonymisiert und typisiert. Es geht offenbar um eine soziale Krise, in der solches massenhaft geschieht. Dabei häuft sich bei der einen Seite der Besitz, insbesondere der Landbesitz, sie »*reihen Haus an Haus, fügen Feld an Feld*« (Jes 5,8; vgl. Mi 2,1 f.). Die anderen werden als »*Gerechte*«, also an ihrem Schicksal unschuldige in Sklaverei verkauft (Am 2,6), die Frauen unter ihnen auch sexuell missbraucht und entrechtet (Am 2,7). Dies alles funktioniert rechtlich und sozial im eingebürgerten Schuldenwesen[10] und hat letztlich dazu geführt, in den deuteronomischen Sozialgesetzen den Versuch einer Durchbrechung dieser Mechanismen zu machen.

Weitere Möglichkeiten ungerechter Bereicherung liegen im Handel. Er kann mit überteuerten Waren oder gefälschten Waagen (Am 8,4; Mi 6,10 f.) erfolgen, vor allem aber durch Manipulierung des Marktes durch Zurückhaltung notwendiger Waren, wie es noch der Kornbauer von Lk 12 tut. »*Wer Getreide zurückhält, den verflucht das Volk*« (Prov 11,26). Dazu gibt es im Bereich von Staat und Justiz vielfältige Möglichkeiten, Bestechungsgelder zu kassieren (Jes 1,23; Mi 3,11). Das Rechtswesen bietet allem Anschein nach vielfältige weitere Möglichkeiten der Bereicherung (Jes 5,23). Wenn in Jak 2,6 von den Reichen gesagt wird, dass sie die Ärmeren vor das Gericht schleppen, so könnte es sich um Vorgänge handeln, wie sie bereits im Bundesbuch zu erkennen sind: Im Rechtswesen sind im Rahmen einer sich entwickelnden Geldwirtschaft für viele Vergehen Zahlungen in Silber zu leisten. Solche Ausgleichszahlungen und Strafen konnten für Reiche geradezu zur Einnahmequelle werden. Vor allem aber konnten sie sich sozu-

---

10. Dazu R. Kessler, Das hebräische Schuldenwesen. Terminologie und Metaphorik, WuD 20, 1989, 181-195.

sagen alles leisten. Aus Rom gibt es die Anekdote, dass ein Reicher durch die Straßen geht, Beleidigungen und Schläge verteilt und hinter ihm ein Sklave gleich die entsprechenden Zahlungen verteilt. Der Einschub der Talionsregel in Ex 21,24f. dürfte der Versuch sein, die auf finanzielle Regelungen basierenden Rechtssätze des unmittelbaren Kontextes auf Angemessenheit der Zahlungen hin zu korrigieren.

Es kann hier nicht um den Versuch gehen, die Vielfalt der prophetischen Kritik darzustellen[11]. Für alle Versuche, die Legitimität des Reichtums an seiner Herkunft zu messen, bleiben sie unentbehrlich. Dabei sind im sozialen Kontext der alttestamentlichen Zeit, Reichtum, Wohlstand und Luxus allein *kein* Anlaß zu Kritik. Die reichen Oberschichtfrauen, die Amos als Basanskühe bezeichnet, beuten, wenn auch indirekt durch ihre Männer, die Armen aus (Am 4,1f.). Dagegen sind in der neutestamentlichen Zeit die sozialen Unterschiede völlig verfestigt, stehen sich die wenigen Reichen und die vielen völlig Verarmten als festliegende Gruppen gegenüber. Nicht mehr so sehr die Entstehung als der Skandal puren Nebeneinanders steht im Zentrum. So liegt der arme Lazarus vollkommen verelendet vor der Tür des Reichen (Lk 16,19ff.). Bei diesen Bettelarmen ist auch nichts mehr zu holen. Die soziale Kluft ist so groß, dass die unüberschreitbare Kluft zwischen Himmel und Hölle nur ihre Kehrseite bildet.

IV. Evangelium als Befreiung von Mammon und Habgier

Einsicht und Vernunft, der Verweis auf beobachtbare Wirkungen von Raffgier einerseits, Großzügigkeit andererseits, die Erinnerung an die großen Gaben Gottes, Exodus und Landgabe, Gottes Liebe und sein Gericht, der Appell an ethnische Solidarität und Bruderschaftsethik, die Drohung mit negativen, das Versprechen positiver Folgen – eine Fülle von Motiven findet sich zur Begründung der in der Tora gebotenen rechtlich abgesicherten Solidarität. Vor allem aber ist es die hinter allem stehende, alles durchziehende Gegenwart Gottes selbst, des befreienden Gottes der Gerechtigkeit, die die

---

11. M. Fendler, Zur Sozialkritik des Amos. Versuch einer wirtschafts- und sozialgeschichtlichen Interpretation alttestamentlicher Texte, EvTh 33, 1973, 32-53; G. Fleischer, Von Menschenverkäufern, Baschankühen und Rechtsverdrehern. Die Sozialkritik des Amos in historisch-kritischer, sozialgeschichtlicher und archäologischer Perspektive, BBB 74, 1989; R. Kessler, Staat und Gesellschaft im vorexilischen Juda. Vom 8. Jahrhundert bis zum Exil, VT.S 47, 1992.

»Hausordnung der Tora«[12] verlockend und verpflichtend, verpflichtend und verlockend machen will. Dieser Grundzug des Alten Testaments findet im Neuen eine zugespitzte Wiederaufnahme. Besonders das Doppelwerk des Lukas stellt das Thema Reichtum und Armut ins Zentrum, um an ihm zu zeigen, was der Inhalt von Jesu Evangelium vom Reich Gottes ist[13].

Bereits in der sogenannten Antrittspredigt (Lk 4) schlägt das Lukasevangelium das Thema an. Jesu erstes öffentliches Auftreten und Reden an einem Sabbat in der Synagoge von Nazaret besteht in einer Schriftlesung mit anschließendem Predigtwort. Er nimmt, wie er es gewohnt ist, am Gottesdienst teil, steht zur Prophetenlesung auf und bekommt die Jesajarolle überreicht. Er liest folgendes (Lk 4,18f.):

»*Der Geist des Herrn ist auf mir, weil er mich gesalbt hat. Den Armen Freude zu verkünden, hat er mich gesandt, auszurufen Befreiung für die Gefangenen und das Wieder-Sehen für die Blinden, um die Zerschlagenen in Befreiung zu entlassen, um auszurufen ein wohlgefälliges Jahr des Herrn*«.

Dieses Schriftwort, sagt Jesus in seiner Predigt, wird heute vor euren Ohren erfüllt (4,20f.). Das Zitat ist eine Kombination aus Jes 61 und Jes 58 und mit dem Prophetenwort wird zugleich die Tora mit ihrer Tradition des Erlasses aller Schulden (Dtn 15; Lev 25) zu Gehör gebracht und in Kraft gesetzt. Nicht um eine Überwindung des alttestamentlichen Gesetzes geht es, sondern um seine neue und effektive Inkraftsetzung, so dass für die Armen und Elenden das Gnadenjahr beginnen kann. Hier zeigt sich exemplarisch, was der Inhalt des Evangeliums vom Reich Gottes ist, welches Jesus dann in allen Städten und Synagogen verkündet (4,43f.).

Viele Ausleger des Neuen Testaments sehen bei Lukas vor allem einen Bezug auf das sogenannte *Jobeljahr* von Lev 25. Das ist aber zu eng gegriffen. Die Grundaussage, ohne die vieles missverständlich wird, ist zweifellos Dtn 15,1 ff. Die Rede von dem »Jahr«, in dem »Befreiung« ausgerufen wird, verweist zurück auf die Regelung des siebten Jahrs, mit dem die ältere Vorstellung eines arbeitsfreien Sabbatjahres in Gestalt einer agrarischen Brache (Ex 23,10f.) in einen der Grundpfeiler der Wirtschafts-Verfassung des Gottesvolkes verwandelt wird. Mit dem Ende des Exils erwartete Israel dann, vom zweiten Jesaja angeleitet, eine umfassende Heilszeit. Und zu dieser gehört als eine ihrer Grundlagen, die Aufhebung der Verschuldungen. Das sagt neben Jesaja 61 auch die Vorstellung eines *Jobeljahres* in Lev 25. Be-

---

12. Vgl. F. Segbers, Die Hausordnung der Tora, Luzern 1999.
13. Das Folgende nach M. Crüsemann in: M. u. F. Crüsemann, Das Jahr, das Gott gefällt. Die Traditionen von Erlass- und Jobeljahr in Tora und Propheten, Altem und Neuem Testament (Dtn 15; Lev 25; Jes 61; Lk 4), in: Das Jahr, das Gott gefällt. Bibelsonntag 1999, hg. Deutsche Bibelgesellschaft u. Katholisches Bibelwerk, Stuttgart 1999, 3-10 = BiKi 55, 2000, 19-25.

nannt nach dem Widderhorn, mit dem es ausgerufen wird, soll nach sieben Sabbatjahren, im fünfzigsten Jahr soll eine umfassende »Freilassung« *(deror)* ausgerufen werden, so dass jeder zu seiner Sippe und vor allem auf seinen angestammten Grundbesitz zurückkehren kann. Liest man Lev 25 als Teil der gesamten Tora, also als Ergänzung zu Dtn 15, kann der Text als Signal dafür verstanden werden, dass und wie auch nach langen Zeiten von Unrecht und nicht praktizierter Gerechtigkeit, selbst bei breit akzeptierter und eingelebter Ungleichheit, ein Neuanfang möglich und geboten ist. Ein Neuanfang, der die Praktizierung des Segenskreislaufs der Tora ermöglicht. Ein solches Signal ist in Jes 61 wie in Lk 4 gegeben.

Die Ausgestaltung der Szene in der Synagoge zu Nazaret Lk 4,16-21 gehört zum sogenannten lukanischen Sondergut. Die jüdisch-christlichen Gruppen aus Männern und Frauen, die hinter dem Lukas-Evangelium stehen, formulieren damit ihre spezifische Sicht der Messianität Jesu und so ihre Vision einer umfassenden Befreiung. Indem Jesus in seiner Prophetenlesung gerade diese Kombination aus Jes 61,1-2/Jes 58,6 zitiert, geschieht etwas Besonderes: Es werden Tora und Propheten in einem zu Gehör gebracht und damit ein fundamentaler Neuanfang im oben genannten Sinn. Der Lesende erscheint durch das Wort von der Erfüllung v.21 selbst als der eschatologische Prophet. Gleichzeitig wird indirekt auf seine Messianität verwiesen (»gesalbt«, v.18). Die »Musterpredigt« vom wohlgefälligen Jahr des Herrn, welche gleichbedeutend mit der Predigt vom Reich Gottes ist[14], besteht also in der wirkmächtigen Verkündigung von »Mose und den Propheten« (vgl. Lk 16,31).

Im Verlauf des gesamten Lukas-Evangeliums erfolgen dann erzählte Einlösungen des Angesagten[15]. *»Den Armen Freude«*: Die Armen sind gewissermaßen der Oberbegriff aller dann aufgeführten Gruppen. Sie stehen in Sammelaussagen wie den Seligpreisungen an hervorgehobener Stelle (6,20), zweimal werden auch die Blinden mitaufgezählt: In der Täuferanfrage (7,22) und ebenso bei der Empfehlung, welche Gäste zu einem Essen eigentlich eingeladen werden sollen (14,13). Blindheit galt in der Antike als einer der schlimmsten Schicksalsschläge und war nahezu unheilbar. Wie die Geschichte vom blinden Bettler in Jericho zeigt (18,31ff.), ist eine derartig schwere Erkrankung nahezu gleichbedeutend mit Armut und sozialer Not. Somit betreffen die zahlreichen Heilungen von Behinderten und chronisch Kranken in aller Regel verarmte Menschen. Dies ist auch bei der seit

---

14. Dazu M. L. Strauss, The Davidic Messiah in Luke-Acts. The Promise and its Fulfilment in Lukan Christology, JSNTS 110, Sheffield 1995.
15. Vgl. R. Albertz, Die »Antrittspredigt« Jesu im Lukasevangelium auf ihrem alttestamentlichen Hintergrund, ZNW 74, 1983, 182-206.

achtzehn Jahren gekrümmten Frau anzunehmen, die Jesus am Sabbat heilt (13,10 ff.). Sein abschließendes Wort vom Lösen ihrer Fesseln (v.16) spielt zudem auf die Freilassung von Gefangenen an. Im Lukas-Evangelium wird insbesondere Frauenarmut sichtbar, wie unter anderem das Beispiel der Recht suchenden Witwe zeigt (18,1 ff.) sowie das Gleichnis von der verlorenen Drachme (15,8 ff.). Hierin spiegelt sich der harte Alltag von Frauen am Rand des Existenzminimums, in dem Tagelöhnerinnen für die Hälfte des Männerlohns arbeiten[16].

Das zweite entscheidende Stichwort, die »Befreiung, Freilassung« taucht nun zweimal in 4,18 f. auf und bindet geradezu die beiden Jesaja-Zitate bezüglich der »Gefangenen« (61,1) und »Zerschlagenen« (58,6) zusammen. Deren formale Verknüpfung ist die eine Frage, aber die eigentlich spannende lautet, was damit inhaltlich angedeutet und ausgesagt werden soll. Mit *aphesis* übersetzt die Septuaginta die verschiedenen hebräischen termini technici des Erlass- und Jobeljahrs *(deror, schmitta; jobel)*. Das Wort wird im lukanischen Werk dann auch mit der Vergebung von Sünden verbunden. Es bezeichnet in der Nazaret-Szene durch die zitierte Tradition und in Korrespondenz damit in der Vaterunser-Bitte 11,4 den Bereich finanzieller Verschuldung, womit ein Zusammenhang zwischen Gottes Vergebung und der menschlichen Bereitschaft, Schulden zu erlassen, hergestellt wird. Die Bekämpfung ökonomischer Prozesse, deren Opfer zu den »Gefangenen« und »Zerschlagenen« zählen, ist also auch im Gesamtzusammenhang des Evangeliums zu erwarten. Hier setzt die Zitatkombination einen wesentlichen und programmatischen Akzent für das Zusammenwirken göttlichen und menschlichen Handelns. Denn die Ausrufung der Freilassung in Jes 61 geschieht durch die messianische Gestalt als Leistung Gottes, während die Fastenpredigt Jes 58 gerade betont, was Israel tun muss, kann und wird, damit der Schaden des Volkes heilt und der herrliche Glanz Adonais sichtbar hervorbricht. Jesus erinnert mit dieser kleinen Einfügung an den menschlichen Beitrag zur Lösung der Fesseln.

Im Lukas-Evangelium ist denn auch vielfach konkret davon die Rede, was Menschen, speziell Vermögende, tun können, um der Ausrufung des Neuanfangs zu entsprechen: Neben der Schuldenvergebung bzw. -erlassung von 11,4 ist daran gedacht, auch denen zu leihen, die nichts zurückzahlen können: »*Wenn ihr denen leiht, von denen ihr etwas zurückzuerhalten hofft, was für einen Dank habt ihr?*« (6,30.34). Sodann wird ausdrücklich eine kreative Umschreibung von Schuldscheinen empfohlen (16,6 ff.), wodurch die Schuld nachdrücklich vermindert wird. Immer wieder findet sich der Rat,

---

16. Dazu L. Schottroff Lydias ungeduldige Schwestern. Feministische Sozialgeschichte des frühen Christentums, Gütersloh 1994, bes. 141 ff.

jeglichen Besitz zugunsten der Armen zu verkaufen (12,33; 18,22; vgl. 5,11.27; 18,28; Apg 2,45; 4,34ff.; 5,1 ff.) oder wenigstens die Hälfte davon (Lk 3,11; 19,8). Zusätzlich sollen betrügerisch erworbene Gewinne vierfach zurück erstattet werden (19,8). Der Wehe-Ruf gegen die Reichen (6,24) kann anders nicht gemildert werden. Mit solchem Schuldenerlass zu sozialem Ausgleich und zur Rettung der Armen beginnt »heute«, das Gnadenjahr Gottes. Es ist eine zentrale Gestalt des Evangeliums und entsprechendes Verhalten ein Ausdruck christlichen Glaubens.

Das Gegenteil, nämlich *Habgier* ist nach Eph 4,17.19 dagegen ein typisches Verhaltensmuster der nichtjüdischen Völker, der Heiden, und hängt direkt mit deren Götzendienst zusammen (5,5). Ähnlich sieht es Paulus in Röm 1,29. Mit diesen und anderen Lasterkatalogen ist »das strukturell vorgegebene ökonomische Verhalten der nichtjüdischen Gesellschaft in seinem kultischen, sexuellen und politischen Kontext gemeint«[17]. Habgier ist Ungehorsam gegen Gottes Willen, nicht zuletzt gegen das Verbot des Begehrens im Dekalog. Christen sind durch ihren Glauben an den Gott Israels in seine Auseinandersetzung um Recht und Gerechtigkeit einbezogen. Entsprechend wird in den Evangelien eine Rückkehr des Reichtums zu den Armen gefordert, wird in und zwischen den Gemeinden ein der Tora entsprechender Segenskreislauf begonnen, wie beispielhaft die paulinische Kollekte zeigt. Und doch ist Habgier in den jungen Gemeinden »eine der wichtigsten Ursachen., die Christen zum Abfall von ihrem Glauben gebracht haben, s. 1 Tim 6,10; Mk 4,19«[18]. Wenn der Geist die Tora erfüllt (Röm 8,3f.), zeigt sich gerade bei diesen Fragen seine Kraft – oder sein Fehlen.

---

17. L. Schottroff »Habgierig sein – das heißt den Götzen dienen« (Eph 5,5), in: »... so lernen die Völker des Erdkreises Gerechtigkeit«. Ein Arbeitsbuch zu Bibel und Ökonomie, hg. v. K. Füssel u. F. Segbers, Luzern/Salzburg 1995, 148.
18. Ebd. 150.

V. Fremdenschutz

16. Das Gottesvolk als Schutzraum für Fremde und Flüchtlinge

Zum biblischen Asyl- und Fremdenrecht und seinen religionsgeschichtlichen Hintergründen

Wenn Christen sich um Schutz für verfolgte Fremde und Flüchtlinge bemühen und im Zusammenhang ihrer Aktionen und Konflikte nach Weisung in der Bibel suchen, treffen sie auf einen merkwürdigen Sachverhalt: Im Alten Testament hat der Schutz, den der heilige Ort, den Gottes Tempel und sein Altar gewähren, nichts mit den Problemen bedrängter Fremder zu tun. Da geht es vielmehr allein um Sicherheit vor ungerechtfertigter Blutrache bei Tötungsdelikten. Und umgekehrt spielt bei den ausgesprochen vielen und höchst gewichtigen Geboten, die Fremden zu lieben, zu schützen und ihnen volle Rechtsgleichheit zu gewähren, der heilige Ort und damit das, was man im engeren Sinne Asyl nennt, keine Rolle. Wie ist dieser Sachverhalt zu verstehen und zu beurteilen? Ist damit nicht allen gegenwärtigen Versuchen, den alten sakralen Asylbegriff, der in so vielen Kulturen und Religionen begegnet, für moderne Verhältnisse und für heutiges kirchliches Handeln zurückzugewinnen, der Boden entzogen? Kann sich eine schützende Funktion kirchlicher Gebäude und Räume überhaupt auf die Bibel berufen?

In der Tat sind viele Probleme, die es gegenwärtig um das Kirchenasyl gibt, im Grundsatz nicht neu. Das soll im ersten Teil der folgenden Darstellung beschrieben werden. Es muss dabei um den religiösen Hintergrund des Asylbegriffs gehen und um seine Ausprägung im alten Israel (I.a), aber es müssen auch die Konflikte im Blick sein, die dabei typischerweise auftraten: der entgegenstehende Rechtsanspruch des Staates und seine faktische Macht einerseits (I.b), das Asyl als Zufluchtsort auch für Schuldige und Verbrecher andererseits (I.c). Erst auf diesem Hintergrund werden die Asylgesetze der Tora verständlich (I.d). Der absolute Rechtsschutz für Fremde und Flüchtlinge, der in der Bibel als göttliches Gebot erscheint, soll im zweiten Teil zur Sprache kommen. Hier wird erkennbar, dass die restriktive Behandlung des Heiligtumsasyls eine andere Seite hat: Das Gottesvolk selbst soll einen Schutzraum für die bedrängten Flüchtenden darstellen (II.a), für Menschen also, die sicheren Daueraufenthalt fern ihrer bisherigen Heimat suchen auf der Flucht vor Hunger und Kriegsgräueln (II.b). Dieser Schutz wird theologisch auf eine Weise begründet, der sich Christen auch heute nicht entziehen können (II.c), zumal es letztlich um die Gegenwart Gottes bei uns geht (II.d).

I. »Ich bereite dir einen Ort, an den er fliehen kann« (Ex 21,13) – das Heiligtumsasyl

a. Für den *Schutz am heiligen Ort* ist im alten Griechenland der Begriff »Asyl« geprägt worden. Das Verbum *sylan* heißt »fortführen«, und *asylia* meint von da aus »Schutz vor Raub von Freiheit und Eigentum«.[1] Entsprechend ist *asylon* ein »heiliger Ort …, der es auf Grund seiner Unverletzlichkeit verbietet, Personen oder Sachen mit Gewalt von ihm zu entfernen … Die Zuwiderhandlung … ist sakraler Frevel … und zieht dem Täter die Rache der beleidigten Gottheit zu«.[2] So schützt ein Asyl jeden, der es als Bittflehender aufsucht, vor dem Zugriff der Verfolger.

Im alten Griechenland gilt solcher Schutz in besonderem Maß den Landfremden.[3] Sie sind ja zunächst einmal weitgehend rechtlos, allen feindlichen Zugriffen ausgesetzt und bedürfen besonderen Schutzes. Das verbreitete, religiös und ethisch geforderte Gastrecht findet im Asyl am heiligen Ort einen besonders wichtigen Ausdruck. Der oberste Gott, Zeus selbst, wirkt als Schützer der Fremden *(zeus xenios)*. Doch gilt solcher Asylschutz darüber hinaus allen, die sich an den heiligen Ort flüchten und damit selbst Anteil am Heiligen gewinnen. Verfolgte aller Art sind als Asylflüchtlinge bezeugt.[4] Besonders retten sich hierher Überschuldete, denen Verkauf in Schuldsklaverei drohte, und Sklaven, die ihren Besitzern entlaufen. Steht in diesen Fällen noch Recht gegen Recht, so können sich auch wirkliche oder vermeintliche Diebe, Ehebrecher, Totschläger und Mörder in diesen Schutz begeben.

Eine derartige schützende Macht des Heiligen, des Göttlichen und Nu-

---

1. Art. Asylia, in: Der kleine Pauly Bd. I, 1964, 670.
2. Art. Asylon, ebd. 670.
3. Vgl. E. Schlesinger, Die griechische Asylie, Gießen 1933, zusammenfassend 69 f.
4. Vgl. E. Schlesinger, a. a. O. 33 ff.; A. Hellwig, Das Asylrecht der Naturvölker, Berlin 1903, 2 f.; O. Henssler, Formen des Asylrechts und ihre Verbreitung bei den Germanen, Frankfurt/M. 1954, bes. 27 ff.; W. Schottroff, Kirche als unantastbarer Raum für Flüchtlinge. Biblische und aktuelle theologische Aspekte des Asylrechts, in: L. u. W. Schottroff, Die Macht der Auferstehung. Sozialgeschichtliche Bibelauslegungen, München 1988, 92 ff.

minosen ist für viele Kulturen und Religionen belegt. Die ältere Ethnologie hat dafür reiches einschlägiges Material zusammengetragen: »Den Hexenberg in Buin (Salomo-Insel) zu betreten, scheut der Bluträcher ... In der Umgebung des Totem-Platzes muss bei den Aranda in Zentral-Australien alles geschont werden: Pflanzen, Tiere und Menschen ... Bei den Aschanti konnte der Sklave, der den Tempel erreichte, nicht zu seinem Herrn zurückgebracht werden ... Die Kyloniden in Athen knüpften, als sie das Asyl verließen, ein Seil an das Götterbild und blieben unangetastet, solange dieses hielt ...«.[5] Die Kette der Beispiele ließe sich fortsetzen.

Was es in vielen Kulturen gegeben hat, ist in Resten bis in unsere Gegenwart zu beobachten. Die Polizei wird meist zögern, kirchliche Räume und gottesdienstliche Gebäude zu durchsuchen. Und in der DDR wie schon im 3. Reich sind sie vielfach zu wichtigen Orten des Schutzes geworden. Aber man wird doch zumindest überlegen müssen, ob es wirklich die ursprüngliche, in Richtung des Magischen gehende Wirkung des Heiligen ist, die solchen Schutz ermöglicht – oder nicht eher die soziale und gesellschaftliche Rolle von Gemeinde und Kirche.

Für die vielen Einzelbeispiele, die in der älteren Ethnologie gesammelt wurden[6], fehlt uns leider zumeist der kulturelle und soziale Kontext. Wie war das Recht sonst gestaltet? Gab es Grenzen des Asylschutzes, und wo lagen sie? Welche Gruppen von Verfolgten nahmen den Schutz wahr, und was stand jeweils an sozialen Problemen dahinter? Nur im Rahmen des Gesamtbildes einer Kultur läßt sich wirklich einschätzen, welche Bedeutung das Heiligtumsasyl hat; solche Detailstudien gibt es aber kaum. Immerhin ist doch erkennbar, dass Asyl vor allem in nicht-staatlich organisierten Gesellschaften eine große Rolle spielt. Hier, wo es kein Machtzentrum gibt, das Recht festlegen und einfordern kann, hängt die Durchsetzung von Rechtsansprüchen stärker als in Staaten von den beiden beteiligten Parteien ab, von ihrer jeweiligen Macht und den beiderseitigen Verhandlungen.[7] Eine Durchbrechung der gewohnheitsmäßig ablaufenden Automatismen etwa bei der Blutrache hat hier, wo es keine andere Kontrollinstanz gibt, ein besonderes Gewicht. Und genau darin muss man von solchen Anfängen an bis heute die wichtigste Funktion von Asylorten sehen: Sie entziehen die Bedrohten und Verfolgten unmittelbarem Zugriff und machen dadurch Besinnung und Nachdenken, Gespräch und Verhandlung nötig und möglich.

5. R. Thurnwald, Die menschliche Gesellschaft in ihren ethno-soziologischen Grundlagen, Bd. 5, Berlin/Leipzig 1934, 128.
6. Siehe auch Hellwig, a.a.O.
7. Dazu S. Roberts, Ordnung und Konflikt. Eine Einführung in die Rechtsethnologie, dt. Übers. Stuttgart 1981.

Ein solches Tempelasyl gibt es auch im alten Israel.[8] Die Geborgenheit bei Gott an seinem heiligen Ort, die es gewährt, findet mit einiger Wahrscheinlichkeit – wiewohl nicht unbestritten – in einigen der schönsten biblischen Psalmen und ihrer Sprache Ausdruck[9]:

Ps 23,1　*Der Herr ist mein Hirte,*
　　　　mir wird nicht mangeln ...

5　　　　*Du bereitest vor mir einen Tisch*
　　　　im Angesicht meiner Feinde.
　　　　Du salbst mein Haupt mit Öl
　　　　und schenkst mir voll ein.
6　　　　*Gutes und Barmherzigkeit werden mir folgen*
　　　　mein Leben lang.
　　　　Und ich werde bleiben[10] *im Hause des Herrn immerdar.*

b. *Der Konflikt mit dem Staat* und dessen ureigenstem Anspruch, Hüter von Recht und Gerechtigkeit zu sein, war vom Augenblick der Entstehung von staatlichen Institutionen an gegeben und unvermeidlich. Alle Nachrichten, die wir aus staatlich organisierten Gesellschaften über Asylorte und ihre Funktionen besitzen, zeigen Konkurrenz, Konflikte und Kompromisse. Wo Asyle überhaupt weiter bestehen, sind sie direkt oder indirekt vom Staat zugestanden und damit auch kontrolliert und begrenzt.[11]

Das zeigt sich schon daran, dass der Reichtum an ethnologischem Material für das Heiligtumsasyl keineswegs bedeutet, dass es derartiges überall gegeben hat. Es scheint vielmehr so zu sein, dass die vielen Königs- bzw. Staatsheiligtümer des alten vorderen Orients keine Asylfunktionen hatten.

---

8. Zu den ältesten Belegen vgl. 1 Kön 1,50ff.; 2,13ff. siehe unten S. 228f.; sowie allgemein J. de Vaulx, Art. Réfuge (Droit d'asile et villes de réfuge dans l'Ancien Testament), Suppl. au Dictionnaire de la Bible, Fasc.53, Paris 1979, 1480-1510; Z. W. Falk, Art. Asylrecht II. Altes Testament, TRE VI, 1979, 318f.
9. Vgl. bes. W. Schottroff, Psalm 23. Zur Methode sozialgeschichtlicher Bibelauslegung, in: Traditionen der Befreiung I – Methodische Zugänge, München 1980, 78-113; kritisch gegenüber einem solchen Bezug ist z.B. E. Zenger, Mit meinem Gott überspringe ich Mauern. Eine Einführung in das Psalmbuch, Freiburg 1987, 225ff. Die These der Herkunft einer Vielzahl von Psalmen aus der Situation von Asylflüchtlingen vertritt L. Delekat, Asylie und Schutzorakel am Zionsheiligtum, Leiden 1967.
10. So mit dem griechischen Text; der hebräische lautet in der masoretischen Form: »Ich werde zurückkehren in das ...«.
11. Vgl. bes. O. Henssler, a.a.O., der eine solche »utilitaristische Phase« des Asylrechts von der älteren sakralen und magischen abhebt (26ff.).

Man wird es kaum für einen Zufall ansehen können, dass in den vielen keilschriftlichen Quellen über assyrische und wohl auch babylonische Tempel derartiges nicht auftaucht.[12] Wie immer wird man bei negativen Befunden methodisch vorsichtig sein müssen, gerade das Selbstverständliche ist oft in den Quellen nicht belegt. Aber nichts spricht für eine Asylfunktion solcher den Staatsgöttern gehörenden und von den Königen beherrschten Tempeln. Auch für Kanaan und Phönizien fehlen Belege, und zumindest die großen Heiligtümer unterstehen in beiden Bereichen dem Staat. Für Ägypten ist die Asylfunktion von Tempeln erst in ptolemäischer Zeit belegt[13], also nach der Einbeziehung in die hellenistische Kultur und damit unter griechischem Einfluss. Dass es solches vorher gab, ist zwar möglich[14], aber nicht belegt. Belegt ist dagegen mehrfach die Flucht von Bedrohten ins Ausland.[15] In Griechenland wie in Rom gibt es viele Beispiele dafür, dass die Staaten die Asylfunktion der Tempel eingrenzen und für ihre eigenen Zwecke benutzen. So wird in Griechenland aus dem absoluten Fremdenschutz der Heiligtümer ein »von staats- und wirtschaftspolitischen Gesichtspunkten diktiertes und der diplomatischen Anerkennung durch Dekret bedürftiges Privileg«. Die Asylie garantierte damit den Schutz des sonst praktisch rechtlosen Fremden im Interesse des nationalen Handelsverkehrs[16]. Ähnlich hat selbst der römische Staat, der sonst sehr kritisch eingestellt war, gewisse Asyle geduldet oder selbst begründet – im Sinne eines kalkulierten politischen Spiels.[17]

Auch die ältesten Fälle von Flucht ins schützende Heiligtum, die die Bibel erzählt, handeln von einem Konflikt mit dem neu entstandenen Staat. Als Salomo an die Macht kommt, ergreifen zwei seiner Gegner die »Hörner des Altars«. Nach 1 Kön 1,50 ff. flüchtet Adonija, wie Salomo Sohn Davids und betrogener Aspirant auf die Krone, an den Altar. Er wird von dort mit Gewalt weggeholt, dann aber zunächst zu einer Art Hausarrest begnadigt und erst nach einem erneuten Vergehen getötet (1 Kön 2,13-25). Dagegen wird Joab, ein wichtiger Gefolgsmann Davids und Anhänger Adonijas, am Altar Gottes, an den er sich geflüchtet hatte, niedergestoßen (1 Kön 2,28-30). Man kann gelegentlich lesen, Salomos Praxis würde den Gesetzen der Tora

---

12. Vg. etwa B. Meissner, Babylonien und Assyrien Bd. II, Heidelberg 1925; und für Assyrien bes. B. Menzel, Assyrische Tempel, 2 Bde., Rom 1981.
13. Dazu bes. F. v. Woeß, Das Asylwesen Ägyptens in der Ptolemäerzeit und die spätere Entwicklung, München 1923.
14. Vgl. Art. Asylrecht, in: Lexikon der Ägyptologie Bd. 1, 1975, 614-616.
15. Etwa in der Erzählung über Sinuhe, dt. Übers. z. B. in: K. Galling (Hg.), Textbuch zur Geschichte Israels, Tübingen 1968, 1-12.
16. Art. Asylon, a. a. O. 671.
17. Vgl. etwa F. v. Woeß, a. a. O. 206 ff.

entsprechen.[18] Das aber stimmt nicht. Nach ihnen hat ein König im Recht vielmehr gar nichts zu suchen. Statt dessen müsste ein unabhängiges Ältestengremium den Fall entscheiden (Dtn 19,12). Es liegt viel näher, dass es auch in Israel Traditionen über einen Schutz am heiligen Ort gab, dass aber der König zumindest in Jerusalem, seiner Hauptstadt, wo er den Tempel baut (1 Kön 6), sein »Recht« über solche Traditionen stellt. Später wird der Tempel in Bethel vom dort regierenden Priester als »Königsheiligtum und Staatstempel« bezeichnet (Am 7,13). Ein störender Prophet wie Amos findet dort nicht etwa Schutz, sondern wird im Gegenteil mit eben dieser Begründung vertrieben (Am 7,10-17). Auch sonst werden am Heiligtum unliebsame kritische Propheten unter Anklage gestellt und verfolgt (Jer 26 u.a.).

Wo der Staat das Heiligtumsasyl nicht abschaffen oder für seine Zwecke umgestalten konnte, gab es auch schon in der Antike die Möglichkeit, mit der sich die Bundesrepublik des entsprechenden Grundrechts entledigen will. Vom Heroon, einem zu Ehren Caesars erbauten Heiligtum, heißt es: »Doch als sich dort Leute sammelten, bot selbst jener Platz nur mehr dem Namen nach, nicht aber in Wirklichkeit Asyl, denn er wurde so fest verrammelt, dass überhaupt niemand mehr in ihn eindringen konnte«.[19]

In der Neuzeit sind solche antiken Anfänge ausgebaut worden; der Staat besteht grundsätzlich darauf, sein Recht auch in sakralen Räumen aller Art durchzusetzen. Das neue katholische Kirchenrecht von 1983 hat konsequenterweise selbst auf die Reste eines mit der Heiligkeit der Kirchenräume zusammenhängenden Anspruchs verzichtet[20]. Will man an der wichtigen Möglichkeit festhalten bzw. wieder anknüpfen, auch dem staatlichen Handeln Grenzen zu setzen, seinem – immer auch von Mehrheiten, Macht und Ideologie bestimmten – Recht ein anderes entgegenzustellen, kann wohl kaum an die Vorstellung von der Heiligkeit bestimmter Orte und Räume, vielleicht an die mit solchen Orten verbundenen Menschen und ihr Gewicht angeknüpft werden.

c. Das Problem des *Schutzes für Schuldige* hängt nur teilweise mit der Konkurrenz zum Staat und seinem Recht zusammen. Ein rein magisch-sa-

---

18. Etwa D. Becker-Hinrichs, Vom Asyl im Gotteshaus zum Asyl in der Gemeinde – Religionsgeschichtliche und theologische Aspekte des Asylrechts, Theologia Practica 24, 1989, 105.
19. Cassius Dio, Römische Geschichte Bd. III (47,19,3), Zürich/München 1986, 173 (Übers. O. Veh); vgl. auch W. Schottroff, Kirche als unantastbarer Raum, a.a.O., 105.
20. Dazu etwa U. K. Jacobs, Kirchliches Asylrecht. Apekte zu seiner geschichtlichen und gegenwärtigen Geltungskraft, Zeitschrift für evangelisches Kirchenrecht 35, 1990, 32.

kral verstandenes Asyl schützt alle, und so haben sich seit alters nicht nur Fremde und unschuldig Verfolgte an solche Orte gerettet, sondern gerade auch schuldige Täter. Es liegt auf der Hand, dass solcher »Missbrauch« dann vielfach staatliche Ein- und Übergriffe legitimieren konnte. Tacitus überliefert Folgendes über einige kleinasiatische Städte: »Es kam nämlich immer häufiger in den Griechenstädten vor, dass willkürlich und unbeschränkt Asyle errichtet wurden; es füllten sich die Tempel mit dem schlimmsten Sklavengesindel; im gleichen Zufluchtsort fanden Verschuldete Aufnahme und Schutz vor ihren Gläubigern und sogar Leute, die man irgendwelcher Kapitalverbrechen verdächtigte, und keine Obrigkeit war stark genug, aufrührerische Umtriebe des Volkes niederzuhalten, wenn es die Untaten von Menschen in Schutz nahm, als sei dies eine den Göttern schuldige heilige Handlung«[21] – das legitimiert den Eingriff Roms.

Für ein Verständnis der biblischen Aussagen zum Thema ist dieser Hintergrund entscheidend. Die Propheten haben sich mehrfach mit so etwas wie Asylmissbrauch auseinandergesetzt. So lässt Jeremia in seiner berühmten »Tempelrede« (Jer 7,1-15) Gott die Jerusalemer fragen: »*Ist denn dieses Haus, das nach meinem Namen benannt ist, in euren Augen eine Räuberhöhle geworden?*« (v. 11). Er klagt damit Menschen an, die sich auf den Tempel als Schutzort verlassen und solchen Schutz durch die Gegenwart Gottes garantiert sehen: »*Der Tempel des Herrn, der Tempel des Herrn, der Tempel des Herrn ist hier*« (v. 4). Jeremia sieht den Zusammenhang so: »*Wie? Da stiehlt man und mordet, bricht die Ehe und schwört Meineide, opfert dem Baal und läuft anderen Göttern nach, und dann kommt ihr und tretet vor mein Angesicht … und sprecht:* ›*Wir sind geborgen*‹ *– um all diese Gräuel zu treiben*« (v. 9 f.). Ein ähnliches Gefühl der Sicherheit im Heiligtum greift der Prophet Micha an. In Bezug auf Jerusalem heißt es da: »*Seine Häupter sprechen Recht um Bestechung, seine Priester geben Weisung um Lohn, und seine Propheten wahrsagen um Geld – und dabei verlassen sie sich auf den Herrn und sprechen:* ›*Ist nicht der Herr in unserer Mitte? Es kann kein Unglück über uns kommen*‹« (Mi 3,9 f.). Als Folge wird die Zerstörung Jerusalems und seines Tempels angekündigt (v. 10).

Man kann darüber streiten, ob sich solche Prophetenworte unmittelbar auf die Asylfunktion des Tempels beziehen, oder ob die Formulierungen für einen Asylschutz am heiligen Ort auf die gesamte Stadt Jerusalem ausgeweitet sind. In jedem Falle ist es die Anwesenheit Gottes selbst, die einen absoluten Schutz gewährt, unabhängig von jedem menschlichen Verhalten, genauso wie es in einigen Psalmen besungen wird (Ps 46; 48). Dass so auch

---

21. Tacitus, Annalen (III 60), lat. u. deutsch, hg. v. E. Heller, München/Zürich 1982, 269 f.

Schuldige und Verbrecher ohne Änderung ihres Verhaltens Schutz und Sicherheit erfahren, wird von den Propheten auf das heftigste attackiert. In der Geschichte der Kirche haben die entsprechenden Probleme immer wieder eine Rolle gespielt. Dass etwa kirchliche Kreise nach 1945 vielleicht aus derartigem Denken heraus Naziverbrecher geschützt, sie versteckt und ihnen zur Flucht verholfen haben[22], sollte bei der Diskussion zum Kirchenasyl nicht vergessen werden.

In der Bibel sind es nun keineswegs nur einige prophetische Außenseiter, die derartigem Missbrauch widersprechen. In den im folgenden genannten Texten und ihren Vorstellungen liegen wohl die tiefsten Gründe dafür, dass im Alten Testament das Heiligtumsasyl auf ein sehr eng begrenztes Gebiet beschränkt wird. Mehrfach werden in den Psalmen Zugangsbedingungen zum Heiligtum formuliert. So fragt der Beter in Ps 15,1: »*Herr, wer darf Gast sein in deinem Zelt? Wer darf weilen auf deinem heiligen Berg?*«, und er empfängt die Antwort: »*Der unsträflich wandelt und Gerechtigkeit übt, und die Wahrheit redet in seinem Herzen, der nicht verleumdet mit seiner Zunge und dem Nächsten kein Arges tut ... der sein Geld nicht um Zins gibt und nicht Bestechung annimmt wider den Unschuldigen*« (v. 2.5). Ein ähnliches Frage- und Antwortspiel findet sich auch in Ps 24,3 f. – wohl nicht zufällig unmittelbar im Anschluss an den »Asylpsalm«[23].

Was hinter solchen Zugangsbedingungen steht, wird am deutlichsten in den sogenannten priesterlichen Texten des Alten Testaments formuliert. Besonders in den Büchern Leviticus und Numeri sprechen direkter als anderswo die für das Heiligtum und seinen Kult unmittelbar zuständigen Kreise, und sie tun es angesichts der Katastrophe des Exils und ihrer Folgen.[23] Alle diese Texte kreisen um das Problem der Heiligkeit Gottes, seiner direkten Anwesenheit bei seinem Volk. »*Ihr sollt heilig sein, denn ich bin heilig, der Herr, euer Gott*« lautet ein besonders charakteristischer Satz (Lev 19,2). Sich dem Heiligtum und dem darin anwesenden Gott zu nähern, setzt nicht nur einen Zustand kultischer Reinheit voraus, sondern auch, daß die ethischen und rechtlichen Forderungen Gottes nicht verletzt wurden. Die Heiligkeit dieses Gottes bietet nicht einfach Schutz für jedermann. Zwar ist er ein vergebender Gott, der die Schuld sühnt, und ein großer Teil der priesterlichen Texte handelt eben davon (bes. Lev 4 f.; 16). Aber die göttliche Vergebung setzt Erkenntnis und Anerkennung der Schuld und Wiedergutmachung voraus. Wer sich diesem Gott aber mit unreinen und blutigen Händen nähert,

---

22. Dazu E. Klee, Persilscheine und falsche Pässe. Wie die Kirchen den Nazis halfen, Frankfurt 1991.
23. Zum folgenden F. Crüsemann, Die Tora. Theologie und Sozialgeschichte des alttestamentlichen Gesetzes, 2. Aufl. Gütersloh 1997, 323 ff.

gerät in größte Gefahr. Eine Reihe von Erzählungen über Konflikte auf der Wüstenwanderung stellt derartiges dar (Num 10; 11; 12; 13 f. u. a.). All dem entspricht es, dass Gott und sein Heiligtum nicht unbesehen Asyl gewähren, dass vielmehr die Priester mit kultischen Mitteln – und in Kooperation mit anderen Formen des Gerichts – Recht und Unrecht erforschen, beurteilen und bestrafen. Eid und Gottesurteile (z. B. Num 5) sind dafür typisch.

Der Gott der Bibel ist ein Gott des Rechts – und das steht in keinem Widerspruch zu seiner Güte und Vergebungsbereitschaft. Wo eine solche Opposition auftaucht, ist sie keinesfalls biblisch begründet. Auch nach der Bergpredigt soll sich dem Altar niemand nahen, ohne sich mit dem Gegner ausgesöhnt zu haben (Mt 5,23 f.). Gottes Gegenwart ist kein Schutz für Verbrecher, und eine Rechtfertigungslehre, die das vorgibt und Vergebung zuspricht, wo Versöhnung und Recht unter Menschen verweigert werden, hat sich von ihren biblischen Grundlagen entfernt.

d. *Schutz für unschuldige Täter* – das ist es, was auf dem beschriebenen Hintergrund, am Ort der Gegenwart des biblischen Gottes gesucht werden darf. Der Schutz am Heiligtum wird von der Tora auf eine kleine, aber besonders wichtige Gruppe beschränkt.

Im ältesten Rechtsbuch des Alten Testaments, dem sogenannten Bundesbuch (Ex 20,22-23,33)[24] findet sich eine Grundsatzbestimmung über Menschentötung: »*Wer einen Mann schlägt, so dass er stirbt, soll bestimmt getötet werden*«. (21,12) Explizit genannt ist hier als Opfer der freie, grundbesitzende Mann, vom Zusammenhang aber ist die Tötung anderer freier Personen, von Frauen und Kindern mit einbezogen. Im Anschluss an diese Grundsatzbestimmung heißt es[25]:

Ex 21,13 *Hat er ihm aber nicht nachgestellt, sondern hat die Gottheit es seiner Hand widerfahren lassen, dann will ich dir einen Ort bereitstellen, an den er fliehen kann. 14 Doch wenn sich ein Mann gegen seinen Nächsten herausnimmt, ihn aus dem Hinterhalt zu töten, dann sollst du ihn von meinem Altar wegnehmen, um zu sterben.*

Diese Sätze unterbrechen den klaren Zusammenhang der parallel gebauten todesrechtlichen Bestimmungen in v.12.15-17 und fügen dem Rechtssatz über Menschentötung – aber nur ihm – eine Differenzierung von vorsätzlicher und unvorsätzlicher Tat hinzu. Im zweiten Fall gibt es Schutz am Heiligtum, im ersten Fall gibt es ihn nicht. Die Formulierung ist offensichtlich noch vage und tastend. Der »unfreiwillige Mord«, wie man den Sachverhalt für Griechenland genannt hat[26], wird umständlich beschrieben. In

---

24. Hierzu F. Crüsemann, a. a. O. 132 ff.
25. Zum folgenden im Detail F. Crüsemann, a. a. O. 205 ff.
26. K. Latte, Art. Mord (griechisch), PRE 31, 1933, 281.

allen späteren und begrifflich klarere Formulierungen bleibt Gott in diesem Zusammenhang aus dem Spiel. Zum Verständnis der Aussage ist wichtig, dass das Bundesbuch noch viele legitime Heiligtümer kennt (Ex 20,24), während es später in Israel nur ein einziges gab.

Was in der Formulierung des Bundesbuches geschieht, ist ein Vorgang von höchstem rechtsgeschichtlichem Gewicht. Das gesamte altorientalische Recht mit dem Codex Hammurabi an der Spitze hat eine solche Unterscheidung nicht vollzogen. Dagegen gibt es in Griechenland eine aufschlussreiche Parallele. In Athen hat Drakon als erster eine ähnliche Unterscheidung eingeführt. Danach dürfen unschuldige Täter ins Ausland entkommen. Dieser berühmte Vorgang liegt zeitlich etwa 100 Jahre nach der israelitischen Entsprechung. In beiden Rechtsgebieten ist vorausgesetzt, dass Blutrache herrscht, also die Familie des Opfers die Verfolgung und Bestrafung des Täters vollzieht. Das wird auch nicht völlig aufgehoben, wohl aber öffentlicher Kontrolle und Überprüfung unterstellt. Der Schutz des Heiligtums ist ja nicht absolut. Die rechtsprechende Instanz erscheint in v. 13a im angeredeten »Du«. Sie hat Recht und Pflicht, den Täter vom Asylort wegzuholen, wenn gerichtlich festgestellt ist, dass er schuldig ist, d.h. absichtlich getötet hat und also zu Unrecht Asyl beansprucht. Nicht das Heiligtum selbst und seine priesterlichen Instanzen entscheiden über Schuld und Unschuld; von typisch priesterlichen Rechtsfindungsvorgängen ist keine Rede. Es liegt vielmehr ein durchdachtes Zusammenspiel zwischen Blutracheinstanzen, Heiligtum und »profaner« Rechtsprechung vor. Das Bundesbuch, bzw. die derartiges schriftliches Recht formulierende Institution hat also Recht und Möglichkeit, solches im Namen Gottes zu regeln. Gott ist gerade nicht auf das Heiligtum beschränkt. Ihm untersteht ebenso die nichtkultische Gerichtsbarkeit. Für das, was mit Gott gemeint ist, ist das bis heute ein fundamentaler Vorgang: Sein Rechtsanspruch ist gerade *nicht* auf den Bereich des heiligen Ortes beschränkt; er tritt nicht nur im Bereich des Sakralen hervor, *sondern das gesamte profane Recht ist Instrument seiner Gerechtigkeit.*

Die übrigen Texte des Alten Testaments über das Asyl sind zeitlich später einzuordnen und bauen das im Bundesbuch Begonnene im Detail aus. Vor allem sind hier Dtn 19; Num 35 und Jos 20 zu nennen. Hier wird jetzt auch der hebräische Begriff für »Asyl« verwandt (*miqlat*, bes. Num 35,11 ff.). Das Auffälligste ist, dass es in diesen Texten nicht mehr um ein Asyl an einem Heiligtum, sondern um die Einrichtung von sogenannten *Asylstädten* geht. Drei sollen im West- und drei im Ostjordanland liegen. Hier vollzieht sich so etwas wie eine Profanisierung des sakral begründeten Asylrechts. Mit großer Wahrscheinlichkeit sollen diese Städte als Ersatz für wegfallende

Tempel und Kultorte eingerichtet werden.[27] Das Deuteronomium hat sich am Ende der israelitischen Königszeit mit der theologischen These durchgesetzt, dass es nur ein einziges legitimes Heiligtum, einen einzigen Kult- und Opferplatz im Gottesvolk geben darf (Dtn 12). Und der König Josia hat mit seiner Kultreform des Jahres 620 v. Chr. solches in Realität umgesetzt und alle anderen Heiligtümer zerstört (2 Kön 22 f.). Damit aber drohte auch die so wichtige Schutzfunktion der Tempel für Asylanten fortzufallen. Die Probleme, die sich für Menschen, die von Bluträchern verfolgt werden, hier ergeben, werden in Dtn 19,6 angedeutet: Der Weg zum nächsten Schutzort könnte zu lang sein. Deshalb soll die Rettungsfunktion der heiligen Orte von einer begrenzten Anzahl von Ortschaften übernommen werden. Das Zusammenspiel der Instanzen wird in den jüngeren Texten im Detail geregelt. Jos 20,4 etwa kennt so etwas wie eine Voruntersuchung am Tor der aufzusuchenden Asylstadt, bei der die Zugangsberechtigung durch die Ältesten vorläufig geprüft wird. Die Hauptuntersuchung aber bleibt nach Dtn 19,12 beim Ältestengericht der Ortschaft, in der das Verbrechen geschehen ist. Es hat die Kompetenz, im Falle einer Verurteilung die Herausgabe des Täters zu verlangen. In Num 35,15.28.32 und Jos 20,6 wird schließlich auch die Dauer des Asylaufenthaltes geregelt: bis zum Tod des jeweils amtierenden Hohenpriesters; wahrscheinlich ist dabei an eine Sühnefunktion dieses Todes gedacht.

Die Unterscheidung zwischen absichtlichen und unabsichtlichen Taten, die im Bundesbuch beginnt, hat die gesamte weitere Rechtsgeschichte mitgeprägt. Dass jemand aus Blutrache getötet wird für eine Tat, für die er nichts kann, etwa für einen von ihm zufällig mitverursachten Unfall – vgl. das Beispiel der vom Stiel springenden Axt in Dtn 19,5 – wird durch die Asylbestimmungen der Tora verhindert. Da das moderne Recht den hier erstmalig formulierten Einsichten unbestreitbar Genüge tut, kann und braucht Kirche heute solches Asyl nicht mehr zu gewähren. Immerhin bleibt zu beachten, dass noch das Asyl unseres Grundgesetzes für politisch bzw. rassisch oder religiös Verfolgte gilt, also ebenfalls für Menschen, die unschuldig verfolgt werden. Damit ist freilich nur ein Bruchteil der Menschen betroffen, die sich in anderen Kulturen an den heiligen Platz retten konnten und Hilfe fanden. Heute wie damals sind es vor allem soziale Gründe, die Menschen aus ihrer Heimat vertreiben: Schulden und Ausbeutung, Hunger und Krieg. Für sie hält die Tora andere Lösungen bereit.

---

27. Vgl. bes. A. Rofé, The History of the Cities of Refuge in Biblical Law, in: Studies in Bible, hg. v. S. Japhet, Jerusalem 1986, 205-239.

II. »Birg die Versprengten, den Flüchtling verrate nicht« (Jes 16,3) – das alttestamentliche Fremdenrecht

Die Asylfunktion des alttestamentlichen Rechts

Zwar wird im Alten Testament das Heiligtumsasyl auf eine einzige Funktion und entsprechend wenige Personen beschränkt, doch wird parallel dazu ein Recht entwickelt, das die fortgefallenen Schutzmöglichkeiten ersetzt und übertrifft. Zu beidem haben letztlich nicht in erster Linie die vielerorts zu beobachtenden Probleme des Heiligtumsasyls geführt, sondern der biblische Gott selbst, insbesondere seine immer deutlicher ausformulierte Einheit. Dem einzigen Gott kommt nach dem Deuteronomium wie späteren Teilen des Alten Testaments kultische Verehrung nur an einem einzigen Ort zu, faktisch am Tempel in Jerusalem. Nur dort, wo er selbst gegenwärtig ist, oder wo er, in anderer theologischer Sprache, »seinen Namen wohnen lässt«, kann es Altar und Opfer und all das, was Kult am heiligen Ort ausmacht, geben. Damit existiert auch nur ein einziger Asylort. Das erzwang, wie dargestellt, zunächst eine Profanisierung des Asylgedankens, indem an die Stelle heiliger Stätten normale Städte treten. Der israelitische Glaube findet schrittweise, beginnend mit der Kultzentralisierung und den Erfahrungen des Exils, als auch dieser Tempel zerstört war, eine Organisationsform von Religion, in der heilige Orte eine immer geringere Rolle spielten. Als 70 n. Chr. der Jerusalemer Tempel endgültig zerstört wurde, konnte das Judentum ganz ohne Kultort leben. Die Synagogen sind als reine Versammlungsorte zu Schriftlesung und Gebet etwas grundsätzlich anderes. Sie können an jeder Stelle gebaut werden und hängen nicht an der Heiligkeit eines sakralen Ortes. Für christliche Kirchen gilt prinzipiell nichts anderes. Die spätere Asylfunktion gottesdienstlicher Gebäude stammt entsprechend auch eher aus der Tradition heidnischer Tempel als der der Bibel.[28]

Mit all dem aber geht der fundamentale Schutz, der eine mögliche Flucht an einen sicheren Ort bietet, in Israel nicht einfach verloren. Rechtlich und sozial Unterprivilegierte werden im alttestamentlichen Recht auf neue Weise geschützt. Alle Berichte über antike Asylorte erwähnen als typische Asylflüchtlinge Überschuldete, die vor ihren Gläubigern und drohender Schuldsklaverei fliehen sowie Sklaven, die ihren Herren entlaufen sind. In Israel

---

28. Vgl. P. Landau, Art. Asylrecht III. Alte Kirche und Mittelalter, TRE 4, 1979, 205-239.

will ein ganzes Bündel von Gesetzen diesen potentiellen Asylflüchtlinge so etwas wie ein soziales Netz bereitstellen[29].

Vor allem aber sind es nun die *Fremden*, die massiven Rechtsschutz erfahren. Es gibt nur wenige biblische Themen, die so breit belegt sind und ein so großes theologisches Gewicht haben wie die Fremden und ihr Schutz.[30] Die Kernsätze sind: Gott selbst schützt die Fremden (Ps 146,9) und liebt sie (Dtn 10,18). Deshalb sollen sie in keiner Weise bedrückt werden (Ex 22,20; 23,9 u. ö.), man soll sie lieben, wie Gott sie liebt (Dtn 10,19), wie man sich selbst bzw. seinen Nächsten liebt (Lev 19,34). Kein anderes Recht soll für sie gelten als für die Einheimischen (Lev 24,22; Num 15,5 f.). Die Zukunft Israels, des Tempels und des Königtums hängt direkt am Verhältnis zu ihnen (Jer 7,6; 22,3; Sach 7,1; Mal 3 5). Nach Ez 47,22 f. schließlich wird ihnen in der visionär geschauten Zukunft ein Anteil am Land gehören, wie nur jedem Israeliten.

Um zu verstehen, was hier geschieht, ist am besten mit den Bestimmungen des Bundesbuches einzusetzen:

Ex 22,20 *Einen Fremden sollst du nicht bedrücken, und du sollst ihn nicht bedrängen, denn ihr seid (selbst) im Lande Ägypten Fremde gewesen.*

23,9 Einen Fremden sollst du nicht bedrängen, weil ihr die Seele des Fremden kennt, denn ihr seid (selbst) im Lande Ägypten Fremde gewesen.

Im Bundesbuch spricht hier wie sonst Gott selbst, so dass die sozialen Gebote genau wie die religiösen oder gottesdienstlichen Teil des einen Gotteswillens sind. Das zweifache Vorkommen des Themas ist nicht zufällig. Die beiden Sätze Ex 22,20 und 23,9 umrahmen vielmehr den Block des Bundesbuches, in dem alle wichtigen Sozialgebote stehen. Da geht es um den Schutz von Witwen und Waisen (22,21 ff.), um die Armen, denen mit zinsfreien Darlehen geholfen werden soll (22,24) und deren lebensnotwen-

---

29. Zu ihm vgl. F. Crüsemann, Tora passim; sowie o. S. 194 ff.
30. Zum folgenden im Detail F. Crüsemann, a. a. O. 213 ff., sowie ders., Fremdenliebe und Identitätssicherung. Zum Verständnis der »Fremden«-Gesetze im Alten Testament, in: Wort und Dienst 19, 1987, 11-24. Außerdem sei beispielhaft hingewiesen auf: K. L. Schmidt, Israels Stellung zu den Fremdlingen und Beisassen, Judaica 1, 1945, 269-296; J. J. Stamm, Fremde, Flüchtlinge und ihr Schutz im Alten Testament und seiner Umwelt, in: A. Mercier (Hg.), Der Flüchtling in der Weltgeschichte, Bern 1974, 31-66; L. Schwienhorst-Schönberger, »... denn Fremde seid ihr gewesen im Lande Ägypten«. Zur sozialen und rechtlichen Stellung von Fremden und Ausländern im alten Israel, Bibel und Liturgie 63, 1990, 108-117; R. Albertz, »Ihr seid Fremdlinge in Ägypten gewesen« – Fremde im Alten Testament, in: ders., Der Mensch als Hüter seiner Welt, Calwer Taschenbibliothek 16, Stuttgart 1990, 61-72.

dige Gegenstände nicht gepfändet, d. h. zur Schuldsicherung einbehalten werden dürfen (22,26 f.). Und in 23,1 ff. geht es um Regeln für ein gerechtes Gericht (v.1 f.7 f.), darum, wie sozial Schwache zu ihrem Recht kommen (v.3.6), aber auch um das Verhalten zu leidenden Tieren, die dem persönlichen Feind gehören (v.4 f.). Als Hintergrund muss man an die vielen Prophetenworte denken, die die Armen und Schwachen gerade im Gericht am Tor unterliegen sehen (z. B. Am 5,10 ff.). Der Sinn einer Umrahmung all dieser Themen durch die Schutzgebote für Fremde liegt offenkundig darin, dass sie so zum Maßstab für Sozialverhalten überhaupt werden. Da es bei den Fremden alle diese Gruppen und ihre Probleme ja auch gibt und zwar verschärft, Witwen und Waisen, Arme und Überschuldete, und da sie selbst wenig Chancen haben, ihr Recht prozessual durchzusetzen, werden sie durch die literarische Rahmenstellung zum inhaltlichen Maßstab, an dem Recht und Gerechtigkeit einer Gesellschaft überhaupt gemessen werden können.

Die Fremden

Wer sind die Fremden, auf die sich die alttestamentlichen Rechtssätze beziehen? Das durchgängig verwendete Wort ist ger, und es wird traditionellerweise mit »Fremder, Fremdling, Schutzbürger, Gast« o. ä. übersetzt. Das Nomen hängt mit einem Verb *gur* zusammen, »als Fremder weilen, sich aufhalten«. So werden, wie viele Texte zeigen, Menschen bezeichnet, die sich längerfristig bzw. auf Dauer an Orten aufhalten, wo sie keine Verwandtschaft und keinen Grundbesitz haben. Das können sowohl Angehörige anderer Völker sein (z. B. Jes 14,1) als auch Angehörige anderer israelitischer Stämme (Ri 17,7). Von *ger* sind im Hebräischen deutlich andere Begriffe unterschieden, etwa der »Ausländer« *(ben hannekar)*, wie sie z. B. als Händler in Israel selbst auftauchen. In deutschen Übersetzungen sind solche Differenzierungen nicht immer der Ursprache entsprechend wiederzugeben. Das Problem der Fremden steht also quer zur Frage der nationalen Zugehörigkeit. Entsprechendes gilt ja auch für unser Wort »Flüchtling«, das sowohl Ausländer als auch, man denke an die Zeit nach 1945, wo die Ostvertriebenen eine neue Heimat suchten, Deutsche bezeichnen kann.

Was sind nun die Gründe, die Menschen aus ihrer Heimat vertreiben und zu solchen »Fremden« machen? Daran hängt ja nicht zuletzt die heutige Rezeption der Texte. Es sind nun ganz sicher nicht politische Verfolgungen im engeren Sinne gewesen, die damals Menschen in die Fremde getrieben haben, sondern genau wie heute sind zwei Hauptursachen auszumachen: Hunger und Krieg. Hunger treibt bereits die Väter und Mütter Israels selbst

(Gen 12,10; 26,3; 47,4) nach Ägypten, so gerät ja ganz Israel in die ägyptische Abhängigkeit. Ähnliches wird am Anfang des Buches Ruth erwähnt (1,1), wo eine israelitische Familie in Moab gastliche Aufnahme findet. Elia gibt einen entsprechenden Ratschlag (2 Kön 8,1). Neben dem Hunger vertreiben Kriege und ihre Gräuel Menschen in die Ferne. Hier ist etwa auf 2 Sam 4,3 und besonders auf Jes 16,3 f. zu verweisen: Moabiter, mit denen Israel zeitweise in tödlicher Feindschaft lebte (vgl. Dtn 23,3), sollen in Israel Geborgenheit finden. Die gleichen Ursachen stehen hinter den Fremden der Gesetzestexte. Nach ihnen sollen also gerade die Personen uneingeschränkte Zufluchtsmöglichkeit haben, denen solches bei uns verwehrt wird.

Diese hier vertretene und bisher nahezu einmütig von der Wissenschaft anerkannte Bedeutung von *ger* ist neuerdings bestritten worden. Angesichts der Bedeutung der Frage muss kurz darauf eingegangen werden. Die neueste deutschsprachige Arbeit zum Thema hat nämlich nachzuweisen versucht, dass mit den »Fremden« insbesondere in den wichtigen Gesetzen des Deuteronomiums nicht Angehörige anderer Völker gemeint seien, sondern eine neben den grundbesitzenden Bauern lebende »Schicht von einzelnen, freien, besitzlosen Personen, die darauf angewiesen sind, dass die Bauern ihre Arbeitskraft beanspruchen«.[31] Es sei also eine soziale Unterschicht im Juda des 7. Jahrhunderts v. Chr. gemeint, die mit den Problemen von Flüchtlingen und gar mit solchen aus anderen Nationen nichts zu tun hätte. Die üblicherweise angenommene Bedeutung sei dem Wort vielmehr erst später zugewachsen und zwar »kaum vor der Hälfte des 5. Jahrhunderts«.[32]

Nur einige der Fehlschlüsse und Fehlinformationen, die dieser These zugrunde liegen, können hier zur Sprache kommen. Zunächst einmal ist soviel richtig, dass speziell im Deuteronomium an keiner Stelle des Gesetzes (Dtn 12-26) eindeutig gesagt wird, dass es sich bei den »Fremden« speziell um Volksfremde handele. Wenn der Begriff *ger* quer zu dieser Frage liegt, er also israelitische wie fremde Flüchtlinge umschließt, ist das auch nicht unbedingt zu erwarten. Immerhin ist im Deuteronomium deutlich erkennbar, dass diese »Fremden«, wie 14,21 zeigt, nicht den israelitischen rituellen Speisegesetzen unterstehen, also kaum zum im Gesetz angeredeten Volk gehören, dass sie zum anderen, wie 24,14 zeigt, nicht einfach mit den Tagelöhnern identisch sind. Historisch mag es durchaus so sein, dass die Mehrzahl der Fremden, um die es dem Bundesbuch wie dem Deuteronomium geht, innerisraelitische Flüchtlinge sind. In der Zeit des assyrischen Vor-

---

31. Chr. Bultmann, Der Fremde im antiken Judäa. Eine Untersuchung zum sozialen Typenbegriff ›ger‹ und seinem Bedeutungswandel in der alttestamentlichen Gesetzgebung, Göttingen 1992, 214.
32. Chr. Bultmann, a. a. O. 216.

dringens und besonders nach dem Fall des israelitischen Nordstaates im Jahre 622 v. Chr. sind nachweislich größere Mengen von Flüchtlingen nach Juda und Jerusalem geströmt. Aber nichts spricht dafür, dass nicht Angehörige anderer Völker mit dabei sind, dafür haben sicher die unerhörten Grausamkeiten des assyrischen Heeres gesorgt.

Vor allem aber wird nun in dieser These völlig übersehen, dass der Begriff *ger* in sehr vielen alttestamentlichen Texten zur Selbstbezeichnung Israels (als in der Fremde lebendes Volk) geworden ist und mit ihm vor allem der Aufenthalt Israels in Ägypten bezeichnet wird. Bereits von den Erzeltern wird gesagt, dass sie sich in Hungerzeiten als »Fremde« in Ägypten aufhalten, das wird von Abraham (Gen 12,10), von Isaak (26,3) und von Jakob (47,4) und ihren Frauen und Kindern erzählt. Und dann ist natürlich an den Ägyptenaufenthalt des Volkes zu erinnern, der zum Exodus führt. Gerade auf ihn und seine Bedeutung wird in den Begründungen der biblischen Fremdengesetze durchgängig hingewiesen, nicht zuletzt im Deuteronomium (24,17 f.). All dies muss man hinzunehmen, um die Bedeutung des Wortes *ger* zu bestimmen. Es ist methodisch nicht angängig, eine semantische Klärung ohne die Breite der Belegstellen vorzunehmen und sich auf ein einziges, dazu literarkritisch willkürlich zurechtgestutztes Buch zu beschränken. Die These, mit *ger* sei ursprünglich und speziell im Deuteronomium keine Gruppe von Fremden und Flüchtlingen gemeint, muss als nicht seriös gelten.

Begründungen

Die theologischen Begründungen für das Fremdenrecht, sollen im Folgenden dargestellt werden. An ihnen hängt ja nicht nur die These, es liege auch so etwas wie eine Erweiterung des Asylgedankens auf das ganze Gottesvolk vor, sondern vor allem auch der Verpflichtungscharakter für uns heute. Denn die Tatsache, dass in dem Teil der Tora, der christlich nahezu allein rezipiert wurde, in den Zehn Geboten, das Thema der Fremden nur ganz am Rande vorkommt, war sicher ein Beitrag dazu, dass die biblische Fremdenethik im Allgemeinen nicht Grundbestandteil christlicher Ethik wurde und deshalb viele verhängnisvolle Vermischungen christlichen Glaubens mit Nationalismen aller Art möglich waren und sind.

– *Der Verweis auf die eigene Erfahrung* als Begründung muss am Beginn stehen. Mit der Erinnerung an die eigene Knechtschaft in Ägypten wird bereits im Bundesbuch das Fremdenrecht begründet (Ex 22,20; 23,9). Daraus folgt: »*Ihr kennt die Seele bzw. das Leben (näfäsch) des Fremden*«. Dieses Sich-Hineinversetzen-Können ist Ausgangspunkt und bleibende Grundlage für alles Weitere. Es kommt mit typischen Varianten auch in den Gesetzen des Deuteronomiums (Dtn 10,19; 24,17f. u.ö.) wie der Priesterschrift (Lev 19,34) vor. Wichtig ist die weitgehende Parallele zum Asylparagraphen im Grundgesetz. Nach den Schrecken des Dritten Reiches erwuchs aus den eigenen Erfahrungen und Erinnerungen der Menschen, die den neuen Staat Bundesrepublik und sein Grundgesetz schufen, die uneingeschränkte Garantie von Schutz für alle politisch, rassisch und religiös Verfolgten. Denn man kannte ihr Geschick. Es ist offenbar anders als in Israel nicht gelungen, solches Selbstverständnis zu einem dauerhaften Moment deutscher und christlicher Existenz zu machen. Solche Formulierungen auch auf uns anzuwenden, setzt sicher voraus, dass wir als Christinnen und Christen Befreiung durch Gott ebenfalls erfahren haben. »*Habe ich nicht Israel aus Ägypten heraufgeführt wie die Philister aus Kaphtor und die Aramäer aus Kir?*«, heißt es bei Amos (9,7). Woher und wohin denn uns Deutsche? Eine gewisse Analogie zur inneren Logik der biblischen Fremdengesetze wäre gegeben, wenn unsere Freiheit und unser Wohlstand als etwas verstanden werden, das in der Zukunft nicht bewahrt werden kann, wenn und soweit es nicht mit den Menschen geteilt wird, die daran bisher nicht teilhaben. Für unseren Globus dürfte das eine realistische Sicht sein – die Alternative ist die große Mauer um die reichen Länder, wie Günter Grass sie einst imaginierte[33] und wie sie in diesen Jahren Gestalt anzunehmen beginnt – und mit ihr wohl unweigerlich der große Krieg.

– *Die Liebe Gottes* wird als Beweggrund für den Schutz der Flüchtlinge besonders im Deuteronomium herausgestellt. Im Exodus, der Befreiungstat Gottes, hat sich die Erwählung dieses einen Volkes durch Gott vollzogen. Beides hat seine Wurzel allein in der Liebe Gottes zu seinem Volk, nicht in irgendwelchen Eigenschaften Israels. Besonders in Dtn 7,7-9 wird dieser Gedanke entfaltet. Was Israel tut, ist die Erwiderung: Gott von ganzem Herzen, von ganzer Seele und mit aller Kraft zu lieben, fordert das Schmaʿ Jisrael Dtn 6,4f. So kann schon das Deuteronomium wie später Paulus das ganze Gesetz zusammenfassen, ohne es freilich damit inhaltlich aufzulösen. Aber Gott liebt nicht nur Israel. Die Zuwendung Gottes gilt seinem Volk wie den Armen und Elenden. Das kommt gerade beim Fremdenthema heraus. Beides wird in der Passage Dtn 10,17-19 miteinander verbunden. Sie beginnt mit Formulierungen, wie sie in den gottesdienstlichen Lobgesängen Israels vorkommen (Ps 146,9):

Dtn 10,17 *Denn der Herr, euer Gott, ist der Gott der Götter und der Herr der Herren, der große und starke und furchtbare Gott, der die Person nicht*

---

33. G. Grass, Kopfgeburten oder Die Deutschen sterben aus, Darmstadt/Neuwied 1980, 114ff.

ansieht und Bestechung nicht annimmt, 18 der der Waise und der Witwe Recht verschafft und den Fremden liebt, so dass er ihm Brot und Kleidung gibt. 19 Und ihr sollt den Fremden lieben, denn ihr seid auch Fremde gewesen im Land Ägypten.

Israels eigene Situation als befreites und landbesitzendes Volk entstammt derselben Liebe Gottes, die er jetzt durch Israel an den derzeit Fremden ausüben will. Gottes Tun und menschliches Tun liegen hier unvermischt und ungetrennt ineinander. Israel ist durch Befreiung und Landbesitz bestimmt und kann deshalb auch materiell den fremden Flüchtlingen Heimat geben, wie es selbst solches von Gott erfahren hat. Die hier herrschende theologische Logik reicht über die Situation in der Zeit des Deuteronomiums hinaus. Wer sich selbst von der Liebe Gottes bestimmt sieht, wer sein Leben mit allen Gaben und allem Reichtum von dieser Liebe und ihrer befreienden Wirkung empfangen hat, kann nicht umhin, sie weiterzugeben. Gottes Handeln an den Fremden vollzieht sich eben so, dass die, die vorher seine Liebe erfahren haben, sie weitergeben. Wer von der Liebe Gottes spricht, wie es die Kirche in ihren Gottesdiensten ungebrochen tut, kann die Fremden nicht ungeliebt lassen. Und Liebe ist hier wie auch sonst nicht nur ein Gefühl, sondern eine in konkreten Handlungen aufweisbare Loyalität.

– *Die Gegenwart des heiligen Gottes* selbst ist das theologische Zentrum der priesterlich geprägten Texte des Alten Testamentes. Sie wird auch zur Begründung der Sätze über die Fremden und ihre Rechte herangezogen. Hier liegt zweifellos eine enge Kontinuität zum Asylrecht so vieler Religionen. Dort ist es ja der am Heiligtum präsente Gott und seine Heiligkeit, die jeden Zugriff verbieten und unter Strafe stellen. In Israel ist der im Heiligtum wohnende Gott keineswegs nur im engeren Umkreis dieses Tempels wirksam. Wie konzentrische Kreise sind um den Schöpfer die Priester, die Leviten, die Israeliten und schließlich alle anderen Menschen gelagert. Durch den Exodus hat Gott sein Volk aus den übrigen Völkern herausgeführt und zu sich in seine Nähe gebracht. Die Befreiung wird hier zugleich als Vorgang der Heiligung und der grundsätzlichen Zuordnung zu Gott verstanden.

Solche Nähe zu Gott setzt für Israel ein entsprechenden Verhalten voraus. Das betrifft Fragen kultischer Reinheit und Unreinheit, aber es beschränkt sich keineswegs darauf. Auch ein bestimmtes rechtliches und ethisches Verhalten ist gefordert und wird von den Priestern insbesondere im sogenannten Heiligkeitsgesetz (Lev 17-26) formuliert. An diese Heiligkeit Gottes und den Vorgang der Heiligung seines Volkes wird immer wieder erinnert. Alle Einzelbestimmungen sind dadurch geprägt:
Lev 19,33 f. *Und wenn ein Fremder bei dir weilt, in eurem Land, sollt ihr ihn*

nicht bedrücken. Wie ein Einheimischer von euch soll der Fremde gelten, der bei euch weilt. Und du sollst ihn lieben wie dich selbst, denn ihr wart Fremde im Land Ägypten. Ich bin Jhwh, euer Gott.

Wichtig und typisch ist vor allem die Schlusswendung. dass man die Fremden genauso wie die Nächsten, die Menschen, mit denen man in der Nachbarschaft zusammenlebt (19,18), lieben soll, wird allein durch die Wendung begründet: »*Ich bin Adonai* ...«. Letztlich ist es Gott selbst und seine Gegenwart allein, die zu einer bestimmten Lebensweise nötigt.

Diesem priesterlichen theologischen Denken verdanken wir die radikalsten Formulierungen – die völlige Rechtsgleichheit von Fremden und Einheimischen:

Lev 24,22 *Einerlei Recht gelte für euch. Für den Fremden gilt es genau wie wir die Einheimischen. Denn ich bin Jhwh, euer Gott.* (vgl. Num 15,15 f.).

Die Forderung nach völliger Rechtsgleichheit mag erstaunlich klingen, zumal sie ja nicht von so etwas wie Glauben abhängig gemacht wird. Sie gilt vielmehr ganz objektiv und völlig unbeeinflusst vom Verhalten der Fremden. Sie entspringt einfach der Gegenwart Gottes selbst. In seiner Nähe – und das Volk ist der Ort seiner Nähe – kann nicht für verschiedene Menschen Verschiedenes gelten. Wer ihm nahe ist, ist in Privilegien und Pflichten gleichartig. Vor Gott gibt es keine Unterschiede, und deshalb gibt es sie nicht zwischen Israeliten und Fremden. In diesen Formulierungen ist wirklich so etwas vollzogen wie eine Ausweitung der Erfahrungen, die im Heiligtum gelten und Asyl ermöglichen, auf das gesamte Gottesvolk. Israel ist das Volk, das ihm nahe ist. Deshalb ist es ganz undenkbar, dass in dieser Nähe Unterdrückung, Vertreibung oder Rechtsungleichheit zu Fremden statthaben kann. Wer sich in Israel aufhält, ist auch bei Gott geborgen.

Wenn sich christliche Gemeinde in der Nähe und der Gegenwart Gottes sieht – »*wo zwei oder drei in meinem Namen zusammen sind, da bin ich mitten unter ihnen*« (Mt 18,20) –, kann sie sich der theologischen Stringenz der priesterlichen Formulierungen nicht entziehen. Zwar kennt die christliche Theologie kein Heiligtum in dem Sinne, wie es der Jerusalemer Tempel für die Priester war. Aber hinter die theologische Konsequenz, mit der hier Nähe und Gegenwart Gottes durchdacht worden ist, gibt es kein Zurück. Christliche Gemeinde als Ort der Nähe Gottes kann nur als Schutzraum für Fremde und ihre elementaren Rechte wirken. Sie preiszugeben wäre Verrat an den Bedrängten wie am eigenen Gott.

Gott als Fremder

Beim Schutz für die Fremden geht es nicht nur um Gottes Gebot und die in ihm formulierte Entsprechung zur erfahrenen eigenen Befreiung, zur verkündigten Liebe und zur geglaubten Gegenwart Gottes, es geht nach einer Reihe von Texten noch unmittelbarer um das Verhältnis zu Gott selbst. »*Die Gastfreundschaft vergesst nicht, denn so haben einige ohne ihr Wissen Engel beherbergt*«, heißt es im Hebräerbrief (13,1). Engel, das sind nicht irgendwelche vogelartigen Wesen, das ist in der Bibel eine Gestalt der Gegenwart Gottes selbst. Dass es bei der Begegnung mit Fremden und Flüchtlingen und bei ihrem Schutz um Gott selbst geht, sagt auf seine Weise auch das berühmte Gleichnis in Mt 25,31 ff. Christus sucht als Fremder Schutz und Geborgenheit und erfährt sie keineswegs überall.

Was in Jes 16,3 f. dem alttestamentlichen Gottesvolk in bezug auf Flüchtende aus Moab zugerufen wird, gilt uneingeschränkt auch für die christliche Gemeinde und Kirche: »*Verbirg die Versprengten, verrate den Flüchtling nicht. Lass meine Versprengten bei dir als Fremde weilen* …«.

17. Gott und die Fremden

Eine biblische Erinnerung

Wenn ich als Bibelwissenschaftler, der nicht in die aktuellen Konflikte um Asylsuchende und Flüchtlinge bei uns aktiv einbezogen ist, zu heutigen Fragen überhaupt etwas beizutragen habe, dann vielleicht in zweierlei Hinsicht. Das eine ist die immer wieder genannte gesellschaftliche Stimmung, der allgemeine Diskurs, das Klima, das dann auch die Anwendung der bestehenden Regeln mitprägt. Dazu hat die Stimme von Kirche und Religion ihren Beitrag zu leisten. Das andere ist die Empfindung, dass es in den hoch komplexen Fragen des bestehenden Rechts und seiner Anwendung notwendig ist, die Richtung, um die es gehen muss, das Ziel, das man anstrebt, sehr klar vor Augen zu haben, will man sich nicht im Gestrüpp des Alltags mit seinen juristischen Details verlieren.

Dass sich Christen, Gemeinden, Gruppen, sogar teilweise Kirchenbehörden und Kirchenleitungen, um Flüchtlinge kümmern, sich deswegen mit dem Staat anlegen, Kirchenasyl denken, fordern und praktizieren – das alles ist ja ausgesprochen neu, jedenfalls in dieser Breite. Es ist Teil einer tiefgehenden Veränderung im Christentum, ist ein Aspekt eines Prozesses, der aus dem Christentum, so Gott will, eines Tages eine humane Religion machen wird. Das war es nicht, das Christentum war vielmehr eine inhumane Religion – ganz sicher in der Perspektive seiner Opfer, der Juden, der Ketzer, der Hexen, anderer Völker, der Minderheiten, und sogar vieler Frauen. Erst recht gilt das für Fremde und Schutz suchende Ausländer. Das Christentum war in einem unglaublichen Maße mit dem Nationalen und den Nationalstaaten liiert. Wir sehen rückblickend oft nur die Ausnahmen, die wenigen Vorbilder, die an Änderungen arbeiteten, einige Widerstandsgruppen im 3. Reich, Bonhoeffer vorneweg. Aber wir brauchen bloß an die vielen, noch gegenwärtigen und noch mächtigen Formen solchen inhumanen Christentums zu denken, um sein ehemaliges Gewicht vor Augen zu haben, an die Rolle christlicher Religion in nationalen Konflikten etwa in Nordirland oder auf dem Balkan. Und – ich denke, man muss das sagen – für diese Form des Christentums steht tendenziell trotz aller Ausnahmen immer noch die Partei, die das C im Namen führt. Dass sich die CDU-geführten Regierungen und Länder am längsten und hartnäckigsten gegen jede Liberalisierung des Ausländerrechts sträuben, dass seit Urzeiten christlich geführte Länder wie

Bayern die härtesten und oft unmenschlichen Abschiebepraktiken haben, zeigt, was das Christentum war und zum Teil noch ist. Hinter dem Gerede von »Werten« sind dabei oft die eigenen Interessen, das allein in diesem Sinne Wertvolle unübersehbar.

Woher kam und kommt eine Änderung? Aus vielen Gründen sicherlich, nicht ohne Wechselwirkung mit der Gesellschaft im Ganzen, nicht zuletzt aus dem Schock des Holocaust, der vielen zeigte und zeigt, wie weit sich das Christentum von seinen Wurzeln entfernt hatte, der unübersehbar machte, dass es im Ganzen eine inhumane Religion gewesen war. Deswegen gehört die Neuentdeckung der alttestamentlichen und jüdischen Wurzeln entscheidend zum Prozess der Veränderung, bei diesem Thema wie bei anderen. Das Neue Testament allein oder auch nur als entscheidender Ausgangspunkt für christliche Ethik und Recht reicht nicht, war und ist missverständlich. Nur wenn wir den Ausgangspunkt als Heidenchristen da nehmen, wo wir uns wirklich befinden, nämlich in der Spannung zwischen der fremden jüdischen Wurzel und der christlichen Grundtatsache unseres Dazugehörens, nur dann kann auch der Raum für das Fremde und die Fremden bei uns menschlich, politisch wie theologisch entstehen. Ganz einfach gesagt: ich weiß noch genau, wie ich das erstemal auf einem kirchlichen Plakat den alttestamentlichen, den eben nur alttestamentlichen Satz las: »*Du sollst den Fremden lieben wie dich selbst*« (Lev 19,33 f.). Und es ist kein Zufall, dass der Verweis auf die biblische Grundlage zumeist ein wesentlich alttestamentlicher ist: »*Der Fremde in deinen Toren*«.

I. Die biblische Grundlage

Lassen Sie mich diese biblische Grundlage in Form einer Erzählung und eines göttlichen Rechtsatzes vorweg benennen und dann in drei Schritten nach Wirkung und Begründungen fragen. Ich lese einen Ausschnitt aus einer bekannten Geschichte:

Gen 18,20 *Da sagte Adonai: »Das Klagegeschrei über Sodom und Gomorrha – das ist wirklich groß, und ihre Verfehlung, die ist wirklich schwer! 21 Ich will hinabsteigen und nachsehen, ob sie gemäß ihrem Geschrei Vernichtung gewirkt haben ...« 22 Da wandten sich die Männer von dort und gingen nach Sodom ... 19,1 Als Lot gerade im Tor von Sodom saß, kamen die zwei Boten am Abend nach Sodom. Als Lot (sie) sah, erhob er ich ihnen entgegen, beugte seine Nase bis zum Boden 2 und sagte:* »*Habt acht, meine Herren, biegt ab zum Haus eures Knechtes und übernachtet, wascht eure Füße und brecht am Morgen wieder auf.*« *Sie aber sagten:* »*Nein, sondern auf dem Torplatz wollen wir übernachten.*« *3 Da drang er in sie und so bogen sie ab zu ihm und gingen in sein Haus. Er aber bereitete ihnen ein Gastmahl ... und sie aßen. 4 Bevor sie sich aber zum Schlafen legten, da umzingelten sie die Männer der Stadt, die Männer Sodoms – vom jungen Mann bis zum Altgewordenen – alles Volk von allen Enden. 5 Die schrieen nach Lot und sagten zu ihm:* »*Wo sind die Männer, die heute Nacht zu dir gekommen sind? Führe sie zu uns heraus, wir wollen ihnen beiwohnen!*« *6 Da ging Lot zu ihnen hinaus vor die Tür und verschloss sie hinter sich 7 und sagte:* »*Aber meine Brüder! Verübt nichts Böses! 8 Seht ich habe zwei Töchter ... Tut ihnen, was in euren Augen gut ist. Nur diesen Männern tut nichts, denn sie sind unter den Schatten meines Daches gekommen.*« *9 Sie sagten:* »*Scher dich weg!*« *Und:* »*Kommt der da als Einzelner um hier als Fremder zu leben und spielt sich auch noch als Richter auf? Nun wir wollen dir Schlimmeres antun als ihnen.*« *So drangen sie auf den Mann, auf Lot ein, und machten sich daran, die Tür aufzubrechen. 10 Da streckten die Männer ihre Hand aus, zogen Lot zu sich ins Haus, die Tür aber verschlossen sie 11 und schlugen die Männer mit Blindheit.*

Dann nimmt das Verderben seinen Lauf, Feuer fällt vom Himmel und zerstört die Stadt, nur Lot und seine Familie werden gerettet. Dieser Text erzählt eine alte, überlieferte Sage mit einer neuen, aktuellen Zuspitzung. Wie aktuell sie ist, ist mir schlagartig deutlich geworden in den Nächten von Rostock und Hoyerswerda, als man genau solche Vorgänge plötzlich im Fernsehen miterleben musste, Vorgänge, die sich seither immer wiederholen, wenn Ausländer bei uns durch die Straßen gehetzt werden. Ich weise an dieser Stelle nur auf zwei Aspekte hin:

– Der Begriff Sodom und Gomorrha steht bei uns sprichwortähnlich für sexuelle Perversionen. Dass die Männer der Stadt mit den Neuangekommenen homosexuelle Spielchen treiben wollten – das gilt als das Problem, nicht aber, dass es Fremde sind, denen Gewalt angetan werden soll. In solchen Umdeutungen biblischer Traditionen spiegelt sich, was die europäische Ausprägung des Christentums im kollektiven Gedächtnis hinterlassen hat. Die Geschichte kommt aber in Ri 19 sehr ähnlich, in manchen Passagen wörtlich gleich noch einmal vor. Dort geht es um eine Frau, nicht um Homosexualität. Das Sexuelle ist ein Nebenaspekt. Im Zentrum steht die Gewalt gegen Fremde, der Bruch des Gast- und Fremdenrechts.

– Das Schicksal der Stadt, des gesamten Kollektivs hängt davon ab, wie sie sich zu Fremden verhält. Als Feuer auf die deutschen Städte fiel und sie wie Sodom und Gomorrha zerstörte, waren es nicht so viel andere Gründe.

Was folgt daraus? Offenkundig genau das, was der oberste Rechtssatz des biblischen Rechts zum Fremdenschutz formuliert:
»*Einerlei Recht soll unter euch gelten, für den Fremdling wie für den Einheimischen.*«

Dreimal kommt diese Wendung »ein und dasselbe Recht« *(mischpat ächad)* im Alten Testament vor: Ex 12, 29; Lev 24,22 und Num 15,15. Schon die Dreizahl läßt das Gewicht erkennen. Rechtlich soll es keinen Unterschied geben. Wie viele komplizierte und umstrittene rechtliche Einzelfragen prägen heute die Praxis der Arbeit mit Asylsuchenden! Da geht es um Verfahrensrecht, Menschenrechte, Rechtsschutz, Recht auf rechtliche Begleitung und Kontrolle, Rechtstaatlichkeit und Überprüfbarkeit der Verfahren! Hinter all dem steht aus biblischer Perspektive die eine Frage: Wie weit gilt einerlei Recht für Ausländer und Deutsche? Es gibt vor Gott und bei Gott keine Differenz zwischen den Menschen. Das ist die biblische Radikalität und Klarheit, die Vorgabe und Linie, die notwendige Orientierung.

Um es theologisch eindeutig zu sagen: Das und nichts anderes ist der Wille Gottes in diesem Bereich. Das entscheidende Gebot ist Teil der Tora, die dem Neuen Testament als Grundlage vorgegeben ist und bleibt. Die Inhumanität des Christentums wurzelt nicht zuletzt in den vielfältigen Versuchen, die Tora, das Gesetz Gottes als überwunden anzusehen. Anscheinend gültige theologische Grundsätze geraten von da ins Wanken. Etwa die Meinung, Christus sei das Ende des Gesetzes oder seine Außerkraftsetzung oder die Reduktion der Gebote auf den Dekalog, wobei meist die politischen und rechtlichen Dimensionen unter den Tisch fallen. Faktisch geht es bei vielen traditionellen theologischen Optionen immer auch um die Stillstellung der biblischen Traditionen der Gerechtigkeit.

Ich möchte jetzt in drei Schritten *Aspekte dieser biblischen Grundlage* vorstellen, immer unter der Frage, was das für uns heute bedeuten kann.

II. »Ungerechte Satzungen, die das Recht rauben« (Jes 10,1 f.) – zu Struktur biblischen und heutigen Rechts

In Gen 19,9 werfen die Männer von Sodom Lot vor, er, der selbst ein Fremder ist, wolle den Richter spielen und beanspruche, besser als sie zu wissen, was Recht ist. In der Tat: eines ist, was in dieser Stadt faktisch als Recht gilt, eben dass Fremde rechtlos sind. Das andere ist die Tatsache, dass Lot offenkundig weiß, was Gerechtigkeit ist und was deshalb Recht sein sollte. Diesen Gegensatz formuliert kein Text deutlicher als Jes 10,1 f.: Da ist davon die Rede, dass unheilvolle Gesetze verfasst werden, geradezu »*um die Geringen vom Rechtsverfahren wegzudrängen und das Recht der Elenden ... zu rauben*«. Die Formulierung setzt voraus, dass das positive Recht an übergreifenden Normen gemessen werden kann und muss. Es gibt immer wieder geltendes Recht, das Unrecht ist und Unrecht bewirkt. Das ist ein großes und ein urbiblisches Thema.

Das biblische Recht – wie übrigens auch das unsrige – zeichnet sich nun dadurch aus, dass diese Spannung zu einem Strukturprinzip im Recht selbst geworden ist, insofern als die übergreifenden Normen der Gerechtigkeit Teil des geltenden Rechts geworden sind. Es geht um das Verhältnis zwischen den Prinzipien der Gerechtigkeit und dem faktisch geltendem Recht. Im biblischen Recht stehen der Fülle von Einzelbestimmungen z. B. zu Eigentums- und Körperverletzungen eher apodiktisch formulierte Grundsätze gegenüber, die auf den Schutz der sozial Schwachen und eben gerade auch der Fremden zielen. In Fällen von Normenkollisionen sollen diese Prinzipien die Auslegung und Anwendung des Rechts bestimmen. Das entspricht erstaunlich weitgehend dem Verhältnis von Menschen- und Grundrechten zur positiven Gesetzgebung in unserem Recht. Ich denke, dass diese Spannung für jedes an der Bibel orientierte Handeln grundsätzlich vorgegeben und prägend ist. Sie ist für uns zum Beispiel durch den biblischen Grundsatz »Einerlei Recht« gegeben. Auch wenn wir ihn für uns selbst gelten lassen und versuchen, danach zu handeln, ist er ja nicht einfach bei uns geltendes Recht. Die damit gegebene Spannung ist wiederum die zwischen Gerechtigkeit und Recht.

Gerade Betroffene fordern nun stets die Identität von beidem ein. Dass das Recht der Gerechtigkeit dienen soll, darum geht es biblisch, und also gerade nicht um den Gegensatz von Recht und Gnade. Biblisch gesehen ist Recht und Gnade sogar letztlich identisch – das gilt bis in die biblische Sprache hinein, in der das wichtigste Wort für Gerechtigkeit *(zedaqa)* zugleich eine der Hauptbezeichnungen für die unverdiente und unverhoffte göttliche Befreiungstat ist.

III. »Ihr kennt die Seele des Fremden« (Ex 23,9) – die religiöse Grundhaltung

In Gen 19 ist es der selbst in der Stadt fremde Lot, der den Fremden aufnimmt. Genau das werfen ihm die Einheimischen ja auch vor. Muss man selbst Erfahrungen als Fremder gemacht haben, um sich sachgemäß um sie kümmern zu können?

In Bundesbuch, dem ältesten Rechtsbuch der Bibel wird der Schutz der Fremden mit dem Hinweis auf die eigene Erfahrung der Angeredeten begründet: »*Ihr seid selbst Fremde gewesen, ihr kennt die Seele der Fremden*« (Ex 23,9). Da steht ein Wort, das in den deutschen Übersetzungen meist mit »Seele« übersetzt wird *(näfäsch)*, es kann auch »Leben« heißen, »Person«, wörtlich bedeutet es aber »Kehle, Gurgel« – den körperlichen Ort, an dem das Leben hängt. Seelsorge heißt eigentlich Sorge um die, denen das Wasser bis an die Kehle steht. Wir alle wissen, dass das alte deutsche Grundgesetz mit seinem uneingeschränkten Asylrecht aus einer entsprechenden eigenen Erfahrung vor allem während des 3. Reiches kam. Viele der »Väter des Grundgesetzes« waren selbst auf solchen Schutz angewiesen gewesen. Für die nächste Generation von Politikern fiel diese Erfahrung weg, der Asylparagraph wurde angeblichen Notwendigkeiten angepasst.

Nun ist es ja in der Bibel so, dass zwar im Erzählzusammenhang des Buches Exodus die Exodusgeneration selbst angesprochen wird. Sie hat selbst solche Erfahrungen als Fremde gemacht. Die Texte aber, die so reden, sind historisch nachweislich Jahrhunderte nach dieser Zeit entstanden. Sie reden Menschen in der Königszeit, im Exil und noch später an. Was bedeutet für sie der Verweis auf die eigene Erfahrung: Wieso kennen sie die Seele der Fremden? Hier stößt man, denke ich, auf den Grundvorgang biblischer Religion. Die immer neue Erzählung alter, historischer Erfahrungen macht ihren Grund aus. Indem für jede Generation neu von den Vätern und Müttern, von Exodus und Sinai erzählt wird, wird mit dem Kern der biblischen Religion zugleich deren Erfahrungsbasis neu nachvollziehbar. Es geht um einen zentralen Punkt unserer religiösen Identifikation. Hier stellt sich die Frage: Kennen wir zumindest aus der religiösen Sozialisation heraus die Seele, das Leben und Leiden der Fremden? Oder hat solche Weitergabe im Christentum bisher nicht funktioniert?

An dieser Stelle steht für mich beispielhaft die Rolle *Abrahams* als des ersten, als des Urbildes des Glaubens. Für Paulus ist, wie er in Röm 4 ausführt, der Glaube der Heidenchristen identisch mit dem Glauben Abrahams. Abraham ist deshalb für ihn die Person, durch den die Heiden in die Geschichte Gottes mit seinem Volk hineinkommen. Abraham bekommt in Gen 12 mit der Segensverheißung den Befehl, in eine neue Heimat aufzubrechen und zieht nach Kanaan. In unserem Land wäre ein *solcher* Anfang nicht möglich, sondern würde verhindert. Ein derartiger Aufbruch in ein neues Land, das einst seinen Nachfahren gehören soll – das ist ziemlich genau das, was man denen, die bei uns neues, sicheres Leben suchen, unterstellt und weshalb man sie möglichst gar nicht erst herein läßt, sondern ihnen mit allen Mitteln den Zutritt versagt, es sei denn es geht um gut ausgebildete Spezialisten, die uns gerade fehlen. Und Abraham belässt es ja sogar nicht bei der Einreise nach Kanaan, sondern zieht sofort, als dort eine Hungersnot kommt, ungeniert weiter nach Ägypten. Abraham – ein Wirtschaftsflüchtling, ein Scheinasylant, der zudem bereits aus einem sicheren Drittland einreist. Wo kommen wir hin, wenn jeder, der nicht genug zu essen hat, sich so verhalten würde. Abraham und Sara sind im heutigen Europa, im Schengenland, schwer vorstellbar. Es könnte sein, dass wir uns dadurch geradezu von dem Projekt abschneiden, durch das Gott alle Menschen segnen will.

Dass Abraham weiterzieht, rückt uns schnell auf den Leib, wenn wir unsere Realität von hier beleuchten lassen. Im babylonischen Talmud wird *eine* einzige Regel mit unserem Text begründet: *»Die Rabbanan lehren: Ist Hungersnot in der Stadt, so zerstreue deine Schritte«* (Baba Qamma 60b), d. h. wandere aus. Zur Begründung wird auf Gen 12,10 verwiesen: *»Und es kam eine Hungersnot ins Land, da zog Abram nach Ägypten hinab und ließ sich dort nieder«*. Gerade hier genügt es, das, was hier steht, einfach deutlich und hörbar zu sagen, zu sagen nämlich, dass nach dieser biblischen und jüdischen Tradition es geradezu ein Gebot Gottes ist, an diesem Abraham zu lernen: Wenn Hunger herrscht, ist es deine Pflicht in ein anderes Land zu ziehen. Denn natürlich muss man sich und die Seinen erhalten. Wissen wir eigentlich, was wir tun, wenn Hunger bei uns kein Asylgrund ist? Man muss weder eine Norm daraus machen, die uns nicht zur Hand ist, noch Moral predigen, und es wird ja auch nichts geboten oder verboten, es wird einfach nur erzählt. Das Licht der Erzählung reicht aus, unsere Lage neu zu beleuchten. Es ist offenkundig dasselbe Licht, in dem uns auch andere Menschen aus anderen Teilen der Erde sehen.

Dass man damals wie heute Menschen nur als Schmuggelware über die Grenze bringen konnte, hält ein eindrucksvoller jüdischer Midrasch fest, – das sind jene Erzählungen, die sich in den unklaren Stellen und Widersprüchen der biblischen Texte einnisten. Dieser weist auf die Formulierung in Gen 12,14 *»Als Abram nach Ägypten kam«* – und fragt: nur Abraham, wo war Sarai in diesem Moment? *»Er hatte sie in eine Kiste gelegt und sie verschlossen. Als er zum Grenzübergang kam, fragten die Zöllner: Was beförderst du in der Kiste? Er antwortete: Gerste. Sie sagten: Das ist sicher Weizen. Dann* *nehmt eben den Zoll für Weizen. Da sagen sie: Es ist Pfeffer! Er: Dann nehmt eben den Zoll für Pfeffer. Da sagten sie zu ihm: Es sind Goldstücke. So bedrängten sie ihn, bis sie die Kiste öffneten und sie wie die aufgehende Sonne sahen. Sie sagten zu ihm: Es geht nicht an, dass sie ein einfacher Mann mit ihr befasst und so kam sie vor die Mächtigen Pharaos«* (Midrasch Tanchuma Lekha 5)[1].

Grundsätzlich gilt: Das Einüben in biblischer Tradition ist immer auch eine Einübung in fremde Existenz. Die Geschichten von Abraham oder von Jesus, also die Grundgeschichten unseres Glaubens bewirken eine Identifikation, durch die auch wir ansprechbar sind durch Gottes Gebot und seine Begründung: *»Du kennst die Seele der Fremden«*.

IV. Das »Ebenbild Gottes« oder: »Das habt ihr mir getan«.

Ich kehre noch einmal zur Geschichte von Sodom zurück. Wer sind die Männer, die zur Überprüfung nach Sodom gehen? Die Erzählung stellt es verhüllt dar und spricht doch eindeutig. Drei Männer erscheinen Abraham in Gen 18. Der Text spricht von ihnen abwechselnd im Singular und im Plural (vgl. v. 16.17.20). Zwei von ihnen gehen nach Sodom, einer bleibt bei Abraham. Die zwei kommen nach Sodom, erfahren die Gastfreundschaft wie die Gewaltandrohung. In v. 13 sagen sie *»Wir werden die Stadt verderben«*. Sie haben Macht und Kompetenz des Richters und gelegentlich wie in 18,20 werden sie mit dem Gottesnamen bezeichnet.

In Gestalt der Fremden kommt Gott selbst nach Sodom. Er ist in den Fremden anwesend; ihm gilt die Gewalt. Die Geschichte gehört damit zu einem großen, vielfältigem und bis Mt 25 und Hebr 13 durchgehendem Thema der Bibel. Es ist sogar noch breiter als diese Geschichten, die von der Identifizierung Gottes mit den bedrohten Fremden erzählen. Dass Gott in Gestalt der Fremden erscheinen kann, ist das eine, dass Gott immer in jedem Menschen, besonders aber in den Bedrängten und den Fremden begegnet, ist das andere. Seine erste und grundlegende Formulierung steht in Gen 1,26 ff., der Erschaffung der Menschen als Ebenbild Gottes. Da geht es um die Stellung der Menschen, ihre Kompetenz und Macht in der Welt, aber auch um ihre nahezu göttliche Würde, die sachlich und historisch die Grundlage der Menschenwürde und damit der Menschenrechte darstellt.

1. Vgl. G. Stemberger, Midrasch. Vom Umgang der Rabbinen mit der Bibel, München 1989,180

Es geht dabei ganz grundsätzlich um die Frage: Wer und wo ist Gott? Faktisch herrscht auch im Christentum und in christlichen Parteien die religiöse Gewissheit vor, dass Gott mit *uns* ist, zuerst für das eigene Volk und die eigene Sache; Gott als einer von uns. Im Biblischen wird Gottes Präsenz im Anderen erfahren, gerade auch im Feind und im Fremden. Die christliche Lehre, dass die Gottebenbildlichkeit durch den Sündenfall ganz oder teilweise verloren gegangen sei – was eindeutig dem biblischen Text widerspricht – ist ein deutliches Signal dafür, wie stark diese biblische Gotteskonzept zurückgedrängt worden ist. Manche Formen von Christologie, die Gott vor allem oder gar exklusiv mit Jesus Christus verbinden, können gegen das Neue Testament den Trend verstärken, von Gott unabhängig von den bedrängten Menschen zu reden. Der Satz, dass Gott ohne Tora immer ein Götze ist, bestätigt sich dabei.

Doch Gott »*thront in der Höhe und als Heiliger und bei den Zerschlagenen und Demütigen*« (Jes 57,15). Ohne diese Spannung wird die Rede von Gott völlig unbiblisch. Wie anders sollen und können wir heute überhaupt von Gott reden?

VI. Menschheit

18. Gottes Verheißungen und Gottes Tora – mitten in den Widersprüchen der globalisierten Welt[1]

Bei vielen der neuen Leitbilder, die derzeit im kirchlichen Milieu gestrickt werden, erinnern die blühenden Worthülsen nicht selten an das Verhältnis von Realität und schönen Worten, wie es im ehemaligen realen Sozialismus vorherrschte mit den dort so beliebten Parolen und Transparenten. Vor allem weisen sie durchgängig, wenn ich recht sehe, eine Schwäche auf: Was allen unseren neuen Leitbildern am meisten fehlt, ist, dass es sich nicht um Leit-*Bilder* handelt. Es fehlt uns wohl vor allem die dichterische und theologische Kraft eingängige, kräftige, neue, mitreißende Bilder zu prägen.

Mir wird auf diesem Hintergrund die Fülle biblischer Bilder immer wichtiger. Dabei handelt es sich ja oftmals um ganz einfache, klare Konzepte, die aber gerade nicht den Simplifikationen und Plattheiten unserer kirchlichen oder politischen Sprache erliegen, sondern die auf einfachste Weise hochkomplexe Sachverhalte so darstellen, dass ein Kind sie verstehen kann und sie zugleich auch durch abstraktes theologisches Denken nicht überboten, sondern immer nur bestätigt werden können. Unser Denken, gerade auch die theologische Begriffssprache bleibt auf sie angewiesen. Denken sie nur an die elementaren Bilder vom Menschsein: Alle Menschen, erzählt die Bibel, stammen von einem Paar ab, alle, die von einer menschlichen Mutter geboren sind, sind deshalb verwandt und bei aller Verschiedenheit gleichartig. Warum ist das so? Damit, wie die Mischna sagt, keiner sagen kann: »Mein Vater ist etwas besseres als deiner« (mSanh IV. 5). Daneben das andere: Wir Menschen bestehen aus Erde, sind aus Lehm gemacht, aber durch göttlichen Atem belebt (Gen 2,7) – ein spannungsvolles Bild, das standhält bis hinein in aktuelle medizin-ethische Kontroversen um Menschenrechte in den Grenzbereichen am Beginn und am Ende des Lebens, solange eben, wie dieser Atmen da ist. Das sind Bilder, die leiten können. Drei derartige biblische Leitbilder möchte ich im folgenden aufgreifen.

---

1. Der Beitrag bezieht sich an einigen Stellen auf »Kernbotschaft und Leitsätze« des Zentrums Ökumene der Evangelischen Kirche in Hessen und Nassau.

I. Gottes Globalisierung

Dazu lese ich eine kurze Erzählung vor, die Sie alle kennen (Genesis 11,1-9):

1 Es war einmal so weit gekommen, dass die ganze Erde eine vereinheitlichte Sprache und einheitliche Worte hatte. 2 Das war so: Als sie von Osten herzogen, da fanden sie ein Tal im Land Schin'ar und ließen sich dort nieder. 3 Und die Menschen sprachen zueinander: »Auf denn! Wir wollen Ziegel ziegeln und im Brand brennen!« Und es diente ihnen der Ziegel als Stein und das Erdpech diente ihnen als Mörtel. 4 Und sie sprachen: »Auf denn! Wir wollen uns Stadt und Turm bauen, und seine Spitze himmelhoch, und so wollen wir uns einen Namen machen, auf dass wir uns nicht zerstreuen über die ganze Erdfläche!« 5 Da stieg Adonai hinab um die Stadt und den Turm zu sehen, die die Menschen bauten. 6 Und es sprach Adonai: »Siehe! Ein Volk und eine einheitliche Sprache bei ihnen allen – und dies ist erst der Anfang ihres Tuns! Und nun wird ihnen nichts unausführbar bleiben, was immer sie sich vornehmen zu tun. 7 Auf denn! Wir wollen hinabsteigen und dort ihre Sprache durcheinanderbringen, dass sie nicht hören können, ein Mensch die Sprache des anderen«. 8 Da zerstreute Adonai sie von dort über die ganze Erdfläche und sie hörten auf, die Stadt zu bauen. Daher nennt man ihren Namen: Babel (Durcheinander), dort hat Adonai die Sprache der ganzen Erde durcheinandergebracht, und von dort hat Adonai sie zerstreut über die ganze Erdfläche[2].

»Nichts wird ihnen unausführbar bleiben« – »Nichts ist unmöglich« – kein anderer Satz entspricht so sehr dem Lebensgefühl unserer Zeit mit ihren ungeheuren Möglichkeiten und anscheinend grenzenlosen Chancen. Was Gott in dieser Geschichte verhindert, ist heute Realität. Es vollzieht sich ganz real und weltweit. Damals fürchteten die Menschen die Zerstreuung über die ganze Erde, heute haben sie die Erde im Griff, und die vereinheitlichte Sprache wird weltweit mit Hilfe Millionen allgegenwärtige Computer gesprochen. Diese Geschichte erzählt von so etwas wie einer Globalisierung, die ganze Menschheit handelt einheitlich und spricht eine vereinheitlichte Sprache. Und diese Geschichte enthält zugleich das wichtigste biblische Gegenbild zur Globalisierung.

Zunächst ist erstaunlich, wie präzis sie spricht. Globalisierung als solche ist ja nichts Negatives. Gerade die ersten Kapitel der Bibel handeln von der Menschheit als einer Einheit. Es geht um eine Welt, die von einem Gott geschaffen wurde, um eine Menschheit, die bei aller Vielfalt zusammen-

---

2. Übersetzung für den Deutschen Evangelischen Kirchentag 1997.

gehört und in mancher Hinsicht auch als Einheit handelt. Wenn der eine Gott und die eine Menschheit zusammen gehören, ist globalisiertes Denken geradezu ein Spezifikum biblischen Denkens. Globalisierungsgegner – das ist eigentlich ein unsinniges Wort, nur gegen bestimmte Folgen und Aspekte kann und muss man sich wenden. Weltweites Handeln gibt es ja seit langem, spätestens seit im 15. und 16. Jh. die eine Welt entdeckt wurde, verstärkt, seit die europäischen Staaten die Welt mit ihrem Imperialismus eroberten. Doch als Denkmodell gab es sie seit den Großreichen des alten Orients und der Antike. Das Wort »Ökumene« kommt daher und meint im Grunde dasselbe wie Globalisierung. Vom Mittelmeer bis Indien reichte das persische Reich – das ist der politische Hintergrund, auf dem die Bibel von einem Gott und einer Menschheit redet. Zweifellos ist die Menschheit heute dabei, zu einer viel engeren Einheit zusammenzurücken. Wenn man von jedem Schreibtisch aus weltweit kommunizieren kann, wenn auf jedem Frühstückstisch die weltweite Ökonomie präsent ist, dann handelt die Menschheit faktisch als Einheit. Kein Zweifel vor allem, dass die Menschheit, wie es in Gen 11 am Anfang heißt, eine einheitliche, vereinheitlichte Sprache hat, die der Technik und des Internets, und damit ungeheure neue Projekte plant. Das kirchliche Handeln auf diese Menschheit zu beziehen, ist zweifellos notwendig. Aber wie?

Entscheidend ist die Beobachtung, *wie* Gott mit dieser einheitlich handelnden Menschheit umgeht. Das Erste und Entscheidende ist: Gott will und erhält die Vielfalt. Gott zerstreut die Menschen und verhindert, dass sie auf Dauer mit einer vereinheitlichten Sprache sprechen. Die Frage ist, wie dieser Vorgang zu bewerten ist. Gerhard von Rad hat in seinem Genesis-Kommentar diese Tat als ein »gnadenloses Gottesgericht« bezeichnet[3]. Das ist kirchliche Tradition und das sprechen viele Predigten bis heute nach: Auf die Überhebung folgt die Zerstreuung als Strafe. Doch ein solches Verständnis ist eindeutig ein Missverständnis der Geschichte[4]. Die Ausdrücke, die hier verwendet werden, vor allem die Rede von einer Sprache und vereinheitlichten Wörtern, sind in der Umwelt der Bibel nachweisbar. Sie entstammen keiner Utopie, keinem Mythos, sondern werden von assyrischen Königen wörtlich so verwendet, um ihre Großprojekte zu beschreiben. Aus allen Provinzen des Riesenreichs wurden Menschen verschleppt, deportiert und zusammengetrieben. Sie mussten zwangsweise Arbeit verrichten, um riesige Städte und ungeheure Paläste zu bauen. Deshalb, so rühmen sich die Großkönige, mussten die Menschen gezwungen werden, einerlei Spra-

---

3. Das erste Buch Mose. Genesis, ATD 2-4, 9. Aufl. 1972, 117.
4. Zum Folgenden C. Uehlinger, Weltreich und »eine Rede«. Eine neue Deutung der sogenannten Turmbauerzählung (Gen 11,1-9), OBO 101, 1990.

che zu sprechen. So kreist Gen 11 um die Frage der Einheitssprache, sie ist das zentrale Problem, um das es von v. 1 an geht. Mit Hilfe dieser Sprache baut man eine riesige Stadt, der hohe Turm gehört als Zitadelle oder Burg wie in jeder antiken und mittelalterlichen Stadt dazu. Die Einheit steht im Dienst der politischen Macht; das weltweite Einheitsprojekt beruht auf Unterdrückung. Diese Einheit zerstört die Vielfalt, will sie zerstören. Doch Gott bewahrt die Vielfalt. Deshalb ist diese Geschichte keineswegs eine Geschichte, die von Strafe, sondern eine, die von Rettung handelt, von der Bewahrung und Erneuerung der Vielfalt. Israel, das eine kleine einzigartige Volk hat sich immer zu allen Zeiten bedroht gesehen, wenn es gleichgeschaltet werden sollte.

Wenn ich mir überlege, wie und wo von dem Gott, der die Völker zu ihrem Glück über die Erde verstreut, heute etwas zu spüren ist, dann drängt sich mir auf: überall wo Unterbrechung einer selbstverständlichen Kommunikation geschieht, wo die Abgründe des Nichtverstehens nicht durch Floskeln zugedeckt werden oder durch die übliche Geschäfts- und Herrschaftssprache, sondern überhaupt erst einmal in Erscheinung treten, überall wo »Babel«, das Durcheinander wahrgenommen und anerkannt wird, wo sich neues Innewerden der Fremdheit ereignet, ist Gott, geschieht Gott. Wo inmitten der alltäglich Kommunikationsflut, mitten in Telefonaten, e-mails, Chat-Rooms plötzlich deutlich wird: Der Mensch, mit dem ich kommuniziere, ist ganz anders. In solcher Entdeckung und Anerkennung, in solchem Aushalten von Fremdem vollzieht sich Gottes Handeln, so wie es in der Turmbaugeschichte erzählt wird.

Wenn heute als Ziel kirchlichen Handelns formuliert wird, »Fremdes mit Respekt wahr(zu)nehmen und im Dialog Unterschiede nicht auf(zu)heben, sondern ihren trennenden Charakter (zu) überwinden«[5], liegt dieser eindeutige Verzicht auf die Gewinnung und Herstellung von Einheit in ganz auf der Linie von Gen 11. Welche ungeheure Rolle hat Einheit nicht in der Kirche gespielt! Um Einheit nach außen ging es tendenziell in der Mission, um Einheit nach innen im Streit um den rechten Glauben. Geradezu besessen waren Kirche und Christen davon, dass alle einer Meinung sein müssen! Immer wieder finden wir in der Kirchengeschichte die Versuche, diese Einheit z. B. im Dogma, im Glauben herzustellen und durchzusetzen, notfalls mit Gewalt. In diesem Zusammenhang ist dann die Pfingstgeschichte in Apg 2 als Gegengeschichte zu Gen 11 verstanden worden. In der Ausgießung des Geistes, so glaubt man, kommt die Einheit endlich zustande, die die Menschheit beim Turmbau in Babylon verspielt hat. So wird die schreckliche Vielfalt der Sprachen und Kulturen wieder aufgehoben, das

---

5. So Leitsatz 4 (s. o. Anm. 1).

angebliche Gottesgericht von Gen 11 von Gott zurückgenommen. Doch solche Einheit liegt nicht in der Intention von Apg 2 – dort lässt der Geist die Menschen gerade nicht eine Sprache sprechen, niemand gibt die seine auf. Was sich ereignet, ist ein Verstehen trotz bleibender Verschiedenheit der Sprachen. Der neutestamentliche Text hat von sich aus keinen Bezug auf Gen 11, ein solcher Zusammenhang wird erst ab dem vierten Jahrhundert n. Chr. behauptet. Und in einem derartigen Verständnis spiegelt sich die entstehende Reichskirche mit ihrem Zwang zur Einheit. Indem man eine einheitliche Theologie als einheitliche Staatsideologie schafft, tritt man gewissermaßen in die Nachfolge Assurs. Seitdem wird Pfingsten als Antitypos zur Sprachenverwirrung verstanden, ein Grundmuster vieler Pfingstpredigten bis heute. Und natürlich wendet sich diese Einheit zuerst gegen die Juden, die sich weigern, einer christlichen Einheitslehre zu folgen. Gott will die Vielfalt, sie ist heute dringender als je. Die Verschiedenheit ist immer neu zu entdecken und auszuhalten – das ist als Nachvollzug der Rettungstat Gottes und hat damit Anteil daran, wie Gott die Welt vor der heutigen globalisierten Vereinheitlichung bewahrt.

Und schließlich: Gott beginnt eine Gegengeschichte. Im nächsten Kapitel wird davon erzählt, dass ein einzelner Mensch, Abraham, sich von seiner Umgebung trennt, viele Grenzen überschreitet, auf der Suche nach einem neuen zugesagten Land. Mit ihm beginnt Gott eine Geschichte des Segens, Abraham verkörpert geradezu den Segen, an ihn und seine Nachfahren bindet Gott Segen und Fluch. Global, für alle Sippen der Erde soll von ihm Segen ausgehen. Und der Hunger treibt ihn sofort weiter bis nach Ägypten. Alle Flüchtlinge, alle Vertriebenen, alle Menschen, die ihre Heimat verlassen auf der Suche nach neuen Lebensmöglichkeiten, nach einem Leben ohne Hunger, haben mit diesem Abraham vieles gemeinsam. Seltsam: So globalisiert die Welt auch ist in Feldern wie Ökonomie und Kommunikation, gegen Menschen wie diesen Abraham errichtet man immer undurchdringlichere Grenzen, enger als damals. Es sind zugleich Grenzen gegen den Segen Gottes.

II. Gott als Verheißung

Ein zweites biblisches Leitbild nenne ich *Gott als Verheißung* und beziehe mich dazu auf einen Psalm:

1   *Gott steht da in Gottesversammlung*
       inmitten der Götter hält er Gericht:

2 »*Wie lange wollt ihr unheilvoll richten*
   und die Frevler begünstigen?
3 *Verhelft den Niedrigen und Waisen zu ihrem Recht*
   lasst Elenden und Bedürftigen Gerechtigkeit widerfahren!
4 *Rettet Niedrige und Arme,*
   entreißt sie der Macht der Frevler!
5 *Doch sie erkennen nichts und sie haben keine Einsicht*
   in Finsternis wandeln sie umher,
   so geraten alle Grundfesten der Erde ins Wanken.
6 *Ich erkläre hiermit: ihr seid zwar Götter*
   und allesamt Söhne und Töchter des Höchsten.
7 *Jedoch wie die Menschen sollt ihr sterben,*
   und wie einer der Machthaber sollt ihr fallen.«

8 *Steh auf Gott, richte du die Erde,*
   du musst ja das Erbe bei allen Völkern antreten

Dieser 82. Psalm ist einer der aufregendsten Texte der gesamten Bibel. Es geht darum, was das eigentlich ist, was wir »Gott« nennen. Gott kann, so das Ergebnis, nur heißen, wer Recht und Gerechtigkeit für *die* Menschen durchsetzt, die unter Unrecht und Ungerechtigkeit leiden. Nicht wir selbst, unsere kleinen Möglichkeiten und schwachen Kräfte sind das Zentrum, dann könnten wir nur resignieren, sondern wenn es um Gerechtigkeit geht, geht es um Gott selbst. Das Gottsein Gottes steht dabei auf dem Spiel.

In v. 1-7 sieht sich ein Prophet in die himmlische Gottesversammlung versetzt. In dieser Runde der Götter, die um den obersten Gott versammelt ist und die wir aus den Mythen Kanaans oder Griechenlands kennen, steht der Gott Israels auf und hält Gericht über die Götter. Was der Psalm berichtet, ist so etwas wie eine Momentaufnahme der Geburtsstunde des biblischen Monotheismus. Die Existenz der anderen Götter und Göttinnen wird ja keineswegs bestritten und in v. 6 noch einmal ausdrücklich bestätigt. Sie werden aber aufgefordert, das zu tun, was in ihrer göttlichen Macht liegt: »*Schafft Recht dem Armen und der Waise, ... den Elenden und Bedürftigen.*« Es ist die längste Liste von Begriffen für Arme und Entrechtete, die es in der Bibel gibt, und sie lässt wie viele andere Texte – aber anders als bei uns, wo es oft schamhaft verschwiegen wird – deutlich erkennen, dass es mächtige Frevler sind, denen Elend und Armut zu verdanken ist und die davon profitieren. Nebenbei: bei den »Gottlosen« der Lutherübersetzung von v. 4 geht es nicht um Atheisten; das Wort bezeichnet Frevler oder Verbrecher. Die Macht der Götter soll sich daran erweisen, ob sie deren Macht brechen und Gerechtigkeit herstellen.

Doch Gott muss feststellen: sie kommen der Aufforderung nicht nach. Dass es die Götter selbst sind, die Unrecht tun und dulden, bringt die Grundfesten des Kosmos ins Wanken. Überall wo derart Unrecht herrscht und geduldet wird, droht das Chaos zu siegen. Und deswegen geschieht nun das eigentlich Undenkbare: Gott, der Gott Israels verurteilt die Götter, die Unrecht dulden und keine Gerechtigkeit schaffen, zum Tode. »*Ja, ich habe gedacht, Götter seid ihr – aber ihr werdet sterben wie Menschen*« (v. 6 f.). Es geht um ein Gericht über die Götter und das Kriterium, an dem ihr Recht, als Götter zu existieren, gemessen wird, ist die effektive Durchsetzung von Gerechtigkeit für die Menschen, die im Unrecht leben.

Der Psalm endet in v. 8 mit der Aufforderung an den Gott, der vorher das Todesurteil verkündet hat, nun seinerseits das zu tun, was die anderen Götter nicht getan haben: »*Steh auf Gott und schaffe du Recht auf der Erde*«. Ihm allein gehören ja nun alle Völker als Erbe. Liegt in v. 1-7 die prophetische Vision einer Götterersammlung vor, so geht es jetzt um eine Bitte der Gemeinde. Das, was die anderen Götter nicht getan haben und nicht tun konnten, weil es ihrem ganzen Wesen widerspricht, das kann und muss nun von dem erwartet werden, der die Gerechtigkeit derart zum einzigen Kriterium von Göttlichkeit gemacht hat. Das ist so etwas wie Gottes eigene »Mission«. Doch bis heute ist die Erde voll von Gewalttat und Unrecht, mächtige Frevler herrschen nach wie vor, Arme und Elende werden ausgebeutet, immer neue Formen von Sklaverei treten auf. Die Bitte ist bisher nicht befolgt worden. Sind etwa die alten Götter, die das Unrecht begünstigen, am Leben und an der Herrschaft geblieben? Oder sollte auch der Gott Israels sich nach seinem eigenen Kriterium als Ungott erwiesen haben, so dass wir in einer ganz und gar gottlosen Welt leben? Hier zeigt sich: der Psalm hat eine Schlüsselfunktion zum Verständnis dessen, was die Bibel Gott nennt. Denn wenn es um eine Momentaufnahme der Entstehung des Monotheismus geht, dann leben wir immer noch im gleichen Augenblick. Das Neue Testament sieht das übrigens nicht anders[6].

Dieser Psalm unterstreicht auf seine Weise die biblische Grundkategorie der Verheißung. Vom Abrahamsegen angefangen bis zur Vision der Stadt Gottes, die die Völker heilt, am Ende der Johannesoffenbarung (Apk 22) umgreift sie den gesamten christlichen Kanon. Mit wechselnden Begriffen und Akzentuierungen besteht das Projekt Gottes aus Verheißung und damit aus Hoffnung. Dieser Psalm bringt in sie ein, dass es Gott selbst ist, der dabei auf dem Spiel steht. Ob es so etwas gibt, das verdient, Gott zu heißen,

---

6. Dazu W. Schrage, Unterwegs zur Einzigkeit und Einheit Gottes, Zum »Monotheismus« des Paulus und seiner alttestamentlich-jüdischen Tradition, EvTh 61, 2001, 190-203.

muss sich erst erweisen. Dass Gott diese Gerechtigkeit herbeiführen wird, ist die Option, die wir Glauben nennen. Auch was wir mit dem Neuen Testament »Erfüllung« nennen, hat wiederum die Gestalt der Verheißung, es stellt (nur) eine Erneuerung und Bestätigung der alten Verheißung dar. Ich empfinde es als einen erheblichen theologischen Fortschritt, eine deutliche Annäherung an biblische Grundkategorien, wenn heute die Verheißung an die entscheidende, vor allem an die theologisch sachgemäße Stelle gerückt wird.

Nun ist es so, glaube ich, dass die Verheißung, zumal Gott selbst als Verheißung, über sich hinausgeht. Denn eine solche unbändige Hoffnung auf Gerechtigkeit wird an vielen Stellen in der Welt Anzeichen davon entdecken, dass dieser Gott nicht tot ist, sondern bereits wirkt, dass falsche Götter entmachtet werden und Armen Gerechtigkeit widerfährt. Es gibt trotz allem ein »schon«, es gibt Gegenkräfte in der Welt an vielen Stellen und manchmal mehr, als wir denken. Der Kampf gegen die Götzen von Gewalt und Unterdrückung ist im Gange, wir müssen nur hinschauen.

Und wir können unser eigenes Tun darin einordnen. Das biblische Bild rückt unsere Möglichkeiten, gerade auch unsere Arbeit, an den richtigen Ort. In der Tat ist es biblisch keineswegs so, dass an unserer Arbeit nichts gelegen, mit unserer Macht nichts getan ist. Gott selbst ist daran gelegen, setzt auf sie, macht sich davon abhängig. Dennoch hängt es nicht an uns allein, unser Tun ist vielmehr ein Teil des Vorgangs, wie sich der wahre Gott durchsetzt und die Götzen der Ungerechtigkeit überwindet. Gelassenheit ist darum möglich und sie ist wichtig. Gott wirkt nicht nur durch die Kirche, im weltweiten Kampf um Gerechtigkeit, der wahren »Mission« Gottes, ist die Kirche überhaupt keine sehr starke Kraft. Man muss wohl sagen, Gott sei Dank, es hängt nicht an ihr oder gar an uns.

Nach diesem Psalm und vielen anderen Texten ist Gerechtigkeit der Maßstab, an dem alles zu messen ist, nicht zuletzt all die Mächte und Kräfte, die uns und unsere Welt beherrschen. »Worauf du nun dein Herz hängst und dich verlässest, das ist eigentlich dein Gott« sagt Martin Luther. Alle prägenden Ideologien und Weltanschauungen, Nationalismus, Sozialismus, freie Marktwirtschaft, Demokratie, Sozialstaat bis hin zu den Menschenrechten und ihrer effektiven Durchsetzung – alles, was Geltung beansprucht über Köpfe und Herzen der Menschen kann und muss am Maßstab dieses Psalm gemessen werden. Das, was diesem Kriterium nicht standhält, ist als zum Tode verurteilt anzusehen, was aber standhält. was also wirklich einen Beitrag leistet, die Elenden und Versklavten dieser Welt zu befreien, gehört auf die Seite des biblischen Gottes, hat gewissermaßen an seiner Gottheit Anteil.

Damit ist last but not least in diesem Psalm ein biblischer Maßstab für den Umgang mit anderen Religionen formuliert, der erst einmal auszutesten ist. Auf einer ersten Ebene kann man ja, wie es Jürgen Moltmann in einer eindrucksvollen Predigt getan hat, einfach die Götter und Religionen einsetzen: »Ich sehe dort den Göttervater Zeus mit seinem wunderbaren griechischen Olymp auftauchen. Ich sehe dort die indische Götterwelt mit Brahma, Vischnu und Shiva ... Da ist der Germanengott Wotan, einäugig aber mit riesigem Speer«[7]. Der Sinn des biblischen Glaubens an einen einzigen Gott erschließt sich so von seinem Kern her: an andere Götter ist nicht zu glauben, sie werden verurteilt, weil und sofern sie genau das nicht tun, was sie als Götter tun sollten, effektiv Gerechtigkeit zu schaffen.

Aber zugleich ist damit die Grenze erstaunlich offen: Denn alles was in anderen Religionen zu dieser Gerechtigkeit beiträgt, gehört nicht nur auf die Seite dieses Gottes, es ist ein Teil der Kraft und des Wirkens, das die Bibel Gott nennt. Und alles, was als Kritik an anderen Religion auftritt, gilt wie selbstverständlich ebenso und zuerst der eigenen. Alle Formen der christlichen Religion, die nicht diesem Maßstab standhalten, sind Götzendienst und werden in dies Todesurteil einbezogen. »Jene Gerechtigkeit, die den Geringen aufrichtet, den Armen ins Recht setzt, den Elenden befreit, diese Gerechtigkeit sei unser Beitrag zum Dialog, zum Dialog mit der eigenen Religion und mit den Göttern anderer Religionen und mit den Mächten dieser gottlosen Welt. Steh auf Gott und richte die Erde, steh auf«[8].

III. Gottes Recht

Ein drittes biblisches Leitbild nenne ich *Gottes Recht* und beziehe mich dazu, vom Bekannteren zum Unbekannteren fortschreitend, auf einen einzigen Vers, den letzten aus Dtn 29:

28 Das Verborgene steht bei Adonai unserem Gott, doch das Offenbarte steht bei uns und unseren Kindern für immer, nämlich alle Worte dieser Tora zu tun.

Der Satz unterscheidet das Verborgene und das Offenbare, das Unbekannte und das Bekannte, das Klare und das Unklare, das Eindeutige und das Zweideutige, und er tut es anders, als es in der traditionellen protestantischen Dogmatik geschieht. Das Dunkle und Unbekannte, das Kommende und Zukünftige zumal, ist und bleibt Gottes Sache. Klar und eindeutig aber

---

7. J. Moltmann, Predigt zu Psalm 82, EvTh 61, 2001,148.
8. Moltmann, a. a. O. 153.

ist das, was zu tun ist. Das ist uns gesagt, das ist von uns zu leben und zu praktizieren. Ich hebe das theologisch Provozierende hervor, indem ich statt wie üblich das »*Offenbare*« das »*Offenbarte*« übersetze. Offenbart sind die Worte der Tora und damit die Grundregeln der Lebenspraxis. Hier ist nichts zurückzunehmen von dem, was eben von der Bedeutung der Verheißung zu sagen war. Sie gibt die Perspektive und die Kraft zu dieser Lebenspraxis. Was aber den Vorrang der Praxis sogar vor der Hoffnung angeht, so entspricht dieser Satz der paulinischen Formulierung aus 1 Kor 13: »*die größte unter ihnen ist die Liebe*«.

Wichtig ist mir dabei, dass das, was zu tun ist, also die Ethik und ihre Normen, nicht aus der Verheißung abgeleitet werden kann, schon gar nicht allein aus ihr. Psalm 82 benennt zwar eindeutig die Perspektive: Die Überwindung der Ungerechtigkeit, und er nennt zugleich den Maßstab: die Elenden und Armen, denen Gerechtigkeit fehlt. Er nennt aber nicht den Weg, wie es ja in diesem Psalm überhaupt nicht um menschliche Verhaltensnormen geht. Wer bei uns ist nicht dafür, dass es den Armen besser geht? Aber könnte es nicht vielleicht auch den Armen zugute kommen, wenn die Reichen reicher werden, wenn sich Leistung mehr lohnt? Natürlich sollen alle Arbeit haben, aber vielleicht ist es der richtige Weg dahin, die Arbeitslosen weniger zu unterstützen? Wir kennen, zumal aus jedem Wahlkampf, derartige Versprechungen zur Genüge, ob im nationalen oder im weltweiten Maßstab. Sie widersprechen der Tora. Oder: Wieso soll die Perspektive weltweiter Gerechtigkeit bedeuten, dass Hungernde bei uns als Fremde und Asylanten Schutz und Zuflucht bekommen? Die Normen der Tora sind bei all diesen Themen eindeutig und sie sind nicht aus den Verheißungen allein abzuleiten.

Das zeigt nichts deutlicher als die Geschichte des Christentums. Kirchen, Christen und nicht zuletzt christliche Parteien konnten und können trotz allem Festhalten an den, oder jedenfalls manchen Verheißungen erschreckend eng mit Nationalismus, Rassismus und anderen Formen von Unrecht verbunden sein. Und auch in Zeiten der Hoffnungslosigkeit, wenn Perspektiven schwinden und Resignation droht, ist es wichtig, dass der Maßstab für unser Tun unabhängig davon feststeht.

Nicht zuletzt geht es bei diesem *prae* der Tora um die Rolle des *Rechts*. Die Tora ist nicht auf Recht zu reduzieren, aber mit ihr ist immer auch die Frage des Rechts gestellt. Das gibt für viele, gerade auch strittige Fragen eine klärende Perspektive. Ein wichtiges und aktuelles Beispiel ist das Verhältnis von Gerechtigkeit und Gewaltfreiheit[9]. Kirchliches Handeln weiß sich vielfach und zurecht der doppelten Perspektive einer gerechten und gewaltfrei-

---

9. Dazu vgl. o. S. 126 ff.

en Entwicklung verpflichtet. Vorrangige »Optionen für Arme und Ausgeschlossene und für Gewaltfreiheit (soll) kirchliches und gesellschaftliches Handeln bestimmen«[10]. Doch Gerechtigkeit und Gewaltfreiheit können zueinander in Gegensatz treten und einander ausschließen. Das hat die deutsche Geschichte gezeigt, das haben manche Befreiungsbewegungen so gesehen, das ist uns wohl allen bewusst. Biblisch gesehen ist die Tora und damit das Recht der Gewaltfreiheit vorgeordnet. Genauer und präziser gesagt: Gewaltfreiheit setzt Recht voraus, sie ist immer auf ein geltendes Rechtssystem bezogen, und hat Sinn nur in diesem Zusammenhang. Nicht zuletzt die immer enger werdende Vernetzung der Welt, wirtschaftlich und in der Kommunikation, macht ein weltweites geltende Recht unabweisbar. Die Globalisierung muss dem Recht unterworfen werden. Der Weg dahin ist, wie wir schmerzlich vor Augen haben, ein langer und widerspruchsvoller, nicht ohne Rückschritte und Irrtümer, aber ohne Alternative. Dass die Tora der Gewaltfreiheit vor und übergeordnet ist, ist nun gerade auch im Neuen Testament eindeutig. Vor der Weisung, dem Bösen nicht zu widerstehen und die andere Backe hinzuhalten in Mt 5,39f. steht in der Bergpredigt der sehr eindeutige Satz in Mt 5,17, dass die Tora in keiner Weise überwunden wird und kein Häkchen von ihr fort fällt. Auf dem Hintergrund des Rechts der Tora gelesen wird hier für Fälle von begrenzter Gewalt – beim Schlag auf die Backe, nicht aber bei Mord und Vergewaltigung – angeraten, auf die im Recht der Tora liegende Möglichkeiten des Schadensausgleichs vor Gericht zu verzichten. Das ist die Perspektive, in der die Traditionen christlicher Gewaltlosigkeit biblisch zu sehen sind.

---

10. So Leitsatz 5 sowie der »Kernbotschaft« (s. o. Anm. 1).

19. Wird der eine Gott der Bibel in vielerlei Gestalt in den Religionen verehrt?

Der christlich-jüdische Dialog verändert das Christentum. Doch gehen die Veränderungen in die richtige Richtung? Stehen wir nicht heute und in Zukunft vor ganz anderen Herausforderungen? Da sind die vielen verschiedenen Religionen. Sie rücken sie uns immer näher und sind heute schon aus dem Alltag vieler Christen und Gemeinden nicht mehr wegzudenken. Muss sich der christliche Glaube nicht eher durch sie herausfordern lassen, zu mehr Toleranz und mehr Dialog? Wie soll der Streit von Religionen und Konfessionen überwunden werden, wenn nicht durch die Entdeckung des Gemeinsamen in den verschiedenen Religionen? Begegnet nicht Gott, das eine Göttliche auch in ihnen?

Im Zentrum des jüdischen Glaubens steht dagegen der eine Gott und seine Exklusivität. »*Höre Israel, der Ewige ist unser Gott; der Ewige ist Einer*« ruft sich Israel mit der berühmten Formel aus Dtn 6,4 zu, die man auch als Glaubensbekenntnis des Judentums bezeichnet hat und die im Zentrum jedes Gottesdienstes steht. Wir als Christen glauben an diesen Gott Israels. Durch die christliche Mission haben sich Menschen aus den heidnischen Völkern von den Götzen abgewendet, um »dem lebendigen und wahrhaftigen Gott zu dienen« (1 Thess 1,9). Neben ihm existieren keine anderen Gottheiten. Denn »*es gibt keinen Gott auf der ganzen Welt außer in Israel*« *(2 Kön 4,15). Und er sagt von sich:* »*Vor mir ist kein Gott gewesen und nach mir wird keiner sein*« *(Jes 43,10).*

Und die anderen Religionen? Dass ihre Angehörigen um ihres Heils willen bekehrt werden müssen, war für das europäische Christentum lange Zeit selbstverständlich. Mit dem Glauben an den einen und wahren Gott meinte man auch die eine und einzige Wahrheit zu besitzen, der sich alle unterwerfen müssen. Dieser »Absolutheitsanspruch« wurde zuerst gegen die Juden gewendet; er bestimmte die von Europa ausgehende Welteroberung; er wurde als Zwang zur religiösen Einheit in jedem Dorf durchgesetzt und brachte die vielen innerchristlichen, konfessionellen Konflikte und Kriege hervor. Heute sorgt bei uns der weltanschaulich neutrale Staat für religiöse Toleranz und garantiert das Menschenrecht der Religionsfreiheit. Ein solches friedliches Mit- und Nebeneinander verschiedener Religionen ist in einer langen Geschichte und oft genug gegen die christlichen Kirchen durchgesetzt worden. Doch Konflikte um Kruzifixe in öffentlichen Schulen oder um islamische Gebetsrufe in unseren Städten zeigen, dass der Gegensatz zwischen der einen Glaubenswahrheit und der Vielfalt von Religionen und Weltanschauungen weiter schwelt. Andere Religionen neben sich anzuerkennen, führt das nicht notwendig dazu, die Wahrheit des eigenen Glaubens zu relativieren? Und umgekehrt: Muss man um des religiösen Friedens willen nicht den strengen biblischen Monotheismus aufgeben und eine neue Art von Polytheismus anstreben, der das eine Göttliche in vielerlei Gestalt und also auch in fremden Religionen wiederfindet?

Der wahre Gott, der allein anzubeten ist, ist nicht einfach das, was uns als Wahrheit erscheint. Dass beides gleichgesetzt wurde, hat zur Intoleranz und Grausamkeit der europäischen Kirchen erheblich beigetragen. In der Bibel wird diese Gleichsetzung an vielen Stellen grundsätzlich in Frage gestellt. Besonders eindrucksvoll und von großem Gewicht ist dabei die dreifache Erzählung vom sogenannten Verrat der Ahnfrau. Gen 20 erzählt, dass Abraham zum zweiten Mal, obwohl er schon schlechte Erfahrungen mit einem entsprechenden Verhalten in Ägypten gemacht hat (Kap. 12), bei einem Aufenthalt bei einem fremden Volk mit fremder Religion seine Frau Sara als seine Schwester ausgibt. Dahinter steht die Angst, sonst wegen ihr in Gefahr zu geraten oder doch Nachteile zu erfahren. Der fremde König der Philister fühlt sich daraufhin frei, die unverheiratete Frau in seinen Harem zu holen. Doch Erstaunliches geschieht: Der Gott Abrahams und Saras läßt sich auf ein langes nächtliches Gespräch mit dem heidnischen König ein und bewahrt ihn vor einem folgenreichen Vergehen. Abraham muss sich danach schwere Vorwürfe des Philisters anhören, warum er ihn durch sein Misstrauen in solche Schwierigkeiten gebracht habe. Und da antwortet Abraham mit dem Satz, um dessen willen diese Geschichte so wichtig ist: »*Ich dachte, es ist keine Gottesfurcht an diesem Ort*« (v.11). Danach kommt es zur Versöhnung, und sogar zu einem feierlichen Bundesschluss mit dem fremden Volk, der den Frieden und die gute Nachbarschaft besiegelt (21,32; vgl. 26).

Das biblische Wort »Gottesfurcht« entspricht weitgehend dem, was wir »Religion« nennen, mit Einschluss der ethischen Haltungen. Abraham fürchtet, dass bei Leuten mit anderen Göttern nur gräulicher Götzendienst herrscht, alles drunter und drüber geht und man die Grundregeln von Anstand und Recht nicht achtet. Und – sind denn die Philister etwa nicht Götzenanbeter? Zweifellos. Da gibt es jenen Gott Dagon, von dem in 1 Sam 5 erzählt wird. In seinen Tempel stellen die Philister die von Israel im Krieg eroberte Lade. So kommt es zu einer Konfrontation des wahren Gottes mit einem Götzen, der fällt um und geht in Stücke. Dass der eine Gott alle Götzen tötet, ist eine der Hoffnungen Israels für die Zukunft (Zef 2,11).

Gottesfurcht oder Götzendienst? Wie geht beides zusammen und wie ist beides zu unterscheiden? Man wird nur zu einer sachgemäßen Unterscheidung kommen können, wenn man bei sich selbst ansetzt. Götzendienst ist immer eine Möglichkeit unserer eigenen Lebenspraxis; das theoretische Wissen, dass es doch nur einen Gottes gibt, reicht da nicht aus. Denn es gibt immer mehrere Mächte, die uns beherrschen wollen. Höchst spannungsreich formuliert Paulus: Wir wissen, »*daß es keinen Götzen in der Welt gibt und dass es keinen Gott gibt außer einem. Denn wenn es wirklich sogenannte Götter sei es im Himmel sei es auf Erden gibt, wie es denn viele Götter und viele Herren gibt –, so gibt es doch für uns nur einen Gott, den Vater, von dem alle Dinge sind und wir zu ihn ...*« (1 Kor 8,4-6). Ähnlich heißt es bei Martin Luther in seiner Auslegung des 1. Gebots im großen Katechismus: »Was heißt ein Gott haben oder was ist Gott? Antwort: Ein Gott heißet das, dazu man sich versehen soll alles Guten und Zuflucht haben in allen Nöten. Also dass ein Gott haben nichts anderes ist, denn ihm von Herzen trauen und gläuben, wie ich oft gesagt habe, dass alleine das Trauen und Gläuben des Herzens machet beide, Gott und Abegott ... Worauf du nu (sage ich) dein Herz hängest und verlässest, das ist eigentlich Dein Gott«.

In unserem Leben gibt es immer wieder große und starke Mächte, denen sich zu sehr anzupassen Götzendienst bedeutet. Wo etwa Geld oder Erfolg das Handeln bestimmen, oder auch Furcht wie bei Abraham, da herrschen Götzen, ob bei uns oder bei anderen, in der Kirche oder in fremden Religionen. Die Völker der Welt, die nichts vom Gott Israels und seinen Geboten wissen, werden nach Mt 25 danach beurteilt, ob sie Fremden, Armen und Leidenden geholfen haben. Das entspricht dem, was in Gen 20 Gottesfurcht heißt; und ist erstaunlich unabhängig von den verschiedenen Religionen. Götzendienst oder Gottesfurcht – wo das Eine herrscht, ist nein zusagen, wo es das Andere gibt, kann und muss man lernen, gerade auch Fremdes und Neues.

Eines der grundlegenden Gebote der Bibel leitet zur Unterscheidung zwischen Gott und unseren Vorstellungen über ihn an. »*Du sollst dir kein Bildnis machen*«, heißt es im Dekalog, den Zehn Geboten (Ex 20,4). Gemeint sind zunächst reale Götterbilder im Tempel, dann aber auch alle Bilder und Vorstellungen über Gott bis hin zu theologischen oder philosophischen Begriffen und Definitionen. Sie alle können Gott nicht fassen. Das Bilderverbot unterscheidet Gott von allem, was in der Welt vorkommt. Kein Gegenstand und keine Erfahrung entspricht ihm und ist als göttlich zu verehren. Zwar gibt es Erzählungen über ihn, Traditionen und Überlieferungen, die sich mit Erfahrungen verbinden; nur so kennen wir Gott und nur so können von ihm und mit ihm reden. Aber Gott ist stets mehr und anderes, als wir erkennen.

Das Bilderverbot hält unser Verhältnis zu den anderen Religionen offen.

Es erlaubt, an dem Gott Israels als dem einzigen Gott und Schöpfer uneingeschränkt festzuhalten, alles, wirklich alles, was uns begegnet mit diesem Gott in Verbindung zu bringen, Positives wie Negatives, denn es gibt nur einen einzigen. Dennoch und gerade deshalb ist damit zu rechnen, dass dieser Gott uns auch aus anderen Kulturen und Religionen entgegentritt. Gerechtigkeit am Maßstab der Elenden und Armen, Gottes Verbindung mit dem jüdischen Volk, ein Handeln, das auf Leben und Freiheit zielt, das sind zwar nicht die einzigen, aber immer zu beachtende Maßstäbe, um Götzendienst und Gottesfurcht bei uns wie bei anderen unterscheiden zu können.

Israel hat an dieser biblischen Grundunterscheidung deutlicher festgehalten als die christlichen Kirchen, wo das Bilderverbot oft ganz zurücktrat. Dann konnten die eigenen Gottesvorstellungen mit Gott selbst gleichgesetzt und anderen übergestülpt werden. Der Glaube an den Gott Israels führt dazu, die Einheit Gottes strenger festzuhalten, aber zugleich auch an der Erkenntnis, dass Gott nicht in unseren Bildern und Begriffen aufgeht. Daraus erwächst eine große Offenheit für die Herausforderungen anderer Religionen. Wir können von ihnen lernen und sie tolerieren, ohne uns an sie anzupassen oder das Eigene aufzugeben.

20. Die Bildung des Menschengeschlechts
Überlegungen zum Thema »Bildung« im Alten Testament

I. Vorüberlegungen – oder: Menschenzähmung als Ziel

»Was zähmt den Menschen, wenn der Humanismus als Schule der Menschenzähmung scheitert«, wenn »alle zähmenden, dressierenden, bildenden Mittel«, also gerade auch alles, was sich bisher Bildung nannte, bei dieser »Zähmung« versagt? Die *Antwort*, die Peter Sloterdijk[1] auf seine Fragen im philosophischen Sommertheater 1999 geben zu müssen glaubt, dass nämlich die Züchtung einer neuen Elite, von »urbildnäheren Menschenexemplaren« (21), letztlich also eine »genetische Reform der Gattungseigenschaften« (21) den Humanismus ersetze und ersetzen müsse, weil dieser sich »als natürlicher Komplize aller nur möglichen Greuel« erwiesen habe, diese Antwort wiederholt gesteigert die Ursache der schlimmsten Katastrophe, in deren Schatten wir nach wie vor leben und ist demgemäss letztlich indiskutabel. Die *Frage* allerdings ist in einem mehrfachen Sinne geeignet, einen sachgemäßen Zugang gerade auch zum Bild der Menschenbildung im Alten Testament zu eröffnen:
– Nach der *Darstellung* des Alten Testamentes scheitert die von Gott als *»sehr gut«* (Gen 1,31) geschaffene Menschheit, gerät in einen Taumel ungezügelter Gewalt und entgeht in der Flut nur knapp einer völligen Auslöschung. Was danach beginnt, also die biblische Antwort auf dieses Scheitern, kreist um eine Art göttlicher »Erziehung des Menschengeschlechts«, handelt von den Medien, die Gott – statt einer Neuschöpfung und damit statt biologischer Veränderung seines Geschöpfes – dessen Zug zu Unrecht und Gewalt entgegensetzt. In ihrem Zentrum steht *das Recht* als Schutz menschlichen Lebens und seiner Würde. Die Frage nach biblischer Menschenbildung muss demgemäss hier einsetzen.
– In *historischer Perspektive* sind alle alttestamentlichen Schriften in der uns überlieferten Form, sind insbesondere alle Schritte zu ihrer Sammlung

---

1. Regeln für den Menschenpark. Ein Antwortschreiben zum Brief über den Humanismus – die Elmauer Rede, Die Zeit Nr. 38 v. 16.9.1999, 15.18-21 (20).

und also die Geschichte des Kanons eine Reaktion auf erfahrene – und verschuldete – Katastrophen massivster Art[2], so dass ihre Theologie genau auf die von Sloterdijk aufgeworfene Frage gezielt. Das gilt gerade auch für die in ihnen vertretenen Erziehungskonzepte und das ihnen zugrundeliegende Menschenbild.

– In *hermeneutischer Hinsicht* ist der Ort, von dem aus wir fragen und Theologie treiben, unaufhebbar durch das Stichwort »Auschwitz« mitbestimmt. Es gilt doch wohl nach wie vor: »Die Forderung, dass Auschwitz nicht noch einmal sei, ist die allererste an Erziehung«, denn es »war die Barbarei, gegen die alle Erziehung geht.«[3] Dieser Zusammenhang braucht nur dann nicht explizit im Zentrum zu stehen, wenn die damit aufgeworfenen Fragen eine gewisse Selbstverständlichkeit bekommen haben, und es gibt Anzeichen, dass diese Selbstverständlichkeit nicht mehr gilt.

Für das Thema »Bildung in evangelischer Verantwortung« aber ist damit ja nicht zuletzt das Problem des Scheiterns der deutschen Bildungsgeschichte seit dem 19. Jahrhundert mit zu bedenken. Die klassische Bildung hatte eben der Katastrophe des Nationalsozialismus nicht nur nichts entgegenzusetzen, sie war an den Ursachen zumindest indirekt mitbeteiligt. Davon kann und sollte die Frage nach Bildung heute nicht absehen und so tun als wäre nichts geschehen. Auch der Rückgriff auf ältere, davorliegende Traditionen kann von diesem eigenen hermeneutischen Ort nicht absehen. Sich jeweils eine genehme Vergangenheit auszusuchen, eine »Wahlvergangenheit«, auf die man sich als Alternative zur Bearbeitung der eigenen historischen Situation beziehen kann, wie es Peter Sloterdijk mit dem Vormärz tun will[4], kann ja ernsthaft keine Lösung sein.

Nun kommt bei der Wahl von *Schleiermacher* als Vater eines heute vertretbaren Bildungskonzepts, also sozusagen als unser Vormärz, hinzu, dass für ihn das Alte Testament und die jüdische Tradition theologisch bestenfalls keinerlei, faktisch aber eine durchaus negative Rolle spielt[5]. Ob das

---

2. Dazu F. Crüsemann, Das »portative Vaterland«. Struktur und Genese des alttestamentlichen Kanons, in: A. u. J. Assmann Hg., Kanon und Zensur. Archäologie der literarischen Kommunikation II, München 1987, 63-79.
3. Th. W. Adorno, Erziehung nach Auschwitz, in: ders., Stichworte. Kritische Modelle 2, es 347, Frankfurt/M 1969, 85-101 (85).
4. Die kritische Theorie ist tot [Antwort an J. Habermas], Die Zeit Nr. 37. v. 9.9.1999, 35 f.
5. Vgl. etwa R. Smend, Schleiermachers Kritik am AT, in: ders., Epochen der Bibelkritik, Ges. Stud. Bd. 3, München 1991, 128-144; H. D. Preuß, Vom Verlust des Alten Testaments und seinen Folgen (dargestellt anhand der Theologie und Predigt F. D. Schleiermachers), in: J. Track Hg., Lebendiger Umgang mit Schrift und Bekenntnis, Stuttgart 1980, 127-160; M. Stiewe, Das Alte Testament im theologi-

letztlich nur auf einem Bildungsdefizit, einem Mangel seiner eigenen theologischen Bildung beruht[6], wie vermutet wurde, und wie es mit offenkundigen anderen Problemen seiner Theologie zusammenhängt, muss hier offen bleiben. Dass aber die klassische deutsche Bildung bis zur Gegenwart, gerade auch von christlich und theologisch Interessierten, in einem erschreckenden Maße Unkenntnis und verzerrte Bilder von Altem Testament und Judentum enthält und transportierte, wofür Beispiele auf der Hand liegen, ist ein deutliches Zeichen dieses problematischen Ausgangspunktes. Die Forderung, die der jüdische Religionsphilosoph *Emil Fackenheim* gerade angesichts von Schleiermachers Sicht des Judentums in den »Reden« – die Juden »sitzen ... klagend bei der unverweslichen Mumie und weinen über sein Hinscheiden und seine traurige Verlassenschaft«[7] – wie seines entsprechenden, faktischen Verhaltens gegenüber Juden formuliert[8], lautet: »Darum denke ich, dass es gut für die deutsche Philosophie wäre – vielleicht auch für Deutschland überhaupt – wenn dieses ›goldene Zeitalter‹« der deutschen Philosophie »wiederholt würde«[9]. Eine Schleiermacher-Renaissance, der dieser Zusammenhang präsent ist, kann nur eine kritische sein.

So stellt sich die Aufgabe, zu fragen, welche Elemente des alttestamentlichen Bildes von Menschsein und Menschenbildung heute zu Gehör zu bringen sind. Ich überschreibe sie mit »Die Bildung des Menschengeschlechts«, also einer Variante von Lessings Programm einer »Erziehung des Menschengeschlechts«. In vier Abschnitten gehe ich jeweils von zentralen alttestamentlichen Begriffen aus und ordne ihnen inhaltliche Aussagen zu. Dabei muss der Schwerpunkt auf den anthropologischen Grundfragen liegen, auf der Notwendigkeit, den Grenzen und den Inhalten von Menschenbildung überhaupt.

---

schen Denken Schleiermachers, in: Altes Testament – Forschung und Wirkung, FS Henning Graf Reventlow, Frankfurt/M 1994, 329-336. Von einer Änderung beim alten Schleiermacher berichtet J. A. Steiger, Friedrich Daniel Ernst Schleiermacher, das Alte Testament und das Alter. Zur Geschichte einer überraschenden Alterseinsicht, KuD 40, 1994, 305-327.

6. So W. Dilthey, Leben Schleiermachers I. Ges. Schriften XIII,1, 1970, 40; dazu Stiewe, aaO 335.
7. Über die Religion. Reden an die Gebildeten unter ihren Verächtern, Philosophische Bibliothek 255, Hamburg 1958, 159.
8. Fackenheim erinnert an Schleiermachers Rolle beim Übertritt von Henriette Herz zum Christentum und stellt ihm Reinhold Niebuhr gegenüber. Zu Schleiermachers auch politischem Umgang mit Juden und Judentum vgl. H. Dembowski, Schleiermacher und die Juden, in: Ja und Nein. Christliche Theologie im Angesicht Israels, FS W. Schrage, Neukirchen 1998, 319-329.
9. E. L. Fackenheim, Rede anläßlich einer Verleihung der Ehrendoktorwürde, in: ders., Was ist Judentum? Eine Deutung für die Gegenwart, VIKJ 27, 1999, 264.

II. Bild/bilden – oder:
Gottebenbildlichkeit als *character indelebilis*

Bildung ist ein neuzeitlicher Begriff, zu dem es keine direkte Analogie gibt. Zwar enthalten die wichtigsten Begriffe aus dem Umfeld von Erziehung und Lernen wie *jsr*/erziehen und *lmd*/lernen durchaus verwandte Elemente, und die anthropologische Tatsache, dass der Mensch nicht schon durch Schöpfung und Geburt und also Biologie, sondern nur durch Formung in erzieherischen und geschichtlichen Prozessen entsteht und entstehen muss, liegt weit über jede begriffliche Analogie dem biblischen Menschenbild wie selbstverständlich zugrunde. Wenn auch ein Begriff wie »Bildung« fehlt, ist umgekehrt der neuzeitliche Begriff wahrscheinlich unter Rückgriff auf den alttestamentlichen Begriff der Gottebenbildlichkeit (Gen 1,26 ff.) entstanden[10]. Wegen dieses Zusammenhangs sowie der überragenden Bedeutung dieses anthropologischen Grundbegriffs ist hier kurz darauf einzugehen.

Im Zusammenhang mit neutestamentlichen Stellen wie 2 Kor 3,18 und mit theologischen Konzepten wie der Vorstellung von einem zumindest teilweisen Verlust der Gottebenbildlichkeit durch den Sündenfall[11] wird das Einbilden Gottes in die Seele, die Umgestaltung der Seele zum Bild Gottes bzw. Christi in der deutschen Mystik eine der Wurzeln, aus denen dann im 18. Jahrhundert durch die Loslösung aus dem theologischen Zusammenhang der moderne Bildungsbegriff entsteht. Eine Beeinträchtigung der mit der Schöpfung empfangenen Gottebenbildlichkeit ist dabei vorausgesetzt und sie ist bis heute ein in der evangelischen Theologie weit verbreitetes Konzept. Damit wird aber die theologische Intention der alttestamentlichen Aussagen verfehlt[12].

Zum Verständnis des Begriffs gibt es heute in der alttestamentlichen Wissenschaft einen Konsens darüber, dass damit ein in der gesamten Umwelt auf den König zielendes Epitheton aufgenommen und auf die Menschheit und jeden einzelnen Menschen übertragen wird[13]: Der Mensch ist das kö-

---

10. Dazu H. Schilling, Bildung als Gottesbildlichkeit. Eine motivgeschichtliche Studie zum Bildungsbegriff, Freiburg i. Br. 1961; E. Lichtenstein, Zur Entwicklung des Bildungsbegriffs von Meister Eckhart bis Hegel, PF 34, 1966; vgl. a. W. Pannenberg, Gottebenbildlichkeit und Bildung des Menschen, ThPr 12, 1977, 259-273.
11. Vgl. L. Scheffczyk Hg., Der Mensch als Bild Gottes, WdF 124, 1969.
12. Zum folgenden vgl. o. S. 106 ff. 151 f.
13. Material bei W. H. Schmidt, Die Schöpfungsgeschichte der Priesterschrift, WMANT 17, 2. Aufl. 1967; B. Ockinga, Die Gottebenbildlichkeit im Alten Ägypten und im Alten Testament, ÄAA 7, 1984. Zur Forschungsgeschichte G. A. Jónsson, The Image of God, CB 26, 1988.

nigliche Wesen. Der Vergleichspunkt bei der Aufnahme der Bildterminologie liegt dabei nicht in einer wie immer zu beschreibenden Gestaltähnlichkeit, sondern in einer funktionalen Entsprechung. Wie ein menschlicher König sein Bild als Herrschaftssymbol in unterworfenen Ländern aufstellt, wie der König in diesem Sinne das von der Gottheit aufgestellte Bild auf Erden ist, das göttliche Herrschaft stellvertretend wahrnimmt, so repräsentiert der Mensch den Schöpfergott in der nicht menschlichen Schöpfung. Das heißt zunächst, dass der unmittelbare Kontext in Gen 1 eine sachlich angemessene Erläuterung darstellt. Es geht um die Stellung des Menschen gegenüber den Mitgeschöpfen; die Herrschaft über Erde und Tiere ist der erste und unmittelbare Ausdruck dieser Stellung. Im Zusammenhang aber mit dem Bezug auf die Gottebenbildlichkeit in der Schutzbestimmung für das menschliche Leben in Gen 9,6 wird deutlich, dass sich auf dieses Konzept der absolute Schutz menschlichen Lebens gründet. Die Gottebenbildlichkeit geht, das wird hier eindeutig sichtbar, durch kein Ereignis verloren, auch nicht teilweise. Beide verwendeten Begriffe zielen auf die gleichen Züge des Menschseins, beide werden ohne jede Einschränkung in Gen 5,1, also nach dem »Fall«, und in 9,6, also nach der Flut und der sie hervorrufenden universalen Gewalt und den damit verbundenen massiv negativen Aussagen über die bösen Folgen des menschlichen Handelns (Gen 6,11ff.; bes. 6,5; 8,21) wiederholt und damit aufrecht erhalten. Das gilt unabhängig, ob man wie üblich die priesterschriftlichen Aussagen isoliert liest oder aber im gegebenen kanonischen Zusammenhang.

Speziell die Verbindung der Gottebenbildlichkeit mit dem Schutz menschlichen Lebens nötigt dazu, mit diesem Begriff so etwas wie die *unverlierbare Menschenwürde* angezeigt zu sehen. Gerade die Nichttangierbarkeit der Ebenbildlichkeit durch das eigene Verhalten, welcher Art auch immer, macht das Spezifische dieses Konzeptes aus. Und das verstärkt sich noch, liest man die Aussagen im Gesamtzusammenhang des kanonischen Textes der Urgeschichte. Der Mensch bleibt all seinem Handeln und bösen Sein zum trotz Gottes Bild. Gottebenbildlichkeit ist ein unverlierbarer Zug jedes Menschen, stellt damit einen *character indelebilis* dar, eine Würde, die wegen ihrer Unabhängigkeit von allen Fragen von Sünde und Schuld und deren Folgen dem modernen menschenrechtlichen Konzept der Menschenwürde zugrunde liegt und sachlich entspricht[14]. Jede theologische Tradition, die mit Verlust und sei es teilweiser und dann der Möglichkeit der Wiedergewinnung dieser Eigenschaft rechnet, ob nun eschatologisch oder im Zusammenhang von Bildungsvorgängen irgendwelcher Art, muss diese Aussage aufheben oder einschränken und nimmt damit letztlich auch ent-

---

14. Dazu o. S. 151 f.

sprechende Folgen für Gesellschaft und Recht in Kauf. Nicht nur der gebildete Mensch, wie immer man Bildung versteht, ist Mensch im Vollsinn, nicht nur der gesunde und körperlich oder geistig bestimmten Normen entsprechende Mensch, nicht nur der starke oder der rassisch, ethnisch oder national in bestimmter Weise geprägte, nicht nur der durch Glauben oder Religion und Religionszugehörigkeit in bestimmter Weise geprägte Mensch ist Bild Gottes; gerade auf die Unabhängigkeit von all solchen Prägungen kommt es an. Mit dem Begriff der Menschenwürde hat die neuzeitliche Menschenrechtsdiskussion einen Grundzug biblischer Anthropologie wieder entdeckt. Nicht um Bild Gottes zu werden oder vollständiger oder besser zu sein, ist Bildung nötig, wohl aber kann und muss diese Vorstellung ihrerseits Element von Bildung werden, also das Ziel, alles was menschliches Angesicht trägt, alles was von einer Menschenmutter geboren wird, als gleichberechtigt anzusehen und zu achten und zu schützen.

Ist die Vorstellung der Gottebenbildlichkeit nicht ohne Substanzverlust mit einem Bildungskonzept zu verbinden, so ist vielleicht ein anderer zentraler Begriff der Schöpfungstexte sehr viel begründeter in eine Nähe zum modernen Begriff der Bildung zu setzen: »*... da bildete Gott der Herr den Menschen aus Erde vom Ackerboden*« heißt es in Gen 2,7. Das verwendete Verb *jzr*[15], heißt *bilden formen* und bezeichnet etwa die Tätigkeit des Töpfers (Jer 18,2 ff.), dann aber auch andere Vorgänge des Bildens, das Bildens des Kindes im Mutterleib (Jer 1,5), aber auch die geschichtliche Bildung des Volkes Israel (Jes 43,1) oder die von Gut und Böse (Jer 18,11; vgl. Jes 45,7). Das Nomen *jäzär,* meint das *Gebilde*. Das böse Gebilde der menschlichen Gedanken wird in den Rahmenstücken der Flutgeschichte genannt (Gen 6,5; 8,21), worauf zurückzukommen ist. *Jäzär* ist dann in nachbiblischer Sprache das gute und böse Gebilde des Menschen, das heißt der gute und der böse Trieb in ihm, nach der üblichen Terminologie. Innerhalb der Bibel gibt es, soweit ich sehe, keine Verwendung des Wortes für Vorgänge der Bildung und Formung des Menschen etwa im Prozess des Heranwachsens (so nahe das nicht zuletzt wegen der Klangähnlichkeit mit *jsr*/erziehen auch gelegen hätte). Wohl aber wird er zumindest gelegentlich im nachbiblischen Judentum so verwendet. In einer Stelle in der Tosefta (Horajot B) heißt es (in der Übersetzung von Martin Buber[16]): »*Wer seinen Gefährten die Überlieferung lehrt, dem wird es angerechnet, als hätte er ihn gebildet und gewirkt und zur Welt gebracht*«. Hier wird der Vorgang der Vertrautmachens mit der Tradition, ihre Wiederholung *(mischna)* mit Schöpfungsbegriffen beschrieben: *jzr*/»bilden, formen«, *rqm*/»wirken, weben« wie Gott nach Ps 139, im

---

15. Vgl. B. Otzen, Art. jāṣar, ThWAT III, 1982, 830-839.
16. Die Lehre und die Tat, in: ders., Der Jude und sein Judentum, Köln 1963, 663 f.

Mutterleib das Kind wirkt, und »in die Welt bringen«. Mit dem Empfang der Tradition geschieht also eine zweite, für das Menschsein ebenso notwendige Schöpfung. Das ist sehr nahe dem, was mit dem Begriff der Bildung zumindest mit intendiert war. Es ist in gewisser Weise sehr nahe dem, was bei Herder so formuliert wird: Den nicht durch Instinkte gesicherten Menschen liefert Gott dennoch nicht dem Zufall aus: »Nein, gütige Gottheit, dem mörderischen Ungefähr überließest du dein Geschöpf nicht! Den Tieren gabst du den Instinkt, dem Menschen grubest Du Dein Bild, Religion und Humanität, in die Seele: der Umriss der Bildsäule liegt im tiefen dunklen Marmor da, nur kann er sich nicht selbst aushauen, ausbilden, Tradition und Lehre, Vernunft und Erfahrung sollen dies tun, und Du ließest es ihm an Mitteln dazu nicht fehlen«[17]. Mit der Fortsetzung der Schöpfung im Bildungsprozess wird ein anthropologisch notwendiges Element von Menschsein festgehalten, das, so im Einklang jüdische und christliche Tradition, *von außen* geschehen muss: Der Mensch kann sich nicht selbst aushauen. Gerade die sachlich notwendige Aufnahme von Schöpfungsterminologie an dieser Stelle sollte verhindern, die Idee der Selbstbildung zu stark zu machen, über andere Konzepte zu setzen und von anderen zu isolieren. Selbstbildung kann und wird nur da möglich sein, wo zunächst das Gegenüber, der Genosse *(chaber)* mit der Tosefta gesprochen, wirksam ist. Bleibt Bildung nicht notwendig auf dieses Gegenüber angewiesen, zumal wenn, wie noch zu zeigen ist, die Vorstellung eines keimhaft »im Marmor« angelegten Bildes, damit die Vorstellung eines letztlich als Entfaltung eines Keimes zu beschreibende Bildung (bes. bei Paracelsus) nicht dem biblischen Menschenbild entspricht?

III. Weisheit – oder: die Macht der Erziehung und ihre Grenzen

Wenn es einen alttestamentlichen Begriff gibt, der dem der Bildung entspricht, ist es der der *Weisheit*. Weite wie Anspruch, das Verhältnis zu den Begriffen und Vorgängen der Erziehung und den zugeordneten Institutionen weisen weitgehende Übereinstimmungen auf. Geht es bei Bildung immer auch um die Kommunikationsfähigkeit der Menschen in einer Gesellschaft über alles, was in ihr relevant ist und sein kann, gilt das auch für die Weisheit. Einige Sätze aus der Einleitung G. v. Rads zu seinem Weisheits-

---

17. Ideen zur Philosophie der Geschichte der Menschheit (1784), IX,5 (nach Pannenberg, a. a. O. 264).

buch mögen als Beleg dafür dienen: »Kein Mensch würde auch nur einen Tag leben können, ohne empfindlichen Schaden zu nehmen, wenn er sich nicht von einem ausgebreiteten Erfahrungswissen steuern lassen könnte ... Er wächst in es hinein, es bestätigt sich ihm, allenfalls modifiziert er es an seinem Teil ... es leistet dem Menschen einen unschätzbaren Dienst, indem es ihn dazu ermächtigt, sich in seinem Lebensraum nicht als ein ganz Fremder zu bewegen ... Solch ein Erfahrungswissen wächst nicht einem Einzelnen zu, auch nicht einer Generation. Es erhält seinen Rang und seinen verpflichtenden Anspruch erst da, wo es sich als Allgemeinbesitz eines Volkes oder einer breiten Schicht in einem Volk darstellen kann ... In dem Maße, indem es Gemeinbesitz aller wird, steht es unter der Bedrohung der Vereinfachung und der Verallgemeinerung von Wahrheiten ... So ist der Ordnungsraum, in den der Mensch eingeladen wird, sich darin zu bergen, zu allen Zeiten eine bedrohte Größe ... ja es kann sich dieses Wissen auch einem zu einer grandiosen Täuschung auswachsen ... Es handelt sich also um eine der elementarsten Betätigungen des menschlichen Geistes überhaupt, mit der praktischen Abzweckung, Schaden und Lebensminderung vom Menschen fernzuhalten.«[18] Ein großes Thema, das aber mehrfach sachgemäß beschrieben wurde[19], so dass hier ein kurzer Blick speziell auf die israelitischen Institutionen der Bildung und Erziehung und einige wesentliche Themen ausreicht.

Orte der Weisheit, wo sie geprägt und benutzt wird, sind die Versammlung am Tor und das damit verbundene Gericht, der Königshof mit seinen Beamten und Beratern, die Welt der Frauen und nicht zuletzt die Erziehung:

Enthalte dem Knaben nicht die Zucht/Erziehung vor,
 er stirbt nicht, wenn du ihn schlägst mit dem Stock.
Du schlägst ihn zwar mit dem Stock,
 doch du rettest sein Leben vor der Totenreich (Prov 23,13 f.).

»Der Mensch braucht Erziehung«[20] und Erziehung, Zucht *(musar)* ist dementsprechend eines der großen Themen der Weisheit. Dabei zielt Erziehung auf dasselbe, was auch all die anderen großen Themen der Weisheit zum Ziel haben: Leben. Der sonst problematische Begriff *gelingenden Lebens* ist

---

18. Weisheit in Israel, Neukirchen 1970, 13-15.
19. Außer v. Rad vgl. etwa H. D. Preuß, Einführung in die alttestamentliche Weisheitsliteratur, utb 383, 1987; R. Lux, Die Weisen Israels, Leipzig 1992.
20. J. Hausmann, Studien zum Menschenbild der älteren Weisheit, FAT 7, Tübingen 1995, 169.

an dieser Stelle durchaus angebracht. Die Entdeckungen der Ordnungen, die auf dem Grund der Welt wirken, sie zu lernen und damit zu lernen, sich nach ihnen zu richten, ermöglicht Leben, langes und glückliches. Dazu und zu nichts anderem dient Erziehung. Wie auch sonst in Erziehung und Pädagogik herrscht dabei durchaus so etwas wie ein Bildungsoptimismus. Der nicht-weise, also ungebildete Mensch ist wie ein Tier:

Wirklich ein Vieh bin ich statt eines Menschen,
  und keine Einsicht eines Menschen habe ich,
und keine Weisheit habe ich gelernt,
  so dass ich Erkenntnis des Heiligen wissen könnte (Prov 30,2 f.)

In diesen Erziehungsvorgängen wurzelt neben Begriffen wie *jsr* und *musar* Erziehung/Zucht u. a. auch das Verb *jrh/* unterweisen mit dem zugehörigen Nomen *tora*: als elterliche Mahnung umgreift es die ganze Spannung von Instruktion, Unterrichtung und verhaltensbestimmender Anweisung.

Die Erziehung obliegt den Eltern, Vater und Mutter werden genannt, und bekanntlich werden die Begriffe Vater und Sohn auch in außerhäuslichen Unterweisungsformen verwendet, etwa in der Rede von den *Söhnen der Propheten*. Dagegen ist so etwas wie *Schule* im alten Israel nicht nachzuweisen, es gibt darauf keinerlei Hinweis. Lediglich für die Priesterschaft und das Beamtentum am Königshof läßt sich eventuell mit Institutionen wie einer Schule rechnen, aber auch das bleibt trotz vieler Belege für die Existenz in der altorientalischen Umwelt eine bloße Vermutung, mehr geben die Quellen nicht her.

Doch heißt das nicht, dass nicht bestimmte grundlegende Bildungselemente weit verbreitet waren. Das gilt nicht zuletzt von der Kunst zu lesen und zu schreiben. Durch zahlreiche archäologische Funde von Ostraka, Tonscherben mit Schreibübungen muss auf eine überraschend breite Alphabetisierung der israelitischen Bevölkerung schon in der Königszeit geschlossen werden[21]. Die noch relativ neue Form der Buchstabenschrift hat das ermöglicht. Dazu gibt es auch gelegentliche Hinweise in den Texten. Eine realistische Schätzung ist nicht möglich, aber Zahlen wie 50 % sind nicht völlig aus der Luft gegriffen. Eine Buchreligion als Volksreligion kann wohl nur auf solcher Basis wachsen. Wenn etwa die schriftliche Tora und damit der Gotteswille samt allen Rechtsinstitutionen nach der Darstellung des Alten Testaments dem Volk im Ganzen und nicht etwa dem Staat, dem

---

21. Dazu A. Lemaire, Les Écoles et la formation de la Bible dans l'ancien Israël, OBO 39, 1981.

König oder beamteten Richtern zur Praxis anvertraut wird, muss solche theologisch zentrale Vorstellung eine realistische Basis haben.

Angesichts der beginnenden und dann im nachbiblischen Judentum zentralen Konzentration aller Lern- und Bildungsvorgänge auf den Kern der Religion, die Tora und damit verbundene Elemente wie das Geschichtsbild (dazu unten), die als Engführung empfunden werden könnte, bleibt die Weisheit auf die Breite der Schöpfung bezogen, alle Erfahrung, alle Realität kann zum Thema werden. Das entspricht ihrer Internationalität. Sämtliche typisch weisheitlichen Elemente haben Parallelen in der altorientalischen Umwelt und stammen letztlich von dort. In Israel steht insbesondere König Salomo dafür ein. Viele bildliche Ausdrücke lassen etwas von der Breite der Weisheit und der durch sie ermöglichten öffentlichen und internationalen Kommunikation ahnen. So wenn die personifizierte Weisheit in der Öffentlichkeit, von Straßen und Plätzen ihre Stimme erhebt (1,20 ff.), aber auch an den Pfaden und Kreuzungen der internationalen Verkehrswege.

Nur auf zwei Themen der Weisheit soll hier hingewiesen werden. Das eine ist die Tatsache, dass all die vielen Erfahrungswirklichkeiten, die entdeckt und benannt werden, um einen ethischen Kern kreisen, um das, was man sich angewöhnt hat, den Zusammenhang von Tun und Ergehen zu bezeichnen[22]. »*Auf dem Weg der Gerechtigkeit ist Leben*« (Prov. 12,28). Israel hat damit an den »weltweit verbreiteten Vorstellungen von einer immanent gesetzlichen Wirkkraft des Bösen ebenso wie des Guten teil«[23], bis zu Beginn der Neuzeit hatte die Reflexion derartiger Zusammenhänge praktisch universale Geltung. Dass die böse, ungerechte Tat auf den Täter zurückschlägt, dass sich Besitz, Frevel, Gier, trügerischer Lohn, aber auch die Fülle der Erträge nicht auszahlen (Prov 11,4.6.18; 16,8), dass das so beschriebene Ungerechte immer auch das Dumme und Selbstzerstörerische ist, wird als Erfahrung behauptet. Zwar nicht in der Klarheit und Radikalität der Prophetie oder des biblischen Rechts wird damit auch in dieser Bildungswelt die durchgängige Orientierung der Lebenspraxis am Leben der Armen und Elenden als vernünftig und lohnend zum obersten Prinzip der Erziehung gemacht. Die durchgängig damit verbundene Orientierung am Eigenwohl widerspricht dem nicht. Diese Bildung kreist inhaltlich um nichts so deutlich wie um die Struktur des Nächstenliebegebots: *Liebe deinen Nächsten wie dich selbst* (Lev 19,18). Selbstliebe als – und sei es verstecktes – Bildungsideal bedarf dieser Korrektur durch Einsicht in den Zusammenhang, dass nur das Gute für andere letztlich eigenes Leben gelingen läßt.

---

22. Dazu B. Janowski, Die Tat kehrt zum Täter zurück. Offene Fragen im Umkreis des Tun-Ergehen-Zusammenhangs«, ZThK 91, 1994, 247-271 (Lit.) sowie o.S. 53 ff.
23. G. v. Rad, Weisheit 171.

Zum anderen ist daran zu erinnern, dass die Grenzen der Weisheit ein breites Thema des AltenTestaments und gerade auch der Weisheit selbst sind. Sich selbst weise zu dünken, ist mit die schlimmste Dummheit, die Menschen passieren kann:

Siehst du einen, der sich weise dünkt,
– für einen Toren ist mehr Hoffnung als für ihn (Prov 26,12)

Prophetie verschärft solche Einsicht (Jer 9,23 f.). Sie gilt erst recht gegenüber Gott (z. B. Prov 21,30 f.). Ein wichtiger, rationaler Grund dafür, dass zur Weisheit das Wissen um ihre Begrenztheit gehört, liegt in der grundsätzlichen Unberechenbarkeit des göttlichen Handelns (16,9; 21,30 f. u. v. a.). Überträgt man solche Einsichten auf den Begriff der Bildung, müssten Grenzen und Gefahren der Bildung ein Hauptthema von Bildung selbst sein. Dazu kommt, solches verschärfend, die Erkenntnis des massiven Unheils, welches das Scheitern von Weisen und ihrer Weisheit anrichten kann. Davon wird immer wieder gesungen und erzählt, z. B. in der Thronfolgegeschichte, wo Weisheit in aussichtsloser Weise in die Aporien der Macht und das Unheil, das von ihr ausgeht, verwickelt ist[24].

IV. Lernen – oder: der Umgang mit der Schuld der Väter

Der theologisch wichtigste Begriff aus dem Bildungs- und Erziehungsbereich ist – sieht man von *Tora* ab – zweifellos der des *Lernens (lmd)*. Aus ihm ist der emphatische jüdische Begriff geworden, der den gesamten Umgang mit der Tradition umfasst und deshalb unmittelbar zur religiösen Identität gehört[25].

Das Wort *lmd* entspricht zunächst durchaus unserem Begriff des Lernens, es schließt aber auch Vorgänge wie anlernen, ausbilden und trainieren ein, auch etwa bei Tieren, bis hin zu dem, was wir *dressieren* nennen würden (Jer 31,18; Hos 10,11). Das hält fest: Lernen prägt, gerade auch das Verhalten, ist also weiter als in der Regel bei uns und nicht allein auf kognitive Vorgänge begrenzt. Entsprechend kann man auch das Böse oder sonst Ne-

---

24. Dazu F. Crüsemann, Aporiendarstellung. Der Beitrag von Jehugeschichte und Thronfolge-Erzählung zur biblischen Sicht von Gott und Geschichte, WuD 25, 1999, 61-76.
25. Vgl. etwa die Hinweise bei A. Lohrbächer Hg., Was Christen vom Judentum lernen können, Freiburg i. B. 1994, 11 ff. (Vom Lernen im Judentum).

gatives lernen (Jer 2,33), also einüben und dann praktizieren, und muss es dann wieder verlernen. So kann auch das verheißene, eschatologisch Neue als Vorgang des Umlernens beschrieben werden[26].

Der theologische Sprachgebrauch wird wie die gesamte theologische Sprache der Bibel entscheidend durch die Sprache des *Deuteronomiums* geprägt. Hier steht *lmd*/lernen sachlich parallel zu Begriffen wie *skr*/«erinnern, gedenken« und zu »nicht vergessen«. Zu erinnern und entsprechend zu lernen sind die grundlegenden Vorgänge, die Mose lehrt (*lmd* pi.), vor allem die Weisungen und Gebote Gottes (4,1; 5,1), nämlich um sie zu tun; zu lernen sind die Gottesfurcht (4,10) und die Formulierungen des schriftlichen Gotteswortes (18,9). Wie in der gesamten vielgestaltigen geschichtlichen Erinnerungskultur des Dtns nach der die entscheidenden Worte beständig im Sinn sein sollen, auf die Türpfosten geschrieben und um Stirn und Kopf gebunden werden sollen (6,4ff.)[27], geht es auch beim Lernen um die Geschichte und die mit ihr verbundenen, in ihr wurzelnden Normen von Recht und Religion.

Wie sehr beides ineinander liegt, zeigt die berühmte Kinderfrage in Dtn 6,20ff., einem der zentralen Bildungstexte des Alten Testaments[28]:

Wenn dich dein Sohn morgen fragen wird, was sind das für Vermahnungen, Gebote und Rechte, die euch der Herr unser Gott geboten hat? So sollst du deinem Sohn sagen: »*wir waren Knechte des Pharao in Ägypten und der Herr führte uns heraus ... und gab uns dieses Land, und hat uns geboten, alle diese Rechte zu tun, ... auf dass es uns wohl gehe unser Leben lang, wie es heute ist.*«

Es ist die gegenwärtige Praxis der Erwachsenen, die das Interesse, die Frage der Kinder weckt, die also entscheidend für die Überlieferung und damit auch für die Formung der nächsten Generation ist. Auf der Frage nach Sinn und Funktion *ihrer,* also der noch durchaus fremd als empfundenen Praxis – »*unser* Gott hat sie *euch* geboten« – wird geantwortet mit der Erinnerung an die Geschichte und deren Realisation in den gegenwärtigen Gütern von Freiheit und Landbesitz. Zu deren Erhaltung dient die Gabe der Gebote, der Tora. Für den Bildungsvorgang ist die Differenz in der Reihenfolge entscheidend. Die historische Folge wie die theologische Logik geht aus von der Befreiung und der darin vollzogenen Erwählung, weiter über Gebote zur Bewahrung dieser Freiheit hin zur gegenwärtigen Lebenspraxis.

---

26. Dazu u. S. 281.
27. Dazu bes. O. Keel, Zeichen der Verbundenheit. Zur Vorgeschichte und Bedeutung der Forderungen von Dtn 6,8f. und Par., in: Mélanges D. Barthelemy, OBO 38, 1981, 159-240.
28. Vgl. bes. M. Fishbane, Dtn 6,20-25, in: ders., Text and Texture, New York 1979, 79-83.

Der Lernvorgang dagegen setzt bei dieser Praxis ein, fragt nach den Gründen für sie und zielt auf gegenwärtiges und zukünftiges Wohlergehen. Das Lernen der Kernüberlieferungen setzt zugleich einen kritischen Umgang mit der Tradition d. h. mit den Vätern immer neu in Gang. Die Geschichte und mit ihr die Tora zu lernen, heißt eben auch, die Sünden der Väter kennen zu lernen, um sie zu *verlernen*. Prägnant auf den Begriff gebracht wird das in den einleitenden Versen von Ps 78:

Was wir gehört und erkannt
und unsere Väter uns erzählt haben,
das wollen wir nicht verschweigen ihren Kindern ...
Er richtete ein Zeugnis auf in Jakob
und gab ein Gesetz in Israel,
und gebot unseren Vätern, es ihren Kinder zu lehren,
damit es die Nachkommen lernten,
die Kinder, die noch geboren werden würden.
Die sollen aufstehen und es auch ihren Kindern verkündigen,
daß sie setzen auf Gott ihre Hoffnung
und nicht vergäßen die Taten Gottes,
sondern seine Gebote hielten
und nicht würden wie ihre Väter,
ein abtrünniges und ungehorsames Geschlecht ... (v. 3-11*)

Alles hängt daran, das von den Vätern Gehörte weiterzugeben an die Kinder. Aber das hat nur den einzigen Zweck, dass die Kinder nicht werden wie die Väter. Der grundlegende biblische Überlieferungs- und Lernvorgang enthält so im Kern ein ungemein kritisches Element, das in christlicher Konservativität und Bildungstheorie so oft fehlt.

Dieser deuteronomische Lernbegriff prägt dann insbesondere die Torapsalmen und mit ihr gerade auch die persönliche Frömmigkeit (Ps 119,71.73 u. ö.).

Aber *lernen* ist dann auch ein zentraler Begriff für das Verhältnis der Völker zum Gott Israels. Das Neue an der eschatologisch erwarteten Völkerwallfahrt zum Zion ist, dass die Völker den Krieg nicht mehr lernen und damit jedes Kriegshandwerk verlernen (Jes 2, 2–4; Mi 4, 2–4) und so ihre Lebenspraxis verändern. Um die Frage, ob und wie in und aus der Geschichte Gerechtigkeit gelernt werden kann, kreisen die Reflexionen von Jes 26:

»*Auf dem Pfad deiner Gerichte, Herr haben wir auf dich gewartet ... Denn wenn deine Gerichte die Erde treffen, lernen die Bewohner der Erde Gerechtigkeit. Wird dem Gottlosen (einfach) Gnade zuteil, lernt er nicht Gerechtigkeit*« (Jes 26,8-10)

Ohne die *mischpatim*, die gerechten Gerichte, lernen sie es nicht. Billige Gnade läßt Gerechtigkeit verlernen. Hier ist gerade auch vom Kontext her mitzudenken, dass es Erfahrungen gerechter Reaktionen Gottes sind, die solche Lernvorgänge zunächst in Israel ausgelöst haben. Im Grunde muss Vergleichbares erfahren werden, wie es Israel in den geschichtlichen Schlägen Gottes wie dem Exil gelernt hat und erfahren hat. Harte, aber zugleich zukunftseröffnende Reaktion auf Unrecht, wie auch unser Volk sie erfahren hat, ermöglicht etwas von Gerechtigkeit zu erlernen, auch als Bildungsgut[29].

Was man das Glaubensbekenntnis des Judentums genannt hat, das *Schmaʿ Jisrael* (Dtn 6,4ff.) ist eigentlich eine zwischenmenschliche Aufforderung, zu hören und das Gehörte zu lernen und zu tun: »Höre Israel ...« Daraus erwuchs der spezifische jüdische Lernbegriff: »Wir lesen alle Bücher, aber wir nannten das Lesen dieser Bücher immer *Lernen*. Und den Gelehrten nannte man nicht den Gelehrten sondern den *Lerner*. Und das Lernen war etwas, das niemals endete. Es begann im dritten Lebensjahr und man lernte, bis einem der Tod das Buch aus der Hand nahm.« »Es war ein Leben in der ›civitas dei‹ ... Das heißt, es gab ... kaum eine Tätigkeit ..., kaum einen Augenblick, der nicht mitbestimmt war durch die Lehre und durch die Observanz ... Es gab eigentlich kaum eine Situation, die tatsächlich emanzipiert gewesen wäre von diesem Ungeheuren, das die Lehre und das Gebot waren und noch sind ... So, wie wenn Sie in einem Muster eine Farbe haben, die hervorgehoben ist vor allen anderen, dann wissen Sie immer, Sie können sie nicht verfehlen, die anderen mögen verblassen, diese nicht, die wird dasein und Sie lenken ...«[30] So wird das traditionelle Lernen beschrieben. Franz Rosenzweig, und nicht nur er, hat versucht es zu ergänzen und zu erneuern durch die Hineinnahme aller Wirklichkeit, aller modernen Wissenschaft, aller neuzeitlichen Weisheit und Kenntnisse aus der profanen Welt und ihre Verbindung mit diesem Kern[31].

Für ein Konzept christlicher Bildung könnte von dieser biblischen Tradition ein Impuls für einen neuen christlichen Lernbegriff ausgehen. Der rechten Lehre und dem großen Gewicht, die auf ihr lag und liegt, hat oft und gerade im Bildungsbürgerbereich ein Lernen der Bibel und anderer Grundlagen gefehlt. Einübung einer neuen Praxis braucht Lernen. Bildung geht nicht in Lernen auf, kann aber Lernen niemals entbehren.

---

29. Auch Jer 12 (bes. v. 16) wäre hier zu nennen: Das Lernen von Israel.
30. M. Sperber, Verwoben ins tägliche Leben, in: H.-J.Schulze Hg., Sie werden lachen – die Bibel, Stuttgart 1975, 135-152 (vgl. Lohrbächer, aaO 15).
31. Z.B. ders., Neues Lernen, in: Schriften III, Dordrecht 1984, 505-510.

V. Die Erkenntnis von gut und böse – oder: die Bildung des Menschengeschlechts

a. In Jes 7,15 f. heißt es zweimal nacheinander in fast gleicher Formulierung: *»Bevor der Knabe lernt Böses zu verwerfen und Gutes zu wählen ...«*. Es geht dabei zunächst um eine Zeitangabe, durch die nach damaligem Sprachgebrauch offenbar eine allgemein bekannte Altersstufe bezeichnet ist (vgl. auch Dtn 1,39). In der wissenschaftlichen Literatur werden dabei Angaben von drei bis zwanzig Jahren diskutiert[32]. Wahrscheinlich ist mir ein relativ junges Lebensalter von vielleicht 3-6 Jahren. Doch wie immer, eindeutig ist: ein Kind lernt die Unterscheidung in einem bestimmten Alter, sie gehört zum Prozess des Heranwachsens, sie zeichnet nicht besondere Menschen aus, sondern alle, und solche Erkenntnis ist damit ein wichtiger und typischer Vorgang der Sozialisation von Kindern.

Der Ausdruck *»zu erkennen, zu lernen, zu unterscheiden, was gut und was böse ist«*, kann nun deshalb zur Leitlinie alttestamentlicher Anthropologie in der Perspektive der Menschenbildung gemacht werden, weil die biblische Urgeschichte bekanntlich diese Begriffe aufgreift und zum entscheidenden Signum des nachparadiesischen Menschen macht. Der Vorgang der anfänglichen und alles Menschsein bestimmenden Emanzipation von Gott, traditionellerweise als Ursünde verstanden, wird damit mit einem pädagogischen Begriff bezeichnet und als Überwindung einer kindlichen Stufe angesehen. Zugleich aber wird der Mensch durch diese Erkenntnis wie Gott selbst (Gen 3,22) bzw. wie der Engel Gottes (2 Sam 14,17). Der Ausdruck kann also als Bezeichnung höchster Weisheit und ihrer Problematik dienen[33]. Solche Existenz ist nun nicht nur eine Folge von Ungehorsam, sondern sie wird in sich selbst als höchst problematische, ambivalente Eigenschaft dargestellt. Die Menschen sind unausweichlich durch diese Eigenschaft geworden wie Gott und genau daraus erwachsen Katastrophen um Katastrophen, so dass die Frage nach dem Lernen und dem Tun des wahrhaft Guten immer noch, ja erst recht offen steht. Und da auch das Neue Testament diese Begrifflichkeit und die hinter ihnen stehende Erfahrung aufgreift, besonders in Röm 7, kann daraus ein Licht auf notwendige Implikationen eines theologisch vertretbaren Bildungsbegriffs erwachsen.

b. Ich zeichne zunächst in knappen Linien die entsprechenden Aussagen

---

32. Vg. H. Wildberger, Jesaja, BK X/1, 1972, 296 f.
33. Vgl. R. Albertz, »Ihr werdet sein wie Gott« (Gen 3,5), in: F. Crüsemann u. a. Hg., Was ist der Mensch ...? Beiträge zur Anthropologie des Alten Testaments, München 1992. 11-27 (bes. 14 ff.).

der Urgeschichte in ein Gesamtbild ein, und versuche dabei den vorliegenden kanonischen Text – und nicht wie üblich eine rekonstruierte Vorform – zu interpretieren.

»*Gott sah, dass es gut war*« ist der Refrain des Schöpfungsbericht von Gen 1 und bereitet die abschließende Feststellung vor: »*Und Gott sah alles, was er gemacht hatte, und siehe es war sehr gut*« (Gen 1,31). Diesem »sehr gut« als Urteil über Gottes Werk kontrastiert die zunächst verbotene und dann angeeignete Fähigkeit der Menschen, selbst Gut und Böse zu erkennen. Die Erzählung in Gen 2 und 3 macht mit einfachen erzählerischen Mitteln deutlich, wie sie diese Begriffe versteht, und gibt damit für die semantische Analyse Entscheidendes vor. Gott selbst ist es, der sieht, dass der von ihm aus Lehm geschaffene Adam allein ist, und dass eben dies »*nicht gut*« ist (2,18) und sorgt für Abänderung, schafft damit das Gute. Der zunächst allein geschaffene Mensch und dann der Versuch, die Einsamkeit durch die Tiere zu überwinden, umschließt einen mehrfachen Such- bzw. Lernvorgang Gottes mit dem Ziel des Guten. Das Gegenteil stellt die Erzählung im Gespräch der Frau mit der Schlange dar. Eva sieht, dass der Baum *gut* ist zur Speise (3,6), dass es also gut ist, von seiner Frucht zu essen. Sie selbst, nicht Gott, nimmt wahr, was gut ist, und handelt danach, indem sie das, was ihr gut scheint, tut. Die Folgen aber sind keineswegs gut für sie und die Menschen. Schon diese Erzählsequenz zeigt: Nicht eine absolute Erkenntnisfähigkeit dessen, was gut ist, ist gemeint, sondern ein Wahrnehmen dessen, was jetzt für mich gut oder eben schlecht ist, und was dann entsprechende Handlungen hervorruft. Das Gute ist dabei zumindest immer auch, ja in erster Linie das Nützliche und Förderliche, das Böse entsprechend das Hinderliche und Schädliche[34]. Und der Begriff des *Erkennens* umschließt, wie es das Verb auch sonst tut – »erkennen« als sexuelle Beziehung –, das auf der Erkenntnis beruhende und aus ihr erwachsende Tun mit ein. Entsprechend ist in Jes 7 ein Alter gemeint, wo man Kinder weitgehend in Feld und Dorf sich selbst überlassen kann, weil sie auf elementare Weise selbst wissen, was ihnen nützt und schadet. Und was von Adam, dem Menschen, und vom ersten Paar gesagt wird, zielt grundsätzlich auf Aussagen von anthropologischer Dignität. Gut und Böse zu erkennen, gehört wie es zum heranwachsenden Menschen gehört, grundsätzlich und unaufhebbar zum Menschsein überhaupt. Es ist damit nichts anderes als die unaufhebbare Notwendigkeit gemeint, im Handlungsvollzug jeweils faktisch durch die Tat zu entscheiden, was man für das Falsche und was für das Richtige ansieht, indem

---

34. Vgl. O. H. Steck, Die Paradieserzählung. Eine Auslegung von Genesis 2,4b – 3,24, bst 60, 1970, bes. 34 ff.

man das eine realisiert und das andere nicht[35]. Das ist nicht identisch mit dem, was die Neuzeit Autonomie genannt hat, steht aber dem sachlich sehr nahe. Nichts, auch kein Gebot Gottes kann einem Menschen die Entscheidung darüber abnehmen, was im Handeln als gut und was als böse realisiert wird. Jedes Gebot, bis hin zu dem Satz »*es ist dir gesagt Mensch, was gut ist*« (Mi 6,8) zielt auf eine Aneignung, eine Übernahme, eine durch das Handeln und im Handeln selbst vollzogene Ratifizierung, und kann sie nicht ersetzen.

Nach der biblischen Darstellung erwächst aus dieser menschlichen Grundfähigkeit die Fülle von Gewalt, die zur Flut führt. Kain erschlägt seinen Bruder, obwohl ihn Gott genau auf diesen Zusammenhang vorher aufmerksam macht. Man kann diese Warnung in 4,7 paraphrasieren: »Wenn das, was du als das Gute, das Förderliche und Nützliche erkennst und bestimmst, keine guten Folgen für dich hat, dann lauert die Sünde vor Tür wie ein wildes Tier« (4,7). Und die Rahmenstücke der Flutgeschichte stellen mit bekannter und gewichtiger Entsprechung des Anlasses zur Strafe wie der Feststellung ihrer letzten Wirkungslosigkeit fest, dass »*alle Gebilde, alle Realisierungen der Planungen des menschlichen Herzens, der menschlichen Vernunft nur böse sind alle Zeit*« (6,5; 8,21). Es geht nicht um das *Dichten und Trachten* des Herzens, wie Luthers hier zu freie Übersetzung sagt, denn nicht alles, was im Herzen ist, ist böse, im Gegenteil. Indem sehr präzis die Gebilde, d.h. die Folgen der Planungen als durch und durch böse bezeichnet werden, wird gerade auch das gewollte Gute einbezogen. Der Mensch will durchaus das Gute, aber genau wie es Röm 7,19 sagt, »*Das Gute, das ich will, tue ich nicht*«. Dabei liegt hier der Akzent auf den Folgen, sie entsprechen nicht dem als gut Gewollten, sondern sind negativ, böse, schädlich. Es ist diese Eigenschaft, die die Gewalt explodieren läßt, so dass sich die von Gott *sehr gut* geschaffene Welt in eine verdorbene verwandelt: »*Und Gott sah die Erde an, und siehe sie war verdorben*« (Gen 6,12).

c. Für jede sachgemäße Einschätzung der biblischen Traditionen von Recht und Ethik ist es fundamental wichtig, mit der Tatsache ernst zu machen, dass nach biblischer Sicht der Mensch keine ihm von der Schöpfung her mitgegebene, wir würden sagen von Natur aus ins Herz geschriebene ethische Ausstattung bekommen hat. Die naturrechtliche Tradition von ins Herz geschriebenen Geboten, auf die etwa Luther bekanntlich so viel baut, ist auch nicht andeutungsweise präsent. Um inhaltlich zu wissen, was wirklich gut und was wirklich böse ist, also entsprechende Folgen zeitigt, muss

---

35. Zur Begründung F. Crüsemann, Autonomie und Sünde. Gen 4,7 und die »jahwistische« Urgeschichte, in: Traditionen der Befreiung. Sozialgeschichtliche Bibelauslegungen, Bd. 1, München u.a. 1980, 60-77.

zumindest in die Welt geschaut werden, und müssen die dabei gemachten Erfahrungen gebündelt werden, wie es die weisheitliche Theologie tut, die stets die Folgen im Blick hat. Die Schöpfungsgeschichte setzt an diese Stelle die Aneignung der Erkenntnis von gut und böse, und das meint gerade nicht, dass in irgendeinem Sinne das wahrhaft Gute erkennbar sei oder auch nur das, was einem wirklich letztlich gut tut.

Dieser anthropologischen Offenheit gerade auch in ethischer Hinsicht, aus der die Katastrophen der Menschheit herauswachsen, begegnet nach der biblischen Erzählung letztlich Gottes Gebot. »*Ich habe dir heute vorgelegt das Leben und das Gute, den Tod und das Böse*« wird zusammenfassend am Ende der Tora summiert (Dtn 30,15). Noch kürzer sagt es der schon genannte Michatext: »*Es ist dir gesagt [genauer: er hat dir gesagt], Mensch, was gut ist ...*« (Mi 6,8). Allerdings ist das keine unmittelbare Konfrontation. Vielmehr stellt die biblische Erzählung dar, wie zwischen dem Fall und der Gabe der Tora, genauer zwischen der Flut mit dem Neuanfang Gottes mit der Menschheit nach dieser Katastrophe und dem Sinai in einem spannenden und offenem Prozess fundamentale rechtliche und ethische Gebote und Normen entstehen bzw. von Gott in Gespräch und Reaktion mit der Menschheit bzw. dem werdenden Israel entwickelt und gesetzt werden[36]. Mann kann diesen ersten Teil des Pentateuch geradezu als eine Art Bildungsroman der Menschheit lesen, in dem vor allem einige fundamentale Kardinalnormen gelernt werden – neben der Menschentötung vor allem Grundregeln für den der Bereich sexueller Verletzungen und die Vermeidung von Götzendienst.

Der erste Schritt sind die Regelungen, in denen Gott nach Gen 9 nach der Flut die ersten Gebote und Satzungen gibt. Dabei ist es die in die sehr gute Welt eingebrochene Gewalt, welche selbst durch die Flut nicht zu beseitigen war, die den Regelungsbedarf erzeugt. Es geht um die Zähmung vor allem der menschlichen Gewalt. Die Tiere werden, darin liegt ein Zugeständnis an die Gewalt, dem Menschen jetzt auch zur Speise unterworfen bzw. ausgeliefert, so dass hier legitime Tötung möglich wird (9,2-4). Allein das Verbot des Blutgenusses als Symbol des Lebens hält fest, dass das Leben als solches dem Menschen entzogen bleibt. Menschliches Leben aber wird unter Verweis auf die Gottebenbildlichkeit vor der Gewalt geschützt: »*Wer Menschenblut vergießt, dessen Blut soll durch Menschen vergossen werden*« (9,6). Es geht um den Schutz des Menschen vor den Menschen durch die Menschen, um die Sicherung menschlichen Lebens vor menschlicher Gewalt durch die

---

36. Dazu bes. M. Millard, Genesis als Eröffnung der Tora. Kompositions- und auslegungsgeschichtliche Annäherungen an das erste Buch Mose, WMANT 90, 2001.

dafür eingesetzte menschliche Institution, das Recht. Die jüdische Interpretation hat daraus – in Verbindung mit anderen Texten der Urgeschichte – die Tradition der sieben noachidischen Geboten gemacht, im Sinne von Grundregeln für das Menschsein weit über Israels spezifische Tradition hinaus[37]. Von diesen ist hier das Gebot der Aufrichtung von Gerichten und damit Recht gemeint. Die Zähmung des Menschen, der unausweichlich Böses und Bosheit produziert, ist auf das Recht als Fundamentalkategorie gegründet. Nicht ein biologischer Umbau des Menschen, nicht eine neue, veränderte Schöpfung, sondern Gebote und rechtliche Regelungen, das ist der Weg Gottes, um mit der nachparadiesischen Menschheit fertig zu werden, das ist die Konsequenz aus dem Scheitern der Flut und aller derartiger Strafmaßnahmen. Dass dabei der Schutz des menschlichen Lebens der Kern ist, bestätigt sich etwa in der Struktur des Dekalogs, bei dem die Gebote paarweise und chiastisch um die Mitte des Tötungsverbotes herum angeordnet sind[38]. Sie alle dienen in Abstufungen dazu, menschliches Leben zu schützen und zu ermöglichen.

Andere Grundfragen menschlichen Lebens müssen die Väter und Mütter Israels geradezu schrittweise und mit Rückfällen und Wiederholungen lernen. Abraham etwa, um nur ein Beispiel zu nennen, gibt in der ersten Erzählung über ihn aus Angst seine Frau Sara der Macht der ägyptischen Männer und ihres Pharao preis, damit es, wie er sagt, »*mir gut geht auf deine Kosten*« (Gen 12,13). Er muss lernen, dass das so nicht geht, und damit zugleich etwas von dem, was wirklich gut ist, im Umgang mit seiner Frau und im Umgang mit fremden Völkern und anderen Religionen. Dreimal wird ein solcher Vorgang erzählt (Gen 20; 26), was offenkundig auf einen langen und mühsamen Lernprozess im Umgang mit der Menschenwürde der Frau und mit dem, was man anderen Völkern an Schlimmen unterstellt, verweisen soll[39]. »*Ich dachte, es gibt keine Gottesfurcht an diesem Ort*«, sagt er beim zweiten derartigen Vorfall über den fremden König von Gerar (20,11).

Warum ist derartiges wichtig, will man einen angemessenen Bildungsbegriff von der Bibel her gewinnen? Weil, so denke ich, Mensch und Menschheit grundsätzlich in dieser Spannung stehen, zwischen der anthropologischen Eigenschaft, selbst zu wissen und damit zu bestimmen und zu entscheiden, was gut und was böse ist, einer Eigenschaft, die faktisch Böses

---

37. Dazu K. Müller, Tora für die Völker. Die noachidischen Gebote und Ansätze zu ihrer Rezeption im Christentum, SKI 15, 1994.
38. Dazu vorläufig: F. Crüsemann, Die Tafeln des Bundes, in: M. Brumlik u. a. Hg., Die Menora. Ein Gang durch die Geschichte Israels, Knesebeck 1999, 80-84; sowie o. S. 93 ff.
39. Dazu Millard, aaO 314 ff.; sowie o.S. 266.

produziert und zu einem Leben auf Kosten anderer führt *einerseits* – und dem Hören und Lernen dessen, was von Gott her als das Gute zugesagt wird *andererseits*. Nach der Erschaffung der Menschen und deren Griff nach der Erkenntnis des Guten und Bösen, bildet Gott die Menschheit und sein Volk zur Erkenntnis dessen heran, was er ihnen als Leben und Tod, als Gutes und Böses vorlegt. Der Begriff der Erkenntnis des Guten und Bösen formuliert deshalb eine grundsätzliche Ambivalenz, die menschliches Leben bestimmt. Zum Kern einer ethischen Bildung gehört beides: die Einsicht in die Problematik genau dieser Erkenntnis und die Tradition des Guten als des von Gott geschenkten und gebotenen, wie sie etwa im grundsätzlichen Schutz menschlichen Lebens und in den ethischen und rechtlichen Normen der Tora vorliegt. *»Lernt Gutes zu tun«* – diese Mahnung aus Jes 1,17 trifft deshalb den Menschen, der immer schon weiß, was das Gute ist, das nämlich, was ihm nützt. Diese Spannung gehört in der Tat zur Menschenbildung und deshalb auch zu jeder Bildung, es ist gesagt und muss wieder gesagt werden. Dass die Ontogenese die Phylogenese wiederholt, stimmt wohl auch ein Stück weit für den langen und vielfältigen Prozess des Lernens hin zur Tora und von ihr her. Das Recht als entscheidendes Moment der notwendigen Zähmung bleibt auf dieses Lernen angewiesen.

d. Wir Menschen leben bleibend in dieser Spannung. Sie wird letztlich auch nicht aufgehoben durch die Verheißung, dass einst die Tora in das Innere gelegt werden wird, so dass in einem neuen Bund Israel aus seinem innersten Herzen heraus das tut, was Gott will, also das wahrhaft Gute. Dann und nur dann wird Belehrung und Bildung aufhören (Jer 31,31 ff.). Auch wo neutestamentlich etwa in der Abendmahlstradition ein solcher neuer Bund als bereits wirksam geglaubt wird, wo der Geist Menschen auf neue Weise aus dem Inneren heraus den Willen Gottes tun läßt, steht diese Realität unter dem Vorbehalt des schon und noch nicht, ist der alte Bund mit der Notwendigkeit zu lehren und zu lernen weiter in Kraft. Faktisch bleibt es dabei, dass nur im Zusammenhang der Internalisierung von Normen etwa im Erziehungs- und Sozialisationsprozess, also indem sie angeeignet und gelernt werden, diese das menschliche Herz so einnehmen können, dass das Gute geschieht.

Anlässe und Erstveröffentlichungen

1. Ein Blick zurück: Kirchen ohne Tora
Leicht überarbeiteter Auszug aus: Tora und christliche Ethik; Vortrag im Rahmen der Ringvorlesung »Theologie nach Auschwitz« der Heidelberger Theologischen Fakultät (Wintersemester 1979/80). In: R. Rendtorff/E. Stegemann Hg., Auschwitz – Krise der christlichen Theologie, Abhandlungen zum christlich-jüdischen Dialog 10, München 1980, 150-177.

2. »So gerecht wie die ganze Tora« (Dtn 4,8)
Die biblische Grundlage christlicher Ethik
Leicht überarbeiteter Vortrag zum Jahresthema 2003 »Uns ist gesagt, was gut ist« auf der Studientagung des deutschen Koordinierungsrates der Gesellschaften für Christlich-jüdische Zusammenarbeit, Mannheim 16.11.2002, in: Deutscher Koordinierungsrat der Gesellschaften für christlich-jüdische Zusammenarbeit e.V. Hg., uns ist gesagt was gut ist, Themenheft 2003, 12–19. Eine erste Fassung mit dem Titel »Woher wissen wir, was geboten ist? Tora für Christen« wurde auf einer gemeinsam mit dem Studienkreis »Kirche und Israel in Rheinland und Westfalen« veranstalteten Tagung der Ev. Akademie Mülheim an der Ruhr zum Thema »Noachidische Gebote – Tora für die Völker?« vorgetragen (16.2.2000).

3. Die Tora und die Einheit Gottes
Vortrag vor dem Ausschuss für Mission und Ökumene der Evangelischen Kirche der Union in Berlin (11.3.1999); englische Übersetzung in: Word & World 21, 2001, 243-252.

4. Rettung und Selbstverantwortung
Der doppelte Begriff der Gerechtigkeit (Gottes) in der (hebräischen) Bibel
Auszüge aus einem Vortrag, der zuerst vor dem Ständigen politischen Ausschuss der Evangelischen Kirche von Westfalen (12.12.2000), dann in der Evangelischen Akademie Loccum im Rahmen der Tagung »Gerechtigkeit. Geschichte und Zukunftstauglichkeit eines politischen Leitbegriffs« (29.6.2001) gehalten wurde. In: J. Calließ Hg., »Gerechtigkeit. Geschichte und Zukunftstauglichkeit eines politischen Leitbegriffs«, Loccumer Protokolle 26/01, Rehberg-Loccum 2002,11-25.

5. Fünf Sätze zum Verständnis des Dekalogs
Zweite Hälfte einer Bibelarbeit auf dem 26. Deutschen Evangelischen Kirchentag in Hamburg (16.6.1995), in: S. Natrup Hg.in, Zehn Worte der Freiheit. Aktuelle Bibelarbeiten zu den Zehn Geboten, Gütersloh 1996, 20-37.

6. Gott glaubt an uns – Glaube und Tora in Römer 3
Leicht gekürzte Bibelarbeit auf dem 27. Deutschen Evangelischen Kirchentag in Leipzig (20.6.1997), in: K. v. Bonin Hg., Deutscher Evangelischer Kirchentag Leipzig 1997. Dokumente, Gütersloh 1997, 110-125; epd-Dokumentation 29, 1997, 43-53.

7. Damit »Kain nicht Kain wird«
Die Wurzeln der Gewalt und ihre Überwindung in biblischer Sicht.
Vortrag vor der Delegiertenversammlung der Konferenz kirchlicher Werke und Verbände in Berlin (16.5.2001); vor der Herbstkonferenz der württembergischen VikarInnen und PfarrerInnen z. A. in Bad Boll (23.10.2001); bei der Konsultation »Theologie und Gewalt« in der Evangelischen Akademie Loccum (8.12.2001); sowie davor und danach in etwas unterschiedlichen Gestalten an verschiedenen Orten (z. B. am 11.3.2001 zur Eröffnung der Woche der Brüderlichkeit im Hessischen Landtag, Wiesbaden). Abgedruckt in: Deutscher Koordinierungsrat der Gesellschaften für christlich-jüdische Zusammenarbeit e. V. Hg., Abel steh auf, damit es anders anfängt zwischen uns allen, 50 Jahre Woche der Brüderlichkeit, Themenheft 2002, 24-32; epd-Dokumentation 6, 2002, 34-43; Familienpolitische Informationen Heft 4, 2001, 1-6; Evangelische Aspekte 11, 2001, 40-45 (gekürzt); forum EB. Beiträge und Berichte aus der evangelischen Erwachsenenbildung, Heft 4, 2001, 32-39; Freundeskreis Kirche in Israel in Baden e.V., Rundbrief Nr. 62, 2002, 47-54; Evangelische Kirche in der Stadt. Zeitung für die Evangelische Gesamtkirchengemeinde Tübingen, Aug.-Okt. 2002, 4f. (Ausschnitte).

8. Biblische Theologie und Gewalt gegen Frauen
Ein Bericht über Fehldeutungen und Wiederentdeckungen
Vortrag vor der Landessynode der Evangelischen Kirche im Rheinland in Bad Neuenahr ((11.1.2000). Abgedruckt in: Kirchenleitung der Evangelischen Kirche im Rheinland Hg., Gewalt an Frauen und Mädchen überwinden. Dokumentation, Düsseldorf 2000, 17-24; = Junge Kirche 61, 2000, 318-329. Erweitert um Passagen aus: F. Crüsemann, Das Alte Testament – Wurzel von Gewalt gegen Frauen oder Chance ihrer Überwindung?, in: Gewalt gegen Frauen – theologische Aspekte (1). Beiträge zu einer Konsultation im Gelnhausener Frauenstudien- und bildungszentrum der EKD, epd-Dokumentation 17, 1997, 8-12; = Junge Kirche 58, 1997, 268-273). Leicht gekürzt gegenüber: K. Butting u.a. Hg., Träume einer gewaltfreien Welt. Bibel – Koran – praktische Schritte, Erev-Rav-Hefte: Glaubenszeugnisse unserer Zeit 4, Knesebeck 2000, 110-126.

9. Lärm als Gewalt – Ruhe als Heil
Anthropologische und sozialethische Aspekte des biblischen Ruheverständnisses
Vortrag auf dem Kongress: Nachtruhe ist Menschenrecht! Der Streit um den Nachtfluglärm aus christlich-sozialethischer Perspektive, Köln (14.9.2002). Unveröffentlicht.

10. »Das Werk der Gerechtigkeit wird Friede sein« (Jes 32,17)
Aktuelle Überlegungen zur christlichen Friedensethik

Vortrag in Rahmen der Veranstaltungsreihe »Herausforderungen für Frieden und Gerechtigkeit« der Ev. Dietrich-Bonhoeffer-Kirchengemeinde, Bielefeld (6.11.2002), unter Verwendung von Passagen aus: Frieden lernen. Eine Auslegung von Micha 4,1-7, in: Exegetische Skizzen. Einführung in die Texte der Bibelarbeiten und Gottesdienste des 28. Deutschen Evangelischen Kirchentags, Stuttgart 1999, 40-47 = J. Denker u. a. Hg., Hören und Lernen in der Schule des NAMENS. Mit der Tradition zum Aufbruch. FS B. Klappert, Neukirchen 1999, 13-22.

11. Menschenrechte und Tora – und das Problem ihrer christlichen Rezeption
In: Kirche und Israel 8, 1993, 119-132.

12. Gottes Gerechtigkeit und menschliches Recht
Gekürzter Vortrag bei der Jahrestagung der Evangelischen Konferenz für Gefängnisseelsorge in Wiesbaden (4.5.1999); unveröffentlicht.

13. Die Bedeutung der Rechtsförmigkeit der Tora für die christliche Ethik
Gekürzter Vortrag über das Thema »Soziales Engagement und soziales Recht im Alten Testament« auf dem Symposium »Suchet der Stadt Bestes. Diakonisches Engagement unter den Bedingungen interkultureller Konkurrenz« in Heidelberg (12.6.2002). In: H. Schmidt/R. Zitt (Hg.), Diakonie in der Stadt. Reflixionen – Modelle – Konkretionen, Stattgart 2003, 25–43.

14. Gottes Fürsorge und menschliche Arbeit
Ökonomie und soziale Gerechtigkeit in biblischer Sicht
Vortrag bei der 4. Dietrich-Bonhoeffer-Vorlesung »Wirtschaftliche Gerechtigkeit in lokalen und globalen Kontexten« in Greifswald (10.5.1997); in: Bonhoeffer-Rundbrief. Mitteilungen der internationalen Bonhoeffer-Gesellschaft Sektion Bundesrepublik Deutschland, Nr. 53, 1997, 21-41; = R. Kessler/ E. Loos Hg., Eigentum: Freiheit und Fluch. Ökonomische und biblische Einwürfe, KT 175, Gütersloh 2000, 43-63. In verschiedener Form wurden die Gedanken vor der Landessynode der Evangelischen Landeskirche in Baden, Bad Herrenalb (18.10.1994; in: Verhandlungen der Landessynode der Ev. Landeskirche in Baden. Ordentl. Tagung 16.-21.10.1994, Karlsruhe 1995, 54-60.311; überarbeitet in: Die Zeichen der Zeit 49, 1995, 216-221; gekürzte Fassung: Arbeit für alle. Die biblischen Wirtschaftsgesetze bleiben aktuell, Evangelische Kommentare 28, 1995, 85-88) sowie vor der Landessynode der Evangelischen Kirche in Hessen und Nassau vorgetragen (29.6.1996; in: Verhandlungen der Kirchensynode der Ev. Kirche in Hessen und Nassau, 12. Tagung. Achte Synode, 28.-29.6.1996, 108-115; = Evangelische Aspekte 6, 1996, 30-33; gekürzt: das baugerüst 49, 1997, 26-30).

15. Armut und Reichtum
Ein Kapitel biblischer Theologie
In: Reichtum und Armut als Herausforderung für kirchliches Handeln. Ein deutscher Beitrag im Umfeld des APRODEV-Projektes »Christianity, Poverty and Wealth in the 21st Century«, hg. v. Werkstatt Ökonomie e. V., Heidelberg 2002, 221-238.

16. Das Gottesvolk als Schutzraum für Fremde und Flüchtlinge
Zum biblischen Asyl- und Fremdenrecht und seinen religionsgeschichtlichen Hintergründen
In: W.-D. Just Hg., Asyl von unten. Kirchenasyl und ziviler Ungehorsam – Ein Ratgeber, rororo Aktuell 13356, 1993, 48-71 = W.-D. Just/B. Sträter Hg., Kirchenasyl. Ein Handbuch, Karlsruhe 2003, 31–49.

17. Gott und die Fremden
Eine biblische Erinnerung
Vortrag auf der Tagung »Wenn Gesetze Unmenschliches fordern ... Zur Verantwortung von Politik und Zivilgesellschaft im Umgang mit Flüchtlingen« veranstaltet von der Evangelischen Akademie Mühlheim in Kooperation mit der Ökumenischen Bundesarbeitsgemeinschaft Asyl in der Kirche und dem Deutschen Caritas Verband (6.5.2001). In: Evangelische Akademie Mülheim, Dokumentation: Wenn Gesetze Unmenschliches fordern, 4.-6. Mai 2001, 57-64.

18. Gottes Verheißungen und Gottes Tora – mitten in den Widersprüchen der globalisierten Welt
Vortrag »Mitten in den Widersprüchen der globalisierten Welt – vertrauend auf Gottes Verheißungen« aus Anlass der Wiedereröffnung des Zentrums Ökumene der Evangelischen Kirche in Hessen und Nassau, Frankfurt (12.9.2002); unveröffentlicht.

19. Wird der eine Gott der Bibel in vielerlei Gestalt in den Religionen verehrt?
In: F. Crüsemann/ U. Theissmann Hg., Ich glaube an den Gott Israels. Fragen und Antworten zu einem Thema, das im christlichen Glaubensbekenntnis fehlt, KT 168, Gütersloh 1998, 2. Aufl. 2001, 55-58.

20. Die Bildung des Menschengeschlechts
Überlegungen zum Thema »Bildung« im Alten Testament
Vortrag vor dem Theologischen Ausschuss der EKU in Berlin (8.10.1999), in: J. Ochel Hg., Bildung in evangelischer Verantwortung auf dem Hintergrund des Bildungsverständnisses von F. D. E. Schleiermacher. Eine Studie des Theologischen Ausschusses der Evangelischen Kirche der Union, Göttingen 2001, 79-100.

Bibelstellenregister

Genesis

1	107
1,4 ff.	109
1,26 ff.	30, 107, 151 f., 162, 251, 272 f.
1,26	107
1,31	90, 109, 120, 128, 269, 284
2 f.	284
2	152
2,3 f.	123
2,6	152
2,7	254, 274
2,15	63, 76, 96, 152, 195
2,18	61, 109, 152, 284
3,6	284
3,16	106-108
3,17-19	152
3,22	283
4,4 f.	89
4,6 f.	89, 159
4,7	42, 103, 109 f., 173, 285
4,23 ff.	109
5,1-3	151
5,1	107, 273
5,3	107
6,5	74, 109, 120, 273 f., 285
6,11 ff.	109, 273
6,11 f.	90
6,12	285
6,13	90 f.
8,21	109, 120, 273 f., 285
9	34, 42, 91-93, 128, 162, 286
9,1 ff.	120
9,2-4	109, 286
9,3 ff.	31
9,5 ff.	107, 109, 128
9,6	91 f., 107, 151, 273, 286
10	151
10,6	151
10,22	151
11,1-9	255-258
11,1	256
12	250
12,1-3	78, 110, 212
12,10 ff.	90, 178, 266
12,10	238, 239, 250
12,13	110, 287
12,14	250
15,6	76
17	42
18 f.	251 f.
18,16 f.	251
18,20 ff.	245
18,20	251
18,25	163
19,1 ff.	245 ff.
19,9	247 f.
20	178, 266, 287
20,11	178, 266, 287
21,1	59
21,32	266
22	23
25,22 ff.	167
25,29 ff.	167
26	178, 266, 287
26,3	238 f.
27	167
27,28	200, 212
27,41	167
28,10 ff.	167
32,4 ff.	167
32,7	167
32,23 ff.	167, 213
32,21	167
32,25 ff.	167
32,31	136, 167 f.
33,3	167

33,10	213	21,22f.	165f.
34	110	21,24f.	40, 158, 165, 217
36,12	151	21,24	100, 103
38	41	21,27	165
38,24	182	21,30	166
47,4	238	21,37ff.	161
49,1	134[8]	22,3	165
		22,8	165

Exodus

		22,19	39
3,7	58	22,20	40, 236f., 239
3,9	58	22,21-23	40, 236
12	42	22,22ff.	154
12,29	247	22,24ff.	40
12,49	178	22,24	156, 236
16	96	22,26f.	237
20	57-66, 93-99, 214	23,1ff.	154, 158, 237
20,2	43, 65, 77, 93, 105, 113f., 213	23,1f.	237
		23,3	40, 237
20,3	57, 113f.	23,4f.	40, 237
20,3f.	98f.	23,6	40, 236
20,4ff.	57	23,9	40, 236f., 239, 249
20,4f.	115f.	23,10f.	39, 218
20,4	65, 267f.	23,13	39
20,5f.	57	23,14ff.	39
20,5	59	22,24	39
20,7	59, 97	23,32f.	39
20,8f.	95f., 195	24	39, 214
20,9	76	31,18	214
20,10	124	32	44, 213f.
20,11	195	32,4	213
20,12	59, 94f., 181	32,8	213
20,14	94f.	32,16	214
20,15	95f.	32,19	214
20,16	97	34	44
20,17	57, 62, 98	34,1	214
20,22-23,33	39f., 154, 232	34,4	214
20,23	39	34,28	57, 214
21,1-22,6	154		
21	99f.	**Leviticus**	
21,7-11	156	4f.	231
21,9	156	4	44
21,12	172, 232	4,2ff.	42
21,13f.	159, 172, 232f.	16	44, 79, 82, 231
21,15-17	232	17-26	241
21,15	182	18,21	23, 184
21,17	182	19,2	231
21,18f.	39, 99f., 165f.	19,18	242, 278

19,19	64	6,10 ff.	211
19,33 f.	26, 40, 64, 178, 241 f., 245	6,20 ff.	280 f.
19,34	236, 240	6,25	56, 75
20,2 ff.	23	7,1 ff.	132
20,2-5	184	7,1	44, 132
25,23	161	7,6-11	42
24,22	26, 40, 64, 157, 178, 199, 236, 242, 247	7,7-9	240
		8,7-13	211
25	161, 195, 218 f.	8,17	211, 215
25,26 f.	156	9 f.	214
26	44	10,4	57
		10,17-19	240 f.

Numeri

		10,18 f.	236
5	232	10,19	240
10	232	12-26	40 f., 153, 180, 197 ff., 238
11	232	12	234
12	232	12,9 f.	123^3
13 f.	177, 232	14,21	238
15,14 ff.	178	14,22 ff.	41, 197
15,15 f.	26, 64, 157, 199, 236, 242, 247	14,23	197
		14,28 f.	197
23,22	213	14,29	41, 197, 201
24,8	213	15	161, 218
35	159, 233 f.	15,1 ff.	41, 47, 156, 197 f., 218 f.
35,11 ff.	233	15,7 ff.	156
35,15	234	15,10	197 f., 201
35,28	172, 234	15,12 ff.	199
35,31 f.	172	15,14	199
35,32	234	15,18	41, 197, 201
		16,9 ff.	197
		16,13 ff.	197

Deuteronomium

		16,15	41, 197, 200, 201
1,39	238	16,18 ff.	41
4,1	280	16,20	56, 75
4,6 ff.	10, 27 f., 30, 34	17,6 f.	159, 173
4,6-8	26 f., 46	17,8 ff.	41
4,6	32	17,14 ff.	33, 40, 63, 145, 161
4,7	38	17,14	44
4,8	46	18	44
4,10	280	18,9	44, 280
4,13	57	18,10	184
4,15 f.	65, 115	19,1 ff.	159, 233 f.
4,30	134^8	19,5	234
5	214	19,6	234
5,1	280	19,10	23
6,1	44	19,12	229, 234
6,4 f.	240, 282	19,15 ff.	42
6,4	265		

19,15	159, 173	32,13ff.	215
19,18	184	33,17	213
20	41, 130f.		
20,2	131	**Josua**	
20,5ff.	131	2	177
20,5-9	156	20	233f.
20,8f.	156	20,4	234
20,8	131	20,6	234
20,9	131	21,43ff.	123
20,10f.	131		
20,14	131	**Richter**	
20,15-18	132	5	52
20,17	132	5,11	52
20,19	131	17,7	237
21,10ff.	131	18	177
20,18ff.	41, 183f.	19	110, 246
22,6f.	41, 64		
22,23-27	110	**Rut**	
22,23ff.	41	1,1	238
22,26	41, 110f.		
22,28f.	110	**1 Samuel**	
23,3	238	2,21	59
23,14f.	41	8,11	156
23,16f.	197	8,14	161
23,17	156	22,2	179
23,20f.	41, 197, 198f.		
23,20	156	**2 Samuel**	
32,21	41, 197	4,3	238
23,25f.	156, 161, 197	13	110
24,6	197	14,17	283
24,10ff.	197, 211f.		
24,10f.	157	**1 Könige**	
24,13	197, 210, 211f.	1,50ff.	228f.
24,14	238	2,13ff.	228f.
24,16	156	2,13-25	228
24,17f.	239f.	2,28-30	228
24,19ff.	197, 199f.	5,5	135
24,19	41, 197, 199-201	6	229
25,2f.	158	8,56	123[3]
25,4	64	17	45
25,11f.	158	21	161, 216
25,19	123[3]	21,19	94
26,12ff.	41, 197		
27f.	44	**2 Könige**	
29,28	262-264	4,15	265
30,15	286	5	45
3129	134[8]	8,1	238

296 Bibelstellenregister

9 f.	143-146
9,1-3	143
9,6-10	143 f.
10,6-8	144
10,25-27	144
22 f.	234

2 Chronik

6,41	123³
23,25	123³

Nehemia

10,32	198
13,15 ff.	124

Psalmen

14	74
15,1 f.	231
15,5	231
19,11	37
22,2	114
22,17	114
23	227, 231
23,1	227
23,5	227
24,3 f.	231
46	230
48	230
51	44, 72
51,16	72
55,16	100
78,3-11	281
82	258-262, 263
82,1-7	259 f.
82,4	259
82,6	259
82,6 f.	260
82,8	260
93	121
94,6	94
95	123³
103	44
103,3 f.	69
103,3	78, 80
103,10 f.	69
103,13	69, 78
104	82
104,14 f.	194
119,71	281
119,73	281
122,1	135
130	44
139, 15	275
146, 9	236, 240

Proverbien

1, 8	44 f.
1,20 ff.	278
3,16	215
4,1 f.	45
6,20	45, 65
8,18	215
10,2	55
10,4	54, 215
10,5	55
10,15	215
10,16	55
11,4-6	215
11,4	278
11,6	278
11,18	278
11,26	216
12,10	93
12,24	54
12,28	278
13,11	215
14,1	55
14,24	215
16,8	278
16,9	279
18,11	215
19,26	182
21,30 f.	279
22,7	216
22,16	216
23,13 f.	276
26,12	279
28,11	215
28,24	182
28,27	211
30,3	277
30,17	182
31,26	65

Hohes Lied

3,3	125

Jesaja

1,17	288
1,21 ff.	158
1,23	216
2(,2-5)	27, 46, 78, 133, 137
2,2-4	281
2,5	137
3,14	215
5,7	158
5,8	179, 216
5,23	216
7,9	83
7,15 f.	109, 283
10,1-4	154, 158
10,1 f.	182, 247 f.
14,1	237
16,3 f.	238, 243
16,3	235
17,12 ff.	121 f.
25,8	32
26,8-10	281 f.
30,18	163, 187
32,17	126, 130
42	27
42,1-5	47
43,1	274
43,10	265
45,7	274
53	112
57,15	118, 252
58	47, 124, 218, 220
58,6	219 f.
59,7	73
61	47, 218-220
61,1-2	219
61,1	220
65,20	32

Jeremia

1,5	274
2,9 f.	230
2,33	280
7,1-15	230
7,4	230
7,6	236
7,11	230
9,4 f.	97
9,23 f.	279
12,16	282[29]
13,23	151
17	96
17,19 ff.	124
18,2 ff.	274
18,11	274
22,3	236
22,15 f.	180
26	229
31	31 f.
31,18	279
31,31 ff.	288
31,33	31
31,34	32

Ezechiel

20,25	182
22,7	182
47,22 f.	236

Hosea

2	117
2,4	117
2,16 ff.	117
11,9	117
10,11	279

Joel

4,10	138

Amos

2,6	23, 56, 179, 216
2,7	158, 216
4,1 f.	217
5,10 ff.	237
5,10	158
5,12	166
5,24	158
7,10-17	229
7,13	229
8,4 ff.	124
8,4	216
9,7	240

Micha

2,1 f.	216
3,9 f.	158, 230
3,11	216
4(,1-5)	27, 46, 78, 133, 137
4,1-7	133 ff.
4,2-4	281
4,4	123
4,5	137
4,6 f.	135 f.
6,1-8	20 f.
6,4	35
6,8	20-23, 24 f., 35, 285 f.
6,10 f.	216

Habakuk

2,4	76

Zefanja

2, 11	135, 266

Sacharja

7,1	236

Maleachi

2,18	163, 187
3,5	236

Matthäus

5,6	141
5,9	126, 141
5,17 ff.	34, 47, 103 f.
5,17	46, 76, 129, 141 f., 264
5,18	64
5,21 f.	97
5,22	102
5,23 f.	80, 111, 174, 232
5,39 f.	141 f., 264
5,39	102
5,44	102
6,24	212
6,33	52
7,12	32
18,20	242
20,1-15	49 f.
20,4	50
20,13	50
20,15	50
22,40	32
23,1 ff.	47
23,2	46
24,12	14
25	251, 267
25,31 ff.	243
28,20	47

Markus

4,19	221
10,25 f.	209

Lukas

3,11	220
4,16 ff.	47, 218 f.
4,18 f.	218, 220
4,18	219
4,20 f.	218
4,21	219
4,23 f.	218
5,11	221
5,27	220
6,20	219
6,24	47
6,30	220
6,34	220
7,17	59
7,22	219
11,4	220
12	217
12,33	47, 220
13,10 ff.	219 f.
13,16	220
14,13	219
15,8 ff.	220
16,6 ff.	220
16,19 ff.	217
16,29	208
16,31	47, 208, 219
18,1 ff.	220
18,22	47, 220
18,31 ff.	219
19,8	47

Bibelstellenregister

Johannes
1,29   79

Apostelgeschichte
2   257 f.
2,45   221
3,26   213
4,34 ff.   221
15   28, 34
15,19 ff.   46, 48
15,28 f.   46, 48

Römer
1-3
110
1   73
1,17   52
1,26 f.   73
1,31   73
3,1-3   82
3,3   82
3,15   73
3,21-31   48, 67-85
3,21   43, 75, 77
3,23   72
3,24   79
3,25   78
3,28   75, 84
3,29   78
3,31   28, 43, 76
4   249
7   73, 110, 283
7,12   28, 77
7,19   285
8,3 f.   221
8,4   10, 28, 46, 48, 77
9-11   81
11,19   81
11,26   82
12,19   103
13,8   32
13,8 ff.   48
13,10   77
14   48

1 Korinther
8,4-6   267
11,7   107
13,2   14
13,13   263

2 Korinther
3,18   272

Epheser
4,17   221
4,19   221
5,5   215, 221

1 Thessalonicher
1,9   265

1 Timotheus
6,10   221

Hebräer
3,7 ff.   123
13   251
13,1   243

Jakobus
2,6   216

Apokalypse
22   260